esotera
Taschenbuch
im Verlag Hermann Bauer

Dr. Baldur R. Ebertin, Klinischer Psychologe und Psychotherapeut, ist seit fast 40 Jahren in freier Praxis und seit 1966 als Heilpraktiker tätig. Von ihm sind *Im Dialog mit der Seele*, *Wenn die Seele den Körper nicht gesunden läßt*, *Kosmobiologische Diagnostik* und *Das ABC der Kosmobiologie* erschienen.

Baldur R. Ebertin

Reinkarnation und neues Bewußtsein

Verlag Hermann Bauer
Freiburg im Breisgau

Die Deutsche Bibliothek – CIP-Einheitsaufnahme

Ebertin, Baldur R.:
Reinkarnation und neues Bewusstsein / Baldur R. Ebertin. –
3. Aufl. – Freiburg im Breisgau : Bauer, 1995
(esotera-Taschenbuch)
ISBN 3-7626-0678-1

Mit 51 Zeichnungen

Die vorliegende Taschenbuchausgabe im Rahmen der Reihe *esotera-Taschenbuch* ist ein Nachdruck der deutschen Originalausgabe, die zuletzt 1989 im Verlag Hermann Bauer KG, Freiburg im Breisgau, erschien.

Die Reihe *esotera-Taschenbuch* erscheint im
Verlag Hermann Bauer KG, Freiburg im Breisgau

3. Auflage 1995

Umschlag: Peter Krafft, Designagentur, Freiburg im Breisgau
Satz: CSF · ComputerSatz GmbH, Freiburg im Breisgau
Druck und Bindung: Clausen & Bosse GmbH, Leck
Printed in Germany

ISBN 3-7626-0678-1

Gedruckt auf chlorfrei gebleichtem Papier

Dieses Buch widme ich meiner Frau Edeltraud,
der ich mich von alten Zeiten her
bis heute besonders verbunden fühle.

Inhalt

Was Sie in diesem Buch finden und erkennen können

Dieses Buch befaßt sich mit Reinkarnation, also dem Gedanken der Wiederverkörperung, und damit wiederholten menschlichen Erdenleben. Es geht dabei nicht darum, diese jahrtausendealte Idee beweisen, verteidigen oder rechtfertigen zu wollen; vielmehr wird dem interessierten Leser an einer Reihe von Beispielen aus dem täglichen Leben gezeigt, daß wir alle wesentlich mehr über unsere früheren Inkarnationen empfinden, fühlen, ahnen und träumen, als uns im allgemeinen bewußt ist.

Hier nun einen Weg zu zeigen, aus eigener Überlegung und Kraft weit zurückliegende Ereignisse, Erfahrungen, Reifungskrisen sowie körperliche und seelische Verletzungen zu erkennen, aufzuarbeiten und zu bewältigen, ist mein besonderes Anliegen. Wenn es in Ihrem Fall darüber hinaus notwendig sein sollte, den Weg der Reinkarnationstherapie zu gehen, werden Sie die vorgelegten Anregungen zur Vertiefung des Wissens um sich selbst als Vorarbeit für die Wanderung in weit zurückliegende Zeiten einsetzen können.

Die hier vorliegende 3. Auflage wurde ergänzt und erweitert. Dazu gehören Kapitel über die Möglichkeit der Besessenheit, die in der modernen Psychiatrie heute als »Multiple Persönlichkeitsstörung« (MPS) umschrieben wird, und die Problematik um die sogenannten hirntoten Menschen als mögliche Organspender.

Die nach der Veröffentlichung der ersten beiden Auflagen bei mir eingegangenen Fragen habe ich in der nun vorliegenden Ausgabe so weitgehend wie möglich berücksichtigt.

Bad Wildbad, April 1995 Baldur R. Ebertin

Einführung in die Thematik

Unsere individuelle Lebensgeschichte

Wir können lange darüber nachdenken, was denn der Sinn unseres gegenwärtigen Lebens sei. Selten wird es uns gelingen, allein aus der augenblicklichen Sichtweise zu entdecken, warum unser Leben bisher so und so abgelaufen ist und wie es wohl weiterlaufen könnte.

Wenn wir jedoch bereit sind, unsere bisherige Lebensgeschichte einmal schriftlich aufzuzeichnen, werden wir auf eine Reihe von Schlüsselerlebnissen und sonstigen wichtigen Erfahrungen und Erkenntnissen stoßen, die zu unserer gegenwärtigen Situation beigetragen haben. Deshalb gebe ich Ihnen im Rahmen dieses Buches Anregungen zur ausführlichen Beschäftigung mit sich selbst und zum Nachdenken über den bisherigen Ablauf des Lebens.

Der Blick zurück

Es kann sicher nicht unsere ausschließliche Lebensaufgabe sein, unseren Blick ständig zurück auf die Vergangenheit zu wenden; dies soll nur dazu dienen, die abgerissenen Fäden zwischen unserer Vergangenheit und Gegenwart zu finden. Zusammenhänge zwischen damals und heute können, wenn man will, erkannt werden und damit der individuellen Zukunftsgestaltung dienen.

Viele Konflikte, Nöte, Ängste, Zwänge oder auch Vermeidungshaltungen haben mit unseren Erfahrungen in Elternhaus, Kindergarten, Schule, Ausbildung zu tun, auch mit zwischenmenschlichen Begegnungen in Ehe, Familie und Beruf. So sind wir in die eine und andere Falle getreten, haben uns getäuscht, den rechten Umgangston verfehlt, uns Bloßstellung, Ärger, Demütigung, Diskriminierung, vielleicht sogar Strafe zugezogen.

In solchen Fällen kann uns eine Situationsanalyse und die darauf aufbauende Strategie für besseres Lernen, Disponieren, Verhalten helfen, sei es aus eigener Kraft und Phantasie oder mit Hilfe von Büchern, Freunden, Beratern oder Psychotherapeuten (1)*. Wir kennen jedoch alle auch Stimmungen und Gefühle, die uns beschleichen, wenn wir uns ungerecht behandelt, benachteiligt, hintangesetzt vorkommen und dann an Gottes Gerechtigkeit zu zweifeln beginnen oder gar daran verzweifeln.

Zahlreiche Schriften und Kurse (2) werden angeboten, die versprechen, unsere Selbsterkenntnis zu wecken und zu stärken. Sie sollen uns helfen, mehr als bisher Erfolgserlebnisse zu haben, mehr Selbstvertrauen und Selbstsicherheit zu gewinnen und mutiger unser Leben in die Hand zu nehmen. Dabei stellt sich allerdings die Frage, ob wir in der Lage sind, das Gehörte und Gelesene auch in die Tat umzusetzen.

Aus weit zurückliegender Vergangenheit können starke Hemmungen, Widerstände, Blockaden, unbewußte Schuldgefühle bis hin zu Flüchen und Verwünschungen durch andere in unser Denken und Handeln einwirken, daß wir unsere Anlagen und Fähigkeiten nicht oder nur ungenügend in die Realität umsetzen können (3). Deshalb bietet es sich an, unsere Vergangenheit zu erhellen.

Noch weiter zurück bis in frühere Inkarnationen

Während meiner 35jährigen psychotherapeutischen Arbeit begegnete ich immer wieder Menschen, für die dieser oben skizzierte Blick zurück bis in Kindheit und Geburt nicht ausreichte,

---

* Die Zahlen in Klammern beziehen sich auf Literaturhinweise, die am Schluß des Buches ab Seite 375 zusammengefaßt sind.

um die Hintergründe für ihre körperlichen und seelischen Belastungen und Schwierigkeiten zu erkennen.

Dazu gehören Menschen mit Selbstmordgedanken und Depressionen; andere wurden zum Sündenbock, Prügelknaben, Klassenkasper, Angsthasen, Versager, Eckensteher, Schlappschwanz, Lückenbüßer, Schweiger, Einzelgänger, Eremiten, Sonderling, Aschenputtel, Stiefelputzer, Blödel bis hin zum »ewigen Studenten«.

Auch das heute öfter auftretende Mobbing bis hin zum Ausländerhaß und zur Rassendiskrimination können Quellen haben, die weit hinter wirtschaftliche und politische Gegenwartsproblematik zurückreichen und individuelle Hintergründe haben. Der Diplom-Psychologe H. Leymann erwähnt in seinem Buch *Mobbing – Psychoterror am Arbeitsplatz und wie man sich dagegen wehren kann*, daß in Deutschland rund 1,4 Millionen Menschen an ihrem Arbeitsplatz von Kollegen und Vorgesetzten ständig verletzt, bloßgestellt, nachgeäfft, gequält, diffamiert, verleumdet werden, bis sie in Grenzfällen den Weg in die psychosomatische Krankheit, die Frührente oder gar den Selbstmord suchen. Für Schweden geht die Statistik von 154 000, für die Niederlande von 250 000, für Frankreich von 950 000 Mobbingopfern aus (4).

In solchen und anderen Fällen hat es sich als sinnvoll erwiesen, den Blick nicht nur auf die akute Konfliktsituation zu begrenzen, sondern bis in die Kindheit und Geburt zurückzuwenden. Darüber hinaus bieten sich zusätzlich die Methoden des Rebirthing und der Reinkarnationstherapie an, denn vor allem bei der Betrachtung früherer Erdenleben zeigt die Erfahrung immer wieder, daß unbewußte »Opfer-Programme« eine sehr lange Entwicklungsgeschichte haben können, die Jahrhunderte, wenn nicht Jahrtausende zurückreichen.

Die Unsterblichkeit der Seele

Die Vorstellung, daß die menschliche Seele unsterblich sei und nach dem körperlichen Tod weiterlebe, ist Jahrtausende alt (5). Wenn wir den statistischen Angaben bekannter Meinungsforschungs-Institute folgen wollen, ist inzwischen jeder vierte Bürger der Bundesrepublik Deutschland davon überzeugt, daß nach dem Tode »nicht alles vorbei« sei und die unsterbliche Seele sich irgendwann wieder inkarniere (6).

Davon unabhängig vertreten die christlichen Kirchen und Sekten nach wie vor den Standpunkt, daß es nur ein einmaliges Leben gebe, die Toten erst in unbestimmter Ewigkeit wieder auferweckt würden, dann das »jüngste Gericht« stattfinden und danach »die Spreu vom Weizen getrennt« werde (7).

Unsere Arbeitshypothese

Der Buchtitel *Reinkarnation und neues Bewußtsein* beinhaltet den Gedanken, daß die menschliche Seele unsterblich ist, der Mensch durch zahlreiche Inkarnationen hindurchgehen will und muß, um durch eine Vielzahl von Reifungsprozessen vollkommen zu werden.

Die Reifung von der Person zur Persönlichkeit, vom kollektiven zum individuellen Denken und Verhalten, ist allem Anschein nach kein Prozeß von wenigen Jahren oder Jahrzehnten, sondern von wesentlich größeren Zeiträumen, als nur einem Leben allein.

Im allgemeinen erinnern wir uns nicht an frühere Inkarnationen, sei es, weil wir gar nicht darum wissen oder nur innerhalb bestimmter Vorstellungsmuster denken, sei es im Sinne naturwissenschaftlicher Beweisbarkeit oder dogmatisch engen Kirchenchristentums.

Meine Erfahrungen mit besonders schwierigen Patienten und deren oft seltsamen, schwer nachvollziehbare und unverständlichen Symptome haben mir gezeigt, daß es so etwas wie ein »Reinkarnationsbewußtsein« geben muß. Es kann in Gesprächen, einer bestimmten Wahl von Worten und Redewendungen, in Beschreibungen von körperlichen und seelischen Beschwerden, in Angstzuständen und unkontrollierbaren Reaktionen, in Mienenspiel, Gesten und Verhalten wie auch in Sympathien und Antipathien gegenüber Gegenständen, Räumen, Gebäuden, Personen, Ländern und Sprachen auftauchen.

Das Wissen um frühere Erdenleben und die daraus gewonnenen Erfahrungen bewirken in der Mehrzahl der Fälle ein höheres Maß an Einsicht und Verantwortung, an Nachdenken und an Rücksicht, kurz ein ethisch ausgerichtetes Verhalten. Es gibt jedoch auch Menschen, die trotz der Chance und Gnade, einen Blick zurückwerfen zu dürfen, nicht bereit sind, ihrer neuen Erkenntnis entsprechend ihr gegenwärtiges Leben und Handeln zu überdenken und gegebenenfalls zu ändern.

Ähnlichkeiten mit dem Schicksal anderer Menschen?

Beim Lesen werden Sie Menschen kennenlernen, die mit besonderen Problemen, Störungen, Ängsten und als ausweglos erscheinenden Schwierigkeiten konfrontiert wurden. Es sind Menschen »wie du und ich«, und Sie werden teilnehmen an deren Rückerinnerungen an ihre früheren Leben und ihr Bemühen, die Zusammenhänge zwischen vergangenen Existenzen und gegenwärtigen Lebensereignissen zu erkennen.

Mit der einen oder anderen Person und ihren Symptomen werden Sie sich vielleicht identifizieren können oder Ähnlichkeiten in Schicksal und Symptomatik feststellen. Wenn es so sein sollte, werden Sie auch schon erste Lösungsmöglichkeiten für Ihre eigene Lebenssituation ins Auge fassen können.

Zusammenhänge zwischen gegenwärtigen Beschwerden, Schmerzen, Krankheiten und früheren Inkarnationen

Wir können heute von einer »Ausdruckssprache der menschlichen Seele« ausgehen, die sich nicht nur in der Körperhaltung, der Mimik und Gestik, dem Verhalten und den Körperbewegungen äußert, sondern auch im gesunden oder gestörten Funktionieren der Organe bis hin zu akuten und chronischen Krankheiten.

Besonders auffallend sind dabei solche psychosomatischen Erkrankungen, die Schmerz erzeugen, ohne daß man dafür eine organische oder sonstige körperliche Ursache nachweisen könnte. Die Patienten klagen dann über ihre Beschwerden, während der sorgfältig untersuchende Arzt in der Klinik nichts findet und den Patienten für gesund halten muß.

Wer hat nun recht, der leidende Patient oder der nicht fündig gewordene Arzt? Ist der Patient ein Simulant oder der Arzt ein Stümper? Die Praxis zeigt immer wieder, daß der Patient bestimmte Symptome hat, sich aber klinisch nichts nachweisen läßt. Diagnostisch spricht man dann von funktionellen Störungen, die sich jedoch mit keinem noch so hochwertigen Gerät beweisen lassen.

Mit den Methoden der Reinkarnationstherapie lassen sich in solchen Fällen oft Zusammenhänge finden zwischen der Symptomatik des Patienten einerseits und körperlichen und/oder seelischen Verletzungen in früheren Inkarnationen andererseits.

Es taucht hier der Vergleich auf zwischen der Amputation eines Beines und späteren Schmerzen am nicht mehr vorhandenen Bein, sogenannten Phantomschmerzen. Mit anderen Worten: auch wenn ein Bein in der Klinik abgenommen wurde, kann der Patient zeitweise daran Schmerz spüren, eben den Phantomschmerz.

Solche Phantomschmerzen können auch entstehen, wenn in früheren Inkarnationen Verletzungen entstanden, wie z. B. Stiche in Brust, Bauch, Herz, Brüche von Armen oder Beinen bis hin zu Folterungen mit Überdehnungen, Brechen von Knochen, Verbrühungen und Verbrennungen.

Neues Denken in den Naturwissenschaften?

Nach meinen vieljährigen Erfahrungen mit der Reinkarnationstherapie steht für mich fest, daß es wiederholte Erdenleben gibt und sich Erinnerungen daran in der Tiefenentspannung abrufen lassen, sei es im Sinne von körperlichen Empfindungen und Gefühlen, filmartig vor dem »inneren Auge« ablaufenden Szenen, dem Hören von Geräuschen, Musik oder Stimmen bis hin zu Düften und Gerüchen.

Es ist in diesem Zusammenhang interessant, daß ein Physiker, Frank J. Tipler, sich zu einem Buch mit dem Titel *Die Physik der Unsterblichkeit – Moderne Kosmologie, Gott und die Auferstehung der Toten* (8) inspirieren ließ. Er legt darin eine »beweisbare physikalische Theorie« vor, »die besagt, daß ein allgegenwärtiger, allwissender, allmächtiger Gott eines Tages in der fernen Zukunft jeden einzelnen von uns zu einem ewigen Leben an einem Ort auferwecken wird, der in allen wesentlichen Grundzügen dem jüdisch-christlichen Himmel entspricht« (9). Und an anderer Stelle äußerte er: »Indem sie die Frage nach der Unsterblichkeit mit Ja beantwortet, dringt die Wissenschaft endlich in die wichtigste Domäne der Theologie ein . . . Wie die Medizin ist auch die Religion einfach zu wichtig, als daß man sie allein den traditionellen Fachgelehrten überlassen dürfte« (10).

Wer bereit ist, über Sinnfragen des Lebens bis hin zur Religion nachzudenken, wird da und dort die ausgefahrenen Gleise tradierten und konventionellen Denkens verlassen müssen.

Wer also eine Reihe von Rätseln aus seinem bisherigen Leben lösen will und sich fragt, warum wohl bestimmte Ereignisse und Erfahrungen, vor allem schmerzlicher Art, entstanden, kann aus dem hier vorgelegten Material den einen und anderen

Fingerzeig erhalten und durch seine Erkenntnisse ein neues Bewußtsein gewinnen.

Die Signatur des Kosmos

Millionen von Menschen wissen heute, in welchem Tierkreiszeichen die Sonne stand, als sie geboren wurden. Dementsprechend wird vom »Widder-Typ«, »Löwe-Typ«, »Schütze-Typ« wie auch den anderen neun von insgesamt zwölf »Typen« gesprochen.

Mit dieser vereinfachten populären Astrologie wollen wir uns hier nicht beschäftigen. Aber beim Lesen der Fallbeispiele von Menschen mit einer Serie von Rückerinnerungen werden Sie eine Reihe von Kosmogrammen oder Geburtsbildern entdekken. Diese werden aus der kosmobiologischen Sichtweise heraus besprochen, zur gegenwärtigen Lebens- und Krankengeschichte und bestimmten Erfahrungen aus früheren Inkarnationen in Beziehung gesetzt.

Spekulationen darüber, wie Geburtsbilder aus früheren Inkarnationen eines Menschen ausgesehen haben könnten, gibt es genug. Sie sind hier nicht Gegenstand für ein Pro oder Kontra. Der hier beschrittene Weg ist praxisorientiert und wird m. E. zeigen, daß es aus dem Kosmogramm des gegenwärtigen Lebens, dessen astronomische Koordinaten als sicher angesehen werden können, möglich ist, auf gravierende Ereignisse und deren Auswirkung auf Körper und Seele in früheren Inkarnationen zu schließen.

So können bestimmte Winkelverbindungen zwischen Mars und Uranus nicht nur darauf schließen lassen, daß ein sehr dynamischer und zur schnellen Leistung drängender Wille vorliegt, sondern auch die Tendenz zu unüberlegten und überstürzten Handlungen, da und dort mit Verletzungs- oder Unfallgefahr, besteht. Auf der Ebene von Rückerinnerungen an frühere Inkarnationen kann eine solche Planetenkonstellation auf Schnitt-, Stich- oder auch Schußverletzungen an bestimmten Stellen des Körpers hinweisen.

Konjunktionen von Saturn und Uranus im Tierkreiszeichen Stier lassen auf der Ebene der früheren Inkarnationen an Verletzungen und vor allem Risse und Brüche in Haut, Muskulatur, Gewebe, Wirbel und Knochen im Bereich von Hals und Nakken denken, da und dort an erlittene Strangulationen. Das Zeichen Stier hat nach bisherigen Erfahrungen Beziehungen zum Hals-Nasen-Rachen-Ohren-Raum des Menschen.

Auf der Ebene des gegenwärtigen Lebens klagen Menschen mit Saturn-Uranus-Konjunktionen im Zeichen Stier häufig darüber, anfällig für Erkältungskrankheiten, Hals- und Mandelentzündungen zu sein. Da und dort fallen auch Bemerkungen wie: »Manchmal bekomme ich keine Luft.« »Mir ist oft der Hals wie zugeschnürt.« »Ich habe manchmal das Gefühl, wie wenn mir jemand den Hals zudrückt.« Solche Beschreibungen können auf Traumata aufmerksam machen, die in früheren Zeiten erlitten wurden. Dem Betroffenen selbst muß dies nicht bewußt sein, obwohl seine Ausdrucksweise darauf schließen läßt.

Wenn Kombinationen aus Neptun, Mars und Saturn in einem Kosmogramm vorliegen, können frühere Todeserlebnisse unter Einwirkung von Gift, Gas, Rauch, Qualm, Feuer eine Rolle gespielt haben.

Auf die Gegenwart bezogen klagen Menschen mit solchen kosmischen Signaturen oft über ein Gefühl der Schwäche, der Übelkeit, des häufig »verdorbenen Magens«, der Ohnmacht, des Erstickens, der Neigung zum Konsum von Beruhigungs- und Schmerzmitteln.

In Träumen, Phantasien und Ängsten können Szenen auftauchen, wie wenn jemand taumelt, nach Atem ringt, wehrlos am Boden liegt oder vor einer akuten Lebensgefahr davonrennen will.

Übersehen wir dabei aber nicht, daß die Signatur Mars–Saturn–Neptun auf der seelischen Ebene auch die Beschäftigung mit Grenzsituationen des Lebens nahelegen kann.

Die erwähnten Beispiele sind Hinweise, die unbedingt im Zusammenhang mit der bisherigen Lebens- und Krankengeschichte gesehen werden müssen. Wenn jemand jedoch immer wieder Herzschmerzen so beschreibt, »als ob mir ein Stich ins Herz fährt« und in seinem Geburtsbild Mars und Uranus im Tierkreiszeichen Löwe stehen, das mit Herz und Blutkreislauf in Beziehung steht, dann können solche Symptome erste Vermutungen auf Verletzungen des Herzens in früheren Inkarnationen aufkeimen lassen.

Es wäre demnach verfehlt, aus einer bestimmten Konstellation in einem Kosmogramm sofort auf organische Störungen, Wunden, Narben oder Todeserlebnisse in früheren Inkarnationen schließen zu wollen. Vielmehr muß eine möglichst ganzheitliche Sichtweise erstrebt werden. Symptomatik, häufig auftretende Stimmungen und Gefühle, Beschwerden und Schmerzen, Ängste und Vermeidungshaltungen, ergänzend bestimmte Hinweise aus dem Geburtsbild und dazu die individuellen Rückerinnerungen an frühere Existenzen und deren Ablauf werden zunehmend ein mosaikartiges Bild über frühere Entwicklungsprozesse und die gegenwärtige Persönlichkeits-Struktur entstehen lassen.

Hinweisen möchte ich auch darauf, daß ein Symbol umfassender ist, als sich sprachlich erfassen läßt, und es kann auch mehrere Facetten der Betrachtung enthalten. Das gilt auch für die kosmischen Strukturen, die in einem Kosmogramm auftauchen. Nach meinem Dafürhalten lassen sich mindestens zehn Bereiche menschlichen Lebens aus einem Geburtsbild gewinnen. Dazu gehören Aussagen über die Konstitution, psychosomatische Zusammenhänge, die Charakterstruktur bis hin zu Interessen und Beruf (11).

An der Schwelle stehen – zwischen Erdgebundenheit und Erlösung

In unserer Zivilisation wird heute vieles dafür getan, den individuellen Tod hinauszuzögern, auch wenn es nur darum geht, die körperlichen Funktionen eines deutlich vom Tode gezeichneten Menschen noch eine Zeitlang zu erhalten.

Am wichtigsten scheint ein Gewinn an Lebenszeit zu sein,

und sei es nur für wenige Monate, Wochen oder Tage, und das in einer Zeit hoher Lebenserwartung, die in den westlichen Ländern bei über 70 Lebensjahren liegt, gut doppelt so hoch wie in früheren Jahrhunderten.

Das heißt mit anderen Worten, daß der Sterbende länger als vielleicht sinnvoll – von unserer Seite aus gesehen – an der Schwelle zwischen hier und drüben gehalten wird und nicht »hinübergehen« kann oder darf.

Vielleicht nehmen wir aber auch nur an, wir könnten mit unseren medizinischen und technischen Methoden Leben länger als bisher möglich erhalten und übersehen dabei den tiefen Sinn des Abschiednehmens zwischen Sterbenden und Hinterbliebenen.

Es könnte aber auch sein, daß die aus dem Bewußtsein verdrängten Gedanken um den Tod durch längere Sterbephasen den Übergang von einer Seinsweise zur anderen vorbereiten helfen sollen.

Wer der Auffassung ist, daß mit diesem Leben »alles vorbei« sei, wird sein Leben so lange als nur möglich erhalten wollen, auch wenn es mit erheblichen Einschränkungen verbunden sein sollte. Solche Menschen wollen nicht in ein angebliches bodenloses, alles Leben zerstörendes Nichts fallen und sind deshalb zu vielerlei Kompromissen an das Leben bereit.

Ganz anders wird der Tod für Menschen sein, die von der Unsterblichkeit der Seele oder sogar von der Reinkarnation überzeugt sind. Sie erleben Geburt und Tod als Übergangsphasen von einer Seinsweise in eine andere, als Entwicklungsprozesse auf der Wanderschaft von hier nach drüben in die andere Welt, oder von drüben nach hier in das irdische Leben.

Die in diesem Buch angesprochene Thematik kann sicher mit dazu beitragen, die Unsicherheit vor dem unbekannten Tod und angeblich damit verbundenen Schmerzen und Ängsten zu nehmen.

Organentnahme, Organspende, Organübertragung

1967 gelang dem südafrikanischen Chirurgen Christiaan Barnard die erste Herzverpflanzung. Seitdem entstand eine stetig ansteigende Nachfrage nach transplantierbaren Organen. In Zahlen ausgedrückt lag der Bedarf für das Jahr 1993 bei jährlich 4000 Nieren, 1000 Lebern und 1000 Herzen. »1993 warteten in Deutschland allein rund 8000 Patienten auf eine Niere, mehr als 21 000 potentielle Anwärter auf dieses Organ waren auf die künstliche Blutwäsche (Dialyse) angewiesen« (12).

1993 wurden in Deutschland 2164 Nieren, 490 Lebern, 505 Herzen, 71 Lungen und 45 Bauchspeicheldrüsen transplantiert (13). Damit wurde das Leben von über 3000 Personen verlängert.

Diese Organtransplantationen wären nicht möglich gewesen, wenn 1959 nicht das sogenannte Hirntodkriterium definiert worden wäre. Zuvor galt ein Mensch als tot, wenn alle seine Organfunktionen, vor allem sein Blutkreislauf, zusammengebrochen waren und im Anschluß daran der Körper kalt und steif wurde. Hirntod dagegen wird festgestellt, wenn die Hirnströme aufgehört haben, aber der Körper noch warm und durchblutet ist und ihm deshalb auch noch funktionsfähige Organe entnommen werden können:

> »Biologisch ist mit vollständigem und endgültigem Ausfall der gesamten Hirntätigkeit die selbständige, selbstbestimmende, aus inneren Gründen selbsttätige Lebenseinheit und Lebensordnung des Organismus verloren, das Lebewesen zuende gegangen . . . Anthropologisch fehlt dem Menschen, dessen Hirntätigkeit vollständig und endgültig ausgefallen ist, die in dieser Welt notwendige und unersetzliche körperliche Grundlage für alles Geistige. Ein solcher Mensch kann nie mehr eine von außen oder aus seinem Inneren kommende Wahrnehmung oder Beobachtung machen, verarbeiten und beantworten, nie mehr einen Gedanken fassen, verfolgen

> und äußern, nie mehr eine Überlegung anstellen und mitteilen, nie mehr eine Gemütsbewegung spüren und zeigen, nie mehr eine Entscheidung treffen ...« (14).

Gegen diese Hirntoddefinition gibt es überlegenswerte Einwände, denn wer weiß denn ganz sicher, ob ein hirntoter, aber noch warmer und durchbluteter Körper keine Empfindungen und Gefühle mehr habe?

Die Diplom-Psychologin E. Wellendorf schreibt in ihrem Buch *Mit dem Herzen eines anderen leben?*:

> »Ein Hirntoter unterscheidet sich von einem normalen Toten dadurch, daß alle übrigen Organe sowie Herz und Kreislauf funktionieren. Äußerlich gleicht er einem Schlafenden. Für mich ist es verwunderlich, daß diese willkürliche Vorverlegung des Todes keinen größeren und nachhaltigeren Protest hervorgerufen hat« (15).

Und an anderer Stelle äußert sie sich ebenfalls unüberhörbar kritisch, wobei sie tatsächlich weiß, wovon sie spricht, denn sie betreut Patienten vor und nach Organtransplantationen:

> »Die Diskussion um die Hirntoddefinition ist für mich ein typisches Beispiel dafür, wie man die Wirklichkeit seinen Wünschen entsprechend beugen kann, auch wenn die Wirklichkeit eigentlich eine andere ist. Um transplantieren zu können, werden lebensfrische Organe benötigt. Aus Toten sind nur sogenannte ›Kadaverspenden‹ zu entnehmen, die den Bedürfnissen nicht entsprechen. Aus diesem Dilemma gibt es nur einen Ausweg: den Tod neu und ›transplantationsgerecht‹ zu definieren ...« (16).

Wir müssen uns auch fragen, ob Menschen, die Organempfänger werden wollen, nicht der Möglichkeit beraubt werden, selbstverantwortlich und pfleglich mit ihrem Körper und ihren Organen umzugehen.

Muten wir einem Organempfänger vielleicht sogar zu, daß

die Seele des letztlich Verstorbenen an das übertragene Organ gebunden bleibt? Könnten daraus Formen der Besessenheit werden?

Auch hier kann nach meinem Dafürhalten der Gedanke von der Unsterblichkeit der Seele und deren Wiederkunft zu einem weiteren Erdenleben sicher eine Hilfe sein, sein Leben und Sterben sinnvoll zu gestalten.

Die Gegenwart erkennen, die Zukunft gestalten

Mit oder ohne Reinkarnationsüberlegungen haben wir unsere täglichen Aufgaben und Pflichten zu erfüllen, mit jedem Tag wird die vor uns liegende Zukunft zur uns fordernden Gegenwart. Dies und jenes muß erledigt und bewältigt werden, auch wenn wir manches »auf die lange Bank schieben« wollen.

Wenn jedoch aus der Vergangenheit stammende Belastungen, Hemmungen, Widerstände, Fehlentscheidungen, Versäumnisse bis hin zu Wunden und Narben körperlicher und seelischer Art erkannt und aufgearbeitet sind, können starke Kräfte in uns entstehen, das in uns angelegte Potential zu nützen und zu gestalten.

Eine große Rolle spielt heute das sogenannte Zeitmanagement (17, 18). Es geht darum, wie wir optimal mit unserer Zeit umgehen. An sich arbeiten heute viele Menschen wesentlich kürzer, als es in früheren Generationen üblich war. Trotzdem sprechen wir davon, daß wir keine oder nicht genügend Zeit für uns haben. Das liegt u. a. daran, daß unsere freie Zeit für eigene Ideen, eigenes Nachdenken und Gestalten größtenteils durch lange Reisen an ferne Urlaubsorte, Fernsehen und eine fast nicht mehr überschaubare Informationsflut zunehmend eingeschränkt wird (19).

Die Thematik dieses Buches und die darin enthaltenen Vorschläge können vielleicht dazu beitragen, mehr als bisher zu sich selbst zu kommen und die eigene Person mit ihrer Lebensgeschichte einmal in den Vordergrund zu stellen. Hieran mitzuwirken, ist eines der Ziele dieses Buches.

Das große Warum

Jeder von uns wird da und dort schon über sein bisheriges Schicksal nachgedacht haben, vor allem dann, wenn mit dem Verstand schwer nachvollziehbare Ereignisse eintraten: Der Verlust von nahestehenden Menschen durch Krankheit, Unfall, Operation, Tod; eigene Krankheiten oder Operationen; Trennung oder Scheidung von Menschen, die wir einst liebten; beruflich bedingte Ortswechsel, Belastungen, Fehlschläge bis hin zum heute immer mehr um sich greifenden Mobbing in den Behörden und Betrieben; durch Politik und Krieg erzwungene Entwurzelungen wie Vertreibung, Flucht, Emigration.

Wenn es uns gut geht und alles seinen erwarteten positiven Verlauf nimmt, halten wir es kaum für nötig, irgendeine Form von Rückschau zu halten. Dann hat ja unser Erfolg mit unserer Intelligenz, Planung, Vorausschau und richtigen Strategie zu tun – wie wir annehmen!

Was uns also innehalten und unser bisheriges Leben rückwirkend betrachten läßt, das sind die unangenehmen, belastenden, schlimmen, schmerzenden, uns in die Frustration und Resignation treibenden Erlebnisse und Ereignisse bis hin zu Überlegungen, mit dem bisherigen Leben »Schluß zu machen«, »den Löffel wegzuschmeißen«.

Wir könnten annehmen, daß es einen tieferen Sinn habe, wenn wir »nicht mehr aus noch ein wissen«, »aus dem Konzept gerissen« werden, ratlos sind, uns Fragen stellen wie zum Beispiel: »Warum stößt gerade mir so etwas zu?«

1948/49 fiel mir »zufällig« ein Buch in die Hand mit dem Titel: »Das große Warum – Roman um eine Weltanschauung« (20). Wenn ich es mir genau überlege, führte dessen Inhalt mich zu meinem im Laufe der Jahre immer mehr gewachsenen Interesse an dem Thema der Reinkarnation und auch zum Schreiben des vorliegenden Buches.

Geschildert wird in diesem Buch, wie eine Familie und einige Beziehungspersonen schicksalhaft durch mehrere Inkarnationen hinweg miteinander verbunden waren. Mittelalterliche Gewalt eines Ritters gegenüber Tieren, untergebenen Menschen, Frau und Kind wird geschildert. Nach seinem gewaltsamen Tod – seine Leibeigenen hatten in letzter Verzweiflung an seine Burg Feuer gelegt und ihn auf diese Weise verbrannt – versuchte der Vater seinen Sohn vom Jenseits her zu manipulieren, damit dieser gegenüber seinen Bauern genau so brutal handeln sollte wie er zu seinen Lebzeiten.

Besonders beeindruckend war für mich, daß eine der Romanfiguren in der Lage war, Menschen in frühere Leben zurückzuführen und ihnen auf diese Weise zu helfen, ihr gegenwärtiges Leben besser zu verstehen und alte schicksalhafte Verknüpfungen aufzulösen.

Als ich das Manuskript für die erste und nun auch dritte Auflage dieses Buches vorbereitete und ergänzte, sah ich mich veranlaßt, das seit vielen Jahren in meinem Bücherschrank stehende »Warum« erneut zur Hand zu nehmen, es noch einmal zu lesen und mich zu fragen, warum es mich in meiner Jugendzeit im tiefsten Inneren beeindruckte. Wie ich erkannte, war es nicht nur der Gedanke der Reinkarnation, sondern auch der Hinweis, daß aus dem Horoskop eines Menschen Hinweise auf frühere inkarnative Verflechtungen zu erkennen seien.

Da ich selbst seit Jahrzehnten meine psychotherapeutische und heilkundliche Arbeit mit dem Geburtsbild meiner Patienten und Klienten verbinde und dazu auch die kosmischen Rhythmen in der Form von sogenannten Transiten, Sonnenbogendirektionen und Progressionen in Diagnostik und Therapie einbeziehe, kann ich die Vorstellungen des oben genannten Autors gut nachvollziehen.

In der Tagespresse können wir häufig Berichte von besonders tragischen Schicksalen lesen. Auch aus der psychotherapeutischen Arbeit wurde ich immer wieder mit Lebensgeschichten konfrontiert, die als außergewöhnlich bezeichnet werden können und die Frage nach dem Warum solcher Abläufe wach werden lassen. Dazu einige Beispiele:

Warum sterben Babys ohne erkennbaren Grund innerhalb des ersten Lebensjahres?
Warum bindet sich eine Seele an einen Embryo bzw. Fötus, der im Laufe der Schwangerschaft abstirbt oder abgetrieben wird?
Warum werden manche Kinder von ihren Eltern gequält und fast totgeprügelt?
Warum vergreifen sich manche Väter an ihren Töchtern und mißbrauchen sie sexuell?
Warum demütigt, schikaniert, verletzt, schlägt, tötet ein Ehepartner den anderen?
Warum werden bestimmte Frauen belästigt, überfallen, beraubt, vergewaltigt?
Warum fühlen sich manche Männer zu Dominas in der Prostitution hingezogen und lassen sich von ihnen treten, beschmutzen, bedrohen, auspeitschen, in Ketten legen, einfach »fertig machen«, bis sie ihre sexuelle Erfüllung finden?
Warum werden diese oder jene Menschen geschlagen, entstellt, gefoltert, ermordet, hingerichtet? Warum sterben sie besonders schmerzhaft?
Warum werden einigen tausend Menschen, sogenannten Hirntoten, Organe zur Transplantation auf Organempfänger entnommen, obwohl aus ihnen das bisherige Leben noch gar nicht entwichen ist?
Warum bekommen Partner Kinder, die sie gar nicht wollen, und warum wird Menschen, die sich sehnlichst ein Kind wünschen, ein solches Kind vorenthalten?
Warum werden aus glücklichen Ehen und Familien die Partner, Väter, Mütter, Kinder durch frühen Tod entrissen?
Warum quälen sich Eheleute und Familienmitglieder durch ein extrem schlechtes Ehe- und Familienleben und reiben sich aneinander bis zum »Geht nicht mehr« auf?

Wenn Sie selbst solche und ähnliche Fragen nach dem Warum ihres bisherigen Lebens auf dem Herzen haben sollten, dann schreiben Sie diese einmal auf und formulieren dazu Ihre Vorstellungen und Phantasien. Die einzelnen Kapitel dieses Buches, u. a. die Beispiele für Reinkarnations-Erinnerungen (vgl. S. 83 ff.), können Ihnen vielleicht einige Anstöße zu eigenen Aufzeichnungen und erste Antworten geben.

Es ist mir dabei bewußt, daß es kaum menschenmöglich ist, alle auftretenden Fragen zu beantworten. Wir können aber von Seite zu Seite gemeinsam einen Weg suchen, der Ihnen hilft, Ihre eigenen Fragen zu stellen und die eine und andere für Sie wichtige Antwort zu finden.

Fragen an die eigene Wissenschaft

Zu den heutigen Psychotherapiekonzepten gehört die Annahme, daß das Krankheitsbild eines Patienten, sei es körperlicher und/oder seelischer Art, sich aus seiner bisherigen Lebensgeschichte und seiner Vergangenheit »zwischen gestern und Geburt« ableiten lassen müsse. Herangezogen werden dazu das im Laufe des bisherigen Lebens entstandene Vater- und Mutterbild, der Erziehungsstil im Elternhaus, die religiöse Ausrichtung, die Zeitverhältnisse und bestimmte Erlebnisse und Erfahrungen in der frühen bis späten Kindheit, der Jugend bis hin zum inzwischen erreichten Lebensalter.

Die schulische, berufliche, partnerschaftliche oder sonstwie geartete Situation sollte also aus der persönlichen Vergangenheit heraus verständlich und ableitbar sein.

Der weitere therapeutische Gedankengang ist dann, die Hintergründe für den bisherigen Ablauf des Lebens zu erkennen und Strategien zu entwickeln, um aus den eingefahrenen Verhaltensweisen herauszufinden und neue sinnvolle Wege für die weitere Lebensgestaltung zu gehen. Die Übersicht auf S. 53ff. kann verdeutlichen, wie sowohl Ermutigung und Risikobereitschaft als auch Vorsicht und Resignation entstehen können. Einsicht, Nachdenken, Überblick und Planung können in solchen Fällen dazu beitragen, für das eigene Lebensschiff wieder Antriebskraft zu gewinnen – sei es aus eigener Kraft oder mit psychotherapeutischer Hilfe.

Die eigene heilkundliche und psychotherapeutische Erfahrung zeigt jedoch immer wieder, daß es Symptome körperlicher und seelischer Art gibt, die sich trotz intensiven Suchens nicht aus bisherigen Erfahrungen in Kindheit, Jugend und Erwachsenenalter ableiten, verstehen oder gar behandeln lassen. Dazu gehören vor allem körperliche Beschwerden und Schmerzen ohne klinischen Befund, wonach der untersuchte Patient gesund sein müßte, sich aber nicht so fühlt. Seelische Nöte aus der Furcht vor bestimmten Situationen, Gegenständen, Menschen, Tieren oder undefinierbare und mit dem Verstand nicht erfaßbare Ängste und damit verbundene Vermeidungshaltungen gehören ebenfalls zu den belastenden Symptomen, deren Hintergründe wir mit den üblichen Methoden der Psychologie, Tiefenpsychologie und Psychotherapie nur begrenzt oder gar nicht erfassen können.

Nun könnte man natürlich sagen, daß ein Zusammenhang zwischen dem gegenwärtigen Leiden eines Menschen und bestimmten früheren auslösenden Ereignissen zwingend bestehen müsse, es aber nicht immer möglich sei, alle notwendigen Lebensdaten zu erhalten. Es ließe sich aber auch – arbeitshypothetisch – vermuten, daß es Ursachen für körperliche und seelische Leiden und Krankheiten gibt, die vor der Geburt und außerhalb der bisher üblichen Betrachtungsweise liegen.

Ein Schritt in diese Richtung ist die Methode des Rebirthing (21). In einem entspannten Zustand und mit intensiver Atmung ist es möglich, in die Zeit vor, während und nach der Geburt zurückversetzt zu werden und die damit verbundenen körperlichen Empfindungen wie auch die Gefühle in das Bewußtsein zu heben. Es kann sogar sein, daß diese Lebensphase wie in einem Traum mit dem »inneren Auge« gesehen werden kann. Rebirthing kann bei Symptomen wie Atembeschwerden, Erstickungsangst, Asthma bronchiale, Stottern, Lebens- und Todesangst sehr erfolgreich eingesetzt werden.

Auch ist heute bekannt, daß der Embryo und spätere Fötus in der Schwangerschaft sehr sensibel ist für die Emotionen der Mutter, die Stimmung der Umgebung, die Musik, die ganze Atmosphäre, während der sich die Entwicklung im Mutterleib vollzieht (22).

Nachdem ein Buch veröffentlicht wurde, worin von der Möglichkeit berichtet wird, daß eine werdende Mutter mit der Seele des in ihrem Leib wachsenden Kindes sprechen konnte, wird von künftigen werdenden Müttern die Schwangerschaft viel intensiver erlebt und auch gestaltet werden können (23). Wir müssen heute davon ausgehen, daß die Zeit der Schwangerschaft für das werdende Leben viel prägender ist, als bisher angenommen wurde.

Auch wenn wir unsere Beobachtungen über die Zeit zwischen dem bisher erreichten Lebensalter und der Geburt um den Geburtsvorgang selbst und den Schwangerschaftsverlauf erweitern, gibt es noch eine Reihe von Symptomen, die auch mit dieser Öffnung des therapeutischen Blicks noch nicht erklärt und verstanden werden können. Das gilt vor allem für eine Reihe von psychosomatischen Beschwerden und Erkrankungen, ohne daß ein klinischer Befund erhoben werden konnte, und dann für das weite Feld der Angst- und Zwangsneurosen.

Wenn ein fachlicher Ausdruck geprägt wurde – Agoraphobie für die Angst vor großen Plätzen oder Claustrophobie für die Angst vor geschlossenen Räumen –, ist damit noch lange keine Erklärung dafür gefunden, warum eine Person daran leidet und in ihrer persönlichen Bewegung erheblich eingeschränkt ist.

Der Münchner Diplom-Psychologe Thorwald Dethlefsen betrat in den siebziger Jahren in Deutschland psychologisches Neuland. Es gelang ihm, Personen in der Hypnose in frühere Inkarnationen zurückzuführen. In den USA waren diese Möglichkeiten damals schon bekannt.

Was Dethlefsen zunächst mehr spielerisch und experimentell versuchte, entwickelte er im Laufe der Zeit zu einer Therapie, der Reinkarnationstherapie. Bekannt wurde vor allem der in seiner Praxis behandelte Fall einer Frau mit einer Ratten- Phobie (24). Aus ihrer Lebens- und Krankengeschichte ergaben sich keinerlei Erlebnisse, aus denen sich Zusammenhänge zwischen ihren panischen Ängsten vor Ratten und irgendeiner Erfahrung mit diesen Tieren hätten ableiten lassen. Vielmehr zeigten die Rückerinnerungen der Patientin in der Tiefenentspannung, daß sie in einem früheren Leben eingekerkert war. Mit zunehmender körperlicher Schwäche näherten sich ihr die im Gemäuer lebenden Ratten, fielen sie an und begannen, ihren noch lebenden Körper anzufressen, bis sie entkräftet verstarb.

In der Tat können wir heute davon ausgehen, daß die Ursachen von bestimmten körperlichen Empfindungen, Beschwerden und Schmerzen wie auch tief in der Seele verankerten

Ängsten, Fehlhaltungen, Vermeidungen, Schuldgefühlen, Depressionen, Unfallsituationen, Selbstmordneigungen in weit zurückliegenden Zeiten und damit früheren Inkarnationen liegen dürften. In den meisten Fällen können sie mit den Methoden der Reinkarnationstherapie aus dem Unbewußten in das Bewußtsein gehoben, erkannt und aufgelöst werden.

Die nachfolgenden Beispiele sollen zeigen, in welch hohem Maße wir um frühere Inkarnationen wissen, uns jedoch dessen nicht oder nur selten bewußt sind.

Das Erkennen und Verarbeiten von Traumata aus früheren Inkarnationen kann solche Fragen an unsere Seele stellen und beantworten helfen, die mit den Methoden der anerkannten Wissenschaften bis jetzt nicht geklärt werden können.

»Das habe ich Ihnen doch schon aufgeschrieben!«

Im Dezember 1978 meldete sich ein Student einer Fachhochschule, nennen wir ihn René, zu einer psychologischen Untersuchung und Beratung an. Wie sich herausstellte, war der 25jährige junge Mann nicht nur intelligent, sondern in seinem Studium auch pflichtbewußt und fleißig. Aber bei den Zwischenprüfungen hatte er zweimal einen »Schwanz gebaut«, mußte also Teile der Prüfung in den folgenden Semestern wiederholen. Nun stand für ihn die entscheidende Diplom-Prüfung bevor, denn er wollte sein Studium als graduierter Ingenieur abschließen. Was ihn am meisten peinigte, war, daß er häufig morgens gegen vier Uhr schweißgebadet mit unerträglichen Angstgefühlen aufwachte; dann war der Arbeitstag für ihn »gelaufen«; er konnte sich auf nichts mehr konzentrieren.

In der begonnenen psychotherapeutischen Arbeit wurde eine Reihe der ihn belastenden Probleme erkannt und verarbeitet. René hatte eine ihn ständig gängelnde Mutter mit Zwangssymptomen. Sie mußte stets mehrfach nachprüfen, ob sie den Herd abgeschaltet, die Wohnung abgeschlossen hatte usw. Sie plagte ihn mit den häufigen Frauengeschichten des Vaters und beeinflußte damit in negativer Weise sein Vater- und Mutterbild, seine Vorstellungen von Männern und Frauen.

Wenn René sich dem mütterlichen Willen nicht unterordnete, bekam er schon früh zu hören, »daß sie seinetwegen zehn Jahre früher ins Grab müsse«, oder sie schrie ihn an: »Du bist der letzte Nagel zu meinem Sarg.«

Und noch etwas belastete ihn: der Umgang mit der Halbschwester aus der ersten Ehe des Vaters. Die Mutter lebte in der ständigen Angst, daß diesem Mädchen »etwas passieren« könnte. Erika spürte, daß sie diese Situation für sich ausnützen könne – auf Kosten von René. In seiner Lebensgeschichte schrieb er dazu: »Bei jeder Gelegenheit sagte Erika, daß sie das und das zu Hause erzählen würde, und prompt bekam ich eine Abreibung. Das ging sogar soweit, daß sie öfters einen Streit provozierte, um dann heulend aus dem Zimmer zu laufen und mich zu beschuldigen, ich hätte sie geschlagen.«

Therapeutisch gab es nach Behandlungsbeginn viel aufzuarbeiten. Ängste und Schuldgefühle, eine psychogene Intelligenzhemmung, Konzentrationsstörungen und Leistungsversagen ließen sich aus seelischen Belastungen aus Kindheit und Jugend erklären und mit dem Patienten verarbeiten.

Zunehmend besserte sich die Situation des Patienten. Seine Konzentrationsfähigkeit nahm deutlich zu, die Leistungen im Studium stiegen wieder an, die Vorbereitungen auf das Schlußexamen liefen erfolgversprechend; die Angstzustände reduzierten sich sichtlich. Auch hatte er wieder Freude an dem von ihm sehr geliebten Reiten und dem Umgang mit Pferden.

Ein Symptom blieb jedoch therapieresistent: Weiterhin wachte er immer noch früh morgens schweißgebadet mit undefinierbarer Angst auf, aber er konnte den Tag über effektiv arbeiten.

Bisher hatte ich mit meinen Patienten vorwiegend im Sinne des Therapiekonzepts von C. G. Jung gearbeitet und mit ihnen die bisherige Lebens- und Krankengeschichte aufgearbeitet und deren Träume besprochen. Meine Erfahrungen mit der Reinkarnationstherapie waren noch gering, und ich fragte mich nun, ob sich die restliche Symptomatik von René vielleicht mit dem Wissen um frühere Inkarnationen und der Reinkarnationstherapie auflösen ließ. Ich sprach mit ihm über diesen Weg zurück in frühere Erdenleben, und er willigte ein.

Behutsam führte ich René zurück in frühere Existenzen, für ihn und auch für mich ein Abenteuer, in unbekannte Bereiche der Seele vorzudringen, denn ich stand noch am Anfang der reinkarnationstherapeutischen Arbeit und mußte mich vorsichtig hineinfühlen.

In der Tiefen-Entspannung erschien ein mondbeschienener Waldweg, über den eine mit zwei Pferden bespannte Kutsche dahinraste, die plötzlich ein Rad verlor und zur Seite stürzte. Auf einmal entstand ein Gefühl, schweben zu können und die

Waldszene von oben, aus der Vogelschau zu sehen. In der Ferne sah René auf einem Berg die Silhouette einer Burg.

Als ich den entspannt und mit geschlossenen Augen vor mir liegenden Patienten nach einigen weiteren Details der vor seinem inneren Auge ablaufenden Szenen fragte, antwortete er mir auf einmal: »Das habe ich Ihnen doch schon kürzlich aufgeschrieben.«

Ich erinnerte mich an solche Aufzeichnungen nicht, verzichtete jedoch im Augenblick auf weitere Fragen in dieser Richtung. Mein Erstaunen war groß, als mir René nach dem Ausflug in eine frühere Inkarnation erklärte, er habe doch vor einigen Wochen einen psychologischen Test gemacht, und da habe er schon die eben erlebte Landschaft beschrieben. Erstaunen meinerseits! Rückerinnerungen an frühere Existenzen in einem psychologischen Test?

Ich entnahm aus der Patientenmappe die Testunterlagen. Unter anderem hatte ich René den Wartegg-Erzähltest (25) ausfüllen lassen. Dieser Test besteht aus drei Anfängen von Erzählungen, und von der Testperson ist dann einer der Anfänge auszuwählen und nach freier Phantasie zu Ende zu erzählen. René hatte »Erzählung 2« gewählt. Sie lautet:

> »Mitten in der Nacht wachte ich auf. Ich spürte nur die Tiefe und Schwärze des Dunkels um mich her. Mir war als ...«

Auszugsweise soll seine Fortsetzung der Geschichte zitiert werden, da sie deutlich zeigt, wie unsere weit zurückliegende Vergangenheit in der Gegenwart noch vorhanden sein kann:

> »... griffe etwas Unheimliches, Dunkles nach mir. Ich wollte aufstehen und Licht machen. Aber ich konnte mich nicht bewegen. Ich war gelähmt vor Schreck. Die Gedanken flogen mir wirr durch den Kopf.
> Was war dieses Fremde, das nach mir griff? War es mir feindlich gesonnen? War es mir freundlich gesonnen? Ich wollte es fragen, aber kein Laut kam über meine Lippen. Nur meine Gedanken waren noch frei ...

Der Himmel klarte auf. Wolkenfetzen wurden über den Himmel gejagt. Es schien, als wolle der Mond die Wolken schnell an sich vorbeischieben, um auf die Erde schauen zu können. Ich sah mich! Ich stand in einem Wald. Dieselben Wolken zogen über mich hinweg. Über mir durch die Tannenbäume hindurch sah ich eine riesige Burg über mir aufragen. Die Vorderseite wurde durch den Mond zeitweise in helles Licht getaucht.

Die Burg hatte etwas Bedrohliches an sich. Ich fühlte mich allein. Ein beklemmendes Gefühl griff nach mir. Ich hatte Angst, nichts als pure Angst. Auch jetzt hatte ich wieder das Gefühl, nicht allein zu sein. Ich drehte mich um und rannte, so schnell ich konnte. Nur weg von hier, weg, weg. Ich weiß nicht, wie lange ich so rannte, bis ich merkte, daß die Kräfte mich verließen. Von einer Sekunde zur anderen muß mich die Kraft verlassen haben ...«

Der Patient erlebte die Waldszene und die Silhouette der Burg in Test und Rückerinnerung als identisch miteinander, auch die aus dem Inneren aufgestiegene Angst. Könnte man es mit der Phantasie erklären, die aus dem Unbewußten aufgetaucht war, oder blieb nur die Erklärung einer Erinnerung an eine frühere Existenz?

Die nächsten Therapiestunden verwendeten wir dazu, die skizzierten Szenen zu vervollständigen. Vor Renés innerem Auge tauchten eine Reihe von zusammengehörigen Szenen auf:

René war in einem früheren Leben ein Mühlenbesitzer, der sich in ein Mädchen verliebt hatte und es heiraten wollte. Durch die Intrige eines Rivalen wurde er um sein Eigentum, die Mühle, gebracht. Er wollte sich das nicht gefallen lassen und drohte öffentlich damit, daß er diesen Mann, der ihn um die Mühle gebracht hatte, eines Tages umbringen werde. Diese Worte führten dazu, daß er aufgegriffen und für sieben Jahre eingekerkert wurde. Er überlebte die Jahre der Gefangenschaft nur mit der ständigen Vorstellung, wenn er je wieder in Freiheit sei, werde er denjenigen, der ihn um Geld und Gut gebracht hatte, doch noch töten.

Der Mühlenbesitzer wurde aus dem Kerker entlassen, kehrte in die Nähe seiner Heimat zurück. Niemand erkannte ihn mehr, auch das von ihm verehrte Mädchen nicht. Auf einer Burg verdingte er sich als Stallknecht, auf der Burg, die er in der Rückerinnerung mit seinem inneren Auge gesehen hatte.

Eines Nachts sah er einen anscheinend hochgestellten Herrn mit einer Art Advokaten-Kragen durch das Burgportal eilen und hastig eine mit Pferden bespannte Kutsche besteigen. Der Stallknecht erkannte in ihm denjenigen Menschen, der ihn vor Jahren um seinen Besitz gebracht hatte. Der alte Wunsch, diesen intriganten Menschen zu töten, stieg wieder in ihm auf, allerdings auch das dumpfe Gefühl, daß er bei der Konfrontation mit ihm versagen könnte.

Die Kutsche raste davon, geradewegs auf den Wald zu. Der Stallknecht holte sich ein Pferd aus dem Stall, sattelte es und galoppierte der entschwundenen Kutsche nach. Die durch den Wald jagende Kutsche verlor ein Rad, stürzte zur Seite. Mit Mühe kletterte aus dem Gefährt der Mann, der vorher in Windeseile die Burg verlassen hatte. Es kam zum Zweikampf. Ein Degen blitzte im Mondlicht auf, der Stallknecht spürte einen Stich in der Herzgegend und sank in sich zusammen. Plötzlich gewahrte er in sich einen starken Sog, der ihn vom verletzten Körper nach oben zog; nun sah er die ganze Szenerie – Wald im Mondlicht, gestürzte Kutsche, den Herrn mit dem Advokatenkragen, die Burg im Hintergrund – aus der Vogelschau, und immer mehr entfernte er sich in körperlosem Zustand von der zusammengebrochenen Gestalt. Er hatte es nicht geschafft, sich zu rächen; erneut war er dem Stärkeren unterlegen.

Diese Szene muß sich einst in den frühen Morgenstunden ereignet haben, zu der Zeit, in der René immer wieder schweißgebadet und mit panischer Angst aufgewacht war.

Nach der Verarbeitung dieser Rückerinnerungen verlor sich die morgendliche Angst völlig. René schaffte Examen und Diplom-Arbeit mit gutem Erfolg. Er ist heute in einem größeren Unternehmen als Ingenieur tätig, in dem er schon als Praktikant in den Semesterferien ein elektronisches Gerät bis zur Serienreife entwickelt hatte.

»Manchmal ist es so schlimm, daß ich aus dem Fenster springen könnte ...«

Christa, verheiratet, zwei Kinder, in finanziell gesicherten Verhältnissen lebend, hatte immer wieder unter Migräne zu leiden. Nach Aufnahme der Anamnese wurde sie heilkundlich behandelt. Im Verlauf der Behandlung traten Pendelbewegungen im körperlichen Zustand auf. Mal ging es ihr besser, mal schlechter, mal einige Tage sehr gut, dann erlitt sie wieder einen Tag mit Tiefststand. Es ergab sich die Frage, warum die ausgewählten Medikamente nicht voll anschlugen und ob es noch irgendeinen unbekannten Grund gäbe, der Christa nicht zur vollen Gesundheit zurückkehren ließ. Hellhörig wurde ich bei Schilderung der Schmerzen:

> »Manchmal sind meine Kopfschmerzen so schlimm, daß ich zum Fenster rennen und hinausspringen könnte!«

Warum wurde wohl eine solche Beschreibung der Beschwerden gewählt? Sollte das irgendwelche Hintergründe haben?

Wir sprachen darüber, daß Krankheitssymptome eine weit zurückliegende Geschichte haben könnten, jenseits dieses Lebens. Und so machten wir uns auf die Reise in frühere Erdenleben. Wir stießen auf zwei Leben, in denen der Kopf schwer angeschlagen wurde, eines davon hatte einen besonderen Bezug zur Symptomatik.

Die Patientin lebte um 1850 in einer mittelalterlichen süddeutschen Kleinstadt. Eines Abends war sie mit ihrem Ehemann zu einer Feier eingeladen, auf der auch getanzt wurde. Dort traf sie auf einen Jugendfreund, mit dem zusammen sie sich eine Zeitlang in den Garten zurückzog, ohne daß es der Ehemann zunächst bemerkte. Zu Hause angekommen, entstand eine Eifersuchtsszene zwischen den Ehegatten; er machte ihr Vorwürfe, sie habe wohl mit dem Jugendfreund ein Techtelmechtel. Die allem Anschein nach unberechtigten Anschuldigungen des Mannes wurden für Christa so unerträglich, daß die junge Frau plötzlich auf ein Fenster zurannte und sich auf den darunter befindlichen Marktplatz stürzte, wo sie mit gebrochenem Schädel tot liegenblieb.

Ein weiter zurückliegender Sturz von einem Berg hinunter war Folge eines frühen Todes des damaligen Ehemannes. In einer Kriegshandlung wurde er vor den Augen seiner Frau erschlagen. Sie wollte deshalb nicht weiterleben und stürzte sich zu Tode.

Es ist eine Frage, ob bei weiter anhaltenden Kopfschmerzen die Patientin eines Tages nicht doch noch eine gleiche Todesart gewählt hätte wie früher schon, gleichsam um Ruhe vor den unerträglichen Kopfschmerzen zu bekommen.

Das Bewußtwerden der weit zurückliegenden Todeserlebnisse und ihre nachträgliche Verarbeitung half Christa, ihre Migräne vollständig zu verlieren.

»Warum träume ich nur von so vielen Toten, Särgen, Friedhöfen?«

Angelika war zur Zeit ihres ersten Praxisbesuches 36 Jahre alt, verheiratet, hatte eine Tochter und einen Sohn im Alter von vierzehn beziehungsweise zwölf Jahren. Mit ihrem sehr stillen Mann führte sie eine Durchschnittsehe. Die finanziellen Mittel waren beschränkt.

Angelika litt unter einem psychosomatischen Zustandsbild: Neigung zur Verstopfung, Orgasmus-Störungen, Angstzustände, Depressionen. Was ihr vor allem zu schaffen machte, waren außergewöhnlich häufig auftretende Träume, die sich in Kirchen und auf Friedhöfen abspielten und immer wieder mit Toten, Särgen und Gräbern zu tun hatten.

Mit heilkundlichen und psychotherapeutischen Maßnahmen gelang es, die Symptomatik innerhalb von einigen Wochen wesentlich zu bessern, aber die Art der Träume blieb. Angelika brach nach einigen Behandlungsstunden die Psychotherapie ab, weil sie sich wieder wohler fühlte, kam aber nach sechs Jahren wieder in die Sprechstunde. Die Träume von Toten, Särgen und Gräbern hatten zwar zwischenzeitlich abgenommen, sich aber in den letzten Wochen wieder erheblich verstärkt.

Traumpsychologisch und lebensgeschichtlich war zu beiden Behandlungszeiten davon auszugehen, daß unbewußte Todeswünsche vorlagen und die Patientin sich in der Ehe kaum wohl fühlte, es sich aber nicht eingestehen konnte. Wieder wurde über einige Wochen hinweg heilkundlich und psychotherapeutisch behandelt, bis sich die Patientin wieder erholt hatte und die Behandlung beenden wollte. 1980, die Patientin war inzwischen 44 Jahre alt und hatte ein drittes Kind bekommen, meldete sie sich erneut zur Sprechstunde an. Die mit dem Tod beinhalteten Träume waren erneut verstärkt aufgetaucht.

Aus der Lebensgeschichte war bekannt, daß die Mutter der Patientin, die sie ledig geboren hatte, fast täglich in der im

Friedhof stehenden Kirche als Putzfrau und Mesnerin zu tun hatte. Bei Beerdigungen hatte sie für den Blumenschmuck, die Kerzen, die Tomba zu sorgen. Angelika war schon als kleines Mädchen oft dabei, wenn die Mutter in der Kirche tätig war.

Hinzu kam, daß sie schon als Kind mit der Mutter in der Nähe des Friedhofes wohnte, von wo aus man die Leichenhalle einsehen konnte, und nachts konnte man auch den Kerzenschein sehen, wenn eine Leiche in der Halle aufgebahrt war.

Auch nach der Eheschließung blieb Angelika in dem Haus in Friedhofsnähe wohnen, obwohl sie sich im Friedhofsbereich absolut nicht wohlfühlte. Nach einigen Ehejahren wurde gegenüber vom Friedhof das frühere Pfarrhaus frei. Die Familie bewarb sich darum, das Haus zu mieten.

Meine Anregung, sich doch eine Wohnung zu suchen, die fern vom Friedhof sei und die sie nicht ständig an den Tod erinnere, beantwortete sie damit, daß es doch auch sehr interessant sei, gegenüber vom Friedhof zu wohnen, weil man ja immer sehen könne, wer gestorben sei und welche Anverwandten von Verstorbenen die Gräber besuchen würden.

Nun ist es wohl nicht von der Hand zu weisen, daß Angelika durch die Tätigkeit ihrer Mutter schon früh an die Friedhofsatmosphäre gewöhnt wurde, vielleicht auch schon früh dort Ängste entwickelte. Andererseits könnte man auch argumentieren, daß alles, was mit Tod, Gräbern, Beerdigungen verbunden war, eine gewisse Gewöhnung hätte entstehen lassen können.

Nachdem ich mich seit 1978 intensiv mit der Reinkarnationstherapie beschäftigte, entstand bei mir der Eindruck, daß diese Art Zwang, in Friedhofsnähe wohnen zu müssen und die bedrängenden Träume eine Beziehung zu früheren Existenzen haben könnten.

Zum besseren Verständnis sollen einige von Angelikas Träumen auszugsweise zitiert werden:

1. »Ich stand im Friedhof, als es schon finster war. Ein schwerer schwarzer Sarg wurde ein paar Gräberreihen vor mir hergefahren und stehengelassen...«

2. Ich wohnte im Kirchturm und beobachtete durchs Fenster, wie ein Leichenzug den Berg bei uns herunterkam und am Kirchturm vorbeizog…«

3. »Ich kam vom Nachbardorf und erfuhr, daß meine drei Kinder tot wären. Als ich den kleinen Berg runterlief, brannte in der Kirche noch ein Licht. Die hintere Türe stand offen, und ich sah von weitem meinen Sohn B. im Gang liegen…«

4. »Ich schaute aus dem Fenster zum Friedhof hinüber und erfuhr, daß sich eine uns bekannte Frau erhängt hatte und bei den Kindergräbern begraben worden sei. Gleich darauf sah ich einen riesengroßen Leichenwagen vor unserem Gartentor stehen. Es wurde von Männern ein schwarzer Sarg herausgenommen und an den Fluß, nur ein paar Meter von uns weg, getragen. Der Sarg wurde geöffnet, und ich sah von meinem Fenster aus, daß das Kind noch lebte. Ich rief dem Vater des Kindes zu, er solle doch sein Kind schnell holen, bevor der Sargdeckel wieder zugemacht würde. Aber er kam nicht. Jetzt sah ich wieder bei den Kindergräbern die Beerdigung. Ich sah auch den Vater schmerzerfüllt im schwarzen Anzug. Es war schon finster. Plötzlich drehte er sich um und torkelte die Lein (einen nahegelegenen Fluß) runter und ging weg…«

5. »Ich beobachtete von unserem Haus aus, wie ein junges Mädchen von einigen Leuten durch den Friedhof, am Kirchturm vorbei, geschleppt wurde. Hier stand der Totengräber, der mit einem Grab beschäftigt war, und daneben befand sich ein Leichenwagen. Die Leute legten das junge Mädchen auf den Wagen, und ich wunderte mich darüber, daß es sich nicht wehrte…«

6. »Das Leichenhaus stand auf der Vorderseite offen. Ich sah einen Kindersarg auf einem Gestell stehen…«

7. »Ich fuhr mit dem Fahrrad in einen Wald. Auf der Straßenseite lag entweder eine Menschenhand oder ein Menschenfuß. Ich wollte immer ausweichen, aber ich kam einfach nicht davon weg...«

8. »Meine Tochter und ich schwammen die Lein herunter, obwohl es schon sehr dunkel war. Das Wasser war schmutzig...« (Die Lein fließt unterhalb des Friedhofs vorbei.)

Diese Traumbeispiele ließen sich fortsetzen. Sicher könnte man traumpsychologisch ausführen, daß hier auch Ängste mitspielen, den Kindern könnte etwas zustoßen.

Die reinkarnationstherapeutische Arbeit gab eine Reihe von Hinweisen auf weitere Hintergründe für die Art von Angelikas Träumen:

In einem Leben um die Jahrhundertwende war Angelika ein kleines Mädchen, das von seiner Mutter unehelich geboren worden war. Die damalige Mutter verdiente sich ebenso wie die Mutter aus dem gegenwärtigen Leben ihr Geld mit Putzarbeiten in der Kirche. In einem unbeaufsichtigten Moment im Winter ging das Kind zur Lein, fiel in das eiskalte Wasser und wurde weggetrieben. Es gelang, das Kind aus dem Wasser zu holen, aber man glaubte, es sei durch den Schreck und das kalte Wasser zu Tode gekommen. Die Patientin erlebte nach, wie sie aufgebahrt wurde und langsam das Leben in sie zurückkehrte. Aber niemand bemerkte es. Das Kind wurde beerdigt, als es in tiefer Ohnmacht noch lebte.

Für die Patientin entstand der Eindruck, daß die damalige Mutter ihr Töchterchen gar nicht schnell genug unter die Erde bekommen konnte, erlebte sie doch das unehelich geborene Kind als Schandfleck, der nach der Beerdigung des Kindes von ihren Mitmenschen vergessen werden könnte.

In einem davor liegenden Leben erlebte sich die Patientin als Embryo. Die schwangere Mutter wurde ermordet, und nun erlebte sie nach, wie sie in der toten Mutter noch eine Zeitlang weiterlebte, bis auch sie den embryonalen Körper verlassen konnte. Mit ihrem inneren Auge sah sie die folgende Szene:

»Die Mutter hat von oben her ihre Hände ausgestreckt. Ich gehe zu ihr. Ich sehe den leblosen Körper der Mutter unter mir liegen. Jetzt zieht es mich immer weiter hinauf und ich sehe ich ein Tor mit Licht. Es ist so, als wäre ich im Himmel.«

Noch ein weiteres Leben war aufschlußreich, das mit gewaltsamem Tod zu tun hatte. Die Patientin führte dazu aus:

»Ich sehe eine Stube. Da ist ein Mann, der mir so etwas wie einen Stein in den Bauch hineindrückt. Nun ist es so, wie wenn er Männer gerufen hätte, die mich hinausschaffen sollen. Jetzt bin ich auf dem Friedhof und sehe ein Grab. Es ist mein Grab, wie ich es schon oft im Traum sah. Ich sehe es immer offen. Es hängt mit einem Mann zusammen, der mir einen Stein in den Leib drückte. Auf dem Grabkreuz steht 4. April 1884.«

Todesangst wird aus einem Leben als Mann deutlich. Es hat mit einem Bergwerk zu tun:

»Da ist eine Höhle mit Gebälk. Es ist so, wie wenn etwas herunterbrechen würde, wie wenn da mehrere Leute drunten sind und dann alles zusammenbricht. Ich habe das Gefühl, wie wenn ich keine Luft mehr bekommen würde... Ich bin verschüttet ... Nun wird es heller, es ist mir leichter, wie wenn ich meinen Körper verlassen hätte... Ich sehe mich unten liegen im Schacht...«

Nachdem wir uns in der damaligen Zeit Minute um Minute zurückgetastet hatten, um das Geschehen vor der Verschüttung mit tödlichem Ausgang zu erfassen, ergänzte die in der Tiefenentspannung liegende Patientin die in ihr ablaufende Szenenfolge:

»Der junge Mann geht mit einer Laterne in den Schacht. Da ist so etwas wie Kohle drinnen. Einer schreit: ›Paß auf!‹ Alles bricht herunter. Nach mir kamen noch andere Leute. Ich bin aber als erster in den Schacht hineingegangen. Ich höre: ›Da kommen wir nicht mehr heraus!‹«

Und noch eine Rückerinnerung hat mit gewaltsamem Tod zu tun. Die Patientin erlebte sich als junges Mädchen, das am Waldrand, nicht weit von ihrem gegenwärtigen Wohnort, ermordet wurde. Beerdigt wurde sie damals im Nachbarort.

Dem Leser mag deutlich werden, daß zumindest ein Teil von Angelikas Träumen auf Rückerinnerungen schließen lassen kann.

Aufbauend auf der klassischen Psychotherapie Jungscher Prägung wurde mir in den letzten 17 Jahren zunehmend klar, in welch hohem Maße unser gegenwärtiges Leben einerseits von Geburt an durch die üblichen Erlebnisse und Erfahrungen mit Eltern, Geschwistern, Verwandten, Bekannten und sonstigen Beziehungspersonen geprägt wird, aber auch Erfahrungen und Erlebnisse in Kindergarten, Schule, Ausbildung, Beruf und wo auch immer mitbestimmen und mitprägen; andererseits erkannte ich, daß wir in der Psychotherapie bei diesen Erkenntnissen nicht stehen bleiben können. Denn in unsere körperlichen Empfindungen, unsere Gefühle, unser Verhalten und Denken, unsere Entscheidungen, unsere Einstellung zum Leben, zu anderen Menschen, zu den Zeitverhältnissen fließen ständig Erinnerungen aus weit zurückliegenden Zeiten in unser Tun und Lassen ein, die wir nicht mehr unbeachtet sein lassen sollten.

Ungelöste Konflikte, Ängste, Versagenserlebnisse, Krankheiten, Wunden und Narben können uns bis in die jüngste Gegenwart wie Schatten begleiten, und damit sollten wir umgehen lernen.

Vergangenheit erkennen, verarbeiten, bewältigen

»Die goldenen zwanziger Jahre«, »die goldenen dreißiger Jahre«, »die goldenen... Jahre«. Golden wird es oft, wenn Vergangenheit mit Sentimentalität verbunden wird. Und ganz sicher ist es so, daß viele Menschen sich gern an bestimmte Zeiten ihrer Jugend, einer bestimmten Freundschaft, eines gelungenen Urlaubs zurückerinnen. Gott sei Dank ist das so!

Anders ist es mit der auch unangenehmen Vergangenheit unseres Erfahrungsschatzes. Dazu gehört das Spannungsfeld zwischen Verbot und Erlaubnis, Wollen und Müssen, Freiheit und Zwang, Überforderung und Unterforderung, Erfüllung und Versagung, Tradition und Fortschritt, Erfolg und Mißerfolg, Moral und Ethik. Diese Gegensätze können wie »Mühlsteine« wirken, in die man geraten ist.

In diesem Zusammenhang denke ich an den Bericht eines Patienten von einem Klassentreffen. Ein Dutzend Abiturienten, die Hälfte aus der früheren Klasse, traf sich nach über 40 Jahren seit der damaligen Abitursfeier in der Nähe von Würzburg. Einige von ihnen waren bereits in Pension gegangen. Sehr schnell war der Kontakt wieder hergestellt, vor allem, nachdem jeder erzählt hatte, wie die letzten vier Jahrzehnte in seinem Leben verlaufen waren.

Einer von ihnen mit dem Spitznamen Pietro hatte als 15jähriger Schüler eine Klasse wiederholt und wurde nun Klassenkamerad der späteren Abiturienten. Pietro stammte aus dem Haus begüterter Eltern. Sein Vater war Tierarzt und deshalb oft über Land unterwegs. Da er nicht mehr gern Auto fuhr, sorgte er dafür, daß sein Sohn Anfang 1950, bereits mit 16 Jahren, den Führerschein erhielt und ihn zu den Bauernhöfen fuhr.

Für Pietro war das oft ein für ihn willkommener Grund, sich bei seinen Lehrern entschuldigen zu können, daß er seine Hausaufgaben nicht hatte machen können.

Pietros Mutter war eine von ihrem Mann allem Anschein nach frustrierte Frau, die im Laufe der Jahre immer mehr in depressive Zustände mit Weinkrämpfen geriet. Ihren Sohn betreute sie gluckenhaft und war vor allem vor den Jahreszeugnissen ständiger Gast bei den Lehrern, um eine weitere Versetzung ihres Sohnes zu erreichen, der zweifellos intelligent, aber durch sein Elternhaus belastet und lustlos geworden war.

Am Tag des mündlichen Abiturs betrat der damals die Schule leitende Oberstudiendirektor das Klassenzimmer, in dem die Kandidaten auf ihren »Auftritt« vor der Prüfungskommission warteten. Er teilte dort Pietro vor allen anderen Abiturienten mit, daß er zum mündlichen Abitur nicht zugelassen sei und heimgehen könne.

Den jungen Mann und seine Kameraden traf diese unerwartete Mitteilung wie ein Faustschlag. Nichts half, keine Fürsprache, keine Argumente, nichts!

Pietro wollte Tiermedizin studieren, obwohl er durchaus um seine schlechten Leistungen wußte. Deshalb entschloß er sich, auch nach Anraten einiger seiner Lehrer, die Abitursklasse zu wiederholen. Ein Jahr später beendete er seine Schulzeit mit einer guten Note. Sein Medizinstudium war von besten Leistungen gekrönt, so daß er zeitweise sogar an eine Habilitation an der Freiburger Universität dachte.

Eine schwere Krankheit des Vaters veranlaßte Pietro im Laufe der ersten Berufsjahre in einer Tierklinik, die Praxis des Vaters zu übernehmen, die er inzwischen seit über 25 Jahren im fränkischen Raum erfolgreich führt.

Eines der Themen am Klassentreffen nach über 40 Jahren war der für Pietro schicksalhafte Tag. Allen, denen er nun von den Jahren seit dem Abitur erzählte, wurde zunehmend klar, daß Pietro trotz seiner glänzenden Karriere als guter und beliebter Tierarzt, einer glücklichen Ehe und inzwischen zwei studierenden Söhnen das damalige Trauma, als einziger zurückbleiben und eine Klasse wiederholen zu müssen, nicht überwunden hatte.

Wann immer Pietro in der Stadt seiner Schulzeit beruflich zu tun hatte, zog er, wie er sich ausdrückte, den Kopf ein und schlug am liebsten noch den Mantelkragen hoch, damit ihn niemand aus damaliger Zeit erkennen und ansprechen könnte. Eine Fülle von Erfolgserlebnissen in Studium, Beruf und Partnerschaft hatte Pietro den damaligen Schlag immer noch nicht überwinden lassen.

Jeder von uns bewegt sich mehr oder weniger zwischen Freude und Trauer, Erfolg und Mißerfolg, angenehmen und belastenden zwischenmenschlichen Kontakten, Hochstimmung und Resignation oder sogar Depression. Wo geht schon alles glatt und immer nur aufwärts im Leben?

Wenn jedoch das Negative überwiegt, man aus eigener Kraft nicht mehr aus einem Tief herauskommen kann, dann sollte man Hilfe annehmen, sei es durch Freunde, Bücher, Selbsterfahrungsgruppen, Therapie.

Vergessen wir nicht: Es gibt Erfahrungen und Erlebnisse, die jahrelang »unverdaut« und unbewältigt sind, deshalb weggeschoben, angeblich vergessen oder verdrängt werden. Und trotzdem können sie beunruhigen, »im Magen liegen bleiben«, zu körperlichen Störungen, Verspannungen, Verkrampfungen oder Verhärtungen und im seelischen Bereich zu Angst und Versagen führen.

In solchen Fällen gibt es durchaus tröstende Gedanken und Worte: »Wer weiß, wozu es gut war!« – »Der Lebenskampf ist nun einmal hart!« – »Gelobt sei, was hart macht!« – »Ohne diese Erfahrung hätte ich vielleicht nicht die Leistungen erbracht, auf die ich heute zurückblicken kann!«

Haben Sie das auch schon erlebt? Wenn jemand aus Ihrem Bekannten- oder Freundeskreis einen Unfall hatte, kann er sich ziemlich sicher sein, daß er Anteilnahme findet. Auch wenn es sich um eine körperliche Erkrankung oder eine Operation handelt, wird meistens Beachtung und Zuwendung gefunden.

Ganz anders ist es mit seelischen Erkrankungen. Leidet jemand unter Angstzuständen, die mit Schwimmen, Fliegen, Bergsteigen zu tun haben, mit Bergen, Türmen, Tunnels, Plätzen, geschlossenen Räumen, bestimmten Tieren, wird er sich im allgemeinen hüten, mit anderen Menschen über seine Symptome zu sprechen.

Noch zurückhaltender in ihren Äußerungen werden Menschen mit Depressionen oder der Neigung zum Alkoholismus. Sie werden ihre Beschwerden zu kaschieren suchen, damit niemand etwas merken soll. Sie brauchen sehr viel Kraft, um die Fassade des gesunden und angesehenen Bürgers aufrechtzuerhalten. »Das letzte« ist dann noch, wenn jemand da und dort Stimmen hört, ohne daß irgendeine Person in der Nähe wäre und das Gehörte von ihr stammen könnte.

Wer kennt nicht die klassische Psychiaterfrage: »Hören Sie Stimmen?« Im Falle der Bejahung ist relativ schnell die Diagnose Schizophrenie oder Psychose oder Verfolgungswahn gestellt. Behandelt wird dann meistens mit Psychopharmaka, beruhigenden und in gewisser Weise jegliche Initiative lähmenden Medikamenten. Die früheren Stimmen sind dann in aller Regel auch nicht mehr zu hören, so wie wenn man einen Telefonhörer auflegen und ein Gespräch beenden würde. In Wirklichkeit ist jedoch nur die Empfänglichkeit für solche Stimmen genommen, vorhanden sind sie durchaus noch. In meinem Buch *Wenn die Seele den Körper nicht gesunden läßt* (26) bin ich auf dieses Phänomen des Stimmenhörens eingegangen. Sie stammen oft von Verstorbenen, die sich aus irgendwelchen Gründen mitteilen wollen.

Körperliche Erkrankungen sind im allgemeinen »salonfähig«, man kann darüber reden und sein Leid klagen. Der Patient wird mit seinen Beschwerden akzeptiert.

Ganz anders ist es mit Symptomen aus dem seelischen Bereich. Die Mitmenschen sind meistens sehr schnell dabei, Worte wie »verrückt sein«, »spinnen«, »nicht mehr alle Tassen im Schrank haben« zu verwenden bis hin zu »reif für die Klapsmühle« sein.

Aus unserem Gedächtnis ist vieles abrufbar, wenn bestimmte auslösende Situationen eintreten. Sigmund Freud, der Begründer der Psychoanalyse, baute u. a. auf dieser Speicherkapazität des Gedächtnisses und seine Einflußnahme auf Verhalten und Handeln, Reagieren und Entscheiden sein psychoanalytisches Konzept auf. Erinnerungsfähigkeit ist auch die Basis seiner Traumdeutung. Folgendes Zitat mag dies zeigen:

»Daß alles Material, das den Trauminhalt zusammensetzt, auf irgendwelche Weise von Erlebtem stammt, also im Traum reproduziert, erinnert wird, dies wenigstens darf uns als unbestrittene Erkenntnis gelten...
Es kommt zunächst vor, daß im Trauminhalt ein Material auftritt, welches man dann im Wachen nicht als zu seinem Wissen und Erleben gehörig anerkennt. Man erinnert wohl, daß man das Betreffende geträumt, aber erinnert nicht, daß und wann man es je erlebt hat. Man bleibt dann im unklaren darüber, aus welcher Quelle der Traum geschöpft hat und ist wohl versucht, an eine selbständig produzierende Tätigkeit des Traumes zu glauben, bis oft nach langer Zeit ein neues Erlebnis die verloren gegebene Erinnerung an das frühere Erlebnis wiederbringt und damit die Traumquelle aufdeckt. Man muß dann zugestehen, daß man im Traum etwas gewußt und erinnert hatte, was der Erinnerungsfähigkeit im Wachen entzogen war« (27).

Freuds Annahme eines gleichsam unendlich großen Gedächtnisspeichers wird bestätigt durch die Versuche des Neuro-Chirurgen W. Penfield, die er während Gehirnoperationen an Patienten machte (28). Reizte man nämlich mit einer feinen, nadelartigen Sonde bestimmte Gehirnpartien der gerade zu operierenden Patienten, dann erzählten diese dem Chirurgen längst vergessene Erinnerungen und Erlebnisse. Diese Experimente können als Beweis dafür gesehen werden, daß das Gehirn von Geburt an ein Riesenarsenal an Gedächtnisinhalten darstellt. Andererseits wurde von Freud nichts über das Aktivieren des Gedächtnisses für Erlebnisse und Erfahrungen aus früheren Inkarnationen berichtet.

Wir können jedoch heute davon ausgehen, daß zumindest ein Teil unserer Träume Szenen aus früheren Inkarnationen in die Nähe unseres Bewußtseins bringt, wir jedoch meistens dafür noch kein Verständnis haben. In dem späteren Kapitel »Reinkarnationserinnerungen im Traum« werde ich Beispiele dafür anführen (vgl. S. 92ff.).

Auf den folgenden Seiten werde ich Therapiekonzepte

vorstellen, mit denen Vergangenheit verarbeitet, Gegenwart erkannt und Zukunft gestaltet werden kann.

Psychotherapie

Die verschiedenen Schulen der Psychotherapie sind sich trotz erheblicher Unterschiede in der Sichtweise im allgemeinen darin einig, daß die Symptomatik, sei sie psychischer, somatischer oder psychosomatischer Art, aus der Lebensgeschichte (Vita) und Krankengeschichte (Anamnese) ableitbar und nachvollziehbar sein muß.

Frühkindliche Erlebnisse spielen dabei eine besondere Rolle, dazu der Schwangerschaftsverlauf bei der Mutter, die Geburt selbst, die Eltern-Kind-Beziehung, der Erziehungsstil, die Art der Bestrafung, die religiöse Ausrichtung und Moral, Erfolgs- und Mißerfolgserlebnisse, Krankheiten, die Einflüsse aus dem Milieu, das geistige Niveau, die Zeitverhältnisse.

Die psychotherapeutische Behandlung umfaßt im allgemeinen das Gespräch, schriftliche Aufzeichnungen und deren Diskussion, z. B. Lebensgeschichte, Tagebuchaufzeichnungen, Träume, Argumente und Gegenargumente. Hinzukommen können Methoden wie das Psychodrama, eine Form des Rollenspiels, um sich besser in die eine oder andere durchlebte Situation einfühlen zu können. Auch Malen und Zeichnen, Arbeiten mit Fingerfarben, Knetmasse oder Ton sind Instrumentarien der Psychotherapie, um nur einige Beispiele zu nennen. Eine besondere Methode der Psychotherapie ist das

Rebirthing

Es gibt Symptome, die mit (unbewußten) Erlebnissen vor, während und nach der Geburt zusammenhängen. Daraus resultieren oft Zustände wie Lebensangst, dem Ersticken, der Zukunft, dem Tode. Es gibt auch Ängste, deren Ursachen mit (unbewußten) Erlebnissen in der Embryonal- und Fötalzeit verbunden sind: Existenzangst, Verlustangst, Todesangst, zum Beispiel bei Abtreibungsversuchen.

Rebirthing heißt, in der Tiefenentspannung die eigene Geburt nachzuerleben, auf dem Weg aus der Gebärmutter in die Welt sich nochmals durch die Geburtswege pressen zu lassen, gegebenenfalls zu spüren, ob man durch die Mutter eher zurückgehalten oder in das Leben freigegeben wurde, die Minuten nach der Geburt als Geborgenheit oder kalte Isolation, Annahme oder Ablehnung empfand.

Das Rebirthing kann als angenehm oder unangenehm erlebt werden, als wärme- und kraftspendend oder als Ausgesetzt- und Verlorensein. Aber es eröffnet den Zugang zu einem ganz wesentlichen Teil der eigenen Vergangenheit und deren Bewältigung, gegebenenfalls durch die sogenannte Trauerarbeit. Erfahrungsgemäß lösen sich nach dem Rebirthing Ängste auf; man beginnt, eigenständiger, freier, entspannter zu leben und leistungsfähiger zu werden (29).

Verhaltenstherapie

Sie entwickelte sich aus dem amerikanischen Behaviorismus, das heißt, menschliches Verhalten wurde beschrieben, untersucht, analysiert. Das Außen der menschlichen Person wurde in den Vordergrund gestellt, das Innen als nicht erkennbar eingestuft. Empfindungen, Gefühle, Stimmungen wurden nur insoweit anerkannt, als sie von außen durch das Verhalten erkennbar wurden (30).

Verhaltenstherapie heißt, daß Gewohnheiten, Zwänge, Ängste, Vermeidungen, Krankheitsbilder wie Alkoholismus in Form von Übungen, Training, Einschleifen neuer Verhaltensmuster aufgegeben, verändert, aufgelöst werden. Rauchen und Alkohol können beispielsweise dadurch abgewöhnt werden, daß therapeutisch Ekelreaktionen aufgebaut werden. Ängste können abgebaut werden, indem man sich bewußt mit den Angst einflößenden Situationen, Menschen, Tieren, Gegenständen beschäftigt und mit dem verhaltenstherapeutischen Programm bewältigt. Da und dort kommt es jedoch zu Symptomverschiebungen; das eine Problem verschwindet, ein anderes taucht dafür auf.

Reinkarnationstherapie

Wir können aus der reinkarnationstherapeutischen Erfahrung heraus davon ausgehen, daß es lebens-, leistungs-, kontaktbehindernde und krankheitsfördernde Symptome gibt, die sich aus der Lebens- und Krankengeschichte nicht oder nicht genügend erklären lassen, auch nicht mit den sehr frühen Erlebnissen vor, während und nach der Geburt. Frühere Existenzen lassen sich in der Tiefenentspannung bewußt machen. Sie werden als Empfindungen, Gefühle, Gerüche, Bilder und traumähnliche Szenen nacherlebt.

Das Nacherleben von Ängsten, Nöten, Krisenzeiten, schweren Belastungen, Versagungen, Verletzungen, Unfällen, Krankheiten, gegebenenfalls gewaltsamem Tod ermöglicht das Verarbeiten und Bewältigen und führt zu einer sichtlichen Befreiung und Erlösung. Gerade die zahlreichen psychosomatischen Beschwerden, noch dazu, wenn es hierfür keinen klinischen Befund gibt, haben sehr oft mit Traumata in früheren Existenzen zu tun.

Nicht nur Negativerlebnisse, sondern auch frühere Erkenntnisse, Erfolge, Erfahrungen, Fähigkeiten lassen sich natürlich in das Bewußtsein heben. Es gab und gibt ja Menschen mit bestimmten Höchstleistungen, die allem Anschein nach ihre Fähigkeiten nicht allein in dem gegenwärtigen Leben erworben haben, sondern bewußt oder unbewußt weit zurückliegende Quellen ihrer geistigen, musischen, künstlerischen Potenz wieder zum Sprudeln bringen konnten.

Nun soll es keineswegs nur Aufgabe dieses Buches sein, therapeutische Hilfen zu zeigen, sondern jeder Leser soll für seine Vergangenheit aus diesem Leben oder früheren Existenzen sensibel werden, damit das Vergangene, sofern nötig, abgeschlossen und Energien für die zukünftige Schicksalsgestaltung entwickelt werden können. Deshalb sollen Ihnen nun einige Anregungen gegeben werden, die eigene bisherige Lebensgeschichte und gegebenenfalls auch die eigene Krankengeschichte zu durchleuchten.

Die eigene Lebensgeschichte erspüren lernen

Jeder von uns mußte schon einen Lebenslauf schreiben, sei es für die Schule, die Ausbildung, den Beruf. Doch im allgemeinen ist ein solcher Lebenslauf bruchstückhaft, was das eigene Leben anbetrifft. Bei Bewerbungen um eine Position in einem Unternehmen halten sich die Stellungsuchenden meist mit Aussagen über sich selbst sehr zurück, als müßten sie möglichst viel von ihrer Persönlichkeit verbergen. Dabei kann jemand doch nur dann gerecht beurteilt werden, wenn man ein Optimum an Informationen über Werdegang, Interessen, Fähigkeiten über ihn verfügbar hat. Wer mit Personalberatung zu tun hat, weiß ein Lied davon zu singen, wie wenig brauchbare Informationen Bewerbungsunterlagen heute enthalten.

Hier geht es jedoch darum, die eigene Lebensgeschichte so individuell, ehrlich und umfassend wie möglich niederzuschreiben. Manche müssen sich regelrecht überwinden, etwas über sich selbst zu Papier zu bringen. Der Nutzen für eine solche Bereitschaft kann jedoch für eigene »Aha-Erlebnisse« über den bisherigen Verlauf des Lebens gar nicht hoch genug eingeschätzt werden. Nachstehend werden eine Reihe von Anregungen gegeben, um möglichst umfassende Kenntnisse über sich zu erarbeiten:

Anregungen zur Aufzeichnung der eigenen Lebensgeschichte

1. Bereiten Sie für alle fünf Lebensjahre einen Bogen DIN A 4 vor, also für die Zeit 0 bis 5 Jahre, 6 bis 10 Jahre, 11 bis 15 Jahre usw.
2. Beschreiben Sie den Charakter, das Verhalten, den Beruf Ihres Vaters, Ihrer Mutter.

3. Falls Sie Geschwister haben, beschreiben Sie auch deren Charakter, Verhalten, Beruf.
4. Halten Sie Rückschau auf die Art der Erziehung im Elternhaus: konservativ, pedantisch, autoritär, liberal, beengend, fördernd, kirchlich gebunden, freigeistig usw.
5. Beschreiben Sie die Art des Lobes: anerkennend, ermutigend, anregend, weitere Leistung fordernd, gute Leistung und Tat als etwas Selbstverständliches usw.
6. Lassen Sie sich die Art der Bestrafung durch den Kopf gehen, ohne die gern gebrauchte Floskel, daß es ja immer gut gemeint war: »Man brauchte mich nur anzusehen!« – »Ich hatte immer gleich ein schlechtes Gewissen!« – Klaps, Ohrfeige, Prügel (womit?) – Moralischer Druck – Erpressung – Entzug von Beachtung, Anerkennung, Zuwendung, Nachtisch, Süßigkeiten, Essen und Trinken, Schmusen, Liebe. – Einsperren – Eine Zeitlang nicht miteinander sprechen – Besprechen der Fehler, der Strafe – Verzicht auf Bestrafung.
7. Schildern Sie das Milieu des Elternhauses: durchschnittlich, kleinbürgerlich, spießig, großzügig, auf Bildung bedacht, gleichgültig gegenüber höheren Werten usw.
8. Wie war das Niveau? Einfach, gehoben, anspruchsvoll, geistige Anregungen, Förderung von Sport, Lesen, Erlernen von Sprachen, von Musikinstrumenten, Einladungen, Gesellschaften, Reisen, künstlerische Ambitionen usw.
9. Konnten Interessen entwickelt werden? Literatur, Sammeln von Briefmarken u. a., Musik, Technik, Motoren, Sprachen, Naturwissenschaften, Geisteswissenschaften, Grenzgebiete usw.
10. Ausbildung: Schulen, Lehre, Studium, Praktika, Lehrstellen, Beruf, Berufswechsel, Abbruch beruflicher Ausbildung, Aufstieg, Abstieg, Weiterbildung, Neuorientierung usw.
11. Kameradschaften, Freundschaften, Gruppen, Gemeinschaften, Vereine, Clubs, Sympathien und Antipathien.
12. Partnerschaften, Verhältnisse, Ehe(n), Scheidung(en). Bedenken Sie dabei, auf welche Art von Partnern Sie »einra-

sten«, wie es zu Bindungen kam, aus welchen Gründen sie gegebenenfalls auseinandergingen. Was wirkte anziehend, was löste eine Trennung aus?

13. Überlegen Sie, welche Schlüsselerlebnisse eine Reihe weiterer Ereignisse auslösten. Es gibt oft ganze Ketten von Erfahrungen, Erlebnissen, »Zufällen«, die miteinander zusammenhängen. Beim Nachdenken darüber »fällt es einem wie Schuppen von den Augen«.
14. Beachten Sie, welche Menschen Ihnen außerhalb der Familie besonders nahestehen, beispielsweise Nachbarn, Verwandte, Freunde, sogenannte Zufallsbekanntschaften, Arbeitskollegen, Teilnehmer an Tagungen, Seminaren usw.
15. Wir wissen heute, daß wir uns unsere Eltern, unsere Geschwister, unsere Mitmenschen oft auswählen, lange bevor wir geboren wurden. Welchen Sinn können die Ihnen nahestehenden Menschen für Sie persönlich haben? Denken Sie einmal darüber nach!
16. Welche Menschen Ihrer Umgebung würden Sie am liebsten »auf den Mond schießen«? – Wem würden Sie am liebsten »den Kragen umdrehen«? – Wem fühlen Sie sich besonders verbunden?
17. Wenn Sie sich im unklaren darüber sind, ob Sie einen Einfall zu Ihrer Lebensgeschichte aufschreiben sollen, dann zögern Sie nicht mit der Niederschrift: Denn allein schon die Erinnerung zeigt an, daß es sich um ein für Sie wichtiges Detail handelt.
18. Beginnen Sie mit der Niederschrift Ihrer Lebensgeschichte möglichst bald. Schreiben Sie, wie es Ihnen »aus der Feder fließt«. Beschönigen und entschuldigen Sie nichts! Gehen Sie wie folgt vor: Fangen Sie mit dem Aufzeichnen an. Unterbrechen Sie, wenn Ihnen im Augenblick nichts mehr einfällt. Nehmen Sie Ihre Aufzeichnungen nach zwei bis drei Tagen wieder vor und ergänzen Sie sie um das, was Ihr Unbewußtes Ihnen inzwischen an Erinnerungen freigegeben hat. Pausieren Sie dann wieder zwei bis drei Tage und ergänzen dann wieder. Und so fahren Sie fort, bis Sie den Eindruck gewonnen haben, daß Ihnen nun wirklich nichts

mehr einfällt. Halten Sie sich aber trotzdem für spätere Nachträge offen.

19. Es mag sein, daß Ihnen manche Notizen die Tränen in die Augen treiben oder Sie im tiefsten Inneren aufwühlen. Lassen Sie es zu, weinen Sie, nehmen Sie diese Emotionen an! Sie werden deutlich spüren, daß dann nach einiger Zeit Erleichterung eintritt und Sie sich dann wohler fühlen.
20. Wenn Ihnen nach Musik zumute ist, wählen Sie bewußt die Musik, die Sie im Augenblick als angenehm empfinden. Das kann eine Symphonie sein, ein Orgelkonzert, Gitarrenmusik, Mantramusik. Bedenken Sie, Musik kann eine heilende, tröstende, beruhigende Wirkung haben. Wenn Sie dann den Wunsch haben, die Augen zu schließen und sich hinzulegen, dann tun Sie es. Dabei mag es sein, daß vor Ihrem inneren Auge Szenen aus Ihrem Leben auftauchen, beispielsweise die lebendige Erinnerung an eine Urlaubsgegend. Nehmen Sie solche Bilder an, schicken Sie diese nicht weg, auch wenn es etwas Trauriges sein sollte. Das Auftauchen solcher Situationen hat einen tiefen Sinn, der sich vielleicht erst nach einiger Zeit öffnet.

Die obigen Anregungen sollen Ihnen helfen, sich selbst besser verstehen zu lernen. Erkenntnis- und Reifungsprozesse werden dadurch angeregt, und vieles kann plötzlich klar und deutlich werden, was vorher verschüttet oder zumindest ungenügend beachtet worden war.

Nun wollen wir unser Gefühl für uns selbst noch etwas mehr verfeinern. Dazu soll uns eine Rückschau auf unsere mögliche Krankengeschichte verhelfen.

Anregungen zur Aufzeichnung der eigenen Krankengeschichte

So, wie es eine Ausdruckssprache der gesunden Seele als Mienenspiel an Stirn, Augen, Mund, als Gestik mit dem Kopf, den Armen, den Schultern, den Beinen, ja, dem ganzen Körper gibt, so können wir auch von einer Ausdruckssprache der kranken Seele sprechen. Auch sie teilt sich in Form von Mimik, Gestik, Verhalten mit, darüber hinaus in Störungen im Organgeschehen des Körpers.

Dieser enge Zusammenhang zwischen körperlichem und seelischem Geschehen wurde schon von alters her erkannt. Ein deutliches Zeichen dafür sind bestimmte Redewendungen des Volksmundes, von denen wir zur Einstimmung in das Leib-Seele-Geschehen einige Beispiele geben wollen. Vielleicht denken Sie einmal darüber nach, ob die eine oder andere Beschreibung auf Sie zutrifft. Kreuzen Sie am besten an, wenn Sie sich angesprochen fühlen:

1. Ich kann etwas nicht mehr schlucken.
2. Es bleibt mir etwas im Halse stecken.
3. Da bleibt mir die Spucke weg.
4. Etwas bleibt mir im Magen liegen.
5. Ich kann etwas nicht verdauen/verkraften.
6. Es ist mir an die Nieren gegangen.
7. Ich könnte Gift und Galle spucken.
8. Es ist einfach zum Kotzen.
9. Krebsrot werden vor Wut.
10. Käseweiß werden vor Angst oder Schreck.
11. Es ist mir etwas in die Glieder gefahren.
12. Man zittert vor Angst oder Aufregung.
13. Mir bricht immer wieder der kalte Angstschweiß aus.
14. Man könnte die Hände über dem Kopf zusammenschlagen.
15. Es bricht mir das Herz.
16. Ich halte es einfach nicht mehr aus.
17. Es brennt mir auf den Nägeln.
18. Mir ist eine Laus über die Leber gelaufen.
19. Ich könnte mir die Haare raufen.
20. Jetzt habe ich die Nase endgültig voll.
21. Ich muß alles in mich hineinfressen.
22. Ich muß die Zähne zusammenbeißen.
23. Es wird mir übel, wenn ich nur daran denke.
24. Ich könnte die Wände hochgehen.

25. Den Kopf hängen lassen.
26. Dafür könnte ich auf die Barrikaden steigen.
27. Der Kopf könnte mir zerspringen.
28. Wenn doch alles schon vorbei wäre.
29. Ich stehe immer wieder wie angewurzelt da.
30. Es zuckt mir immer wieder in den Fingern.

Nachdem wir uns nun mit dem Volksmund und seinen Beschreibungen der körperlichen und seelischen Verfassung befaßt haben, wollen wir in unserem Verständnis für Krankheiten ein Stück weiter gehen und uns den psychosomatischen Hintergrund dafür vor Augen holen. Wir wollen deshalb nicht übertreiben und jede Krankheit als Ausdruck für eine seelische Störung sehen, aber wir wollen andererseits bestrebt sein, das körperliche Geschehen *auch* von der seelischen Seite aus mit zu verstehen.

Das psychosomatische Verständnis für unsere Körperfunktionen

Wir sind dann gesund, wenn wir frei sind von Stoffwechselgiften und Schädigungen durch Stoffwechselgifte. Gestört werden kann unser Organismus durch Giftzufuhr von außen wie beispielsweise falsche Ernährung, Genußmittel, Medikamente mit gravierenden Nebenwirkungen. Wir müssen aber davon ausgehen, daß unsere Seele geschädigt und vergiftet werden kann, durch Ärger, Bloßstellung, Herabsetzung, Abwertung, Demütigung, Beschimpfung, Psychoterror bis hin zur Wehrlosigkeit und zum Aufstauen von Wut, Zorn, Haß.

Erfahrungsgemäß reagieren wir – egal ob wir über die Seele oder über den Körper aus dem Gleichgewicht gebracht werden – ganzheitlich, wobei es durchaus jahrelang dauern kann, bis organische oder seelische Schäden erkennbar werden. Um an die Ursachen, den Verlauf, das Erkennen von Krankheiten besser und schneller heranzukommen und zur Einsicht in die körperlich-seelischen Zusammenhänge zu gelangen, wollen wir uns nun mit einigen grundlegenden Funktionen unseres Körpers beschäftigen und damit noch empfindsamer für uns selbst werden:

Entzündungen

Von der körperlichen Seite aus sind Entzündungen als ein akuter Krankheitsprozeß zu verstehen. Wir werden auf bestimmte Körperteile und Organbereiche gelenkt.

Schlüsselworte:
Entzündung = Achtung! Paß auf! Gefahr für dich!

Dazu einige Überlegungen und Beispiele:

Entzündungen im Hals-Nasen-Ohren-Bereich können mit einer Erkältung zu tun haben. Aber sollen wir vielleicht darüber hinaus darauf hingewiesen werden, daß wir etwas nicht mehr schlucken können und deshalb unsere Mandeln reagieren? Oder ist unser Atemrhythmus, der Austausch der Kräfte zwischen Innen und Außen gestört? Oder können oder wollen wir nicht mehr zuhören?

Entzündungen im Bereich der Verdauungsorgane wie Speiseröhre, Magen, Darm können bedeuten, daß nicht nur die Verarbeitung der aufgenommenen Nahrung zu wünschen übrig läßt, sondem daß auch seelische Belastungen nicht mehr absorbiert, bewältigt, »verdaut« werden können.

Entzündungen der Bauchspeicheldrüse weisen uns auf die gestörte Aufnahme und Verarbeitung von Zucker hin. Selbstverständlich muß man an die Gefahr einer Zuckerkrankheit (Diabetes) denken.

Aber was kann noch gemeint sein? Zucker steht symbolisch auch für Zärtlichkeit bzw. die Annahme oder Ablehnung von Zärtlichkeit. Es sollte demnach überlegt werden, aus welchen Gründen man Zuwendung durch eine oder mehrere Personen nicht annehmen kann. Liegt eventuell ein Konflikt mit den Eltern oder einem Partner vor?

Bei Entzündungen der Galle sollte man bedenken, daß dieses

Organ einen sehr aggressiven Verdauungssaft produziert. Man könnte die Galle auch symbolisieren mit einem Messer, das etwas aufschneiden oder herausschneiden, etwas aufschließen, zerstören, vernichten, in anderer Weise nutzbar machen soll.

Fragen bei Gallenentzündungen können sein: Welchen Schnitt unterläßt oder vermeidet man? Welcher »gordische Knoten« kann nicht durchtrennt werden? Welches Problem schiebt man vor sich her?

Kann man solche psychosomatischen Überlegungen auch an die Nieren knüpfen? Die Nieren haben mit der Ausscheidung zu tun. Ungenügende Ausscheidung des Harns kann Entzündungen verursachen. Allein schon der Satz »es ist mir an die Nieren gegangen« zeigt, daß bei Nierenerkrankungen Emotionen eine große Rolle spielen können. Hält man also seelischen Ballast zurück, der vergiftend wirken kann? Geniert man sich dessen, was da heraus will, will man nicht »Farbe bekennen«? Vergiftet man sich lieber selbst?

Blasenentzündungen können natürlich auch mit Erkältungen zu tun haben. Wie leicht hat man »sich etwas geholt«, wenn man auf kalten Steinen gesessen oder sich sonstwie verkühlt hat!

Auch im Blasenbereich zeigen sich oft emotionale Faktoren. Denken wir nur an die Neigung zum Bettnässen mancher Kinder. Kurt Seelmann, dessen Buch *Woher kommen die kleinen Buben und Mädchen?* (31) sehr bekannt ist, bezeichnete das Bettnässen als »Weinen nach unten«. Allgemein bekannt ist, daß Blasenentzündungen oft mit partnerschaftlichen Konflikten zu tun haben. Intime Annäherungen können per Entzündung aufgeschoben oder sogar völlig zurückgewiesen werden. Die körperliche Reaktion ist ein »unverfänglicher« und plausibler Grund für die eigene Vermeidungshaltung.

Entzündungen im Bereich der Gelenke, an Armen und Beinen können uns darauf aufmerksam machen, daß unsere seelisch-geistige Bewegungsfähigkeit leidet, eine Diskrepanz zwischen gewünschter und behinderter Mobilität aufgetaucht ist. Interessant mag hierbei auch sein, daß Gelenkentzündungen sich oft aus ungenügender Harnausscheidung und Nierenerkrankungen entwickeln. Ist damit nicht in doppelter Hinsicht auf den seelischen Bereich hingewiesen?

Entzündungen an unserer Wirbelsäule können uns anzeigen, daß unsere Stabilität gefährdet ist, wir uns zuviel zugemutet haben, um etwas durchzustehen, durchzuhalten. Wir mögen also über kurz oder lang an einen Punkt kommen, von dem ab wir nicht mehr »Haltung bewahren« können!

Stauungen

Wenn wir von einem übergeordneten Standpunkt aus weiterhin bestrebt sein wollen, organische Störungen auch von der seelischen Seite aus zu betrachten, dann haben auch Stauungen eine entsprechende Aussagekraft.

Schlüsselworte:
Stauung = verzögerter Energiefluß. Mangelnde Kanalisierung. Vergiftungsgefahr!

Wo können Stauungen auftreten? Zum Beispiel im Mund, in der Speiseröhre, im Magen, im Darm, in der Leber, in der Galle, in der Milz, in den Nieren, in der Blase, in den Lymphbahnen, in den Arterien und Venen, in den Armen, in den Beinen.

Zögern, Verzögern, zu spät kommen, »sich um etwas drükken«, Chancen verpassen, sich nicht entscheiden können, Ermüdung, »Schlußlicht« werden, Erschöpfung sind einige Stichworte, die auf seelischen Konfliktstoff schließen lassen können.

Beschleunigter Abfluß

Hier zeigt sich auch eine große Palette an Möglichkeiten. Dazu gehören das ungenügende Kauen, das Hinunterschlingen des Essens, die ungenügende Verdauung und dadurch ständige Blähungen bis hin zu häufigem Durchfall.

Schlüsselworte:
Beschleunigter Abfluß = mangelnde Körperspannung, nichts halten und nicht durchhalten können. Angst.

Das seelische Pendant zu diesen körperlichen Reaktionen ist die mangelnde Bereitschaft, etwas durchzuarbeiten, zu bewältigen, zu Ende zu bringen. Während Stauungen mit Verdrängung zu tun haben, ist der beschleunigte Abfluß als Versuch zu werten, etwas nicht zur Kenntnis zu nehmen und sich den Notwendigkeiten und den Verantwortlichkeiten des Lebens zu entziehen. Der Volksmund hat hierzu noch einen deftigen Ausdruck parat »Sich vor lauter Angst in die Hosen machen«. Der »kleine Hosenscheißer« ist jemand, der eine für ihn kritische Situation nicht zu bewältigen und ihr nicht standzuhalten vermag.

Verhärtung

Was kann im körperlichen Bereich verhärten? Die Haut, die Muskulatur, die Blutgefäße, die Gelenke, die Organe.

Im körperlichen Bereich bedeutet das: Austrocknung, ungenügende Ernährung, begrenzte Durchblutung, zunehmender Funktionsverlust, Alterung.

Schlüsselworte:
Verhärtung = Härte, Mangel an Flexibilität und Reaktion, Verkalkung, Absterben.

Im seelischen Bereich bedeutet Verhärtung hart werden gegen sich selbst und gegen andere, reduzierte Verarbeitungsmöglichkeiten, verringerte Lebensqualität, zunehmendes Verabschieden aus dem persönlichen Wirkungskreis, Vorbereiten auf den seelischen und körperlichen Tod.

Steinbildung

Die Steinbildung ist als verstärkte Verhärtung anzusehen. Sie ist Folge einer über viele Jahre hinweg entstandenen Fehlhaltung, sofern nicht eine vererbte Krankheitsdisposition und falsche Ernährung im Vordergrund stehen.

Schlüsselworte:
Steinbildung = Ablagerung des Unbewältigten. Der »vergessene Müll«.

Das Unverdauliche, nicht Abtransportierbare, in der »Registratur« Vergessene. Die jahrelange »erfolgreiche Verdrängung«. Die Steinbildung hat etwas Endgültiges an sich. Gerade Gallen-, Nieren-, Blasensteine sind ja nicht oder nur sehr begrenzt auflösbar. Meistens muß zur Operation gegriffen werden, um sie aus dem Körper zu beseitigen. Der Chirurg übernimmt dann stellvertretend für den Patienten die Aufgabe, »den gordischen Knoten zu durchschneiden« – mit dem Skalpell und möglicherweise nur für begrenzte Zeit!

Wird nach einer solchen Operation der seelische Hintergrund der organischen Erkrankung nicht erkannt und verarbeitet, können weitere chirurgische Eingriffe notwendig werden.

Vergrößerung

Grundsätzlich kann sich jedes Organ vergrößern. Das bedeutet zunächst erhöhte Funktionsfähigkeit. Man denke dabei an die Herzvergrößerung sowie an die erweiterte Lungenkapazität bei Sportlern.

Schlüsselworte:
Vergrößerung = erhöhter Energiebedarf, erweiterte Funktionsfähigkeit.

Vergrößerung eines Organs bedeutet aber noch lange nicht, daß die erweiterte Funktionsfähigkeit auch sinnvoll eingesetzt wird. Denken wir dabei wieder an Ausdrücke des Volksmundes: »Um etwas viel Wind machen.«

Wird die Vergrößerung eines Organs übersteigert, dann kommen wir in den Bereich der Wucherung bis hin zu den Krebserkrankungen. Wucherung bedeutet im körperlichen Bereich zunehmenden Verlust an Organisation, Zusammenspiel, Kooperation, Integration. Die Folge sind ausufernde Wachstumsprozesse, Wachsen um des Wachsens willen. Das Organsystem zerstört sich dann im Laufe der Zeit selbst.

Verkümmerung

Ein Organ, das nicht gebraucht wird, verkümmert. Denken wir dabei an die Muskulatur. Wer sich nicht bewegt, riskiert progressive Bewegungseinschränkung.

> Schlüsselworte:
> Verkümmerung = der Weg in die Funktionsunfähigkeit. Der ganze Organismus wird beeinträchtigt. Die Lebensfähigkeit wird eingeschränkt.

Das alte Sprichwort: »Wer rastet, rostet«, übersetzt die Organverkümmerung wohl besonders gut. Wer »mit seinen Pfunden wuchert«, wie das Bibelwort es ausdrückt, wird kaum mit einem Verkümmern seiner körperlichen und seelischen Fähigkeiten rechnen müssen. Wer sich nichts zumutet, Kraft- und Bewährungsproben meidet, läuft zwangsläufig in eine Verkümmerung seines Organsystems hinein.

Entartung

Damit sind wir im Bereich der Krebserkrankung. Krebsig erkranken und damit entarten kann jeder Körperbereich. Wir wissen, daß Krebserkrankungen bis zu dreißig Jahren brauchen können, bis sie diagnostiziert sind. In vielen Fällen stößt man in der Lebensgeschichte ca. dreißig Jahre vor dem Erkennen eines Krebses auf gravierende seelische Belastungen.

Bedenken wir, daß der Krebs jahrelang dem Leben dient, denn der Körper versucht, durch zunehmende Produktion von Krebsgewebe zunächst in diesem Gewebe Abfallstoffe, die nicht ausgeschieden werden können, zu deponieren. Erst wenn es dem Körper nicht mehr gelingt, zu deponieren, entsteht das Endstadium mit zunehmender Geschwindigkeit der Entartung.

Unfälle

Wir kennen heute den Begriff des Unfalltyps. Es zeigt sich deutlich, daß die Mehrzahl der Unfälle von immer wieder den gleichen Personen verursacht, ausgelöst oder erlitten werden. Es gibt Menschen, die ziehen Unfallgefahren regelrecht an. Unterschwellige Aggressionen gegen die Mitmenschen oder gegen sich selbst, eventuell auch Lebensüberdruß und Selbstmordneigung, spielen ein große Rolle.

Wer in seiner eigenen Krankengeschichte mehrfach auf Unfallgeschehen stößt, sollte dies zum Anlaß nehmen, bewußt Rückschau auf davor liegende seelische Belastungen zu halten. In diesem Zusammenhang sollte man auch darauf achten, ob nicht immer wieder ein bestimmter Körperteil, eine bestimmte Körperseite in das Unfallgeschehen einbezogen ist. Zusammenhänge mit früheren Inkarnationen sind bei Verletzungen und Unfällen immer wieder erkennbar.

Operationen

Für Operationen gilt ähnliches wie für Unfälle. Es ist auffallend, daß es relativ viele Menschen gibt, die nicht nur eine, sondern mehrere Operationen hinter sich haben, während andere ihr Leben lang keine Klinik von innen sehen.

Mir sind viele Menschen bekannt, die mehrere Operationen hinter sich haben. Genauere Analyse zeigt deutlich, daß hier gravierende seelische Belastungen im Hintergrund stehen. Beziehungen zwischen den operierten Organen und Körperteilen einerseits und Verletzungen, Wunden, Narben in früheren Existenzen andererseits sind immer wieder auffallend.

Warum haben wir diesen Ausflug in die Heilkunde vorgenommen? Die Erfahrung im reinkarnationstherapeutischen Bereich zeigt immer wieder, daß über mehrere Leben hinweg psychosomatische Fäden geknüpft werden. Warum erlebte beispielsweise ein Patient, daß er mehrfach durch Feuerwerkskörper stets auf der linken Körperseite verletzt wurde? Warum wurde eine Patientin über dreißigmal in den Bereichen Gebärmutter und unterer Wirbelsäule operiert?

Sie werden jetzt sicher schon einiges aus Ihrer bisherigen Lebensgeschichte aufgezeichnet haben. Setzen Sie Ihre Notizen fort, und achten Sie auch auf Ihre Träume. Im Kapitel »Beispiele für Reinkarnationserinnerungen« (Seite 92ff.) werden Sie eine Reihe von Traumbeispielen finden, die Ihnen zeigen, daß zumindest ein Teil unserer Träume als Rückerinnerungen an frühere Existenzen anzusehen ist.

Die christlichen Kirchen und die Reinkarnationsthematik

Jeder von uns lebt nach heutigen Einsichten seine Vergangenheit in der persönlichen Gegenwart und Zukunft wesentlich mehr mit, als ihm normalerweise bewußt wird. Dieses Nichterkennen, Nicht-bewußtwerden, hat sicher einen Sinn. Wir können ihm nahekommen, wenn wir an Begriffe wie Vergessen und Verdrängen denken. Nehmen wir noch ein weiteres Wort hinzu: das »heilsame Vergessen«.

Vergessen ist ein ganz natürlicher Vorgang. Unwichtiges, Belangloses, Überholtes kann abgelegt, vergessen werden.

Verdrängt dagegen werden Erlebnisse, Ereignisse, Erfahrungen mit unangenehmem, peinlichem, belastendem Inhalt: gedemütigt, zurückgesetzt, mißhandelt, bestraft, frustriert, blamiert, bloßgestellt worden zu sein; Versäumnisse gegenüber anderen Menschen, das sogenannte menschliche Versagen; bedenken wir auch besonders an den Lebensnerv gegangene Schicksalsschläge wie Abgänge, Totgeburten, körperliche und geistige Behinderungen, Unfälle, Verluste an Organen, Amputationen, Tod geliebter Menschen.

Wer erinnert sich schon gern an derlei Belastungen in seiner Vergangenheit? Damit sind ja schließlich Schmerz, Angst, Trauer, Alleinsein, Bewußtwerden eines körperlichen Gebrechens, wieder aufflammendes Erröten vor eigenen Unzulänglichkeiten und andere körperliche Reaktionen verbunden: »Da kann es mir heute noch eiskalt den Rücken hinunterlaufen, wenn ich nur daran denke, wie das damals war...«

Wir sprachen oben vom »heilsamen Vergessen«. Wir können ein ergänzendes Wort hinzufügen: »Die Zeit heilt alle Wunden.« Der zeitliche Abstand von Schicksalsschlägen hilft zweifellos, wieder »auf die Füße zu kommen«, sich zu regenerieren, wieder die eigene Gegenwart und Zukunft zu gestalten.

Wenn wir einem Menschen helfen wollen, mit seiner Vergangenheit fertig zu werden, verwenden wir gern Worte wie »Kopf hoch!« – »Es wird schon wieder werden!« – »Du kannst dich nicht ständig weiter quälen!« – »Du mußt einen Schlußstrich unter die Vergangenheit machen; was vorbei ist, ist vorbei!« – »Das Leben geht weiter!« – »Du bist doch noch einmal davon gekommen!« – »Du bist dem Tod noch einmal von der Schippe gesprungen!« Solche und ähnliche Sätze sollen dazu dienen, mit der Vergangenheit abzuschließen und wieder aktiv in das gegenwärtige Leben einzutreten. Jedermann wird dafür Verständnis zeigen.

Eine große Hilfe, wenn nicht die wichtigste, ist für den gläubigen Menschen die Religion, und für den Christen vor allem das, was mit göttlicher Gnade umschrieben wird.

Meine bisherigen Gespräche mit Geistlichen der christlichen Kirchen ergaben, daß sie durch das Reinkarnations-Denken eine Gefahr für das Erleben der göttlichen Gnade sehen. Sie sind der Ansicht, es könne eine Art »Do-it-yourself-Religion« entstehen und der reinkarnationsorientierte Mensch meinen, er habe die Mittel zur Selbst-Erlösung in der Hand und könne dann auf die göttliche Gnade verzichten.

Zu fragen wäre hier, ob es nicht gerade göttliche Gnade ist, wenn Menschen in Not der Blick in die Vergangenheit geöffnet wird, damit Einsicht entstehen kann und Fehleinstellungen korrigiert werden könnten. Ich habe bisher niemanden, der von der Reinkarnation überzeugt ist, gefunden, der glaubenslos gewesen wäre und sich dem Tat-Christentum entzogen hätte.

Wenn es so gut wie unmöglich ist, die Vergangenheit ruhen zu lassen und einen Schlußstrich zu ziehen, dann muß sie bewußt aufgearbeitet werden. An dieser Stelle setzen die psychotherapeutischen Methoden an, die nicht gegen den Glauben gerichtet sind, wie da und dort verkündet wird; in die psychotherapeutische Arbeit sollte die religiöse Überzeugung des betreuten Menschen einbezogen werden. Psychotherapie kann und soll nicht Religionsersatz sein, sondern mit dazu beitragen, den eigenen religiösen Weg zu finden.

Kehren wir nochmals zum Vergessen und Verdrängen zurück. Es hat sicher auch einen Sinn, daß wir uns nicht oder nur begrenzt an unsere früheren Inkarnationen zurückerinnern. So könnten wir annehmen, daß es ein göttlicher Auftrag ist, im Hier und Jetzt unser Leben zu gestalten und nicht der zurückliegenden Vergangenheit verhaftet zu bleiben und darüber die Gegenwart zu übersehen.

Es kann sein, daß unsere früheren Inkarnationen uns so sehr belasten würden, daß wir auf einen Zusammenbruch zusteuern würden und nicht mehr den gegenwärtigen Aufgaben gewachsen wären. Es ist auch zu überlegen, ob ein besonders angenehm verlaufenes früheres Leben uns wie ein Sog aus der Gegenwart herauslösen und uns immer mehr in die Vergangenheit zurückziehen könnte. Eine Folge davon könnte sein, daß uns die Kraft zur Bewältigung gegenwärtiger Lebensaufgaben entzogen würde. »Heilsames Vergessen?«

Was ist aber zugunsten des Reinkarnationsgedankens zu sagen? Die Erfahrung mit der Reinkarnationstherapie zeigt uns, daß es da und dort angezeigt ist, über die üblichen therapeutischen Methoden hinauszugehen. Auch unabhängig von therapeutischen Überlegungen gibt es Menschen, die es für sich als wichtig erleben, den Blick zurück zu wenden, um die Gegenwart und Zukunft besser verstehen zu können und ihrem Leben mehr Sinn zu geben.

Für mich entstand im Laufe der reinkarnationstherapeutischen Arbeit immer mehr die Überzeugung, daß die in uns angelegten Fähigkeiten in der Gegenwart nur begrenzt oder gar nicht gelebt werden können, wenn aus früheren Inkarnationen ein Übermaß an Angst, Not, Versagenserlebnissen und Schuldgefühlen in das augenblickliche Leben mitgenommen wurde. So mag es ein Akt göttlicher Gnade sein, wenn der Seele erlaubt wird, nochmals in die eigene Vergangenheit zurückzublicken, sie nochmals nachzuerleben und zu verarbeiten und dann mit voller Kraft das gegenwärtige Leben sinnvoll zu gestalten.

Das eingangs erwähnte Nicht-wissen, Nicht-erkennen, Nicht-bewußtwerden früherer Inkarnationen hat noch einen anderen Grund. In unseren, vom kirchlichen Christentum wesentlich geprägten religiösen Vorstellungen hat der Reinkarnationsgedanke bis jetzt keinen Platz. Das könnte sich jedoch durchaus ändern, denn in der fast zweitausendjährigen Geschichte der christlichen Kirchen ist im Laufe der Jahrhunderte vieles verändert und korrigiert worden, was sehr oft mit Gewalt und Schmerz verbunden war. So sind die astronomischen Forschungen Galileis, die die Wandlung vom geozentrischen zum heliozentrischen Weltbild mit sich brachten, heute Allgemeingut geworden, obwohl die mittelalterlichen Vertreter der römischen Kirche diesen Wissenschaftler zum Widerruf seiner Lehren zwangen. Die Reinkarnations-Thematik ist keine Erfindung der Gegenwart; sie stammt auch nicht allein aus dem indisch-tibetanischen Raum. Wir sollten bedenken, daß die Reinkarnation zu den Zeiten Jesus von Nazareth und in den darauf folgenden Jahrhunderten bekannt war. Der Gedanke der Seelenwanderung und Wiederverkörperung wurde von den Pythagoräern, den Orphikern, den Platonikern, den Essenern, den Pharisäern und anderen philosophischen und religiösen Gruppen vertreten. Stanislav Grof, einer der wesentlichsten Vertreter der »Transpersonalen Psychologie«, führt dazu in seinem Buch *Das Abenteuer der Selbstentdeckung – Heilung durch veränderte Bewußtseinszustände* (32) aus:

> »Es ist nicht sonderlich bekannt, daß ähnliche Lehren wie die Reinkarnation- und Karmalehre auch unter den frühen Christen existierten. Nach dem heiligen Hieronymus (340–420) erhielt die Reinkarnation eine esoterische Deutung, die an eine ausgewählte Elite weitergegeben wurde. Der berühmteste christliche Denker, der über die Präexistenz von Seelen und Weltzyklen spekulierte, war Origines (186–253), einer der größten Kirchenväter aller Zeiten. In seinen Schriften, insbesondere in seinem Buch *De Principiis* (Origines 1976), vertrat er die Ansicht, daß bestimmte Stellen in der Heiligen Schrift nur mit Hilfe der Reinkarnation erklärt werden könnten.
>
> Seine Lehren wurden vom Zweiten Konzil von Konstantinopel, das 553 stattfand und von Kaiser Justinian geleitet wurde, verbrannt und für ketzerisch erklärt. Das Konzil von Kon-

stantinopel erließ folgendes: ›Wenn sich jemand der ungeheuerlichen Lehre, die aus der Annahme der Präexistenz von Seelen folgt, verschreiben sollte, dann trifft ihn der Bann der Kirche.‹ Einige Gelehrte glauben aber, Spuren der Lehren von Origines in den Schriften des Heiligen Augustinus, des Heiligen Gregor und sogar des Heiligen Franz von Assisi entdecken zu können« (33).

Es ist eigentlich verwunderlich, daß sich alle großen christlichen Glaubensrichtungen, die katholische und die evangelische Kirche und auch die kleineren christlich orientierten Gemeinschaften von Sekten, bis heute an die Beschlüsse des Zweiten Konzils von Konstantinopel aus dem Jahr 553 halten und den Gedanken der Prä- und Postexistenz der Seele in wiederholten Leben aus ihren Überlegungen ausklammern.

Im Mittelalter wurde die christliche Kirche wieder mit dem Gedanken der Reinkarnation konfrontiert. In Südfrankreich waren religiöse Bewegungen entstanden, die Katharer und die Waldenser. Der Kampf gegen deren Ideen ist der Hauptgrund dafür, daß der Dominikanerorden entstand. Dominicus selbst war ursprünglich Kanoniker und auf die Regel des Heiligen Augustinus verpflichtet.

Um 1203 kam Dominicus mit dem Gedankengut der Katharer in Berührung, das sich in den davorliegenden Jahrzehnten rasch in Südfrankreich und Oberitalien ausgebreitet hatte und schon bis nach Flandern und in das Rheinland gedrungen war. Das religiöse Denken dieser beiden Gruppen galt als Häresie, als Abweichung von der gültigen kirchlichen Lehre. Ein wichtiges Glaubensgut von ihnen war der Gedanke der Reinkarnation und das Handauflegen als Übertragung göttlicher Kraft auf den Menschen.

Der seit 1198 wirkende Papst Innozenz III. erließ 1199 ein Dekret zur Bekämpfung der Katharer und Waldenser. Er hatte in den davorliegenden Jahren bereits erfahren, daß kirchenrechtliche Maßnahmen wie zum Beispiel die Exkommunikation keineswegs ausreichten, um in der Bevölkerung unerwünschte Gedanken und Überzeugungen auszurotten. Predigten und theologische Disputationen sollten die Menschen überzeugen. Der Erfolg dieses Vorgehens war jedoch gering. Letztlich kam es zum mehrjährigen Albigenserkrieg, ausgelöst dadurch, daß ein Katharer an der Ermordung eines päpstlichen Legaten beteiligt gewesen sein soll.

Dieser Krieg war »wie alle Religionskriege grausam, wurde von beiden Seiten ohne Erbarmen geführt und endete mit der fast völligen Ausrottung der Katharergemeinden in den größeren Städten. Da sich beide Parteien über Jahrzehnte im wortwörtlichen Sinn gegenseitig theologisch verteufelt hatten, gab es im Grund nur die Alternative der Unterwerfung oder der Ausrottung« (34).

Dominicus selbst war ein Mann der Predigt, der sich allem Anschein nach nicht an den kriegerischen Handlungen beteiligte, weder aktiv noch passiv, »was aber nicht bedeutet, daß er sie mißbillig hätte, denn auch für ihn war es selbstverständlich, daß sich das ›weltliche Schwert‹ in den Dienst der Kirche stellte und diese durch ihre Kleriker den Krieg unterstützte« (35).

Der Gedanke der Reinkarnation trat in der Zeit der Aufklärung wieder deutlich hervor. Große Geister wie Lessing und Goethe, um nur diese beiden Beispiele zu nennen, waren davon überzeugt, daß es nicht nur ein einmaliges Erdenleben gäbe, sondern viele Existenzen nötig seien, um zu seiner Vollendung zu kommen.

Was die letzten zehn bis fünfzehn Jahre betrifft, zeigt sich inzwischen, daß die christlichen Kirchen in eine Wandlungsphase gekommen sind und sich veranlaßt sehen, sich theologisch mit der Reinkarnations-Thematik auseinanderzusetzen.

Der international bekannte Professor für katholische Theologie, Hans Küng, bestimmt kein Dogmatiker, zeigt uns deutlich die Haltung der christlichen Kirchen, auch wenn er nur aus katholischer Sicht heraus spricht. In dem sehr lesenswerten-Buch *Christentum und Weltreligionen* schreibt er zur Reinkarnationslehre unter anderem:

> »Was immer da retrospektiv oder prospektiv über die Reinkarnationslehre theoretisch gesagt werden möge: empiri-

sches Material, so heißt es, bestätige die Tatsache wiederholten Erdenlebens, denn es gäbe zahlreiche ausführliche Berichte von Menschen, die sich – etwa aufgrund von Yoga-Übungen – an ihr früheres Leben erinnern können: Wie soll dies anders erklärt werden können als durch Reinkarnation? Darüber hinaus hätten zahlreiche Untersuchungen heutiger Parapsychologen die Reinkarnationslehre auch wissenschaftlich erhärtet, insbesondere durch Untersuchungen von Wirkungen Verstorbener:
Müssen deshalb sogenannte spiritistische Erfahrungen mit den Geistern Verstorbener nicht neu gewertet, wirklich ernst genommen werden? Ja, gibt es selbst im Alten und Neuen Testament nicht zumindest Andeutungen dieser Lehre, wenn etwa vom Wiederkommen des Propheten Elia in der Gestalt Johannes des Täufers die Rede ist? Müssen deshalb die kirchlich-konziliaren Verurteilungen der Reinkarnationslehre nicht aus dem damaligen zeitgeschichtlichen Kontext heraus verstanden und relativiert werden? Wäre das Christentum dann mit der Reinkarnationslehre nicht wirklich versöhnbar? Kann sie nicht aus dem so verschiedenen weltanschaulichen indischen Rahmen herausgenommen und in einen christlichen Kontext integriert werden, wie man ja im Laufe der Kirchen- und Theologiegeschichte auch andere zunächst neue Lehren, etwa aus dem griechisch-hellenistischen Kontext, übernommen und voll integriert hat« (36)?

Nun kommt aber ein sehr bedeutsamer Satz, der auf Offenheit gegenüber dem Reinkarnationsgedanken schließen läßt:

»Eine Integration neuer Lehren in die christliche Tradition kann auf keinen Fall von vornherein ausgeschlossen werden« (37).

Nachfolgend bringt Küng jedoch eine ganze Reihe von Bedenken, die man akzeptieren muß, auch wenn einem Reinkarnation und Karma vertraut sind:

»Vom christlichen Standpunkt aus wird man schon der Hauptvoraussetzung der hinduistischen Reinkarnationslehre skeptisch gegenüberstehen: daß die menschliche Seele als eine vom Leib unabhängige, von Leben zu Leben wandernde feinstoffliche Substanz zu verstehen sei, die allen Untergang des menschlichen Lebens überdauere...
Diese Skepsis trifft auch für die Behauptung zu: es gebe – wie eine Seele *nach* dem Leib – so auch eine Seele *vor* dem Leib. Sowohl die Annahme der Präexistenz wie der Postexistenz einer separaten, vom leiblichen Substrat unabhängigen Seelensubstanz entspricht weder unseren Erfahrungen noch den Ergebnissen moderner Medizin, Physiologie und Psychologie, die heute im allgemeinen von der psychosomatischen Einheit des Menschen ausgehen. Auch im Alten und Neuen Testament wird – anders als etwa im platonischen Dualismus – eine ganzheitliche Auffassung vom Menschen vertreten...« (38).

Küngs weitere Auseinandersetzung mit der Reinkarnationslehre zeigt dann aber wieder eine für einen katholischen Theologen erstaunliche Offenheit und Toleranz. Diese Haltung soll dem Leser nicht vorenthalten werden. Dabei muß jedem klar sein: Niemand kann uns unsere eigene Entscheidung für die eine oder andere Einstellung abnehmen. Jeder muß wissen, daß dann, wenn er sich von einem vorgegebenen Rahmen löst, sei er kirchlicher, weltanschaulicher, politischer oder sonstiger Art, er in eine rahmenlose Phase der Ungeborgenheit und Schutzlosigkeit gelangt, bis er seine eigene Schau in die Welt und damit einen eigenständigen Standpunkt gewonnen hat. Aber folgen wir noch kurz den Gedanken Hans Küngs:

»Es wäre ungerechtfertigt, wollte man alle Phänomene, mit denen sich die Parapsychologie beschäftigt (Telepathie, Hellsehen) schon von vornherein als Unfug abtun. Aber gerade wissenschaftlich seriös arbeitende Parapsychologen sind bezüglich Reinkarnationstheorien äußerst zurückhaltend. Selbst wenn sie persönlich an Reinkarnation glauben, geben sie meist zu, daß man bei den von ihnen festgestellten Erfahrungen nicht von einem wirklich überzeugenden Beweis für ein wiederholtes Erdenleben sprechen könne. So betrachten denn auch viele Anthroposophen die Reinkarnationslehre weniger als eine wissenschaftlich bewiesene Theorie, denn als eine unbeweisbare Glaubensüberzeugung. Und die soll niemandem genommen werden« (39).

Seit der Veröffentlichung des oben angeführten Buches *Christentum und Weltreligionen* (40) im Jahre 1984 ist eine neue Arbeit des katholischen Theologen Heinrich Beck mit dem Titel *Reinkarnation oder Auferstehung – ein Widerspruch?* (41) sehr aufschlußreich. Im Vorwort schreibt der bekannte Theologieprofessor Andreas Resch, Begründer und Leiter der internationalen »Imago Mundi-Tagungen« in Innsbruck:

»Die Frage der Wiedergeburt hat in den letzten Jahren weltweite Bedeutung erlangt. Selbst in vorwiegend christlichen Gebieten ist das Interesse an der Reinkarnationsidee gewachsen. Eine europaweite Untersuchung ergab, daß 21 Prozent der Europäer an die Wiedergeburt glauben. Von wissenschaftlicher Seite liegen außer den empirischen Untersuchungen von Jan Stevenson nur wenige Studien vor. Vor allem Theologie und Philosophie haben die Frage der Reinkarnation völlig vernachlässigt« (42).

Diese Vernachlässigung spürt man sofort, wenn man mit Priestern und Pastoren dieses allem Anschein nach diffizile Thema anspricht. Besonders betrüblich ist dabei, daß sich dieser Personenkreis nur als Ausnahme an eine eigene literarische Auseinandersetzung am eigenen Schreibtisch herantraut.

Der Autor der oben zitierten Schrift hat das Thema Reinkarnation von philosophischer und theologischer Seite aus beleuchtet. Im Kapitel »Fegefeuer und Reinkarnation als alternative Läuterungswege zu Vollendung und Auferstehung« (43) kommt Heinrich Beck zu Einsichten, die genaueren Nachdenkens wert sind. So führt er unter anderem aus:

»Fegfeuer meint ein rein geistiges Geschehen in der menschlichen Seele nach dem Tod, wodurch sie von Schuld und Verhaftungen befreit und zur beseeligenden Schau und Liebesvereinigung Gottes fähig wird. Das Bildwort bezeichnet ein reinigendes Leiden, das durch die Bewußtwerdung des eigenen Versagens vor der göttlichen Liebe ausgelöst wird. Da mit dem Tod die Hüllen des Leibes gefallen sind, ist die Seele unverhüllt mit der Wahrheit ihrer eigenen Verfassung konfrontiert; sie kann sich nicht mehr durch vordergründige Zielsetzungen und Tröstungen ablenken, sondern muß erkennen, wieweit sie die wesentliche Antwort schuldig geblieben ist, was sie (wenn auch vielleicht nicht sofort vollkommen) auch akzeptieren wird. Es ist daher im ›Jenseits‹ eine schrittweise Erkenntnis und Anerkenntnis anzunehmen, das heißt eine weitere Bewußtseins- und Willensentwicklung, deren Intensität und Schnelligkeit durch die eigene Freiheit und Bereitschaft mitbedingt ist... Die Entwicklung des Bewußtseins, der Liebe und des Willens, die im Jenseits stattfindet, ist jedoch nur als weitere Durchklärung und Ausreifung dessen zu verstehen, was im ›Diesseits‹ grundgelegt wurde, nicht aber als nun wiederum grundsätzlich neue Möglichkeit der freien Entscheidung zwischen Gut und Bös...« (44).

Ein »Fegfeuer« in obigem Sinne kann man sich auch vor dem Hintergrund der Reinkarnation gut vorstellen; denken wir dabei an die Zwischenphase zwischen dem Tod im vorhergehenden und der Geburt im gegenwärtigen Leben oder zwischen unserem kommenden Tod und der Zeit bis zum Eintritt in das folgende Leben. Mit hoher Wahrscheinlichkeit muß jeder von uns durch eine Periode der »Trauerarbeit« hindurchgehen, wenn er dieses Leben verlassen hat, denn wer von uns könnte sagen, daß er im gegenwärtigen Leben alle Aufgaben gemeistert und ein völlig reines Gewissen hat?

Wir beschäftigen uns noch etwas mit Becks Gedanken unter der Fragestellung »Reinkarnation als mögliche Alternative?« und folgen seinen Ausführungen:

»Ein irdisches Leben gibt niemals die Sicherheit, daß Läuterung und Aufwärtsentwicklung geschieht, da die freie Wahl zwischen Gut und Böse wesentlich sein Thema und Inhalt ist. Es ist daher von vornherein nicht grundsätzlich auszuschließen, daß die in einem früheren Leben vielleicht unter großen Anstrengungen und Opfern erworbene Bereitschaft und Fähigkeit zum Guten und zur Liebe nun in einem weiteren irdischen Leben wiederum leichtfertig verspielt wird. Jedoch beinhaltet eine freie Wahlmöglichkeit neben der Gefahr des Absturzes auch die Chance des weiteren Aufstiegs ...« (45).

Heinrich Beck geht in seinen Überlegungen noch ein Stück weiter, indem er Reinkarnation auch unter dem Gesichtspunkt der Hilfe für andere Menschen sieht. Das kann heißen, daß Reinkarnation nicht zwingend für die eigene Person notwendig ist, sondern das eigene Leben auch für eine große Aufgabe, zum Beispiel aus der Nächstenliebe heraus, geschehen kann. In diesem Sinne führt er aus:

»Durch Reinkarnation könnte der Mensch seine (nicht mehr ausdrücklich bewußte, aber dennoch wirksame) Erfahrung aus früheren Leben und seine damals errungene tiefere Liebesfähigkeit weiteren Menschen zur Verfügung stellen und ihnen so in wesentlich fortgeschrittener Weise dienen. Diese Chance dürfte in einem noch höheren Maße zutreffen, wenn das betreffende Ich nicht sofort nach seinem Tode, sondern erst nach einer Zwischenphase jenseitiger Läuterung wiederkehrte. Ein solches Reinkarnationsmotiv des ›Dienstes am Mitmenschen‹ wäre um so reiner, je weniger um der eigenen Vervollkommnung willen eine weitere Läuterung (durch Fegfeuer oder Reinkarnation) noch nötig ist, je vollkommener und höher man also bereits in der Liebe steht. Aus dem Beweggrund der Liebe zum Mitmenschen wird dann sogar die Gefahr des eigenen Absturzes in Kauf genommen – ein im übrigen durchaus sinnvolles Wagnis, da dieses Motiv auch entsprechende Kraft zum Guten zu vermitteln vermag« (46).

Heinrich Beck kommt in seinen Ausführungen zu dem Schluß, daß »Reinkarnation dennoch möglich und sinnvoll« (47) sei, einmal zur »Vervollkommnung des eigenen Seins (alternativ zum »Fegfeuer«)«, zum anderen zur »Mitwirkung bei der Vervollkommnung anderer Menschen und der Menschheit« (48). Darüber hinaus sieht er das Streben, sich immer wieder zu inkarnieren, aus dem »freien Wunsch der menschlichen Seele« und dem »freien Angebot des Schöpfers« an den Menschen enstanden (49).

Wer sich an Themen herantraut, die gegenwärtig nicht als Glaubensgut der christlichen Kirchen angesehen werden, überschreitet eine Grenze, die ihm bisher Halt und Sicherheit geben konnte. Jenseits dieser Grenze beginnt für viele Menschen Neuland, das mit dem Streben nach Erkenntnis erkundet werden muß. Irrwege, Angst, Alleinsein, von der mitmenschlichen Gesellschaft mißverstanden werden, Unsicherheit über den rechten Weg können damit verbunden sein. Aber steht nicht im Neuen Testament auch der Satz: »Prüfet alles, und das Beste behaltet?« Wie soll man prüfen, wenn man nicht auswählen kann?

Man muß sich also sehr genau überlegen, ob man bereit ist, durch Phasen des Zweifels und der Neuorientierung zu gehen oder ob man lieber die Ruhe und Ordnung der festgefügten Tradition bisherigen Glaubensgutes für sich erhalten will. Niemand kann eine solche Entscheidung anstelle von uns selbst treffen. Aber wie schon mancher Suchende zur gerade für ihn richtigen Zeit auf einen Gesinnungsgenossen, ein Buch, eine Erkenntnis gestoßen ist, so wird auch der Gedanke der Reinkarnation ihn anrühren, wenn es für ihn und seine Persönlichkeitsreifung wichtig und notwendig ist. Es wäre völlig falsch, wollte man mit missionarischem Eifer jemanden von Reinkarnation und Karma überzeugen wollen. Es gehört zum Respekt vor der religiösen Einstellung eines Menschen, ihm nichts aufzuzwingen, was er nicht haben will, und sei es auch nur ein Gedanke.

Beispiele für Reinkarnationserinnerungen

Die eingangs berichteten Lebensgeschichten von René, Christa und Angelika werden bei Ihnen ein Gefühl der Erlebnisnähe unserer verschiedenen Vergangenheiten erzeugt haben. Wir werden unseren Weg nun so fortsetzen, daß Sie an sich selbst bemerken werden, wie Ihre eigenen Vergangenheiten in Ihnen wirksam und im Laufe der Zeit auch erfahrbar werden können. Die nach verschiedenen Gesichtspunkten aufgestellten Checklisten sollen Ihnen dabei eine Hilfe sein.

Markieren Sie sich am besten die körperlichen Empfindungen und Symptome, Redensarten, Worte mit starker emotionaler Reaktion, Sympathien und Antipathien, Ängste und Traumthemen, zu denen Sie eine Beziehung gewinnen können und ergänzen Sie diesen Katalog um das, was Ihnen noch zusätzlich aus Ihrem Erleben einfällt.

Körperliche Empfindungen und Symptome

1. Ich habe immer wieder starke Kopfschmerzen an der rechten/linken Schläfe, im Hinterkopf, zwischen den Augen, ...

2. Zeitweise habe ich Sehstörungen, da sehe ich alles verschwommen, da fühle ich mich wie geblendet, ...

3. Manchmal habe ich das Gefühl, wie wenn ich einen Schlag auf den Kopf bekommen hätte, wie wenn mein Hinterkopf offen wäre, wie wenn ich einen Eisenring um den Schädel hätte, wie wenn ich einen Faustschlag aufs Auge erhalten hätte, ...

4. Ich höre immer wieder ein Pfeifen im Ohr, ein dumpfes Geräusch, ...

. . . .

5. Gelegentlich habe ich einen so merkwürdigen Geschmack im Mund, habe ich einen aus unerfindlichen Gründen auftauchenden Brechreiz oder Würgreiz, ...

. . . .

6. Manchmal ist mir der Hals wie zugeschnürt, bekomme ich einfach keine Luft, fühle ich, wie ich am Hals eine Rötung bekomme, ...

. . . .

7. Ich habe immer wieder Halsschmerzen, ohne daß ich Angina hätte, ...

. . . .

8. Wenn ich mich aufrege, habe ich sofort ein Beklemmungsgefühl auf der Brust; dann kann ich überhaupt nicht mehr durchatmen; es ist, wie wenn mir die Luft wegbliebe, wie wenn ein schwerer Stein auf mir läge, ...

9. Mir fährt es immer wieder wie ein Stich ins Herz, mir ist so, wie wenn es mir das Herz auseinanderreißen würde, wie wenn mein Herz aufhören würde zu schlagen, ...

. . . .

10. Im erotisch-sexuellen Bereich kann ich selten/nie etwas empfinden, fühle ich mich immer wieder regelrecht vergewaltigt, zieht sich mir der ganze Unterleib zusammen, fühle ich mich genommen, mißbraucht, weggeworfen, wie eine Prostituierte, ...

. . . .

11. Ich vermeide erotisch-sexuelle Situationen, ich fühle mich um meine Potenz gebracht, wie wenn man mir Gewalt

antun, mir etwas abschneiden, mich lächerlich machen würde, ...
. . . .

12. Wenn ich mich schnell bewege, fährt es mir im Rücken wie mit einem Messer hinein, bekomme ich regelrecht einen Krampf, ...
. . . .

13. Zeitweise wache ich mitten in der Nacht schweißgebadet auf, ohne daß ich mich an einen Traum erinnern könnte. Ich muß dann schnell das Licht anschalten, ich muß in der Wohnung nachsehen, ob irgend jemand da sein könnte, .
. . . .

14. In einem Aufzug werde ich sofort schwindlig, kann ich regelrecht ohnmächtig werden, ...
. . . .

Denken Sie bitte daran, diesen Katalog um Ihre ganz individuellen Empfindungen, Gefühle, Erfahrungen, Symptome zu ergänzen, sofern Sie daran interessiert sind, sich von vergangenen Belastungen zu lösen und mehr Kraft für die gegenwärtige Lebensgestaltung zu gewinnen. Und nun setzen wir unseren Erkenntnisweg fort:

Häufig verwendete Redensarten

Auch in regelmäßig wiederholten Worten und Redensarten können sich Erfahrungen aus früheren Inkarnationen niederschlagen. Hierfür auch wieder einige Beispiele:

1. »Das hat doch alles keinen Sinn!«
2. »Ich habe doch schon alles versucht, immer vergeblich!«
3. »Was soll jetzt nur werden?«
4. »Man sollte einfach Schluß machen!«

5. »Zeitweise ist alles so schlimm, ich könnte irgendwo hinunterspringen!«
6. »Am liebsten würde ich auf und davon gehen!«
7. »Es ist einfach zum Verzweifeln!«
8. »Ich könnte sie alle umbringen!«
9. »Da soll doch der Blitz einschlagen!«
10. »Dem könnte ich den Kragen umdrehen!«
11. »Ins Wasser gehen und alles vergessen!«
12. »Da müßte man eine Granate hineinjagen!«
13. »Man sollte eine Pistole nehmen, und alles wäre vorbei!«
14. »Ich kann einfach nicht mehr!«
15. »Ich gebe auf, dann ist alles vorbei!«
16. »Ob nochmal alles gut werden kann?«
17. »Mich werden sie nie kriegen!«
18. »Man sollte solche Menschen um einen Kopf kürzer machen!«
19. »Wir werden das Kind schon schaukeln!«
20. »Ich bin eben immer Optimist/Pessimist!«
21. »Wir werden schon über den Berg kommen!«
22. »Das wäre doch gelacht, wenn wir das nicht schaffen würden!«

Solche und ähnliche Redensarten können positiver oder negativer Art sein. In solche Äußerungen fließen nicht nur Erfahrungen aus diesem Leben, sondern auch aus früheren Inkarnationen ein. Die beiden amerikanischen Reinkarnationstherapeuten Morris Netherton und Nancy Shiffrin leiten aus solchen häufig gebrauchten Redewendungen sogar die von ihnen entwickelte Form der Reinkarnationstherapie ab, indem bestimmte Kernsätze in der Tiefenentspannung mehrfach laut wiederholt werden müssen und damit der Einstieg in die Problemkreise aus früheren Leben eröffnet wird (50).

Noch ein Stück weiter kommen wir, wenn wir auf bestimmte Worte achten, auf die wir gefühlsmäßig intensiv reagieren. Beachten Sie die nachfolgende Liste und ergänzen Sie diese wieder um die Worte, die für Sie eine besondere Bedeutung haben.

Worte mit starker emotionaler Reaktion

Lesen Sie am besten einmal die nachstehende Reihe von Wörtern durch und achten Sie darauf, bei welchen der folgenden Ausdrücke sie gefühlsmäßig stark reagieren:

Anfangen – Schluß machen – Leben – Tod – Gewalt – Krieg – Stich – Unfall – Narbe – Kopf – Arm – Bein – Bauch – Rücken-Herz – Auge – Kopf – Gehirn – Schuß – Wunde – Seil – Marktplatz – Folter – Hinrichtung – Guillotine – Gefängnis – Kerker – Keller – Bombe – Granate – Schiff – Wasser – Brücke – Tunnel – Eisenbahn – Kutsche – Auto – Geld und Gut – Diebstahl – Betrug – Vergewaltigung – Kastration – Fesselung – Augen blenden – Hexe – Haare – Feuer – Sturz – Spott – Pranger – Verwünschung – Mord – Entführung – Musik – Trommel – Marsch – Indianer – Neger – Soldat – Offizier – Fahnenflucht – Teich – See – Meer – Gebirge – Schlucht – Höhle – Verfolger – Häscher – Rächer – Zunge – Misthaufen – Gille – Schwedentrunk – Kirche – Beichtstuhl – Kloster – Sakristei – Priester – Pfaffe – Schamane – Medizinmann – Schiffsuntergang – Eisberg – Schlange – Ameise – Ratte – Wolf – Hyäne – Konzentrationslager – Zuchthaus – Abtreibung – Kindsmord – Vatermord – Muttermord – Schlaftabletten – Selbstmord – Gift – Burg – Schloß – Graben – Sarg – Friedhof – Gottesdienst – Gruft – Verlies – Hals – Nacken – Jude – Katakomben – Pyramiden – Bergwerk – Verschüttung – Erstikken – Talar – Rauch – Qualm – Flucht – Verfluchung – Segen – Tempel – Robe – Reformation – Inquisition – Revolution – Andersgläubiger – Ungläubiger – Islam – Moschee – Bauchtanz – Harem – Indien – Tibet – Harakiri – Stierkampf – Arena – Pagode – Rache – Chinese – Blutschande – Blutrache – Lawine – Ikebana – Bibel – Insel – Ausgesetztsein – Gebet – Rosenkranz – Absolution – Sünde – Opfer – Sakrileg – Buße – Erlösung – Aussatz – Lepra – Haut – Altar – Treppe – Fallschirm – Flugzeug – Galgen – Scheinwerfer – Scheiterhaufen.

Diese Aufstellung ließe sich selbstverständlich fortsetzen, kann aber als Anregung dienen, der eigenen Vergangenheit auf die Spur zu kommen. Ergänzen Sie diese Worte wieder um Begriffe, die Ihnen als bedeutsam erscheinen.

Sympathien und Antipathien

Nun laufen wir wieder auf einer anderen Spur. Die Sympathie, die Liebe zu etwas, das Wiederholen-wollen sind nun ebenso wichtig, wie Antipathien, Vermeidungshaltungen, Ablehnung und Abwehr. Machen Sie sich weiter auf den Weg zum besseren Kennenlernen Ihrer Vergangenheit:

1. »In diesem Land fühle ich mich richtig wohl!«
2. »Diese Menschen könnte ich gerade umbringen!«
3. »Wenn ich in ein solches Gebäude (Kirche, Turm, Burg, Schloß, Kreuzgang, Kloster, Gericht usw.) gehe, läuft es mir eiskalt den Rücken hinunter!«
4. »In einer Kirche fühle ich mich geschützt und geborgen!«
5. »Ich könnte nie in eine Folterkammer, einen dunklen Keller, einen Raum ohne Fenster gehen.«
6. »Wenn ich eine solche Musik mit Orgel, Orchester, Gitarre, Geigen höre, kommen mir regelrecht die Tränen!«
7. »Ich habe eine panische Angst vor Waffen (Schußwaffen, Stichwaffen, Messern)!«
8. »Ich habe eine Vorliebe für das Sammeln von Waffen, Gemälden, Kunstgegenständen, Antiquitäten.«
9. »Ich fühle mich diesem Volk, dieser Kultur, dieser Religion ausgesprochen zugehörig!«
10. »Ich liebe eine bestimmte Kleidung oder lehne sie strikt ab.«
11. »Ich bevorzuge eine bestimmte Farbe, eine andere lehne ich konsequent ab.«
12. »Wenn ich Bücher lese, Filme ansehe, identifiziere ich mich mit bestimmten Personen, andere lehne ich ab, könnte sie schlagen oder sogar ›umbringen‹.«

Nachdem es uns heute möglich ist, eine Vielzahl von Ländern zu bereisen und deren Menschen, Sprache, Kunst und Kultur kennenzulernen, können wir uns über unsere damit verbundenen Gefühle klar werden. Ich kenne Menschen, die beispielsweise eine sehr innige Beziehung zu südlichen Ländern oder Skandinavien, Rußland oder der Türkei, Spanien oder Südamerika haben, mit anderen Ländern dagegen überhaupt nichts anfangen können oder sogar ausgesprochene Aggressionen gegen deren Bewohner haben. Auch in solchen Fällen sollten wir uns überlegen, ob derlei Sympathien und Antipathien nicht weiter zurückliegende Ursachen haben, als wir bisher annahmen.

Die verschiedenen Arten von Angst

Wenn in früheren Existenzen gravierende Traumata vorgelegen haben, finden wir auch starke Ängste. Überlegen wir uns einmal, wovor man alles Angst haben kann:

1. Wasser (Schwimmen, Untergehen, hinuntergerissen werden, weggespült werden, Strudel, Strömung, Kälte, Eis, Tauchen, Ertrinken, Boot, Schiff, Untergang, Seenot).
2. Brücken (Höhe, Sturz, angezogen werden von der Tiefe, Einbrechen, Überschwemmung).
3. Höhe (Turm, Treppe, Berg, Abhang, Fahrstuhl, Dach, Flugzeug, Abgleiten).
4. Tiefe (Abgrund, Klamm, Bergspalte, Lawine, Verschüttetsein, Keller).
5. Geschlossene Räume (Zimmer, Saal, Alleinsein, Isolation, Eingesperrtsein, Bunker, Panzer, Gefangenschaft, Verhungern, Haft, Gefängnis, Kerker, gewaltsamer Tod).
6. Feuer (Feuersbrunst, Waldbrand, Verbrennung, Verlust, Gottesgericht, Bombenhagel, Feuertod).
7. Plätze (ungeschützt sein, ausgeliefert sein, bedroht sein, am Pranger stehen, verspottet werden, öffentliche Hinrichtung).

8. Autoritäten (abhängig sein, unterdrückt werden, Staatsgewalt, Zwang, Richter über Leben und Tod).
9. Männer (Bedrohung, Schändung, Vergewaltigung, Entwürdigung, Abschneiden der Haare).
10. Frauen (Abhängigkeit, Hörigkeit, Zwang zur Ehe, Verleumdung, Gift).
11. Schwangerschaft (Verbluten, Kindbettfieber, Abtreibungsproblematik, Kindstod, Erpreßbarkeit).
12. Krankheit (Siechtum, Bewegungsunfähigkeit, Organschaden, Amputation).
13. Waffen (Schußwaffen, Stichwaffen, Messer, Dolche).
14. Tod (Endgültigkeit, Verurteilung, Scheintod, Gericht).

Verwenden Sie diese Aufstellung als Anregung für eigene Aufzeichnungen. Sie werden erstaunt sein, was für eine Fülle von Gedanken in Ihnen aufsteigt.

Träume

Wir werden uns in dem Kapitel »Reinkarnationserinnerungen im Traum« (Seite 92ff.) ausführlich mit Träumen und Theorien zur Traumdeutung beschäftigen. An dieser Stelle wollen wir jedoch eine Reihe von Traum-Themata herausgreifen, die sich auf Rückerinnerungen aus früheren Existenzen beziehen können:

1. Nicht weglaufen können (in aussichtsloser Lage sein, in der Bewegung behindert sein. Flüchten wollen und nicht können).
2. Schweißgebadet aufwachen (hochgradige Angst, extreme Erregung, Gefangenschaft, Lebensgefahr).
3. Krieg (Kriegsteilnehmer sein, in kriegerische Handlungen hineingezogen werden, überrollt, verwundet werden, ausgeliefert sein).
4. Sich verstecken müssen (Suche nach Schutz, Flucht, letzte Chance haben).

5. Schweben, Fliegen (Nachtod-Erfahrung, Ablösung vom Körper, sich über seinem Körper befinden).
6. Fallen, Stürzen (Absturz, Tod durch Erhängen, evtl. durch Suizid).
7. Sich an historischen Orten befinden (mittelalterliche Orte, Stätten der Antike, Heiligtümer).
8. In religiöse Riten einbezogen sein (Gebet, Meditation, Tanz, Opferung, eigene oder fremde Kultur).
9. Formen der Bestrafung (zum Beispiel am Pranger stehen, Abschneiden beziehungsweise Abhacken von Händen, Armen, Beinen, Blenden der Augen, Abschneiden der Haare, Hinrichtung).
10. Verwundungen erhalten (Stich, Schnitt, Amputation).

Wenn man sich über Reinkarnationserinnerungen in Form mancher Träume Gedanken macht, sollte man sich nicht auf den Traum allein verlassen, sondern ihn in Zusammenhang mit der Lebensgeschichte, der Krankengeschichte, Ängsten, emotional ansprechenden Stichworten usw. sehen. Im folgenden Kapitel werden wir die traumpsychologische Thematik ausführlicher besprechen.

Reinkarnationserinnerungen im Traum

In der psychotherapeutischen Praxis werden häufig Träume besprochen; sie sind das »tägliche Brot« des Therapeuten, er muß sich mit den Traumsymbolen, Bildern und Szenen, die vor dem inneren Auge des Träumers aufgetaucht sind, auseinandersetzen. Uns stehen für die Traumbesprechung eine Reihe von Traumtheorien zur Verfügung, von denen auf wissenschaftlicher Seite die von S. Freud und C. G. Jung die bekanntesten und wohl auch bewährtesten sind.

Seit ich psychotherapeutisch tätig bin, und das ist seit 1959 der Fall, stieß ich immer wieder auf Träume, die sich der üblichen Deutungspraxis entzogen. So entstand für mich immer mehr der Eindruck, daß eine ganze Reihe von Träumen oder Traumteilen sich nicht aus Tageserlebnissen oder symbolhaften Handlungen ableiten lassen, sondern daß man sie als den Ablauf einer Lebenssituation verstehen muß, die einen realen Hintergrund in der Historie des Träumers hat und weit zurückliegen kann. Wenn man solche Träume so nimmt, wie sie geträumt wurden – ohne in sie Symbolik hineinzugeheimnissen oder sogenannte Traumarbeit und Traumverschiebung vorauszusetzen – dann eröffnen sich in ihnen Teile von Rückerinnerungen aus früheren Leben. Von dieser Basis aus gewinnen viele Träume einen Sinn, der auf der Symbolebene verborgen blieb. Solche Erfahrungen mit Träumen führen nach meinem Dafürhalten zu einer Traumtheorie, die als Ergänzung der üblichen Traumpsychologie angesehen werden kann.

Um dies zu verdeutlichen, sollen nun einige Träume zitiert werden, die nach meinem Dafürhalten Szenen aus früheren Inkarnationen und Nachtoderfahrungen darstellen.

So berichtete der an Grenzgebieten unseres Wissens besonders interessierte Arzt M. Dessoir in seinem Buch *Vom Jenseits der Seele* über einen Traum, den er mehrfach gehabt hatte (51):

»Mir war, als hätte ich mich, angewidert vom Leben und über alle Maßen ermüdet, in die Fluten gestürzt. Mit großer Geschwindigkeit sank ich, und ich fühlte, wie das Wasser dröhnend sich um mich schloß. Nun ging der Traum manchmal in der Richtung fort, daß eine peinigende Atemnot eintrat und zum Erwachen führte, andere Male jedoch folgte das schöne, das erlösende Bewußtsein: jetzt sei es zu Ende, und zwar in Wahrheit, nicht bloß im Traum . . .«

Über den symbolischen Inhalt hinaus – keine Lebensfreude mehr haben und am liebsten »Schluß machen« wollen – kann dieser Traum auch als eine Rückerinnerung an ein früheres Leben aufgefaßt werden. Demnach könnte es sein, daß der Träumer sich tatsächlich einmal in die Fluten stürzte, um seinem Leben ein Ende zu machen, zunächst mit der Atemnot unter Wasser, danach mit dem Gefühl, von einem belasteten Leben erlöst zu sein.

Ein weiterer Traum, den Dessoir von sich berichtet, kann ebenfalls mit einer weit zurückliegenden Vergangenheit zu tun haben:

»Vor Jahren hat sich mir öfter der folgende Traum wiederholt. Jemand stellt mir nach. Ich versuche, ihm zu entfliehen. Doch allmählich versagen die Füße den Dienst: immer matter werden die eigenen Bewegungen, und immer schneller naht der Mörder. Jetzt hat er mich erreicht. Alle meine Glieder sind gelähmt. Nun zieht er einen Dolch und bohrt ihn mir in die linke Seite. Der Schmerz kann schwer beschrieben werden. Er gleicht kaum dem Schmerz bei einer wirklichen Schnittwunde; da überwiegt das Gefühl einer rauhen Oberfläche, die das knirschende Fleisch auseinanderreißt – dieser Schmerz war vielmehr fein, spitz, gewissermaßen mit einem faulig- süßlichen Beigeschmack, aber vor allen Dingen so stark, so unerträglich, daß ich schließlich mein Bewußtsein verlor und glaubte, ich ginge zugrunde . . .« (52).

In diesem Traum tauchten außer der eigentlichen Handlung noch körperliche Empfindungen mit Schmerz und ein unangenehmer Geruch auf. Der Eindruck, daß hier eine Rückerinnerung sehr bedrohlicher Art mit gewaltsamem Tod eine Rolle spielte, läßt sich kaum unterdrücken.

Der nächste Traum zeigt über das Geschehen hinaus körperliche Reaktionen, die bis in das Wachbewußtsein hinein nachwirkten:

> »Eine Zeitlang träumte mir häufig, daß die Decke des Zimmers oder eine andere schwere Masse sich auf mich senkte und mit dem Zermalmen bedrohte. Die Qual begann stets damit, daß ich zu erwachen vermeinte und nun hilflos mit den Händen die dunkle Last wegzustoßen mich mühte. Aber sie überwältigt mich; ich bemerke, wie ich ihr erliege und wie mir die Sinne schwinden. Da endlich erwache ich in Wahrheit. Meine Hände sind krampfhaft gegen die Wand gestellt. Noch weiß ich nicht, daß es eine ungefährliche Wand ist, weiß nicht, wo ich mich befinde; erst sehr allmählich komme ich zur Klarheit. Merkwürdigerweise ist mir dieses Sterben immer nur in meinem eigenen Zimmer zuteil geworden« (53).

Der Trauminhalt läßt auf ein früheres Ereignis schließen, das mit einer letztlich tödlichen ausgegangenen Verschüttung zusammangehangen haben kann und sich deutlich in körperlichen Reaktionen niederschlug.

Berichte über Träume dieser Art ließen sich seitenweise fortsetzen. Weitere ergänzende Beispiele finden Sie in meinem Buch *Wenn die Seele den Körper nicht gesunden läßt* (54). Wer sich die Mühe macht, seine Träume aufzuschreiben, wird mit Sicherheit ebenfalls auf Inhalte stoßen, die sich mit der üblichen Traumdeutung allein nicht erklären lassen und mit Erlebnissen in früheren Inkarnationen zusammenhängen dürften.

Ansatz zu einer ergänzenden Traumtheorie

Nach meinem Dafürhalten müssen wir deshalb über eine ergänzende Traumtheorie nachdenken, für die ich die folgende Arbeitshypothese aufstellen will:

1. Ein Teil unserer Träume sind als Rückerinnerungen an frühere Leben zu verstehen.
2. Empfindungen des Schwebens, Fliegens, Fallens haben oft mit der Zeit vor, während und nach der Geburt oder des Todes zu tun. Sie müssen also nicht erotisch-sexuellen Inhalts sein, wie beispielsweise von Freud angenommen wurde.
3. Das Unbewußte kennt keine Zeitvorstellungen im üblichen Sinne. Deshalb können historische Abläufe im Traum gemischt sein mit Gegenständen unserer heutigen Zeit, wie Auto, Zug, Flugzeug usw.
4. Konflikte, Ängste, Krankheiten, Verletzungen, Unfälle, Strafen usw. fließen in Träume ein. Sie können aus dem gegenwärtigen Leben oder auch aus früheren Inkarnationen stammen.
5. Es gibt Träume, die sich nicht aus der gegenwärtigen Symptomatik eines Patienten erklären lassen. In solchen Fällen bietet sich dem Therapeuten die Suche nach weiter zurückliegenden Inkarnationen und deren nicht gelöster Problematik an.

Freuds Traumtheorie

Bei diesen Überlegungen sah ich mich veranlaßt, mich nochmals grundsätzlich mit Traumtheorien zu beschäftigen und meine eigenen Überlegungen zu den Träumen zu prüfen.

Wer mit Traumdeutungen arbeitet, kommt nicht an den grundlegenden Arbeiten von Sigmund Freud vorbei. Ab ungefähr 1882 beschäftigte er sich mit Träumen, schrieb dann zwischen 1897 und 1899 sein in der damaligen Zeit revolutionäres und provozierendes Buch *Die Traumdeutung* und veröffentlichte es 1899/1900. Das Erscheinungsjahr gilt heute als das Geburtsjahr der Tiefenpsychologie und Psychosomatik. Bis zum heutigen Tage ist dieser Klassiker der Traumdeutung ein faszinierendes Werk, und man sollte es gelesen haben, vor allem auch deshalb, weil Freud häufig mißverstanden wurde und keineswegs so dogmatisch festgelegt war, wie er immer wieder interpretiert wird.

Freud ging als Wissenschaftler an die Traumthematik heran, baute eine Theorie zur Deutung auf und stellte an sich selbst hohe Anforderungen, den Sinn der Träume zu verstehen. Im ersten Teil seiner *Traumdeutung* geht er sehr ausführlich auf historische Versuche ein, den Hintergrund der Träume zu erfassen. Er muß eine Fülle an entsprechender Literatur verarbeitet haben, bevor er sich die eigenen Arbeiten zu veröffentlichen traute. Schließlich hatte er sein Manuskript schon ein Jahr fertig, bevor er sich entschied, es in Druck zu geben.

Daß Freud sich auch mit außerwissenschaftlichen Gedanken befaßte, geht unter anderem aus folgenden Zeilen hervor:

> »Es wäre übrigens irrig zu meinen, daß die Lehre von der übernatürlichen Herkunft der Träume in unseren Tagen der Anhänger entbehrt; von allen pietistischen und mystischen Schriftstellern abgesehen – die ja recht daran tun, die Reste des ehemals ausgedehnten Gebietes des Übernatürlichen besetzt zu halten, solange sie nicht durch naturwissenschaftliche Erklärung erobert sind – trifft man doch auch auf scharfsinnige und allem Abenteuerlichen abgeneigte Männer, die ihren religiösen Glauben an die Existenz und das Eingreifen übermenschlicher Geisteskräfte gerade auf die Unerklärlichkeit der Traumerscheinungen zu stützen versuchen (Hafner). Die Wertschätzung des Traumes von seiten mancher Philosophenschulen, zum Beispiel der Hegelianer, ist ein deutlicher Nachklang der im Altertum unbestrittenen Göttlichkeit des Traumes, und auch über die divinatorische, die Zukunft

verkündende Kraft des Traumes ist die Erörterung nicht abgeschlossen, weil die psychologischen Erklärungsversuche zur Bewältigung des angesammelten Materials nicht ausreichen, so unzweideutig auch die Sympathien eines jeden, der sich der wissenschaftlichen Denkungsart ergeben hat, zur Abweisung einer solchen Behauptung hinneigen mögen« (55).

Gedächtnis und Erinnerung sind für Freud Voraussetzung dafür, daß mit Träumen überhaupt gearbeitet werden kann (56). Seine Patienten hatte er deshalb daran zu gewöhnen, sich Träume so schnell wie möglich aufzuschreiben, damit möglichst wenig davon verloren ginge, denn auch das fiel ihm natürlich auf: Je länger man mit dem Aufschreiben wartet, desto mehr kommt im allgemeinen vom Traum abhanden. Andererseits erlebte er es bei sich selbst und bei Patienten immer wieder, daß es Träume gibt, die nicht vergessen werden und jahrelang so frisch bleiben, wie wenn sie gerade erst entstanden wären.

Für unsere Überlegungen, inwieweit ein Teil der Träume Erinnerungen an frühere Existenzen sein können, sind einige Träume aufschlußreich, die Freud zitiert, aber nach seiner und den anderen von ihm zitierten Theorien nicht genügend interpretierbar.

Er verwendet hierfür den Begriff »hypermnestische Träume«, also Träume, die aus einer Art »Übergedächtnis« gespeist werden. Zu solchen hypermnestischen Träumen gehören einige, mit denen wir uns einmal beschäftigen wollen:

»Dazu gehört der Traum des älteren Scaliger ... welcher ein Gedicht zum Lobe der berühmten Männer in Verona schrieb, und dem ein Mann, welcher sich Brugnolus nannte, im Traum erschien und sich beklagte, daß er vergessen sei. Obgleich Scaliger sich nicht erinnerte, je etwas von ihm gehört zu haben, so machte er doch Verse auf ihn, und sein Sohn erfuhr nachher in Verona, daß ehemals ein solcher Brugnolus als Kritiker daselbst berühmt gewesen sei« (57).

Wer sich mit dem Fortleben nach dem Tode beschäftigt hat, von der Unsterblichkeit der Seele überzeugt ist und vielleicht auch schon erlebt hat, in welch' hohem Maße wir auch mit der »anderen Welt« verbunden sein können, wird keine Schwierigkeiten mit einem solchen Traum haben. Er wird nachvollziehen können, daß sich die Seele des Brugnolus bei dem Schriftsteller meldete, der sich mit der Zeit seines damaligen Lebens beschäftigte. Bei ihm monierte er, um auf sich und seine frühere Tätigkeit aufmerksam zu machen.

Der französische Traumforscher Maury veröffentlichte einen Traum, der mit höchster Wahrscheinlichkeit als Erinnerung an eine seiner früheren Inkarnationen anzusehen ist. Er wird auch von Sigmund Freud in seiner *Traumdeutung* zitiert:

> »Er war leidend und lag in seinem Zimmer zu Bett; seine Mutter saß neben ihm. Er träumte nun von der Schreckensherrschaft zur Zeit der Revolution, machte greuliche Mordszenen mit und wurde dann endlich selbst vor den Gerichtshof zitiert. Dort sah er Robespierre, Marat, Fouquier-Tinville und alle die traurigen Helden jener gräßlichen Epoche, stand ihnen Rede, wurde nach allerlei Zwischenfällen, die sich in seiner Erinnerung nicht fixierten, verurteilt und dann, von einer unüberschaubaren Menge begleitet, auf den Richtplatz geführt. Er steigt aufs Schafott, der Scharfrichter bindet ihn aufs Brett; es kippt um; das Messer der Guillotine fällt herab; er fühlt, wie sein Haupt vom Rumpf getrennt wird, wacht in der entsetzlichsten Angst auf – und findet, daß der Bettaufsatz herabgefallen war und seine Halswirbel, wirklich ähnlich wie das Messer der Guillotine, getroffen habe« (58).

Sigmund Freud und seine mit Traumdeutung beschäftigten Zeitgenossen hatten für diesen Traum nur eine Erklärung: Ein Körperreiz – in diesem Fall der auf den Hals gefallene Bettaufsatz – mußte diesen Traum ausgelöst haben. Diese alleinige Erklärung muß jedoch unbefriedigend bleiben. Der Zusammenhang zwischen Bettlade und Traumbild Guillotine könnte ja noch hingehen. Aber die genaue zeitliche Fixierung auf die französische Revolution, das Auftreten bestimmter Personen, die unübersehbare Menge könnten nur mit einer überaus blühenden Phantasie, vielleicht noch zusätzlich in der intensiven Beschäftigung mit dieser geschichtlichen Phase, erklärt werden. Aber aus welchen Quellen schöpft dann wieder die Phantasie dieses Träumers? Als Wunscherfüllung, kann man diesen Traum sicher auch nicht ansehen.

Aus der reinkarnationstherapeutischen Erfahrung ergibt sich immer wieder, daß eine Rückerinnerung dann voll angenommen wird, wenn starke Emotionen damit verbunden sind. Maury erlebte seinen Traum allem Anschein nach nicht ohne starke Beteiligung seines Gefühls; vielmehr wachte er mit entsetzlicher Angst auf, was durchaus zu verstehen ist, wenn er mit diesem Traum in ein früheres Leben zurückversetzt wurde und eine solche schreckliche Situation nacherlebte.

Wenn man Reinkarnationserinnerungen annehmen kann, gewinnt man zu diesem Traum sicher einen Zugang. Dabei mag es sein, daß das Herabfallen des Bettaufsatzes die Rückerinnerung ausgelöst hat. Oder war es vielleicht umgekehrt, daß die Energie dieses Traumerlebnisses den Aufsatz zum Fallen brachte, vielleicht weil der Träumer durch den Traum sehr unruhig träumte, sich hin und her wälzte und dadurch das Herunterfallen auslöste?

Schon Freud vertrat die Auffassung, daß ein Traum ohne den Träumer und seine Symptomatik nicht genügend aufklärbar wäre. Um dem Träumer Maury gerecht zu werden, müßte man natürlich seine Lebensgeschichte verfügbar haben und auch wissen, was alles in ihm seinerzeit, als er den genannten Traum hatte, vorging und unter welchen Lebensbedingungen er lebte.

Vergessen wir nicht: Als Freuds *Traumdeutung* erschien, war die wissenschaftliche Psychologie gerade ein Vierteljahrhundert alt. Sie war, seit Wilhelm Wundt in Leipzig das erste Psychologische Institut im Jahre 1879 eröffnet hatte, ganz auf physiologische, physikalische, anatomische Erklärungen für das Seelenleben eingestellt. So ist auch die folgende Äußerung der großen Forscherpersönlichkeit Wilhelm Wundt zu verstehen:

»Eine wesentliche Rolle spielen ferner, wie ich glaube, bei den Traumillusionen jene subjektiven Gesichts- und Gehörsempfindungen, die uns aus dem wachen Zustande als Lichtchaos des dunkeln Gesichtsfeldes, als Ohrenklingen, Ohrensausen usw. bekannt sind, unter ihnen namentlich die subjektiven Netzhauterregungen. So erklärt sich die merkwürdige Neigung des Traumes, ähnliche oder ganz übereinstimmende Objekte in der Mehrzahl dem Auge vorzuzaubern. Zahllose Vögel, Schmetterlinge, Fische, bunte Perlen, Blumen und dergleichen sehen wir vor uns ausgebreitet. Hier hat der Lichtstaub des dunkeln Gesichtsfeldes phantastische Gestalt angenommen, und die zahlreichen Lichtpunkte, aus denen derselbe besteht, werden von dem Traum in ebenso vielen Einzelbildern verkörpert, die wegen der Beweglichkeit des Lichtchaos als *bewegte* Gegenstände angeschaut werden. – Hierin wurzelt wohl auch die große Neigung des Traumes zu den mannigfachsten Tiergestalten, deren Formenreichtum sich der besonderen Form der subjektiven Lichtbilder leicht anschmiegt« (59).

Mit diesen mehr mechanistischen Erklärungsversuchen stand Wundt keineswegs allein. Er drückte nur das damalige Denken aus, die starke Betonung des naturwissenschaftlichen Denkens in Bereichen, die wohl mehr aus geisteswissenschaftlicher Sicht erklärt werden sollten.

Immerhin begegnen wir bei unserem Spaziergang durch die Historie der Traumdeutung auch Hinweisen, die für uns aus psychosomatischer und reinkarnationstherapeutischer Sicht noch beachtlich für die damalige Zeit klingen: Es wurden Zusammenhänge erkannt zwischen Angstträumen und Erkrankungen von Herz und Lungen, und es wird darauf hingewiesen, daß die Träume solcher Patienten sehr kurz seien und mit schreckhaftem Erwachen enden würden; »fast immer spielt im Inhalt derselben die Situation des Todes unter gräßlichen Umständen eine Rolle. Die Lungenkranken träumen von Erstikken, Gedränge, Flucht und sind in auffälliger Zahl dem bekannten Alptraum unterworfen ...« (60).

Solche Forschungsergebnisse berühren sich mit heutigen Erfahrungen in der Reinkarnationstherapie. Zahlreiche Patienten leiden unter psychosomatischen Beschwerden, ohne daß sich irgendwelche Organstörungen klinisch nachweisen ließen. So erleben viele Menschen Einschränkungen, und wenn sie untersucht werden, muß man ihnen sagen, daß sie an sich körperlich gesund seien. Aber es sind ja zweifellos Schmerzen und sonstige belastende Empfindungen vorhanden. Geht man mit einem Patienten zurück in frühere Inkarnationen, dann zeigt sich sehr oft, daß die gegenwärtigen psychosomatischen Störungen Beziehungen zu früheren Existenzen haben. In diesem Zusammenhang sei auf die Checkliste in dem Kapitel »Beispiele für Reinkarnationserinnerungen« (S. 83ff.) verwiesen.

Ein besonders erschütternder Traum und seine Deutung lassen uns extrem unbefriedigt; gerade hier bietet sich aus der grenzwissenschaftlichen Sicht eine Erklärung an. Nach meinem Dafürhalten ist die »wissenschaftliche Interpretation« so entsetzlich kümmerlich, daß der ganze Zusammenhang zum eigenen Überdenken geschildert werden soll. Freud hörte diesen Traum über eine Patientin, die ihn ihrerseits in einer Vorlesung kennengelernt hatte.

> »Die Vorbedingungen dieses vorbildlichen Traumes sind folgende: Ein Vater hat tage- und nächtelang am Krankenbett seines Kindes gewacht. Nachdem das Kind gestorben, begibt er sich in einem Nebenzimmer zur Ruhe, läßt aber die Tür geöffnet, um aus seinem Schlafraum in jenen zu blicken, worin die Leiche des Kindes aufgebahrt liegt, von großen Kerzen umstellt.
> Ein alter Mann ist zur Wache bestellt worden und sitzt neben der Leiche, Gebete murmelnd. Nach einigen Stunden Schlafs träumt der Vater, daß das Kind an seinem Bette steht, ihn am Arme faßt und ihm vorwurfsvoll zuraunt: Vater, siehst du denn nicht, daß ich verbrenne?
> Er erwacht, bemerkt einen hellen Lichtschein, der aus dem Leichenzimmer kommt, eilt hin, findet den greisen Wächter eingeschlummert, die Hüllen und einen Arm der teuren Lei-

che verbrannt durch eine Kerze, die brennend auf sie gefallen war. Eine Erklärung dieses rührenden Traumes ist einfach genug und wurde auch von dem Vortragenden, wie meine Patientin erzählt, richtig gegeben. Der helle Lichtschein drang durch die offenstehende Tür ins Auge des Schlafenden und regte denselben Schluß bei ihm an, den er als Wachender gezogen hätte, es sei durch Umfallen einer Kerze ein Brand in der Nähe der Leiche entstanden. Vielleicht hatte selbst der Vater die Besorgnis mit in den Schlaf hinübergenommen, daß der greise Wächter seiner Aufgabe nicht gewachsen sein dürfte. Auch wir finden an dieser Deutung nichts zu verändern, es sei denn, daß wir der Forderung hinzufügten, der Inhalt des Traumes müsse überdeterminiert und die Rede des Kindes aus Reden zusammengesetzt sein, die es im Leben wirklich geführt und beim Vater an wichtige Ereignisse anknüpfen. Etwa die Klage: Ich verbrenne, an das Fieber, in dem das Kind gestorben, und die Worte: Vater, siehst du denn nicht? an eine andere, uns unbekannte, aber affektreiche Gelegenheit.
Nachdem wir aber den Traum als einen sinnvollen, in den Zusammenhang des psychischen Geschehens einfügbaren Vorgang erkannt haben, werden wir uns nicht wundern dürfen, daß unter solchen Verhältnissen überhaupt ein Traum zustande kam, wo das rascheste Erwachen geboten war. Wir werden dann aufmerksam, daß auch dieser Traum einer Wunscherfüllung nicht entbehrt.
Im Traum benimmt sich das tote Kind wie ein lebendes, es mahnt selbst den Vater, kommt an sein Bett und zieht ihn am Arm, wie es wahrscheinlich in jener Erinnerung tat, aus welcher der Traum das erste Stück der Rede des Kindes geholt hat. Dieser Wunscherfüllung zuliebe hat der Vater nun seinen Schlaf um einen Moment verlängert. Der Traum erhielt das Vorrecht vor der Überlegung im Wachen, weil er das Kind noch einmal lebend zeigen konnte. Wäre der Vater zuerst erwacht und hätte dann den Schluß gezogen, der ihn ins Leichenzimmer führte, so hätte er gleichsam das Leben des Kindes um diesen einen Moment verkürzt« (61).

Obwohl Freud meinte, daß er diesen Traum letztlich doch als Teil einer Wunscherfüllung des Vaters – das Kind nochmals lebend zu sehen – richtig erkannt habe, muß doch in ihm ein unbefriedigtes Gefühl zurückgeblieben sein, denn er führt einige Zeilen weiter unten aus:

> »Bisher haben alle Wege, die wir gegangen sind, wenn ich nicht sehr irre, ins Licht, zur Aufklärung und zum vollen Verständnis geführt; von dem Moment an, da wir in die seelischen Vorgänge beim Träumen tiefer eindringen wollen, werden alle Pfade ins Dunkel münden. Wir können es unmöglich dahin bringen, den Traum als psychischen Vorgang *aufzuklären*, denn erklären heißt auf Bekanntes zurückführen, und es gibt derzeit keine psychologische Kenntnis, der wir unterordnen könnten, was sich aus der psychologischen Prüfung der Träume als Erklärungsgrund erschließen läßt... So werden die psychologischen Annahmen, die wir aus der Analyse der Traumvorgänge gleichsam schöpfen, an einer Haltestelle warten müssen, bis sie den Anschluß an die Ergebnisse anderer Untersuchungen gefunden haben, die von einem anderen Angriffspunkt her zum Kern des nämlichen Problems vordringen wollen« (62).

Wenn wir eine kurze Rückschau auf das in diesem Kapitel Besprochene nehmen, dann zeigt sich deutlich, daß auch vor Jahrzehnten schon Träume entstanden und besprochen wurden, die als Reinkarnationserinnerungen aufgefaßt werden können. Man enthielt sich jedoch entsprechender Erklärungen, oder man sah eine solche Möglichkeit überhaupt nicht.

Der Traum des Vaters nach dem Tode seines Kindes erklärt sich aus der grenzwissenschaftlichen Sichtweise sofort: Die Seele des Kindes befand sich im Ablösungsprozeß vom Körper, war also noch in Körpernähe anwesend. Der Vater sollte auf den Brand, der eventuell für ihn selbst und den alten schlafenden Mann lebensbedrohlich hätte werden können, aufmerksam gemacht werden. Solches Hineinwirken Verstorbener in die bisherige Erlebniswelt ist aus zahllosen Beobachtungen belegt worden und bedarf meiner Auffassung nach keiner weiteren Erklärung.

Carl Gustav Jung war anfangs ein Anhänger Freuds. Zunehmend entfernte er sich jedoch von Freud, weil ihm seine Auffassungen als zu eng erschienen. Er konnte sich nicht mit dessen Konzept, daß die Träume wesentlich wunscherfüllend, schlafbewahrend, sexuell orientiert seien, abfinden. So entwickelte er dann gegenüber der Psychoanalyse Freuds seine »Komplexe Psychologie«. Wir können jedoch davon ausgehen, daß Jung nach wie vor Freuds Forschergeist hoch einschätzte. Das geht beispielsweise aus folgenden Worten Jungs hervor:

> »Abgesehen von den jahrtausendealten Bemühungen, dem Traum einen prophetischen Sinn anzudeuten, ist die Entdekkung Freuds praktisch der erste Versuch, in den Sinn der Träume einzudringen; ein Versuch, dem das Attribut ›wissenschaftlich‹ zuerkannt werden darf, indem dieser Forscher eine Technik angegeben hat, von der nicht nur er selbst, sondern auch sehr viele Forscher behaupten, daß sie zum Ziel, nämlich zum Verstehen des Traumsinnes führe, eines Sinnes, der nicht identisch mit den fragmentarischen Sinnandeutungen des manifesten Trauminhaltes ist...
> ...Ein Argument, das in dieser Hinsicht besonders ins Gewicht fällt, ist die Tatsache, daß Freud den verborgenen Traumsinn empirisch und nicht deduktiv gefunden hat...« (63).

Die Traumtheorie von C. G. Jung

Nach C. G. Jung vermittelt uns der Traum »in Gleichnissprache, das heißt in sinnlich-anschaulicher Darstellung, Gedanken, Urteile, Auffassungen, Direktiven, Tendenzen, welche aus Gründen der Verdrängung oder des bloßen Nichtwissens unbewußt waren« (64).

Obwohl C. G. Jung offen war für die parapsychologischen Phänomene, sich auch mit Gebieten wie Astrologie und Reinkarnation beschäftigte, finden wir in seiner traumpsychologischen Literatur keinen Hinweis darauf, daß in Träumen auch Rückerinnerungen an frühere Existenzen auftauchen könnten. Diese Haltung zeigt sich auch bei den Psychotherapeuten, die sich auf Jung als ihren Lehrer berufen.

So finden wir in dem Buch *Umgang mit Träumen* von Hans Dieckmann folgende Traumbesprechung:

> »Ein 37jähriger Patient idealisierte seinen Vater sehr stark. Für ihn war der Vater eine wahrhafte Verkörperung von allen guten, edlen, positiven und idealen Eigenschaften geblieben, nachdem er im 17. Lebensjahr des Patienten relativ früh verstorben war. Dieser Patient hatte folgenden Traum:
> ›Ich betrete einen chinesisch-buddhistischen Tempelbezirk, der wundervoll angelegt ist mit schönen Gärten und imponierenden Gebäuden. Ganz am Ende liegt ein Pavillon, und als ich diesen betrete, sehe ich auf einmal mitten in diesem Pavillon auf einem Sessel meinen Vater sitzen, der aber eine ganz bösartige und dämonische Fratze hat und viel kleiner aussah, als er in Wirklichkeit war. (Der Vater war in der Realität ein großer und stattlicher Mann gewesen.) Ich finde diesen Anblick ganz entsetzlich, bin fast starr vor Schrecken und wache mit einem Schaudergefühl auf.‹« (65)

Dieser Traum wird von Dieckmann, einem in Jahrzehnten bewährten Psychotherapeuten, wie folgt interpretiert:

> »In diesem Traum erlebt der Patient erstmalig eine verdrängte und unterdrückte negative Seite des Vaters in einer allerdings übertriebenen und verzerrten Form. Erst nach diesem Traum konnte er sich daran erinnern, daß der Vater keineswegs immer so edel, positiv und gütig gewesen war, wie er ihn zunächst dargestellt und geschildert hatte. Er hatte vielmehr auch sehr negative Seiten, neigte mitunter zu heftigen Wutausbrüchen, die vom Patienten ebenfalls verdrängt waren, und konnte in bestimmten Situationen sehr streng und ungerecht werden.

...In diesem Traum ist in bezug auf die Figur des Vaters zweierlei enthalten. Einmal stellt der Traum in diesem Bild eines sehr schauerlichen Dämons eine real existente Seite in der Persönlichkeit des Vaters dar, die unter den Idealisierungen, die der Patient um ihn herum aufgebaut hatte, für diesen nicht mehr erinnerlich war. Der Traum korrigiert also die bewußte Auffassung, die dieser Patient von seinem Vater hatte, und enthält ein Stück Wirklichkeit der Persönlichkeit des Vaters beziehungsweise der anderen Person, die von dem Patienten nicht gesehen wurde... Zum zweiten ist er aber gleichzeitig durch die übertriebene Verzerrung und die ins Religiöse gehende Dämonisierung ein Abbild der kindlichen Beziehung, die dieser Patient von sich aus zu seinem Vater hatte. Das heißt, in diesem Bild drücken sich alle jene kindlichen Ängste aus, die bei dem kleinen Jungen vor dem großen und mächtigen Vater bestanden hatten...«

Der Autor führt dann zu der Lebensgeschichte des Patienten noch aus, daß sich die Ängste des Patienten vor dem Vater auf Vorgesetzte übertrugen und er Schweißausbrüche, zitternde Knie und feuchte Hände bekam, wenn er von einer Autoritätsperson angesprochen wurde.

Aus psychotherapeutischer Sicht ist aus diesem Traum die Vater-Sohn-Problematik sicher richtig herausgearbeitet worden. Traumpsychologisch nicht erklärbar ist, daß der Träumer einen chinesisch-buddhistischen Tempelbezirk betrat, der mit schönen Gärten und imponierenden Gebäuden wundervoll angelegt war. Man fragt sich, warum eine solche Gegend in den Traum eingeflochten wurde.

Erleben wir den Traum unter Reinkarnationsgesichtspunkten nach, könnten wir vermuten, daß der Patient in einem früheren Leben schon einmal mit seinem Vater verbunden war. Der Vater dieses Lebens könnte in früheren Zeiten seine priesterliche Macht im Tempel dazu mißbraucht haben, dem Menschen, der in diesem Leben sein Sohn wurde, Angst und Schrecken einzujagen, so daß er noch in diesem Leben mit Schweiß, Zittern, Todesangst reagierte. Frühere Traumata können über Jahrhunderte hinweg noch durchschlagen. Es versteht sich von selbst, daß an dieser Stelle nur Vermutungen ausgesprochen werden können, da die weitere Lebensgeschichte des Patienten nicht bekannt ist.

Zusammenfassend läßt sich sagen, daß nach meiner Auffassung tatsächlich Erlebnisse und Erfahrungen aus früheren Inkarnationen in die Träume einfließen, sie aber vor dem Hintergrund unseres kirchenchristlich geprägten Weltbildes und der bisherigen Traum-Theorien nicht erkannt werden konnten oder wollten.

Die geschilderten Traumbeispiele sollten zeigen, daß es sinnvoll ist, Träume nicht nur innerhalb des üblichen traumpsychologischen Rahmens zu interpretieren, sondern sich auch für die reinkarnative Sichtweise offenzuhalten.

Der gestirnte Himmel über uns und in uns

Wir werden im Verlauf dieser Arbeit sehen, welche besondere Bedeutung der gestirnte Himmel über uns hat. Seit ältesten Zeiten menschlicher Entwicklung auf dieser Erde haben das Himmelsgewölbe und die an ihm sichtbaren Bahnen der Sonne, des Mondes, der Planeten eine große Rolle gespielt. Zusammenhänge zwischen den Bewegungen am Himmel und dem Geschehen auf der Erde wurden schon früh vom beobachtenden und der Natur verbundenen Menschen gespürt und erkannt. Daraus entstanden über Jahrtausende hinweg Astronomie und Astrologie und nicht zuletzt Religionen, in denen der Kosmos eine herausragende Rolle spielt.

So wie das Jahr 1900 als der Beginn der Tiefenpsychologie und Psychosomatik angesehen werden kann, als Sigmund Freuds Buch *Traumdeutung* erschien, so finden wir das Jahr 1914 als einen Markstein für die traditionelle Astrologie. In diesem Jahr erschien ein Buch des österreichischen Arztes Dr. Friedrich Feerhow mit dem Titel *Medizinische Astrologie* (66). Er prägte den Begriff *Kosmobiologie* und verwendete ihn erstmals in seinem Buch. Er forderte darin zusätzlich zur bisherigen rein symbol- und schicksalsorientierten Sichtweise der traditionellen Astrologie auch die naturwissenschaftliche Absicherung der astrologischen Phänomene.

Ab 1914 erschienen aus der neuen kosmobiologischen Sichtweise heraus zahlreiche Aufsätze und Bücher, die Zusammenhänge zu erfassen suchten zwischen planetaren Konstellationen einerseits und dem pflanzlichen, tierischen und menschlichen Leben andererseits, wobei außer den Mondphasen, Sonnen- und Mondfinsternissen auch die Sonnenflecken-Maxima und -Minima, die Gezeiten, Wetter und Klima, gutes und schlechtes Radiowetter, Erdbeben, Epidemien, Schiffs-, Eisenbahn- und Flugzeugunglücke, Katastrophenzeiten in die Beobachtung einbezogen wurden. Die naturwissenschaftliche Methode der Statistik wurde zur Erhellung der kosmobiologischen Zusammenhänge eingeführt.

Die Kosmobiologie ist aus der Astrologie hervorgegangen und kann heute als eine Weiterentwicklung der seriösen Astrologie angesehen werden. Bereits in der mittelalterlichen Astrologie finden wir das Denken, daß eine Beziehung zwischen dem Makrokosmos des Universums und dem Mikrokosmos des Lebens auf der Erde bestehe, also das Entsprechungsdenken, »wie oben so unten«. Diesen Gedanken finden wir auch in der seriösen Astrologie und der Kosmobiologie. Der Ansatz der Kosmobiologie geht jedoch über dieses Entsprechungsdenken hinaus und integriert die neuesten Erkenntnisse aus den Natur- und Geisteswissenschaften.

Die Psychologie mit ihren Bereichen der Entwicklungspsychologie, der Tiefenpsychologie und Psychosomatik, der Neurosenlehre, der Psychodiagnostik, der Ausdrucks- und Charakterkunde spielt in der Kosmobiologie eine große Rolle, und es wird an den später noch zu besprechenden Fallbeispielen zu zeigen sein, daß sich mindestens zehn Dimensionen der menschlichen Person aus dem Kosmogramm erkennen lassen. Diese zehn Dimensionen gliedern sich nach meiner Auffassung wie folgt auf:

1. Konstitution
2. Ausdruck und Verhalten
3. Psychosomatik
4. Tiefenpsychologie
5. Intelligenz
6. Wille und Leistung
7. Emotionalität
8. Kommunikation
9. Erotik und Sexualität
10. Interessen und Beruf

In meiner *Kosmobiologischen Diagnostik – Die kosmischen Symbole, Strukturen und Rhythmen in uns* (67) wurden diese zehn Dimensionen für die Tierkreiszeichenbesetzung, die Aspekte und Dreierstrukturen in einem Geburtsbild erarbeitet. Interpretationen für das Geburtserleben sowie Hinweise auf Belastungen aus früheren Inkarnationen sind unter den Stichworten »Psychosomatik« und »Tiefenpsychologie« zu finden.

Die von mir vertretene ganzheitliche Betrachtungsweise soll zeigen, daß sich aus der schon besprochenen Lebens- und Krankengeschichte, Schlüsselerlebnissen, Träumen, häufig verwendeten Redewendungen, Stichworten und individuellem Kosmogramm (Geburtsbild) eines Menschen Erkenntnisse über frühere Existenzen und deren Nachwirkung im gegenwärtigen Leben gewinnen lassen. Deshalb möchte ich als nächstes das von mir entwickelte »Kosmobiologische Modell« besprechen, das uns eine weitere Vertiefung in die Reinkarnationsthematik geben kann. An Hand von zehn Beispielen aus der reinkarnationstherapeutischen Praxis wird später zu zeigen sein, wie auch über bestimmte kosmische Strukturen im Geburtsbild eines Menschen Rückschlüsse auf seine früheren Inkarnationen gezogen werden können.

Das kosmobiologische Modell

Wir können heute davon ausgehen, daß in einem Kosmogramm Vergangenheit, Gegenwart und Zukunft enthalten sind.

Das Kosmogramm zeigt zunächst einmal Vergangenheit, denn es ist die Aufzeichnung für einen bestimmten Zeitpunkt, zum Beispiel die Geburtsminute eines Menschen. So wie Sonne, Mond, Merkur, Venus, Mars, Jupiter, Saturn, Uranus, Neptun, Pluto und einige andere Faktoren in ein Tierkreisformular eingetragen sind, standen sie im Augenblick der Geburt. Dieser Zeitpunkt kann Stunden, Tage, Wochen, Monate, Jahre oder Jahrzehnte zurückliegen, behält aber für den Kosmogramm-Eigner lebenslang Bedeutung.

Die Aufzeichnungen nach geozentrischer Sichtweise sind möglich aus den Berechnungen, die die Astronomen vornehmen. Sie liefern die mathematisch-astronomischen Daten, nach denen ein Geburtsbild aufgezeichnet werden kann, sie sind also für den naturwissenschaftlichen Teil der Kosmobiologie verantwortlich.

Wir wissen, daß seit den ältesten Zeiten der Himmelsbeobachtung, aus der Astronomie und Astrologie entstanden sind, versucht wurde, die Bewegungen am Himmelsgewölbe, vor allem den Lauf der Sonne, des Mondes, der Planeten, zu verstehen und sich nach den Zeichen des Himmels auf der Erde zu richten. So entstand die Astrologie, deren Typenlehre beispielsweise die älteste Lehre der Menschheit sein dürfte, Charakter und Verhalten des Menschen als Individuum zu verstehen. Weiß nicht heute jeder, ob er ein »Widder«, ein »Stier«, eine »Jungfrau«, ein »Schütze« usw. ist? Auch wenn das Sonnenzeichen, aus dem diese Typenlehre abgeleitet ist, nur ein Deutungsfaktor unter vielen ist und demnach »nicht alles« aussagen kann, entbehrt diese Typologie doch nicht ausgesprochener Popularität.

Seit den dreißiger Jahren flossen zunehmend psychologische Gedankengänge in das neue Wissensgebiet mit ein; es wurde deutlich, daß aus dem Kosmogramm eines Menschen ein »kosmischer Faktor« erkennbar wird, der in hohem Maß eine prägende Wirkung hat, jedoch nicht als ausschließlich anzusehen ist. Vielmehr muß man annehmen, daß es auch andere mitprägende Faktoren gibt, zum Beispiel das Elternhaus, das Geschlecht, die Erziehung, die Religion, die Zeitverhältnisse und anderes mehr.

Die Weiterentwicklung der Astrologie zur Kosmobiologie wurde wesentlich von Reinhold Ebertin, einem der Väter der heutigen Kosmobiologie, geprägt. Schon 1939 definierte er den Begriff der Kosmobiologie als »die Lehre der Einflußnahme von Kosmos und Erde auf alle Lebewesen, wobei es nicht darauf ankommt, die verschiedenen Einflüsse einzeln für sich, sondern gerade in ihrem inneren von der Natur gegebenen Zusammenhange zu betrachten« (68).

Das kosmobiologische Modell I

Die Kosmobiologie ist mit den Geisteswissenschaften und mit den Naturwissenschaften verbunden

Die Kosmobiologie arbeitet mit einem kosmischen Faktor, der Mensch und Natur wesentlich mitprägt.

Dazu bezieht die Kosmobiologie auch andere Faktoren mit prägender Kraft auf Entwicklung und Schicksal in die Betrachtung mit ein, zum Beispiel:

Elternhaus	Religion	Krieg und Frieden
Geschlecht	Kultur	Veränderungen in Umwelt und Mitwelt
Rasse	Nationalität	Weltanschauung
Vererbung	Klima	Zeitgeist
Boden	Land	Schulbildung und individuelle Entwicklung

In der obigen Tabelle wird der Ansatz der Kosmobiologie, so wie ich ihn oben skizziert habe, dargestellt.

Nun wurde schon erwähnt, daß das Kosmogramm Bezüge zur Vergangenheit, zur Gegenwart, zur Zukunft eines Menschen zeigt. Die folgende Tabelle soll dies im oberen Teil der Übersicht verdeutlichen.

Das kosmobiologische Modell II

Das Kosmogramm erfaßt die Zeitqualität in Form von

Vergangenheit	*Gegenwart*	*Zukunft*
Zeichen-besetzung Aspekte	Kosmische Konstellationen für Tage, Wochen und Monate	Kosmische Konstellationen kommender Jahre
Aspekt-Strukturen Halbsummen und Halbs.-Strukturen	(Transite, Sonnen-bogen-Direktionen, Progressionen)	(Transite, Sonnenbogen-Direktionen, Progressionen)

Die Deutungsfaktoren des Kosmogramms werden mit individuellem Inhalt gefüllt durch Wissen um

Vergangenheit	*Gegenwart*	*Zukunft*
Lebensge-schichte (Vita)	Reifungsstand	Motivationen Wünsche
Krankenge-schichte (Anamnese)	Aktuelle Konflikt-situation	Hoffnungen Sehnsüchte
Eltern und Familie	Ausdruck und Verhalten	Erwartungen Ängste
Geburtserlebnis Schwangerschafts-erlebnisse Konzeption Reinkarnations-bewußtsein	Sprechstimme Handschrift Partnerschaft, Ehe Kinder Beruf und soziale Stellung	Zukunfts-perspektiven Bewußte Schicksals-gestaltung

Die Stellung der Gestirne im Tierkreis im Augenblick der Geburt, also beispielsweise die Sonne im Zeichen Zwillinge, der Mond im Zeichen Jungfrau, der Mars im Zeichen Krebs usw., lassen Rückschlüsse auf die Charakterartung eines Menschen zu.

Nun sind diese Gestirne und einige andere, noch zu besprechende Faktoren aber auch untereinander verbunden über sog. Aspekte, Winkelabstände von 0, 30, 45, 60, 72, 90, 135, 144, 150, 180 Grad, um einmal die in der kosmobiologischen Forschung und Praxis vor allem verwendeten Aspekte zu nennen.

Besonderheiten sind Figuren, die ein Dreieck oder Trigon, ein Viereck oder Quadrat, ein Fünfeck oder Pentagramm ergeben, wenn man die Deutungsfaktoren untereinander verbindet. Wir werden bei der Besprechung der Beispiele noch sehen, wie wir ein Kosmogramm einsetzen können, um menschliche Vergangenheit, Gegenwart und Zukunft zu erhellen. Vor allem werden wir aber herauszuarbeiten haben, wie uns das Geburtsbild auch Wege in die vor diesem Leben liegende Zeit früherer Existenzen zeigen kann.

Die Gegenwart des Kosmogramms wird erfaßt, wenn man die gegenwärtig am Himmel laufenden Gestirne zum Geburtsbild in Beziehung setzt. Da entstehen dann Transite (transitus lat. = Übergang). Gemeint ist, daß zum Beispiel Jupiter auf die Position eines Geburtsbildes kommt, wo zur Zeit der Geburt der Uranus stand.

Die Zukunft wird erkennbar aus künftig am Himmel sich bewegenden Gestirnen, ihren Rhythmen und den sich immer wieder ergebenden Winkelbeziehungen zur Geburtskonstellation.

Wer sich mit der seriösen Astrologie und Kosmobiologie schon beschäftigt hat, weiß, daß es noch andere Möglichkeiten gibt, Gegenwart und Zukunft zu erfassen, zum Beispiel mit den Sonnenbogen-Direktionen und Progressionen. Der Einfachheit halber werden diese hier weggelassen, da wir es ja hier nicht mit einem kosmobiologischen Lehrbuch zu tun haben und uns auf das für unser Thema Wesentliche beschränken wollen.

Im unteren Teil der Tabelle auf Seite 113 begegnen wir wieder einer Unterteilung in Vergangenheit, Gegenwart und Zukunft. Gemeint ist, daß das Geburtsbild eines Menschen nur dann verstanden und sinnvoll interpretiert werden kann, wenn nicht nur das Kosmogramm allein gesehen wird, sondern mit ihm zusammen eine möglichst individuelle Beziehung zum Kosmogramm-Eigner hergestellt wird.

Das gegenwärtige Persönlichkeitsbild eines Menschen kann erst voll erfaßt werden, wenn man seine Vergangenheit kennt, nachvollziehen kann, durch welche Erfahrungen, Erlebnisse, Stationen bisheriger Reifungsprozesse er gegangen ist.

Wenn ich den gegenwärtigen Reifungsstand kenne, die möglicherweise vorhandene Konfliktsituation, das Verhalten, die partnerschaftliche, berufliche und soziale Stellung, nur dann kann ich die ganz individuelle Färbung, den ganz individuellen Stellenwert der kosmischen Symbolik in einem Kosmogramm richtig bewerten.

Die Frage, ob eine Person mehr dahinlebt, durch das Leben »latscht«, den Sinn des Lebens erfassen, das Schicksal bewußt gestalten will, läßt sich erst dann einigermaßen erschöpfend beantworten, wenn etwas über Motivationen, Wünsche, Ängste, Hoffnungen, Vermeidungen, Erwartungen bekannt ist.

Um es in einem Beispiel auszudrücken: Jemand kann die besten erfolgversprechenden Jupiter-Rhythmen haben, wenn er über Jahre hinweg resigniert und ziellos ist, werden ihm diese an sich expansiv wirkenden Konstellationen kaum helfen können. Sind jedoch Motivationen gegeben, aus seinem Leben etwas zu machen, sein Leben in die Hand zu nehmen, dann kann man unter solchen Konstellationen eine beträchtliche Schubkraft für seine weitere Entwicklung gewinnen.

Die Tabelle auf Seite 117 des kosmobiologischen Modells ist schon mehr für den beratend tätigen Kosmobiologen bestimmt, soll jedoch der Vollständigkeit halber hier mit eingefügt werden.

Gemeint ist, daß die Zukunft nur bewußt gestaltet werden kann, wenn die Gegenwart erkannt und die Vergangenheit verarbeitet und bewältigt sind. Es gibt eine Fülle von Belastungen in jedem Leben, deren bremsende, behindernde, einschränkende Kraft gewaltig ist. Vermeidet man deren Bewältigung, dann ist man in einer Lage, wie wenn man ständig mit einer Hand den Deckel eines übervollen Mülleimers herunterdrücken muß, damit dessen Inhalt nicht nach oben drückt und man nur mit der zweiten Hand bewegungsfähig ist. Das bedeutet jedoch, um beim Bild zu bleiben, daß man sich nicht weit vom Mülleimer entfernen kann, denn sonst hebt sich der Dekkel, und das hineingepreßte Zeug quillt heraus. Ist man jedoch bereit, einen solchen Mülleimer mit längst unbrauchbar und ungenießbar gewordenem Inhalt zu leeren, dann verliert der alte Dreck und Abfall seine Kraft und mögliche Bedrohung, und man gewinnt ein bisher unbekanntes Maß an Bewegungs- und Manövrierfähigkeit.

Um auf die kosmische Symbolik zurückzukommen: Hier ist es ähnlich wie mit einer Fremdsprache. Wer von uns weiß nicht, daß ein und dasselbe Wort verschiedene Bedeutungen haben kann? Sie sind nur aus dem Zusammenhang eines Satzes oder eines Abschnittes zu erkennen. Aber man muß die verschiedenen Bedeutungen auch kennen, sonst kann man gar nicht entscheiden, wie die Übersetzung im einen oder anderen Fall lauten könnte.

Aus dem Bereich der Farben wissen wir, welche feinen Abstufungen möglich sind. Ein Drucker kann zahlreiche Nuancen an Rot, Blau, Grün, Gelb anbieten, von denen sich der Laie kaum eine Vorstellung machen kann. Noch viel differenzierter ist es mit der kosmischen Symbolik, deren reichhaltige Schattierungsmöglichkeiten wir an einer Reihe von Beispielen erspüren lernen können.

Das kosmobiologische Modell III

Das Kosmogramm (Geburtsbild) zeigt Bezüge zu Vergangenheit, Gegenwart und Zukunft des Kosmogramm-Eigners.
Ein wichtiger Bestandteil der Kosmobiologie ist die Prognose. Die kosmobiologische Prognose muß in gleicher Weise ganzheitlich gesehen werden.

1. Prognose ist auf die Zukunft und Schicksalsgestaltung gerichtet. Sie muß die Vergangenheit und Gegenwart in ihre Betrachtung einbeziehen:
   Geburt → gegenwärtiger Reifungsstand → Zukunft.
2. Der gegenwärtige Reifungsstand muß erfaßt werden. Dazu gehören Konfliktsituationen, Ausbildung, Beruf, Partnerschaft, soziales Umfeld usw.
3. Das kosmobiologische Arbeitsmaterial muß auf die Fragestellung hin aufbereitet werden.
4. Die Lebensgeschichte kann so gesehen werden:

Bewußte Lebensgeschichte	→	bewußte Lebenseinstellung und Schicksalsgestaltung
Geburt	→	Tod
Unbewußte Lebensgeschichte	→	unbewußte Lebenseinstellung, Schicksals-Vermeidung durch Ängste, Frustrationen

5. Diese Sichtweise kann erweitert werden durch das Reinkarnationsbewußtsein (B. R. Ebertin) und durch das Konzeptions- und Schwangerschaftsbewußtsein.

Das Reinkarnationsbewußtsein

Ein kurzer Rückblick

Nach zwölf Jahren reinkarnationstherapeutischer Erfahrung drängte sich mir immer mehr der Gedanke auf, daß es möglich sein müsse, die Ergebnisse der Tiefenpsychologie und Psychosomatik mit der Reinkarnationsthematik zu verbinden. Wenn es Reinkarnation und Rückerinnerungen an frühere Inkarnationen gibt, muß es dafür auch ein Bewußtsein, ein Gedächtnis, einen Speicher für die zurückliegenden Erlebnisse und Erfahrungen geben.

Aus diesen Überlegungen heraus entstand für mich das »Modell des Reinkarnationsbewußtseins«. Das Konzept dazu legte ich erstmals auf der »37. Arbeitstagung für kosmobiologische Forschung« in Stuttgart (1. bis 3. November 1985) vor und veröffentlichte es darauf in der Zeitschrift *Meridian* des Ebertin Verlages in Freiburg (69).

Was soll unter Reinkarnationsbewußtsein verstanden werden? Kehren wir nochmals an den Anfang unserer Überlegungen zurück: Da erinnerte sich René in der Tiefenentspannung an ein früheres Leben. Mit dem Satz: »Das habe ich Ihnen doch schon aufgeschrieben!« teilte er mir mit, daß die augenblicklich erlebte Rückerinnerung doch schon in den vor einigen Wochen ausgefüllten Wartegg-Erzähltest eingeflossen sei.

Die Patientin Christa beschrieb ihre Kopfschmerzen mit dem Satz: »Manchmal ist es so schlimm, daß ich aus dem Fenster hinausspringen könnte!« Und Sie haben gelesen, daß Christa sich zurückerinnern konnte, tatsächlich aus dem Fenster gesprungen zu sein und sich dabei den Kopf aufgeschlagen zu haben.

Angelika fragte: »Warum träume ich nur von so vielen Toten, Särgen, Friedhöfen?« Ihre Lebensgeschichte und ihre Rückerinnerungen offenbarten dann, warum ihr der Tod immer wieder begegnete.

Wir konnten feststellen, daß unsere Vergangenheit, vor allem auch die Vergangenheit vor diesem Leben, in uns viel wacher ist, als man normalerweise annimmt. Denken wir dabei an bestimmte Worte, Sätze, Vergleiche und Bilder, die wir immer wieder verwenden; denken wir an Träume, Phantasien, psychosomatische Beschwerden.

Nun ergibt sich jedoch die Frage, aus welchem Speicher der Erinnerung, aus welchem Gedächtnis heraus wir so etwas wie Rückerinnerungen an frühere Existenzen gewinnen können. Wir wissen nur, daß es eine Art Gedächtnis geben muß, das weiter zurückreicht, als wir es bisher angenommen haben. Nach meinen bisherigen reinkarnations-therapeutischen Erfahrungen müssen wir davon ausgehen, daß es so etwas wie ein Reinkarnations-Bewußtsein gibt, wie ich es genannt habe.

Man könnte geneigt sein, statt von einem Reinkarnationsbewußtsein von einem Inkarnationsbewußtsein zu sprechen. Ich wählte jedoch den Begriff Reinkarnationsbewußtsein, weil wir uns als Menschen durchaus bewußt sind, inkarniert, geboren, »Fleisch geworden« zu sein, aber nicht unbedingt, uns mehrfach oder sogar vielfach inkarniert zu haben. Die christlichen Kirchen lehnen auch nicht Inkarnation, sondern Reinkarnation ab. Das »Re-« ist es also, was unserem Bewußtsein, unserem bisherigen Weltbild Schwierigkeiten macht.

Nachfolgend soll der Versuch gemacht werden, einen wissenschaftlich vertretbaren Ansatz für das Reinkarnationsbewußtsein zur Diskussion zu stellen, der sich in nunmehr über 17 Jahren Reinkarnationstherapie bewährt hat. Zunächst werden jedoch die Denkmodelle von Sigmund Freund, Carl Gustav Jung und Lipod Szondi vorgestellt, in die nach meinem Dafürhalten das Reinkarnationsbewußtsein integriert werden kann.

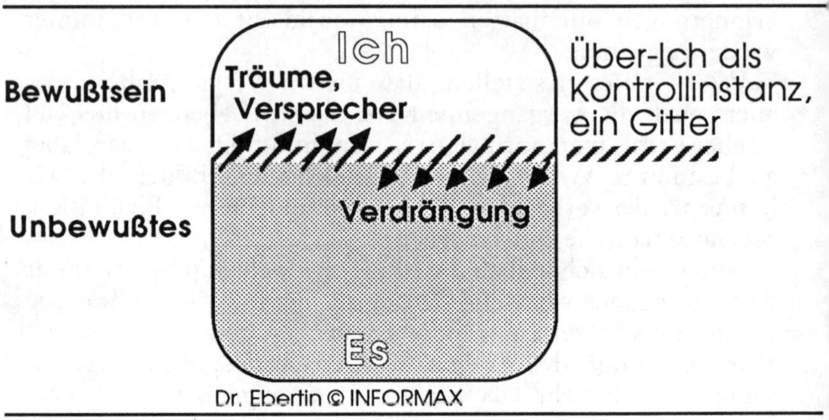

Abb. 1

Das Modell von Sigmund Freud

An anderer Stelle haben wir uns bereits mit der Traumdeutung von Sigmund Freud beschäftigt. Freud unterschied zunächst einmal zwischen dem Bewußtsein und dem Unbewußten. Im Bewußtsein regiert nach seiner Auffassung das Ich, im Unbewußten das Es.

Zwischen dem Bewußtsein und dem Unbewußten besteht eine Art Gitter, von Freud als Über-Ich bezeichnet. Dieses Über-Ich übt eine Kontrolle darüber aus, was als sittlich einwandfrei bewußt sein darf und was als moralisch unzulässig in den Bereich des Unbewußten verdrängt werden muß (vgl. Abb. 1).

Zwischen Bewußtsein und Unbewußtem findet ein Austausch statt. Die Bewegung vom Bewußtsein zum Unbewußten als Vergessen oder Verdrängung, die Bewegung vom Unbewußten zum Bewußtsein als Traum, als Phantasie, als Versprecher.

Abb. 2

Das Modell von C. G. Jung

Gegenüber S. Freud differenzierte C. G. Jung das Unbewußte. Er sprach von einem Persönlichen Unbewußten und einem Kollektiven Unbewußten, dazu von einer Art Satzschicht des Kollektiven Unbewußten mit Inhalten, die nicht in das Bewußtsein gehoben werden könnten (vgl. Abb. 2). Persönliches Unbewußtes meint individuelle Erfahrungen und Erlebnisse, die im Laufe der Zeit vergessen oder verdrängt wurden.

Unter dem Kollektiven Unbewußten versteht Jung Inhalte, die der gesamten Menschheit zugehörig, also kollektiv sind, zum Beispiel die Instinkte und Reflexe und vor allem die Archetypen im Sinne von Urvorstellungen, Urbildern, Urerfahrungen der gesamten menschlichen Spezies.

Persönliches Unbewußtes kann durch Gespräch, Befragung, Assoziationen, Träume, individuelle Lebensgeschichte, psychotherapeutische Behandlung bewußt gemacht werden.

Kollektives Unbewußtes kann im allgemeinen auch durch Träume, vor allem aber durch Bildgestaltungen sichtbar gemacht werden (70).

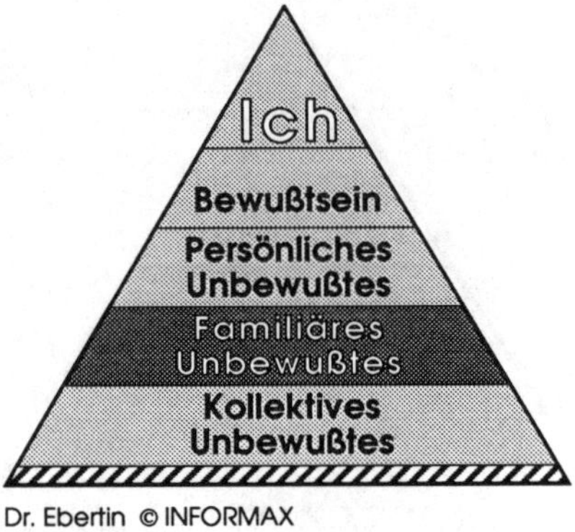

Abb. 3

Das Modell von Lipod Szondi

Eine weitere Differenzierung des Unbewußten erfolgte durch den Psychiater L. Szondi im Rahmen der von ihm entwickelten »Schicksalsanalyse (71)«. Nach Szondi schiebt sich zwischen das Persönliche Unbewußte und das Kollektive Unbewußte nach Jung das »Familiäre Unbewußte« (vgl. Abb. 3). In dem oben genannten Buch schreibt er hierzu:

> »Nach der Schicksalsanalyse muß man im Unbewußten entwicklungsgeschichtlich drei Schichten verschiedenen Datums annehmen:
>
> 1. Das historisch jüngste persönliche Unbewußte. In dieser Schicht forscht die Psychoanalyse Freuds nach den individuell verdrängten Sexualansprüchen, welche im frühinfantilen, persönlichen Kampf zwischen Sexualität und Ich unterdrückt und verdrängt wurden.
> 2. Das familiäre Unbewußte, in dem die schon bei der Befruchtung, also vorpersönlich verdrängten familiären Ah-

nenansprüche dynamisch weiterleben und das Schicksal der Person gefährden können. Die Konfrontation mit diesen Ahnenansprüchen – man könnte sagen mit den ›Genotypen‹ – und die endgültige Aussöhnung der Person mit den in ihr verdrängten Ahnen sind die spezielle Aufgabe der Schicksalsanalyse.

3. Das kollektive Unbewußte, welches die Summe der Archetypen darstellt und die ganze phylogenetische Erbschaft der Menschheit in bezug auf die kollektiven Formen, der Anschauung, Vorstellung, Wahrnehmung und Intuition beinhaltet. Durch das kollektive Unbewußte werden also die Urformen der menschlichen Erfahrung, Bildung und Kultur erbmäßig bestimmt. Die Enthüllung dieser Schicht des Unbewußten ist die spezielle Aufgabe der Komplexen Psychologie Jungs, die wir ›Arche-Analyse‹ nennen. Sie repräsentiert in der Tiefenpsychologie eigentlich keine Trieb-, sondern Kultur-Psychologie« (72).

Man beachte in diesem Zusammenhang, daß sowohl bei S. Freud als auch bei C. G. Jung sowie L. Szondi die verschiedenen Formen des Unbewußten an die menschliche Stammesgeschichte geknüpft sind und damit an das Gedächtnis und den Träger der Erinnerung, das Gehirn.

L. Szondi nimmt in seiner »Schicksalsanalyse« an, daß die Gene »als Überträger der verborgenen Ahnenansprüche schicksalslenkende Faktoren darstellen, indem sie die schicksalsformende Wahl in Liebe, Freundschaft, Beruf, Krankheit und Tod bestimmen« (73). Szondi sieht einen Bezug zwischen dem Individuum und seinen Ahnen, liegt mit seinen Thesen also ganz auf der materiellen Ebene im Sinne der Weitergabe des Erbgutes.

In dem Buch *Gespräche mit Seth* (74) finden wir den nachdenkenswerten Hinweis, daß die Seele, die sich inkarnieren will, sich die Eltern, die späteren Geschwister, Freunde, Lebenspartner und den Zeitpunkt der Geburt auswählt, und zwar lange vor der Geburt. Das würde bedeuten, daß sich die Seele auch den Charakter der Eltern, deren Erziehungsmethoden, den jeweiligen Zeitpunkt auswählt, um in dieser Umwelt eigenes Leben zu entwickeln, zu erleiden, zu gestalten.

Wenn man diesen Gedanken weiterspinnt, kommt man zu einer Art Seelenverwandtschaft, die dann aber als unstofflich zu sehen sein müßte, denn erfahrungsgemäß laufen keineswegs alle Inkarnationen im Familienverbund ab. Ein Erbgang im biologischen Sinne ist allem Anschein nach nicht grundsätzlich gegeben.

Das Modell von Baldur R. Ebertin

In *Gespräche mit Seth* (75) von Jane Roberts erwähnt der das Buchmanuskript aus der Transzendenz diktierende Seth, daß wir Menschen gleichzeitig mehrere Leben leben würden. Diese Auffassung scheint ein Widerspruch in sich zu sein, denn wie soll neben dem gegenwärtigen individuellen Leben noch Zeit und Raum für gleichzeitig ablaufende andere Leben sein?

Einmal kann man an die sogenannten Traumreisen denken, während denen man verschiedene Orte sehen, mit bekannten und unbekannten Menschen sprechen kann. Zum anderen werden Sie, verehrte Leser, beim Lesen dieses Buches immer wieder gespürt haben, in welch hohem Maße wir in unserer Gegenwart auch unsere weit zurückliegende Vergangenheit mitleben.

In das gegenwärtige Leben fließen nicht nur Erfahrungen, Erlebnisse, Ängste, Hoffnungen, Wünsche und Sehnsüchte aus der Zeit zwischen unserer Geburt und dem jeweiligen Reifungs- und Erfahrungsstand, sondern auch aus Zeiten, die vor der Geburt liegen. Wir leben deshalb mit dem jetzt uns gegebenen Leben immer auch noch die Erfahrungen früherer Existenzen mit.

Die psychotherapeutische Methode des Rebirthing, worauf wir schon zu sprechen kamen (siehe Kapitel »Vergangenheit erkennen, verarbeiten, bewältigen«; Seite 53f.), kann die Umstände vor, während und nach der Geburt bewußt machen und damit beträchtliche Ängste, die mit dem Geburtsvorgang verbunden sein konnten, lösen. Wir wissen heute, daß der Embryo während der Schwangerschaft sehr sensibel auf das Verhalten der Eltern, auf Musik, Geräusche, die ganze Atmosphäre um ihn herum reagiert (76). Allem Anschein nach ist es sogar möglich, daß Eltern mit der Seele, die sich in ihrem Kind inkarnieren will, schon vor der Geburt kommunizieren können (77).

Über die Zwischenphasen zwischen den einzelnen Leben ist bis heute wenig bekannt. In der reinkarnationstherapeutischen Arbeit wird hiernach auch wenig oder gar nicht gesucht; denn im Vordergrund steht ja die Aufgabe, aus Ängsten, Konfliktsituationen, Blockaden, Frustrationen herauszufinden, und dafür bietet sich die Bewältigung früherer schwieriger Lebenssituationen an. Eine gewisse Orientierung über diese Zwischenphasen erhalten wir durch die verschiedenen Totenbücher (78).

Wir müssen jedoch davon ausgehen, daß diese Phasen zwischen den einzelnen Leben Reifungsprozessen drüben in der Transzendenz dienen sollen (79).

Die Schichttheorien der modernen Psychologie

Seele wird in der modernen Psychologie als aus mehreren Schichten bestehend dargestellt. Je kollektiver der Seelenteil, desto tiefer liegt er; je individueller und geistiger, desto höher wird er angeordnet. Das ist gut aus dem Schema von C. G. Jung zu sehen. Dem kollektiven Unbewußten ruht das persönliche Unbewußte auf, und darüber erhebt sich das Bewußtsein. In der Spitze der Darstellung haben wir dann das Ich als die leitende Instanz der Persönlichkeit.

Modell des Reinkarnations-Bewußtseins (1)
nach B. R. Ebertin

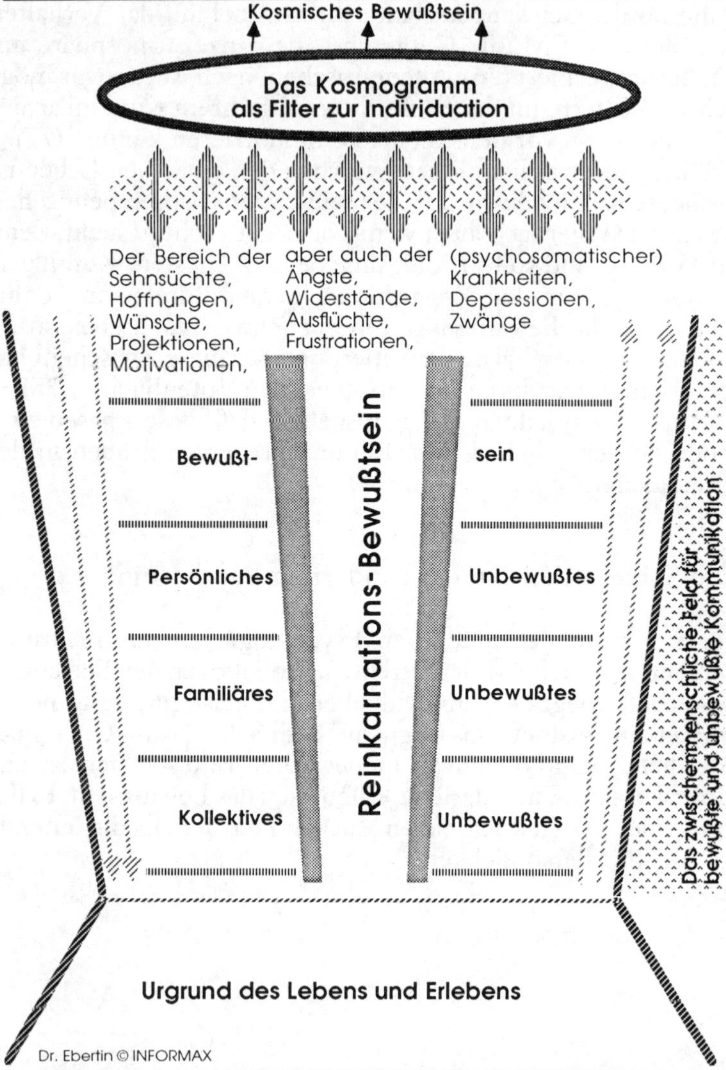

Abb. 4

Modell des Reinkarnations-Bewußtseins (2)
nach B. R. Ebertin

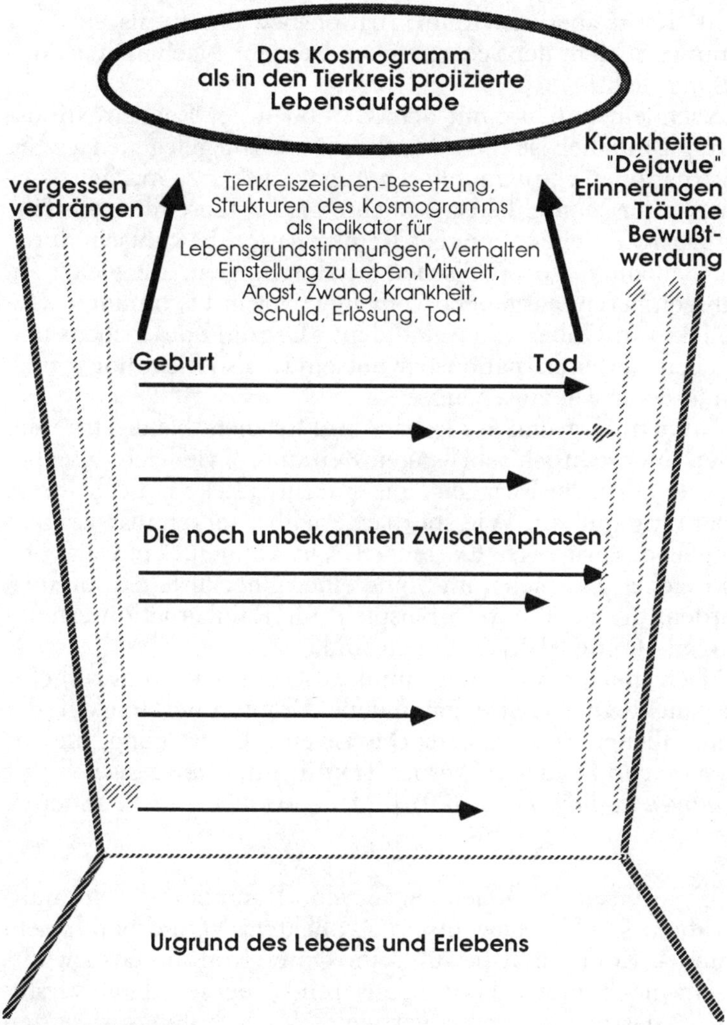

Dr. Ebertin © INFORMAX

Abb. 5.

In Abb. 4 des Modells für das Reinkarnationsbewußtsein finden Sie die Auffassung von den Seelenschichten ebenfalls dargestellt. Kann aber das Reinkarnationsbewußtsein als eine bestimmte Schicht der Seele gesehen werden? Nach meiner Auffassung nicht!

Nachdem es heute mit den Methoden der Reinkarnationstherapie möglich ist, nicht nur die relativ nahegelegenen letzten Inkarnationen vor dem inneren Auge sichtbar zu machen, sondern in der Menschheitsgeschichte bis zu Tausenden von Jahren zurückzugehen, muß das Reinkarnationsbewußtsein durch alle Schichten des Seelischen hindurchgehen, sie gleichsam transzendieren, ausgehend vom Bewußtsein bis hinunter zum Kollektiven Unbewußten und dem »Urgrund des Lebens und Erlebens«. Reinkarnationsbewußtsein ist also nicht horizontal, sondern vertikal zu sehen.

Auf dem Urgrund des Lebens und Erlebens bauen sich über einen offensichtlich sehr langen Zeitraum – vielleicht eine begrenzte Form der Ewigkeit – die einzelnen Leben mit all' ihrem Erfahrungsgut auf. Wie spürbar, erlebbar, erkennbar Erinnerungen aus früheren Existenzen sein können, kann aus den zahlreichen Beispielen im Sinne einer Checkliste entnommen werden, die im Kapitel »Beispiele für Reinkarnationserinnerungen« (Seite 83ff.) zu finden sind.

Nach meiner Auffassung muß es so etwas wie unstoffliche, also nicht an Materie gebundene Erinnerungsfähigkeit der menschlichen Seele geben. Das ist eine Überlegung, die wir auch in dem Buch von Werner Trautmann, *Naturwissenschaftler bestätigen Re-Inkarnation* (80), finden. So führt er unter anderem aus:

> »Bewußtsein ist: Wachbewußtsein, Traumbewußtsein, individuelles Unterbewußtsein, kollektives Unterbewußtsein und – Kontinuitätsbewußtsein. Unter Kontinuitätsbewußtsein möchten wir jenes integrierend Übergeordnete verstehen, das fortdauernd sogar viele Wiederholungsexistenzen der Materieneuordnung oder des Materiezerfalls übergreifend zusammenfaßt...« (81)

Reinkarnationsbewußtsein und Kosmogramm

Wir kommen nun zurück auf das Kosmogramm oder Geburtsbild einer Person, wie es schon im Kapitel »Der gestirnte Himmel über und in uns« angesprochen wurde.

1948 begann ich, mich mit der Kosmobiologie zu beschäftigen. Mein Vater lehrte mich, die ersten Geburtsbilder auszurechnen, aufzuzeichnen und mich an deren Deutung heranzutasten. Sein Hauptwerk, die *Kombination der Gestirneinflüsse* (82) war mir dabei eine große Hilfe. 1972 begann ich, aus meinen Erfahrungen in der kosmobiologischen und psychotherapeutischen Praxis heraus, ein eigenes und weiter differenziertes Deutungskonzept zu entwickeln, das heute in der dreibändigen *Kosmobiologischen Diagnostik* (83) vorliegt. Nachdem ich mich seit 1978 intensiv mit der Reinkarnationstherapie und ihren Möglichkeiten beschäftigte, suchte ich danach, ob man aus dem Geburtsbild eines Menschen Hinweise auf frühere Inkarnationen und deren Problematik gewinnen kann.

Inzwischen habe ich folgende Erfahrung gewonnen:

1. Das Kosmogramm kann gesehen werden als ein konzentriertes kosmisches Bild, eine ganz individuelle Struktur, gewonnen aus einer Mehrzahl oder sogar Vielzahl früherer Lebenserfahrungen und gegenwärtiger Lebensaufgaben. Man könnte fast sagen, es wäre so etwas wie ein in ganz bestimmten Winkeln und in einmaliger Struktur geschliffener Kristall.
   Nach meiner Auffassung können wir der Seele so etwas wie ein unstoffliches, immaterielles Gedächtnis zusprechen, das nicht an das Gehirn gebunden ist. Die Seele behält dann nach dem Tod des Körpers das Gedächtnis an das gerade vergangene Leben und frühere Existenzen. Die Seele »wandert« danach mit ihrem Gedächtnis in die Transzendenz und bringt es in die folgenden Leben wieder mit. Nur so wird nachvollziehbar, daß Rückerinnerungen möglich sind, nach-

dem die früheren Körper und ihr Gehirn längst der Erde übergeben wurden und verwesten.
In der Computersprache ausgedrückt, würde dann das jeweilige Gehirn der Hardware, dem Computer, entsprechen, die Fülle des Gedächtnisses aus unbestimmt vielen früheren Inkarnationen und dem gegenwärtigen Leben als Software mit einer Fülle von Programmen zur Bewältigung des Lebens.
Diese Überlegungen könnten ein Ansatz dafür sein, daß Rückerinnerungen aus den in früheren Inkarnationen erlebten Kulturen, die bis zu Jahrtausenden hinter uns liegen können, abrufbar sind und wie lebhafte Träume oder Filme vor unserem inneren Auge ablaufen können.

2. Die Besetzung der Tierkreiszeichen mit den einzelnen Deutungsfaktoren, die Aspekte und Aspektstrukturen, die Halbsummen und Halbsummenstrukturen geben Hinweise auf Merkmale bestimmter Menschengruppen, die innerhalb eines oder mehrerer Jahre geboren wurden, sie symbolisieren den Zeitgeist und das Denken ganzer Generationen, und sie sind darüber hinaus auch äußerst individuell, also personenbezogen, wenn man beispielsweise an den Aszendenten, den Meridian, den Mond, die sogenannten Schnelläufer unter den Planeten denkt.

3. Die ganz besondere, auf den Kosmogramm-Eigner bezogene Färbung der zahlreichen Deutungsfaktoren ergibt sich durch das Zusammenspiel der kosmischen Faktoren einerseits, durch die Lebens- und Krankengeschichte, das Verhalten, die Sprechstimme, die aktuelle Reifungs- oder Konfliktphase andererseits.
Etwas überspitzt ausgedrückt könnte man sagen, das Kosmogramm einer Person ist so etwas wie ein hochqualifizierter Computer, der aber seine Kapazität erst entfalten kann, wenn in ihn dic Informationen des Computerprogramms eingegeben werden. Je besser dieses Programm, desto differenzierter seine Arbeit!

4. Das Kosmogramm kann als Filter für die Individuationsprozesse angesehen werden. Wenn man durch diesen Filter, dargestellt durch die Kosmogrammstrukturen, hindurchgegangen ist und damit die für dieses Leben zu bewältigenden Knoten gelöst hat, wird man Stück für Stück frei für das »kosmische Bewußtsein«.

5. Das Kosmogramm kann damit gesehen werden als die Sammlung der in den Tierkreis, an das Himmelsgewölbe projizierten Lebensaufgaben.

Kosmisches Bewußtsein

Kosmisches Bewußtsein soll nach heutiger Einsicht, nicht zuletzt durch den Einfluß der »Transzendentalen Meditation« des Maharishi Mahesh Yogi, überindividuelles Wissen ermöglichen. Kosmisches Bewußtsein soll so etwas wie ein unendlicher Speicher an Erkenntnis und Weisheit sein, an dem jeder Anteil nehmen kann, der sich für das Universum und seine Energien zu öffnen bereit ist (84).

Wenn das Kosmogramm mit seinen Strukturen als eine Art Filter für Reifungsprozesse anzusehen ist, dann müßte es zunehmend möglich sein, kosmisches Bewußtsein zu erwerben, je mehr die im Kosmogramm angezeigte Problematik und Aufgabenstellung gelöst und bewältigt wird.

Reinkarnationsbewußtsein und Kommunikation

Jedermann ist geläufig, daß man sich über die Sprache und den körperlichen Ausdruck (Mimik, Gestik, Gebärden) anderen Menschen verständlich machen kann. Schriftliche Aufzeichnungen, Film, Fernsehen, sonstige Medien der Kommunikation können weltweit Gedankenaustausch vermitteln. Wir wissen heute aber auch, daß es unbewußte Kommunikation gibt, zum Beispiel über die unbewußt ablaufende Körpersprache oder die

Sprechmelodie. Diffiziler wird die zwischenmenschliche Kommunikation, wenn wir an die Telepathie und überhaupt alle sogenannten außersinnlichen Wahrnehmungen denken.

Nach meiner Auffassung können wir darüber hinaus von einer Kommunikation über das Unbewußte und das Reinkarnationsbewußtsein sprechen. So zeigt sich bei der Vorbereitung zur Reinkarnationstherapie immer wieder, daß sich während der Aufnahme der Lebensgeschichte des Patienten, der Aufzeichnung und Betrachtung von dessen Geburtsbild und der Aufnahme tiefenpsychologischer Tests, zwischen Patient und Therapeut eine Art Kraftfeld aufbaut, wie es in Abb. 4 des Modells für das Reinkarnationsbewußtsein angedeutet ist.

Dieses Kraftfeld kann aber allem Anschein nach nur entstehen, wenn eine Vertrauensbasis zwischen den zwei Personen möglich ist. Ist diese gegeben, dann entsteht auf der Therapeutenseite mehr Gespürigkeit; auf der Patientenseite bauen sich leichter die Szenen aus früheren Inkarnationen auf. Das skizzierte Kraftfeld läßt Reinkarnationserinnerungen schneller abrufen und ihre da und dort auftretende Schmerzhaftigkeit leichter bewältigen.

Geburtsbild und Reinkarnation

Nach meinem Dafürhalten gibt es mindestens zehn Dimensionen der Persönlichkeit, die sich aus einem Kosmogramm erkennen lassen. Sie wurden im Kapitel »Der gestirnte Himmel über uns und in uns« schon erwähnt. Darüber hinaus ist es möglich, Aussagen zu erarbeiten über die Zeit vor, während und nach der Geburt wie auch über die Schwangerschaft. In den letzten Jahren gewann ich immer mehr die Überzeugung, daß sich aus dem Kosmogramm auch Hinweise auf die Art und den Ablauf früherer Inkarnationen gewinnen lassen.

Ich greife an dieser Stelle einige Deutungsbeispiele heraus, die natürlich im Zusammenhang mit dem gesamten Geburtsbild einerseits und der bisherigen Lebens- und Krankengeschichte andererseits gesehen werden müssen:

1. Mond-Saturn-Neptun
   Psychosomatik: Bewegungsmangel, Suizidneigung.
   Tiefenpsychologie: Angst, Sorge, Verzweiflung in der Familie. Krankmachende Umstände.

2. Mond-Saturn-Mondknoten
   Psychosomatik: Sich im Zusammensein mit anderen Menschen in Bewegung und Handlung eingeschränkt fühlen.
   Tiefenpsychologie: Auf andere Menschen mit Angst reagieren. Platzangst (Agoraphobie), Flucht vor Menschenansammlungen.

3. Merkur-Saturn-Aszendent
   Tiefenpsychologie: Verzögerte Geburt. Angst vor dem Sprechen und Mitteilen.

4. Merkur-Saturn-Medium Coeli
   Tiefenpsychologie: Erschwerte und/oder verspätete Geburt. Den Lebensernst fördernde frühe Erfahrungen.

5. Mars-Saturn-Aszendent
   Psychosomatik: Sich beengt fühlen, Atembeschwerden, Todesangst.
   Tiefenpsychologie: Sich in das Leben geworfen und gezwungen fühlen, sich früh isolieren.

6. Mars-Saturn-Medium Coeli
   Psychosomatik: Lebens- und/oder Todesangst.
   Tiefenpsychologie: Blockierte Motivationen und Zielvorstellungen. Vorzeitig Schluß machen wollen. Angst vor der Zukunft.

7. Mars-Uranus-Pluto
   Psychosomatik: Überschießende Kräfte können zu Unfällen, Verletzungen, Amputationen führen.
   Tiefenpsychologie: Hereinbrechende Gewalten. Kindsmißhandlung. Autoaggression.

8. Mars-Uranus-Aszendent
Psychosomatik: Sich immer gleich aufregen, deshalb Verletzungsgefahr (fallen, schneiden, brechen).
Tiefenpsychologie: Sturzgeburt oder operative Eingriffe bei der Geburt. Ins Leben gerissen werden. Ruhelosigkeit.

9. Mars-Neptun-Aszendent
Psychosomatik: Suchtgefahr.
Tiefenpsychologie: Sauerstoffarmut bei der Geburt. »Nach Luft schnappen müssen.«

10. Mars-Pluto-Aszendent
Tiefenpsychologie: Um sein Leben kämpfen müssen. Das Leben erzwingen. Die Gefahr suchen.

11. Saturn-Uranus-Neptun
Psychosomatik: Wandernde Beschwerden, wechselnde Krankheitsbilder. Ausfallende Reflexe, Stabilitätsverlust.
Tiefenpsychologie: In Zeiten von Massenerkrankungen oder Seuchen hineingeboren werden. Krankheit als Lebensschicksal.

Diese Auszüge sind der *Kosmobiologischen Diagnostik* entnommen. In meiner Praxis gehören die kosmobiologischen Unterlagen für einen Patienten grundsätzlich zu den heilkundlichen und psychologischen Befunden dazu. Für mich ist das Kosmogramm eines Menschen vor allem dann eine große Hilfe, wenn es gilt, gravierende Belastungen aus früheren Inkarnationen ins Bewußtsein zu heben und dazu beizutragen, daß sich der Patient von weit zurückliegenden Codierungen, Ängsten, Knebelungen und Blockaden zu befreien lernt.

In den folgenden Beispielen wird zu zeigen sein, wie aus dem Zusammenspiel aller hier vorgetragenen Möglichkeiten frühere Inkarnationen erkannt, gesehen, verarbeitet und bewältigt werden können.

Menschen in Not – was tun?

Psychotherapie heißt: die Seele heilen oder über die Seele heilen. Es gibt zahlreiche Therapiewege, und jeder Therapeut hat seine ganz individuelle Art des Therapieangebots, auch wenn er zu der einen oder anderen Schule gehört. Ein Therapeut ist weit weniger austauschbar als Angehörige anderer Berufsgruppen. Das mag provokant klingen, aber wer schon einmal auf der Suche nach dem für ihn richtigen Therapeuten war, wird mit hoher Sicherheit zu einem ähnlichen Ergebnis gekommen sein.

Wie sieht es nun auf der Patientenseite aus? Sicher kann man an einen Patienten keine Meßlatten anlegen, deren »Paßt!« oder »Paßt nicht!« dem Therapeuten den auf ihn zugeschnittenen Patienten zeigen würde. Vielmehr scheint mir die Vertrauensbasis wichtiger als die Methode zu sein. Und die Methode selbst muß sich wohl an dem Charakter des Patienten und seiner Symptomatik orientieren.

Unser Interesse gilt in diesem Buch dem Thema der Reinkarnation. Deshalb werden hier vorwiegend Fragen, die um dieses Thema kreisen, angesprochen. Der Akzent wird auch auf die Selbsterfahrung früherer Inkarnationen und die Möglichkeiten der Reinkarnationstherapie gesetzt.

Ob es Reinkarnation gibt oder nicht, ist kein Anliegen dieses Buches. Es liegen heute viele Fälle von Rückerinnerungen vor, die auch wissenschaftlich belegt sind. Dabei ist vor allem an das Buch von Ian Stevenson, *Reinkarnation* (85), zu denken. Ich will auch Reinkarnation nicht beweisen. Wer das von mir vorgelegte Material annehmen kann, wird, wie ich hoffe, manche Bereicherung für sich finden; wer es nicht annehmen kann, mag es als Phantasien der Seele ansehen. Ein Streit über die eine oder andere Anschauung braucht nicht zu entstehen.

Soweit ich sehen kann, wurde die Reinkarnationstherapie in den USA entwickelt. 1979 erschien in deutscher Sprache das

Buch des promovierten Psychologen Morris Netherton, *Bericht vom Leben vor dem Leben – Reinkarnations-Therapie* (86), das er zusammen mit der Psychiaterin Nancy Shiffrin geschrieben hatte. Hierin schilderte er aus jahrzehntelanger Erfahrung heraus eine Reihe der von ihm reinkarnationstherapeutisch erfolgreich behandelten Fälle, wobei psychosomatische Beschwerden seiner Patienten im Vordergrund standen.

Im deutschsprachigen Raum dürfte der Diplom-Psychologe Thorwald Dethlefsen der erste gewesen sein, der über die Selbsterfahrung hinausgehend ein reinkarnationstherapeutisches Konzept entwickelte und darüber auch in den beiden Veröffentlichungen, *Das Leben nach dem Leben* (87) und *Das Erlebnis der Wiedergeburt* (88) berichtete.

In den nachfolgenden Fallbeispielen stehen Erinnerungen an frühere Inkarnationen und deren psychotherapeutische Verarbeitung im Vordergrund. Es wird jedoch nicht nur über ein früheres Leben berichtet, sondern es werden Erinnerungen an mehrere frühere Inkarnationen aufgezeigt. So ist es möglich, bestimmte Lebensthemata wie eine Art roten Faden zu verfolgen, der sich über mehrere Leben hinzog.

Eingeflochten werden diese Rückerinnerungen in die bisherige Lebens- und Krankengeschichte, die Träume und auch das Kosmogramm des betreffenden Menschen. So dürfte ein möglichst ganzheitliches Bild von einer Person und deren Reifungsprozessen durch die Zeiten entstehen.

Warum verliert Viola büschelweise ihre Haare?

Die knapp dreißig Jahre alte, aber wie zwanzig Jahre alt aussehende hübsche und gepflegt angezogene Patientin kam in die heilkundliche Sprechstunde, weil ihr seit rund einem Jahr, vor allem beim Haarewaschen, immer wieder büschelweise die Haare ausgingen. Die Verabreichung von Medikamenten mit Mineralstoffen und Vitaminen durch den Hausarzt hatte ihr nicht geholfen. Trotz vegetarischer Ernährung zeigte sich eine lästige Verstopfung, so daß die Patientin oft zwei bis vier Tage lang keinen Stuhlgang hatte. Viola heiratete sehr früh, bereits mit 17 Jahren, und bekam dann 18jährig ihre Tochter. Der Ehemann und Kindsvater, von dem Viola zur Zeit der Untersuchung geschieden war, war drei Jahre älter als die Patientin.

Die heilkundliche und psychologische Untersuchung ergab, daß der Haarausfall wahrscheinlich nur ein vorübergehendes Symptom für einen tiefer liegenden Konflikt war.

Viola wurde gebeten, eine Lebensgeschichte in der Art zu schreiben, wie es auch den Lesern dieser Abhandlung auf den Seiten 53ff. vorgeschlagen wurde. Diese Lebensgeschichte wollen wir uns nun auszugsweise anhören.

Die Lebensgeschichte

Viola wuchs in finanziell gut gestellten Verhältnissen auf. Beide Eltern sind im eigenen Geschäft tätig. Weil die Mutter wegen ihrer beruflichen Tätigkeit wenig Zeit für Viola und ihre Schwester Erika hatte, übernahm die sehr resolute Oma, Mutters Mutter, das Regiment im Hause. Auffallend war, daß mit ca. drei Jahren Viola in der Küche auf den Stühlen herumhüpfte, dabei ausrutschte und sich auf die Lippe biß. Viola blutete sehr stark, und die Wunde mußte beim Arzt genäht werden.

Ängste traten in den ersten fünf Lebensjahren auf als Angst vor Schlangen und Hornissen, Angst vor zu schnellem Fahren, vor Karambolagen, vor fremden und größeren Kindern. In den folgenden Jahren tauchten weitere Ängste auf: vor der Lehrerin, vor einem Gespräch der Mutter mit der Lehrerin, vor allen Erwachsenen, außer vor Eltern und Oma.

In der Turnstunde stürzte Viola einmal sehr schwer und hatte auch eine – nicht beachtete – Gehirnerschütterung. Die Ballett- und Klavierstunde ab dem siebenten Lebensjahr wurde als »häßlicher Tag« erlebt, »weil ich hingehen mußte«.

»Religionsunterricht, Kirchegehen, Beichten empfinde ich als Zwang«, »die Kirche kommt mir irgendwie besitzergreifend vor, sie will etwas von mir«, teilte Viola mit. Trotzdem begann das Mädchen mit ungefähr zwölf Jahren für den Kaplan zu schwärmen. Aber zunächst fuhr sie fort: »Ich hatte immer das Gefühl der Isolation, des Nicht-Dürfens den anderen gegenüber.«

Spiele mit »Gassenkindern« waren verpönt. »Meine Mutter sah es nicht gern, wenn ich zu anderen Kindern mit in die Wohnung ging. Überhaupt durfte ich fast nie ein Kind besuchen, sie mußten alle zu mir kommen.« Viola bekam zunehmend ein »Käseglockengefühl«.

Im Laufe der Jahre wurden die Angstkomponenten noch umfangreicher. Beim Versuch, Schwimmen zu lernen, entstanden Ängste vor dem Ertrinken, vor dem Untergehen, vor dem Keine-Luft-bekommen. Immer von Ängsten vor anderen Kindern, vor Hausbewohnern und Nachbarn geplagt, ging Viola zunehmend anderen Menschen aus dem Wege.

Zwischen dem fünften und dem zehnten Lebensjahr ein weiterer Unfall. »Beim Schaukeln brach ich mir den linken Arm, eine Woche Krankenhaus-Aufenthalt.«

Als sehr positiv für Violas Entwicklung erwies sich der Garten, »der Duft der blühenden Hecken und Sträucher«. Viola entwickelte eine enge Beziehung zur Natur. »Ich stellte mir vor, die Tiere reden miteinander und auch die Pflanzen. Zwerge wohnen in den Baumstümpfen, der Wald ist mit Märchen durchdrungen.«

Auch bereichernd im geistig-seelischen Sinne waren die Jahre zwischen dem zehnten und fünfzehnten Lebensjahr. Freundschaften entstanden, vor allem Brieffreundschaften. Mit großer Freude erlebte Viola das eigene Zimmer.

Zwischen dem zwölften und neunzehnten Lebensjahr entwickelte sich eine Vorliebe für schwarze Kleidung. Es entstand auch zu einem Klassenkameraden für einige Monate eine erste Liebe, danach eine zweite Liebe für einige Wochen, weil der Freund ein Internat besuchen sollte. Dann wurde Viola Mitglied einer Mädchengruppe, aber die Führerin »las und erzählte sonderbare Geschichten von Mord und Selbstmord«. Bei einer Radwanderung mit der Gruppe bekam Viola nachts »schreckliche Angst«, weil die Dorfburschen bei den Mädchen einsteigen wollten.

Noch stärker wurde die Angstsymptomatik mit ungefähr fünfzehn Jahren: »Angst vor Autos, die hinter mir herfuhren, Angst vor Verbrechern, die überall sein könnten, Angst, daß jemand nachts bei uns einbrechen könnte. Ich verstreute abends in meinem Zimmer alles am Boden, stellte die Antennen meines Kofferradios gegen die Tür, damit ein Eindringling hinfallen oder sich aufspießen sollte, Angst auch um meinen Vater, wenn er spät nachts zum Beispiel das Auto in die Garage fuhr.«

Mit fünfzehn Jahren begann eine Abhängigkeit von Nasentropfen wegen Atembeschwerden. Zuvor hatte Viola Gespräche mit anderen Mädchen über Rauschgift und lesbische Beziehungen.

Kurz vor dem sechzehnten Geburtstag bot ein flüchtiger Bekannter Viola an, sie heimzufahren. Statt dessen fuhr er aber in eine Seitenstraße, wollte mit ihr schmusen, und es gelang ihm trotz Violas Gegenwehr, mit ihr zu schlafen. »Ich war ganz benommen, als ich nach Hause lief. Meinen Eltern sagte ich nichts, aber ich fühlte mich beschmutzt, minderwertig.«

Viola hatte mit ihrer Freundin geplant, daß beide zusammen nach England fahren. Die Freundin machte einen Rückzieher, aber Viola wollte unbedingt in dieses Land. Sie fuhr mit einer Schülerorganisation allein.

»Gleich bei meiner Ankunft morgens um fünf Uhr verliebte

ich mich in dieses Land. Es verzauberte mich total. Es war wie ein wunderschöner Traum oder wie ein Nachhause-kommen, so fremd und doch so gut und altbekannt. Ich war hingerissen und so wach wie noch nie zuvor. Ich lebte dort, obwohl ich bei einer Familie wohnte und in die Sprachenschule ging, ein völlig anderes Leben. Ich war nicht mehr ich – oder vielleicht gerade jetzt? Deutschland verschwand in der Versenkung, existierte nicht mehr, war nie da. Ich hatte keine Angst, verstand alles, alles war klar und völlig einfach. Und der Atlantik – ich konnte mich nicht satthören an seinem Rauschen, an dem, was er zu mir sagte, ich schlief eine ganze Nacht am Strand, das heißt, ich war hellwach, weil ich keinen Augenblick versäumen wollte.

London: Die große Stadt verwirrte mich ein bißchen; es war, als wäre ich von einer langen Reise zurückgekehrt.« Zweimal verliebte sich Viola während ihres England-Aufenthaltes. Sie fragte sich, warum sie denn aus diesem für sie traumhaft schönen Land wieder nach Deutschland zurückkehren müsse.

Zurück in der Heimat, war Viola sehr deprimiert, aber der Tanzkurs begann. Plötzlich eine merkwürdige Situation:

»Einmal wusch ich mir vor dem Tanzkurs noch die Haare, als Gas aus unserem Heißwasserboiler ausströmte und ich ohnmächtig wurde. Meine Eltern merkten erst nach einiger Zeit, daß etwas nicht stimmte; mein Vater schlug mit der Axt die verschlossene Badtür ein, der Notarzt kam, gab mir Spritzen und sagte, ich hätte nicht mehr viel länger dort drin liegen dürfen.«

Ein paar Wochen später bot ein Junge aus dem Tanzkurs Viola an, sie heimzufahren. Er fuhr aber Viola nicht heim, sondern aus dem Ort hinaus. Viola forderte ihn auf, zurückzufahren. Der junge Mann tat das auch, reagierte aber ärgerlich »und fuhr wie ein Verrückter. In einer Kurve gerieten wir ins Schleudern, das Auto überschlug sich und kam wieder auf den Rädern zum Stehen ... Wir kletterten durch die Windschutzscheibe nach draußen; das Auto war schrottreif, aber uns war weiter nichts passiert. Zu Hause sah meine Mutter am nächsten Tag die vielen Blutergüsse ...«

Als Viola 16 Jahre alt war, kam einer der jungen Engländer,

mit denen sie während ihres Englandaufenthaltes befreundet war, zu Besuch. Als er nach einigen Tagen wieder abreisen mußte, war das Mädchen traurig, weil es zurückbleiben und nicht in »sein« England mitfahren konnte. Am Abreisetag abends ging Viola mit ihrer Freundin in ein Restaurant und lernte dort ihren künftigen Mann kennen. Die Eltern waren über die früh entstehende Beziehung ihrer Tochter außer sich und überlegten, wie sie die jungen Leute trennen könnten. Die Mutter fuhr sogar mit Viola nach England. Dort fühlte sich Viola wieder sehr wohl, spürte aber, daß die Beziehung zum englischen Freund doch schwächer war als zu ihrem künftigen Mann. Die Mutter hätte es sehr gern gesehen, wenn es während des Aufenthaltes in England zu einer Verlobung mit dem dortigen Freund gekommen wäre.

Erst ein halbes Jahr nach dem Kennenlernen schliefen Erwin und Viola miteinander. Sie bekam Angst vor einer Schwangerschaft, die dann tatsächlich auch zum Jahresende hin eintrat. Für die beiden jungen Menschen stand außer Zweifel, daß sie heiraten wollten, aber sie mußten sich gegen härteste Widerstände, vor allem durch Violas Mutter, durchsetzen.

Die Schwangerschaft stand Viola relativ gut durch, die Geburt war seelisch belastet. »Im Krankenhaus kam ich mir vor wie ein Stück Vieh, wie eine Kuh, die kalben soll. Ich spürte die Geringschätzung der Ärzte und Schwestern, empfand, wie erstaunt sie waren, daß ich sogar verheiratet war.« Viola war bei der Geburt etwas über achtzehn Jahre alt.

Nach der Geburt des Kindes wurde Viola häufig krank. »Übelkeit, Übelkeit immer wieder, ich wußte nicht woher.« Die erotisch-sexuellen Beziehungen wurden zunehmend schlechter. Erwin reagierte häufig eifersüchtig, wenn er bemerkte, daß seine attraktive Frau von anderen Männern gern gesehen wurde.

Erwin war aktiver Sportler. Bei einem Spiel wurden ihm beide Unterschenkel gebrochen, so daß er einige Wochen Krankenhaus hinnehmen mußte.

Vom zwanzigsten Lebensjahr an fühlte sich Viola ständig müde, wie betäubt, abwesend. Zunehmend tauchten Angstzustände auf, wenn sie abends allein zu Hause war. »Ich hielt oft die Luft an, wagte nicht zu atmen, getraute mich nicht, ans Fenster zu gehen, verriegelte alle Türen, stellte noch Stühle und dergleichen davor, ließ alle Lichter brennen – schreckliche Angst«; so beschrieb Viola ihre Situation. Und sie setzte fort: »War immer krank, wog nur noch 39 kg und mußte mich laufend übergeben.«

Viola fühlte sich auch zunehmend ausgestoßen. Für die ehemaligen Freundinnen war sie »schon« Hausfrau, Ehefrau und Mutter, für die anderen Mütter war sie noch »zu jung«. Nachdem auch die Ehe immer schwieriger wurde, nahm das Gefühl der Einsamkeit ständig zu. Versuche, Bekannte und Freunde zusammen mit Erwin zu finden, scheiterten an der Eifersucht des Ehemannes.

Als Viola knapp 24 Jahre alt war, wurde Erwin von seinem Schwager gezwungen, seiner Frau zu gestehen, daß er ein Verhältnis mit seiner eigenen Schwester habe. Für Viola brach eine Welt zusammen, aber sie versuchte, die Situation zu meistern, ohne daß sonst noch irgend jemand etwas merken könnte. Sie wollte vermeiden, daß doch noch irgendwie etwas herauskommen und der Ruf der Familie ruiniert sein könnte.

Sommerurlaub der jungen Familie im Süden. Viola stand ihn mit aller Mühe durch. Nach wie vor liebte sie jedoch ihren Mann. Das Töchterchen, das inzwischen gut gediehen war, sollte nach dem Urlaub eingeschult werden.

Viola fühlte sich immer kränker. »Ich verschlief die Vormittage, schaffte es gerade zu kochen und das Kind von der Schule abzuholen, ich war innerlich und äußerlich krank. Ich litt unter Übelkeit, Erbrechen, Magenschleimhautentzündung, Magen- und Darmkrämpfen, Tetanie, Herzbeschwerden, Müdigkeit, Gebärmutterentzündungen, Nierenschmerzen, Sehstörungen.« Aber nach außen hin war alles in Ordnung, Erwin fühlte sich entlastet, weil er seinen Kummer bei Viola abladen konnte.

Als Viola ungefähr 26 Jahre alt war, fand sie zunehmend Interesse an Grenzgebieten, Yoga, Karma und Wiedergeburt. Viola las *Momo* von Michael Ende, *Die drei Lichter der kleinen Veronika* von Manfred Kyber, Bücher über den amerikanischen

Seher Edgar Cayce. Nach wie vor war sie auch, wie schon früher, von Bauernmalerei und Töpferei angetan. Die junge Frau mochte sich ihrem Mann mitteilen, mit ihm reden, diskutieren. Er konnte aber nicht auf sie eingehen.

Viola fing an, eigenständiger zu werden, da und dort zu Kursen und Seminaren zu gehen; sie lernte auch Menschen kennen, zu denen sie sich hingezogen fühlte. Es entstand neben der Ehe letztlich eine anderweitige Partnerschaft, die für Viola vor allem erotisch-sexuell sehr erfüllend war. Viola wollte mit ihrem Mann über ihren Konflikt sprechen, sie fand jedoch nicht das erhoffte Verständnis. Er beschimpfte sie, schleuderte ihr entgegen, daß er sich vor ihr ekle und sie nicht mehr ansehen könne. Kurz darauf machte Erwin mit Schlaftabletten einen Selbstmordversuch; seine Frau merkte es jedoch noch rechtzeitig und konnte ihn retten.

Violas neue Beziehung war für sie sehr wichtig, und sie übernachtete immer wieder bei dem neuen Partner, erlebte Erfüllung, spürte aber doch recht bald, daß eine Partnerschaft auf längere Zeit zwischen beiden nicht möglich wäre.

Viola merkte nach sechs Wochen, daß sie zu ihrem Mann trotz dessen Eifersucht und seines Bruder-Schwester-Verhältnisses zurückkehren sollte. Aber Erwin hatte inzwischen eine Freundin und wollte von Viola nichts mehr wissen und sich von ihr im Laufe der nächsten Monate scheiden lassen. Als Viola 28 Jahre war, wurde sie geschieden. Die Tochter blieb noch bei ihren Eltern, wurde ihr aber nach der Scheidung zugesprochen und von Viola zu sich geholt.

Nach der Trennung vom Ehemann entstanden einige partnerschaftliche Beziehungen, Viola fühlte sich aber bei niemandem richtig aufgehoben. Allem Anschein nach mußte sie noch eine Serie von Problemen, die in ihr ruhten, lösen, bevor sie bindungsfähig werden konnte.

Viola begab sich zunächst in eine gruppentherapeutische Behandlung, diese war für sie schmerzhaft und mit viel Weinen verbunden. Aber sie spürte: »Ich darf es mir erlauben!« Und sie äußerte weiter: »Meine Seele hat so viel alte Traurigkeit in sich, da kommt eine Menge heraus. Ich kenne auch die Macht, die meine Mutter über mich hatte und noch hat, sehe klarer in meinen Beziehungen zu Männern und bekomme vor allem ein viel intensiveres Körperbewußtsein. Jetzt erst spüre ich meinen Körper und lerne auch allmählich, ihn und mich selbst zu akzeptieren …«

Anfang 1983 begab sich Viola in heilkundliche Behandlung, aber es wurde schnell deutlich, daß es nicht der Haarausfall war, der sie bewog, in die Praxis zu kommen, sondern daß ganz andere »Ausfälle« eine Rolle spielten.

Erste Zusammenfassung

Wenn wir nochmals Rückschau halten auf das, was uns Viola mitteilte, dann sehen wir folgende Themenkreise:

1. außerordentlich viel Angst;
2. das Gefühl der Unterdrückung und des Zwanges;
3. partnerschaftliche Bindungsunfähigkeit;
4. Unfalldisposition (Aufreißen der Lippe, Erstickungsgefahr, Autounfall mit Totalschaden und schweren Prellungen);
5. Vergewaltigungsproblematik.

Ein Teil der Angstzustände und der Zwiespältigkeit partnerschaftlichen Bindungen gegenüber könnte durchaus mit einem gestörten Mutter-Tochter-Verhältnis erklärt werden. Aber reichten derlei Erklärungen aus? Wir gingen einfach weiter auf die Suche, denn Belastungen aus früheren Inkarnationen waren sehr wahrscheinlich.

Träume

Besonders auffallend sind stets Wiederholungsträume, und Viola hatte mehrere solcher Träume. Hören wir sie uns an:

1. »Der Traum handelt immer von demselben Zimmer, dem

Schlafzimmer. Ich komme in das Zimmer, das linke Fenster steht offen, der Vorhang bewegt sich noch, es ist aber niemand da...

...oder ich höre etwas klirren, gehe ins Schlafzimmer, das Fenster ist eingeschlagen, steht offen, keiner ist da...

...oder ich spüre wieder, daß sich irgend etwas im Schlafzimmer tut, ich sehe nach – das Fenster ist offen, draußen auf der Wiese sind Spuren im Schnee...

...oder das Fenster steht offen, die Vorhänge flattern, ich merke, daß jemand in der Wohnung ist, ich kann ihn aber nicht sehen...

...oder das Fenster ist zwar geschlossen, aber es bewegt sich etwas hinter dem Vorhang...«

Zweifellos könnte man einen solchen Traum mit Variationen so deuten, daß er erotisch-sexuelle Inhalte hat: offen sein wollen für Erotik und Sexualität, aber in dieser Beziehung auch unsicher und ängstlich sein, Angst vor Vergewaltigung und vielleicht sogar Mord.

Aber könnte es nicht auch so sein, daß aus einem oder mehreren früheren Leben gravierende Todesängste eine Rolle gespielt haben, die Patientin in einem früheren Leben vergewaltigt oder sogar ermordet wurde? Gibt es nicht auch aus diesem Leben das Erlebnis, schon zu Schülerzeiten vergewaltigt worden zu sein? Aber setzen wir die Informationen über die Wiederholungsträume fort:

2. »Ich träume immer wieder, daß ich angegriffen werde (meist körperlich, manchmal auch mit Worten), daß ich mich wehren, verteidigen muß, aber daß meine Schläge keine Wirkung haben. Sie treffen mein Gegenüber gar nicht. Ich merke, daß ich keine Kraft mehr habe.«
3. »Sehr oft träume ich, daß ich irgendwo am Himmel ein Flugzeug sehe, und auf eimal spüre ich, es wird abstürzen. Da verliert es auch schon an Höhe, fängt an zu schlingern und stürzt in nicht allzu weiter Entfernung auf den Boden. Es zerbirst in tausend Teile, Rauch, Glassplitter, Sitze,

Cockpitteile, Pappbecher, Motorteile, Gepäckstücke – alles wirbelt dicht vor mir durch die Luft. Ich sehe aber keine Menschen.«
4. »Manchmal träume ich, daß ich schon ganz große Sprünge machen kann – keine Entfernung ist mir zu weit, es geht alles ganz leicht, wie von selbst. Ich fühle mich frei.«
5. »Mehrfach träumte ich, daß vor unserer Tür ein Bettler steht. Er betritt die Wohnung und geht, ohne etwas zu sagen, ins Bad. Dort setzt er sich auf den Boden. Am nächsten Morgen ist er tot.«
6. »Drei- bis viermal träumte ich, daß ich Schwierigkeiten mit den Augen habe. Einmal kann ich immer nur mit einem Auge sehen, sobald ich beide aufmache, bin ich blind.«
7. »Ich träumte früher oft, daß ich mit Schlangen kämpfen muß, daß sie mich verfolgen und mir auflauern.«

Der zweite Traum kann nach herrschender Lehre so gedeutet werden, daß sich die Patientin zur Zeit dieses Traumes wehrlos fühlte, sich der Macht der Mitwelt ausgesetzt sah. Der Traum kann sich aber auch auf reale Kampfsituationen beziehen, die weit zurückliegen.

Zu dem dritten Traum könnte durchaus einfallen, daß sich die Patientin wie zwischen Himmel und Erde befindet, keinen Boden unter den Füßen hat und in der Gefahr steht, daß alles zerstört wird, ihr ganzes unruhiges, in den Wolken dahin schwebendes Leben durcheinander und in Gefahr gerät. Aber kann es nicht auch ein echter Absturz gewesen sein, der vielleicht das Leben kostete?

Wer von uns möchte nicht auch gern, wie im vierten Traum, »große Sprünge« machen und sich leicht und frei fühlen? Man könnte an einen Wunschtraum denken. Vor dem Hintergrund der reinkarnationstherapeutischen Erfahrungen würde man jedoch auch dazu neigen, hier von einer Nachtod-Erfahrung zu sprechen.

Zum fünften Traum könnte man fragen, ob sich die Patientin selbst wie ein Bettler vorkommt, der sich von etwas reinigen, etwas von sich abwaschen will. Und man könnte sich auch überlegen, ob der Traum aussagen will, daß man einfach keine Kraft mehr hat oder nicht mehr haben und aus dem Leben scheiden will.

Man könnte aber auch zu der Auffassung kommen, daß einmal ein Leben als Bettler, als Ausgestoßener, Einsamer eine Rolle gespielt habe. Das im gegenwärtigen Leben immer wieder aufgetretene Gefühl, »nicht dazu zu gehören«, könnte eine sinngebende Entsprechung sein.

Der sechste Traum mit den Augen könnte bedeuten, daß Viola ihre Situation immer nur ein-äugig sieht und sie dann auch überschauen kann; sobald zwei-äugig, gleichsam von zwei Seiten geschaut wird, gelingt die Übersicht nicht mehr, sie ist blind für ihre Schwierigkeiten.

Es ist aber auch nicht von der Hand zu weisen, daß der Patientin in einem früheren Leben einmal die Augen geblendet wurden und dabei ein Auge noch etwas Sehkraft behielt.

Der siebte Traum wäre direkt angelegt für die Freudsche Art der Traumdeutung. Er könnte ganz einfach ausdrücken, daß die Patientin mit ihrer eigenen Sexualität kämpfen muß und daß sie von ihren Triebwünschen sich verfolgt fühlt. Nun, bei der gegebenen Lebensgeschichte mit relativ frühen Erfahrungen, Schwangerschaft, Ehe und Mutterschaft wesentlich vor üblichen Heiratsterminen, mehreren Verhältnissen würde die Traumsymbolik auch durchaus zutreffen können.

Aber auch ein Leben in einer Gegend dieser Welt, in der Schlangen und die Bedrohung durch sie eine Rolle spielen, wäre keine außerhalb der Realität liegende Möglichkeit.

Aus diesen zwei Sichtweisen soll Ihnen nahegelegt werden, nicht nur in der einen oder anderen Richtung zu denken, sondern sich offenzuhalten. Erst wenn genügend Material vorliegt, kann man daran gehen, mosaiksteinchenweise sich an die Thematik früherer Inkarnationen heranzutasten.

Denken wir an das ursprüngliche Symptom Haarausfall, ist es wahrscheinlich, daß der Verlust der Haare in einem früheren Leben eine Rolle gespielt hat. In früheren Jahrhunderten wurden den Frauen die Haare abgeschnitten, wenn sie einen Ehebruch begangen hatten. Bei allem Verständnis für die partnerschaftlich schwierige Situation der Patientin wäre ihr heutiges Verhalten in einem früheren Leben mit einer Strafe für Ehebruch belegt worden!

Bei dieser Gelegenheit soll ausdrücklich betont werden, daß man sich beim Durchleben früherer Inkarnationen mit moralischen Bewertungen oder Verurteilungen sehr zurückhalten sollte. Jegliche Handlung kann nur vor dem zeitlichen Hintergrund interpretiert werden. Denken wir nur an das Töten von Menschen. Im Krieg wird es vom Soldaten gefordert, im Frieden würde man von Mord sprechen.

Rückerinnerungen

Rückerinnerungen sind möglich in der Tiefenentspannung, wenn eine Vertrauensbasis vorhanden ist und eine Art Kraftfeld zwischen Patient und Therapeut aufgebaut ist. Ich habe immer wieder erlebt, daß im Laufe der Aufnahme der Lebensgeschichte, eines tiefenpsychologischen Tests, der Traumbesprechung, des Geburtsbildes nach einer oder mehreren Stunden der Zeitpunkt kommt, zu dem man als Patient und Therapeut fühlt, daß man nun in der Zeit zurückgehen und frühere Existenzen vor das innere Auge des Patienten holen kann. So geschah es auch mit Viola, die sich schon vor der reinkarnationstherapeutischen Behandlung mit der Frage nach früheren Leben und Karma beschäftigt hatte.

Aus der ersten reinkarnationstherapeutischen Sitzung ergaben sich die nachfolgend von Viola geschilderten Szenen. Normalerweise protokolliere ich das, was der Patient mitteilt und was ich ihn frage, bitte aber den Patienten, selbst ein Protokoll anzufertigen, da es erfahrungsgemäß nicht möglich ist, all' das, was man mit dem inneren Auge sieht, was man empfindet, fühlt und erlebt, mitzuteilen. So sind die eigenen Aufzeichnungen stets eine gute Ergänzung zu den vom Therapeuten vorgenommenen Protokollen.

Nachfolgend verwenden wir Violas eigenes niedergeschriebenes Erleben:

»Ich schwebe auf eine Landschaft mit saftig grünen Hügeln zu. Darüber spannt sich ein leichter, blauer Sommerhimmel. Im Vordergrund, auf dem höchsten der Hügel, erkenne ich eine Ruine, die schon fast zugewachsen ist. Die Gegend rundherum ist einsam – ein schmaler, steiniger Weg – eine alte Frau zieht einen Karren bergauf.
Ich komme näher an die Ruine heran und sehe, daß noch einiges erhalten ist. So ist auf der rechten Seite (Norden) ein großes Tor, das halb offen steht und den Blick auf einen Innenhof freigibt. Es ist schattig hier, ein leichter Luftzug streift mich, ich spüre die rauhe Mauer unter meinen Händen und überlege, ob ich reingehen soll oder nicht. Aber ich will lieber um die Ruine herumgehen. Das ist mühsam, weil große Steinbrocken und Dornengestrüpp mich behindern. Ziemlich weit vorne an der Westseite entdecke ich ein vergittertes Fenster, ungefähr 80 Zentimeter über dem Boden. Drinnen fällt die Sonne auf die Steintreppen, die von rechts oben nach links unten führen. Dazwischen, beim Fenster, ist ein Treppenabsatz. Ich gehe ungefähr zwölf Stufen abwärts und komme auf einen Flur, der vielleicht zehn Meter lang und fünf Meter breit ist. Drei dunkle Türen links, drei rechts. Ich mache die erste Tür rechts auf und trete in einen hellen, trockenen Raum. Der Tür gegenüber liegt ein ziemlich großes vergittertes Fenster, durch das die Nachmittagssonne scheint. Es ist ungefähr vier Uhr nachmittags. Auf beiden Seiten des Raumes stehen alte (Gebets?-)Bänke aus unbehandeltem, hellgrauem Holz. Sie sehen verwittert aus, als ob sie vorher im Freien gestanden hätten. Vereinzelt stehen ziemlich weit heruntergebrannte weiße Kerzen darauf, sie sind aber nicht angezündet.
Die rechte Seite des Raumes liegt etwas im Halbdunkel, aber jetzt sehe ich einen Teppich an der rechten Wand hängen, er ist quadratisch (ungefähr 3 × 3 Meter), vorwiegend in Rot gehalten, mit eckigen Ornamenten und erinnert mich an ein Mandala. Gleich hinter der Tür steht ein dunkler, wuchtiger Schrank, etwa 1,80 Meter hoch, mit reichen Schnitzereien und großen Schubladen. Die Schubladen sind voll mit weißer

Bett- und/oder Tischwäsche, und darüber hängen dunkle, schwere Mäntel, blau oder schwarz. Am Boden des Schrankes rechts unter den Mänteln steht ein heller, verschnürter Karton. Ich zögere, ob ich ihn aufmachen soll oder nicht, aber schließlich öffne ich ihn doch: In dünnes, helles Papier eingewickelt finde ich eine merkwürdige, alte Waffe, wie ich sie noch nie gesehen habe. Sie ist schwarz und glänzt teilweise. Ich halte sie in der Hand und weiß nicht recht, was ich damit anfangen könnte. Schließlich lege ich sie auf eine der Bänke und lasse Schrank und Karton offen stehen.

Etwas später betrete ich ein riesengroßes Gewölbe an der Ostseite, wo sich schon viele Menschen zum Abendessen eingefunden haben. Ich stehe etwas erhöht am Treppenabsatz bei der Türe und blicke auf das geschäftige Treiben. Ich sehe lange, reich gedeckte Tafeln, die zwischen kleineren Tischen aufgestellt sind. Rechts hinten muß irgendwo die Küche sein. Unter den vielen Leuten fällt mir eine Frau auf, die in der Mitte des Saales steht und Anweisungen gibt. Sie trägt ein langes, himbeerrot glänzendes Gewand mit etwas Weiß, einen hohen spitzen Hut in derselben Farbe mit einem weißen Schleier daran. Ich blicke an mir herunter und sehe, daß ich ein weißes Hemd trage. Es ist gefältelt oder plissiert und gestärkt. Und ich trage eine weiche gelbe Hose, die mir bis zu den Waden geht. Ich muß mehrmals zu dieser Frau hinsehen.«

Diese Szenen waren der Einstieg in die reinkarnationstherapeutische Arbeit. Es ist sinnvoll, daß diese innere Bilderwelt einfach einmal ins Laufen kommen kann. Da und dort mischen sich mehrere Leben miteinander. Das wird hingenommen, ohne daß man den Patienten in irgendwelche Widersprüche der Zeitenfolge manövriert. Die genauere Fixierung, welche Szene wohin paßt, ergibt sich im Laufe der therapeutischen Arbeit, wenn man auf mehreren »Schienen« in der Zeit zurückgelaufen ist. Eine dieser Schienen verläuft von der Gegenwart aus über Jugend und Kindheitserlebnisse, die Geburt, den Schwangerschaftsverlauf, den Zeugungstag und von da aus möglichst in das unmittelbar davorliegende Leben. Ein anderer Weg ist möglich über bestimmte Traumbilder, von denen man annimmt, daß sie Teile von Rückerinnerungen seien. Eine dritte Variante ergibt sich über die körperliche Symptomatik – zum Beispiel Schmerzen in bestimmten Körperteilen. Je nach den individuellen Beschwerden können sich weitere solche Schienen ergeben, auf denen man sich in frühere Existenzen zurücktasten kann.

Das Schweben über einer Landschaft ist oft ein Zeichen für eine Nachtoderfahrung. In körperlosem Zustand gleitet man über Wiesen, Wälder, Dörfer, Städte usw. dahin, und es ist dann möglich, an Stätten früheren Wirkens zurückzukehren und von da aus in der Zeit zurückzugehen.

Für Viola muß die Burg beziehungsweise die Burgruine einmal sehr wichtig gewesen sein, denn an den folgenden zwei Sitzungen spielt die Gegend wieder eine Rolle. Beim vierten Mal entsteht folgendes Protokoll:

»Ich stehe unten am Meer und lehne an einem Felsen. Die Abendstimmung fällt herein, und es ist ganz still. In meine Traurigkeit mischt sich ein starkes Gefühl der Unruhe, der Erwartung und Erregung. Ich spüre, daß gleich etwas auf mich zukommt ... und kurz darauf sehe ich ein schattenhaftes Boot lautlos zwischen den Felsen in die Bucht gleiten. Ich bin erstaunt und wie gebannt. Als es näher kommt, erkenne ich an Deck eine vermummte Gestalt, die das Boot mit einer langen Stange ans Ufer bringt und mir dabei zuwinkt. Ich bemerke ganz rechts einen hölzernen Steg und gehe darauf zu. Wie hingezogen, ganz fasziniert ... Die Gestalt macht mit eckigen Bewegungen eine einladende Geste – ich zögere kurz, denke an die Burg, die Menschen dort, aber dann steige ich irgendwie erwartungs- und hoffnungsvoll in das Boot.
Dort erkenne ich, daß diese vermummte Gestalt nur aus einem Skelett besteht, aber es stört mich nicht weiter, ich wundere mich nur. Das Boot ist auch nicht aus Holz oder dergleichen, sondern wie – ›fester‹ Nebel. Wir bewegen uns weg vom Ufer, langsam und lautlos. Das Boot schwebt mehr

als es schwimmt. In der Mitte der Bucht beginnt es plötzlich, sich aufzulösen, es wird breiter und flacher, bis es der Wasserfläche gleich ist. Während auch ich langsam versinke, sehe ich mich noch nach dem Skelett um, aber es ist verschwunden. Ich spüre weder die Nässe noch die Kälte, obwohl ich jetzt ganz ins Wasser eingetaucht bin. Erst als ich einige Zeit unter Wasser bin, kommt mir das alles richtig zu Bewußtsein – ich sehe unter Wasser im Halbdunkeln Bootsteile sinken – ich versuche jetzt instinktiv, an die Wasseroberfläche zu gelangen. Dort sehe ich, daß ich gar nicht weit vom Ufer entfernt bin und schwimme schnell an Land. Als ich auf das Wasser zurückblicke, liegt es wie ein Spiegel, als wäre nichts geschehen. Verwirrt mache ich mich auf den Weg zur Burg und bemerke dabei, daß ich meinen Degen verloren habe...
Ich bin jetzt in meinem karg eingerichteten Zimmer – es liegt ziemlich hoch oben (im 4. oder 5. Stock oder höher) nach Osten hin. Meine nasse Kleidung läßt sich nur mühsam ausziehen. Danach sitze ich auf einem Stuhl und versuche, mir über das Vorgefallene klar zu werden. Ich fühle mich genarrt und geängstigt, es kommt mir der Gedanke, daß mir vielleicht irgend jemand zeigen will, daß er Macht über mich hat – machen kann mit mir, was er will...
Nachts im Bett merke ich, daß ich krank werde. Ich bekomme hohes Fieber, fühle mich elend und schwach; ich bin am ganzen Körper rot aufgeschwollen und schrecklich heiß. Einige Mägde kommen morgens in mein Zimmer, sie erschrecken, als sie mich sehen und holen gleich den Arzt. Der untersucht mich, schüttelt dabei immer nur den Kopf, aber mehr merke ich schon gar nicht mehr. Es sind noch mehr Leute im Zimmer, aber ich fühle nur irgendwie, daß sie da sind, ich kann sie nicht sehen – ich habe Fieberkrämpfe und bin ganz weit weg. Nachmittags, so um drei, halb vier, setzen noch heftigere Krämpfe ein, und alles zieht sich zusammen. Ich bekomme keine Luft mehr und weiß auf einmal, daß es keine Rettung mehr für mich gibt. Ich merke noch, daß ich aus dem Bett falle und auf einem Läufer davor liegenbleibe... Ich bin jetzt irgendwo oben im Raum und sehe

meinen Körper auf dem Läufer liegen. Er ist ganz komisch verbogen, zusammengekrampft. Später kommen Leute, die sind aufgeregt und jammern. Der Arzt ist auch dabei, er sieht sich meinen Körper nochmals an – und dann legen sie ihn in eine einfache Truhe. Ich habe ganz stark das Gefühl, daß mein Körper eine Hülle ist...
Ich sehe im Garten einen Mann ein Loch graben. Später kommen noch drei andere Männer, die tragen diese Truhe herbei und senken sie in die Erde. Der erste schaufelt dann das Loch wieder zu, glättet die Erde darüber, die ganz hell und trocken ist, und legt mittelgroße Steine im Viereck rundherum. Ich bemerke, daß in dem Garten kaum etwas wächst. Nach einiger Zeit sehe ich einen Mann – denselben, der das Loch gegraben hat – vor der Steinbank knien, auf der ich oft saß. Er hat eine Art Meißel in der Hand und gräbt damit diese Zahlen und Buchstaben in den Stein: VALTER A. BREC... 12.9.1438... Ich wundere mich, warum die Menschen das machen. Ich glaube auch, daß dieses BREC nicht vollständig ist, der Mann hatte anscheinend mit der Einteilung der Buchstaben Schwierigkeiten und mußte deswegen die letzten Buchstaben weglassen.«

Wenn wir dieses letzte Protokoll in uns nachklingen lassen, gewinnen wir den Eindruck, als ob eine Person aus Resignation und Trauer heraus im Wasser den Tod suchen wollte, schon untergegangen war, Todesphantasien wie das Skelett entwikkelte, aber an der Grenze vom Leben zum Tode nochmals die Kraft hatte, umzukehren. Es scheint eine schwere Krankheit entstanden zu sein, die letztlich tödlich ausging. Bei der Beschreibung der Krankheit fällt uns aus der Lebensgeschichte der Patientin ein, daß sie auch in diesem Leben ähnliche Symptome hatte wie im damaligen Leben kurz vor dem Tode. Sollte die Konflikthaftigkeit des damaligen Lebens noch nicht bewältigt sein? Haben ihre Magen- und Darmkrämpfe vor einigen Jahren irgendeinen Bezug zum damaligen Leben? Wir wissen es noch nicht.

Wir wollen jetzt noch mehr eintauchen in die früheren Leben Violas, um immer gespüriger für ihre Lebensproblematik zu werden. Viola fuhr fort:

»Ich bin wieder irgendwo oben und sehe in weiter Ferne dichten Rauch emporsteigen. Beim Näherkommen erkenne ich eine gotische Kirche, umgeben von Wald, die in Flammen steht. Es stehen nur noch einige von diesen gotischen Bögen und ein Stück vom Turm. Dann sehe ich die vollständige, unversehrte Kirche – in ihr wird gerade eine schöne, freudvolle Messe abgehalten. Überall stehen Blumen, die Leute singen fröhlich, und vorne im Altarraum zelebrieren drei Priester. Ein junges Paar wird getraut. Es zieht mich nach links vorne, wo eine junge Frau sitzt. Später, als der Hochzeitszug vor die Kirche hinauszieht, sehe ich unter den vielen frohen Menschen die junge Frau wieder. Ein großer schlanker Mann gesellt sich zu ihr. Obwohl alles so heiter ist, fühle ich mich jetzt nicht mehr so gut. Ich kann mich nicht mehr so ›grenzenlos‹ bewegen, fühle mich eingeschränkt und unfrei mir ist heiß, es ist eng und dunkel.
Ich merke jetzt, daß ich einen menschlichen Körper habe. Ich bin sehr klein und fast nackt. Die junge Frau aus der Kirche ist bei mir, beugt sich über mich – sie ist meine Mutter. Und gleich darauf sehe ich auch den hageren Mann, der damals vor der Kirche vor ihr stand.«

Zuerst sah hier die Patientin das Ende einer Geschichte, die mit einer brennenden Kirche verbunden war. Danach sah sie die Zeit vor dem Brand, als noch alles in Ordnung war.

Wir haben hier einen Fall, wo die Seele, die sich später inkarnieren will, bei der Hochzeit der Eltern anwesend ist. Es ist durchaus möglich, daß die Frau zur Zeit der Hochzeit bereits schwanger war und die Seele des Kindes die Zeremonie der Trauung von außen her wahrnahm. Das würde Äußerungen von Seth in dem schon genannten Buch von Jane Roberts, *Gespräche mit Seth*, bestätigen, wonach wir uns unsere Eltern aussuchen können, lange bevor wir geboren werden.

Eine brennende Kirche spielte auch in einem anderen Leben

eine Rolle. Viola erlebte sich als ein junges Mädchen, das zu einem Kräuterweib in die Lehre ging. Dieses Kräuterweib wurde als junges Mädchen, nach einer illegitimen Beziehung mit dem Bürgermeister, von ihm verlassen, obwohl ein Kind unterwegs war, das vermutlich nach der Geburt starb oder getötet wurde. Wegen der vermuteten Kindstötung wurde das Mädchen zwar nicht hingerichtet, aber von der Dorfgemeinschaft wie eine Aussätzige behandelt, so daß es in ein Waldhaus zog, dort kräuterkundig wurde und heimlich von den Leuten aus dem Dorf aufgesucht wurde, wenn diese krank waren. Zu diesem Kräuterweib kam nun Viola in einer früheren Inkarnation und wurde im Laufe der Zeit besser als ihre Lehrerin. Das führte zu einer Rivalität, die letztlich für die damals lebende Viola tödlich ausging. Sie wurde von der Alten zuerst im Schlaf ihrer Haare beraubt und dann mit einem Beil erschlagen. Damit die Leiche nicht aufgefunden werden konnte, zündete das eifersüchtige Kräuterweib die Kirche an. Zuvor hatte es dafür gesorgt, daß die Leiche so plaziert war, daß sie auch völlig verbrennen und Violas damaligen Körper unkenntlich machen würde. Das Kräuterweib selbst flocht sich aus Violas damaligen Haaren einen Kranz, der ihr magische Kraft verleihen sollte.

Als nächstes beschäftigen wir uns mit einem Leben Violas, in dem eine Burg und eine Partnerschaft eine besondere Rolle spielten. Viola sah mit ihren inneren Augen folgende Szenen:

»Ich stehe nun auf dem Treppenabsatz und blicke in den Saal hinunter. Neben mir steht ein älterer, großer und kräftiger Mann, bekleidet mit einem weiten hellgelben Hemd, einer braunen wadenkurzen Hose und einem ebenfalls braunen Wams. Ich glaube, es ist mein Onkel.

Später sitze ich irgendwo auf der rechten Seite mit mehreren jungen Männem zusammen; sie lachen, trinken, scherzen. Das Abendessen ist vorüber, ich sitze noch eine Weile mit ihnen zusammen, möchte dann aber gehen. Sie versuchen, mich zum Bleiben zu überreden, lassen mich dann aber doch ziehen.

Ich weiß nicht recht, wohin ich gehen soll... Es zieht mich

hinaus in den Garten, er ist so etwas wie meine Zuflucht. Ich setze mich dort in der letzten Abendsonne auf eine steinerne Bank und denke nach. Es überkommt mich große Traurigkeit, das Gefühl des Verlassenseins, der Einsamkeit, der Isolation. Ich sehne mich nach Geborgenheit, Verständnis.
Als ich merke, daß Leute sich mir nähern, stehe ich schnell auf, wische die Tränen weg und lasse mir nichts von meiner Traurigkeit anmerken. Einerseits möchte ich jetzt wieder in die Burg zurück und so sein wie die anderen, und andererseits weiß ich, daß ich es dort nicht aushalten kann.
Jetzt sehe ich wieder die schöne Landschaft und auch die Burg. An deren Ostseite sehe ich halblinks einen großen Turm. Dorthin zieht es mich. Der Turm hat oben ein schönes, großes, helles Zimmer mit vielen Fenstern. Alles ist in purpurrot und gold gehalten, die Möbel sind aus dunklem Holz. Ein Drittel des Raumes ist abgeteilt, dahinter liegt mein Baby in einer Wiege. Ich sitze am Spinnrad und habe dunkle Haare. Ich bin mit einem sehr großen, kräftigen Mann verheiratet, der sehr jähzornig und unberechenbar ist. Er hat halblange dunkle Haare, einen Oberlippenbart und einen sehr spitz zulaufenden Kinnbart. Ich fürchte mich vor meinem Mann, weil ich ihm so unterlegen bin.
Irgend etwas ist mit meinem Baby. Es ist ganz blau angelaufen und bewegt sich nicht mehr. Meine fünf Zofen und ich sind verzweifelt, als wir merken, daß es tot ist. Durch das Fenster sehe ich meinen Mann in den Hof reiten, er kommt die Treppe heraufgestürmt und sieht, was passiert ist; dann fängt er an zu toben, packt und schüttelt mich und stößt mich in eine Ecke. Das Baby wird in der Burgkapelle in einem Raum unter dem Fußboden beerdigt. Der Sarg steht dort auf einem tischähnlichen Steinsockel. Mein Baby hat *Ananda* geheißen.
In seiner Erregung weist mein Mann mich von der Burg, weil er mir die Schuld am Tod von Ananda gibt. Er ändert später seine Meinung wieder, doch ich habe mich schon gefügt und alles vorbereitet. Ich will auch weg von den üblen Verdächtigungen und dem Ort, wo mein Baby gestorben ist.

Ich lebe nun mit einigen Zofen in einem ganz kleinen Dorf in der Nähe der Burg. Wir sind alle schwarz gekleidet und wohnen in einer kleinen, aus Bruchsteinen errichteten Hütte ohne Fensterscheiben. Die Leute in dem Dorf stechen Torf, den nehmen sie auch zum Heizen her. Die Frauen dort bringen mir das Stricken bei, sie stricken ganz verschlungene, komplizierte Muster aus dicker Wolle.

Einmal kommt ein Bote von der Burg mit einer Rolle, auf der geschrieben steht, daß Ananda mit einem Kissen erstickt wurde. Die Zofe, die mit meinem Mann ein Verhältnis hatte, hatte sich zu der Tat bekannt. Sie hatte aus Eifersucht und Neid gehandelt. Ich soll wieder auf die Burg zurückkehren, aber ich kann mir das Leben dort nicht mehr vorstellen.

Lange Zeit bleibe ich noch in diesem Dorf, und erst, als ich schon sehr alt bin, kehre ich noch einmal auf die Burg zurück. Ich arbeite dort unerkannt bei den Wäscherinnen. Es ist eine schwere Arbeit, und ich merke, daß ich nicht mehr so kann, wie ich möchte. Ich fühle mich kraftlos und alt. Dann bekomme ich immer stärkere Schmerzen in der Brust und im Bauch. Ich lege mich in einer Wäschekammer auf eine Holzbank und bin froh, daß ich da liegen kann. Ich habe starke Schmerzen, aber die anderen denken, daß ich schlafe.«

Nach dieser Rückerinnerung berichtete Viola, daß ihre Tochter aus diesem Leben im Alter von drei Jahren einmal lebensbedrohlich krank war. Das Kind hatte eine Magen-Darm-Infektion mit Durchfall und Erbrechen. Sie wollte das Kind nicht in die Klinik geben und setzte ihre ganze Kraft ein, damit das Kind wieder gesund würde.

Man kann sich sicher auch gut vorstellen, daß der Verdacht, am Tode des Babys schuld zu sein, auf der jungen Frau entsetzlich lastete. Statt des gemeinsamen Leides um das verlorene Kind hatte sie die Verdächtigung und die Vertreibung aus der schützenden Burg zu erdulden. Immerhin bewältigte sie die Belastungen des damaligen Lebens. Aber könnte es nicht sein, daß in der geschiedenen Ehe und ihren Verhältnissen gravierende Ängste vor dem Verlassenwerden, dem Vertriebenwerden auftauchten, denen die Patientin unbewußt zuvorkommen wollte, indem sie den Ehemann, aber auch die folgenden Männer verließ?

Die in der Lebensgeschichte geschilderten Ängste und Gefühle der Traurigkeit, Verlassenheit, Isolation können uns vermuten lassen, daß die mit solchen Gefühlen verbundenen früheren Lebenssituationen nicht bewältigt waren und in dieses Leben mitgenommen wurden.

Eine weit zurückliegende Inkarnation spielte sich in Irland ab. Wir lassen uns wieder von Viola selbst erzählen:

»Irland. Ich lebe jetzt als alter, kranker Mann mit meiner Tochter und deren Kindern in einem kleinen Haus, fast schon einer Hütte. Wir leben vom Gemüseanbau. Ich sterbe dann an Altersschwäche.

Ich sehe nun, als ich in diesem Leben ein junger Mann war, bekam ich Schwierigkeiten mit dem Herzog dieses Landesteils. Er will mir mein Land wegnehmen, ich wehre mich dagegen, werde deswegen eingesperrt. Man läßt mich hungern, aber ich will trotzdem nicht einwilligen. Nach einigen Tagen droht der Herzog, meiner Familie Schwierigkeiten zu machen, da gebe ich nach und verzichte auf mein Land. –

Das Leben ist nun sehr schwer in Irland, außer unserer Hütte haben wir gar nichts mehr und sind bettelarm. Meine Frau und ich beschließen, mit unserem Töchterchen auszuwandern und gehen in den nächsten Tagen irgendwann einmal auf eines der großen Schiffe, die im Hafen liegen. An Gepäck haben wir fast nichts. Das Schiff bringt uns nach Frankreich, uns und viele andere arme Iren. In einer französischen Hafenstadt leben wir in einer Art Holzbaracke, und ich finde kurz darauf Arbeit als Kohlen- oder Steineträger.

Die Arbeit ist sehr schwer. Meine Frau, die zu Hause bei dem Kind bleiben muß, macht Decken, die wie gehäkelt aussehen, aber sie waren geknüpft. Nach einiger Zeit, vielleicht nach einigen Jahren, erkrankt meine Tochter sehr schwer, aber wir haben nicht genug Geld für einen Arzt. Ihr Zustand wird so bedrohlich, daß ich eines Morgens meinem Arbeitgeber Geld stehle. Ich schleiche mich während seiner Abwesenheit in sein Büro und finde in der Schreibtischschublade und in seiner Jacke Geld. Gegen Mittag fühle ich mich dann so schlecht – mehr seelisch als körperlich –, daß ich heimgehe. Auf dem Heimweg nehme ich auch gleich den Arzt mit, denn jetzt kann ich ihn bezahlen. Er kann meinem Kind auch helfen, und ich bin so froh, daß es mir gar nichts ausmacht, als mich kurze Zeit später die Soldaten abholen und ins Gefängnis bringen. Mein Arbeitgeber hat gleich gewußt, daß ich es war.

Etwa ein halbes Jahr lang sitze ich in einer Zelle zwischen anderen Menschen, die etwas verbrochen haben. Obendrein wird mir auferlegt, nach meiner Entlassung das gestohlene Geld zurückzuzahlen. Das kann ich natürlich nicht, und so beschließen meine Frau und ich, mit dem nächsten Schiff zurück nach Irland zu fahren. Auf dem Schiff wird meine Frau dann schwer krank.

In Irland wohnen wir wieder in unserer alten Hütte, die gottlob noch steht. Ein neuer Herzog ist jetzt da und gibt mir die Hälfte oder ein Drittel meines Landes zurück. Wir leben wieder vom Gemüseanbau.

Nach etwa einem halben Jahr stirbt meine Frau, die seit der Schiffsüberfahrt krank geblieben ist. Auch ich fühle mich krank und schwach und bin froh, als meine Tochter heiratet und damit versorgt ist. Die junge Familie bleibt aber mit mir in der kleinen Hütte wohnen.

Das geht ein paar Jahre recht gut; meine Tochter bekommt in dieser Zeit drei Kinder – doch dann verunglückt ihr Mann tödlich. Er stürzt unter einen Pferdewagen und zieht sich eine tödliche Kopfverletzung zu. Nun lebe ich also mit meiner Tochter und meinen Enkeln allein. Ich fühle mich sehr müde, kann immer weniger tun, und schließlich schlafe ich irgendwann einmal ein und wache nicht mehr auf.«

In dieser Rückerinnerung zeigt sich ein Geschlechterwechsel. Das gibt es immer wieder und wird im allgemeinen als etwas ganz Normales angenommen.

Nach meinen bisherigen Erfahrungen läßt sich nicht sagen, wie oft man als Mann oder als Frau gelebt hat. Es fällt jedoch im individuellen Fall auf, daß mehr männliche oder mehr weibliche Rollen im Spiel des Lebens bevorzugt werden. Insofern ist wohl jeder von uns »einmal dran«, um bestimmte Erfahrungen mit der einen und anderen Geschlechterrolle zu machen. Die Konsequenz daraus ist, daß Wehleidigkeit darüber oder der Stolz darauf, als Mann beziehungsweise als Frau geboren worden zu sein, jeglichen Sinn verliert.

Natürlich fragt man sich zwangsläufig, wie die Zusammenhänge zwischen einem homosexuellen beziehungsweise lesbischen Leben und früheren Inkarnationen sein können. Ich habe den Eindruck gewonnen, daß in solchen Fällen die seelisch-geistige Umstellung mit der körperlichen nicht gelungen ist, man an dem vorherigen Geschlecht noch hängt, eine geschlechtsspezifische Problematik noch nicht gelöst hat.

Von der psychologischen Seite aus ist hinzuzufügen, daß man einen Menschen, der homosexuell oder lesbisch orientiert leben will, nicht mit Zwang »umfunktionieren« sollte. Jeder Mensch sollte das Recht haben, so zu leben, wie es für ihn richtig sein mag. Daß damit kein Schaden für andere Menschen entstehen sollte, zum Beispiel durch Verführung Minderjähriger, ist eine Forderung, die sicher zu Recht gestellt wird.

Erfahrungsgemäß entstehen Leben mit viel Not nicht ohne Grund. Viola mußte wohl ein Karma abtragen, das sie sich zuvor zugezogen hatte. Und man kann vermuten, daß die Wegnahme des Landes, das mühselige Existieren in Frankreich, die Gefangenschaft, Aufgaben waren, die zu einer Läuterung führen sollten. Wir gewinnen den Eindruck, daß dieses damalige, mit Prüfungen verbundene Leben zu Ende geführt und in Ruhe verlassen werden konnte.

Viola hat diese Rückerinnerung als ausgesprochene Entlastung für das gegenwärtige Leben aufgenommen. Der Umstand, daß sich Viola in England wohlfühlt, das ja mentalitätsmäßig mit Irland verwandt ist, dürfte anzeigen, daß sie sich mit dem früheren Leben im Norden versöhnt hat.

Aufschlußreich dürfte jedoch ein weiteres Leben sein, das

sich mit hoher Sicherheit auf der britischen Insel in historischer Zeit abspielte. Wir halten uns an Violas Protokoll:

»Ich sehe eine hügelige, grünbewachsene Landschaft irgendwo am Meer – an einer Westküste, nur vereinzelt Bäume oder Hecken –, und es herrscht ein gleichmäßiges mildes Klima. Einer dieser Hügel erhebt sich weit über die anderen, und ich kann auf seiner Kuppe vier große, mit Steinen ausgelegte runde Plätze sehen, in jeder Himmelsrichtung einer. Der östliche, südliche und westliche Platz haben jeweils einen tischähnlichen Steinsockel in ihrer Mitte, wohl eine Art Altar oder dergleichen.

An der westlich gelegenen Kultstätte haben sich etwa vierzig bis fünfzig Menschen versammelt. Sie sind alle sehr groß, haben helle Augen und blondes Haar und tragen bodenlange weiße Kutten mit weitgeschnittenen Kapuzen. Auch ich habe blondes Haar – statt einer Kutte trage ich jedoch ein weißes Hemd, das mir bis zu den Waden reicht. Ich knie jetzt vor dem Steinsockel, meine linke Hand liegt auf ihm – und einen Moment lang habe ich Angst, daß irgendwer aus dem Kreis der Menschen, die um mich herumstehen, sie mir abschlagen wird. Aber da kommen zwei Menschen auf mich zu, bedeuten mir, ich sollte mich bäuchlings über den Steinsockel legen – und dann sausen etwa zehn lange biegsame Ruten auf mich herunter. Die Schläge sind heftig, mein Rücken, mein Kopf und meine Beine schmerzen sehr. Endlich lassen sie mich dann aufstehen.

Zwei Frauen reichen mir irgendwelche Kräuter, die ich essen muß. Mein Magen wird ganz heiß davon – und gleich darauf fühle ich diese Hitze im gesamten Körper – ich werde eigenartig benommen und schwindlig. Nun beginnen alle zu singen, irgendwelche rhythmischen Laute – und dazu stoßen sie mich im inneren Kreis herum, zuerst langsam, dann immer schneller, bis ich zu Boden falle und nicht mehr aufstehen kann. Dann beugen sie sich mit zum Himmel gestreckten Armen etwas über mich und murmeln Unverständliches. Es sind wieder nur Laute, aber sie klingen wie ein Vers.

Schließlich löst sich der Kreis auf; zwei Personen fassen mich an den Armen und an den langen Haaren und schleifen mich am Boden ungefähr zwanzig bis dreißig Meter nach rechts, wo sie mir eine längliche offene Truhe zeigen – ähnlich einem Sarg. Sie ist halb mit einer bräunlichen Flüssigkeit gefüllt, und man befiehlt mir jetzt, mich in diese Truhe zu legen. Etwas widerwillig steige ich hinein, sehe erschrocken, wie mein weißes Hemd naß und schmutzig wird, und versuche, wenigstens meine Haare sauber zu behalten, indem ich sie nach hinten über den Truhenrand hängen lasse.
Sieben Frauen kommen herbei und streuen allerlei Kräuter, Zweige und Blumen auf mich, wobei sie auch wieder gewisse Laute singen. Ich habe nicht genügend Platz in dieser Truhe. Sie ist breit genug, aber zu kurz; als ein Weißgekleideter die Truhe zumachen will, muß er meinen Kopf mit Gewalt hinein drücken, bevor er den schweren Deckel schließen kann. Ich fühle Angst, mein Kopf und mein Körper tun weh; meine Haare werden zwischen Deckel und Truhe eingeklemmt.
Nun beginnen die Leute draußen auch noch, die Truhe zu rollen, das ist ganz schlimm für mich. Ich bekomme diese eigenartige Flüssigkeit in Mund, Nase und Augen, werde völlig durcheinandergeschüttelt und gestoßen und verliere fast die Besinnung.
Endlich kommt die Truhe zum Stehen, der Deckel wird aufgemacht, und man hilft mir beim Aufstehen. Ich schwanke und bin geblendet vom Tageslicht – und dann merke ich, daß irgend etwas mit meinen Haaren passiert ist. Sie sind nur noch etwa schulterlang und ganz rauh an den Spitzen. Ich überlege, wie das geschehen konnte, doch da stehen wieder die sieben Frauen vor mir. Sie haben Gefäße mit frischem Wasser in Händen und begießen mich jetzt damit, bis ich wieder einigermaßen sauber bin. Dann führen sie mich zu der ersten Kultstätte hin, wo alles begonnen hat. Auf dem Weg dahin sehe ich im zerdrückten Gras Haare von mir liegen, und ich begreife jetzt, daß sie mir abgerissen sind, als ich in der Truhe die Wiese hinunterrollte.
An der westlichen Stätte angelangt, werde ich mit dem Ge-

sicht zur Sonne gestellt – und ich weiß, daß ich jetzt eine geraume Zeit dort stehen muß, ohne mich zu bewegen. Ich darf mich auf keinen Fall umdrehen, also von der Sonne abwenden. Die Weißgekleideten stehen im Halbkreis hinter mir und singen wieder diese Lautfolgen.
Nach etwa zwei Stunden – ich kann die Zeit nur vermuten –, als die Sonne schon ziemlich tief steht, legen mir zwei Männer die weiße Kutte, die für mich bestimmt ist, um – und ich darf mich jetzt endlich umdrehen und mich ebenfalls in den Halbkreis einordnen.
Wir stehen nun, die Arme zur Sonne, bewegen uns langsam und rhythmisch hin und her und murmeln diese Laute. Ich kann sie plötzlich mitsprechen, obwohl sie mir vorher unbekannt waren.
Später, als es schon dunkelt, findet ein Festmahl statt. Auf der nördlichen Seite des großen Hügels sehe ich lange Steintische stehen mit einzelnen Felsbrocken davor als Sitze.
Eigenartig: Die ganze Festtafel und auch die drei Kultstätten sind in helles, gleichmäßiges Licht getaucht, ohne daß ich eine Lichtquelle entdecken kann. Als das Mahl beendet ist, verschwindet das Licht langsam, und alle erheben sich und schreiten zu dem östlichen Platz, um noch einmal zu singen. Dann gehen sie alle den großen Hügel hinunter und über die Wiesen zu den kleineren Hügeln, die in einiger Entfernung liegen. Auch ich gelange mit einigen anderen zu einem dieser Hügel und bemerke an seiner Südseite eine ziemlich große Tür. Sie öffnet sich wie von selbst, und wir gelangen durch einen fast dunklen Gang in einen großen runden Saal, der in mildes Licht gehüllt ist. Als ich nach der Lichtquelle suche, entdecke ich oben an der kuppelartigen Decke des Raumes wieder ein ähnliches Licht wie zuvor bei den Kultstätten, nur etwas gedämpfter – nicht ganz so hell.
Als ich mich umdrehe, sehe ich etwa zwei Dutzend weißgekleideter Menschen am Boden liegen und schlafen. Ich lege mich auch hin, meine kaputten Haare fallen mir wieder ein, sie fühlen sich so rauh und krank an, aber ich weiß, daß dieses merkwürdige Licht oder was sonst dahinter steckt, meine

Haare wieder ›heil‹ machen wird, und in diesem Vertrauen schlafe ich schließlich ein.

In den kommenden Tagen erfahre ich einiges über die Weißgekleideten. Sie leben alle friedlich miteinander, heiraten aber nicht und leben auch nicht in irgendwelchen Zweierbeziehungen oder ähnlichem. Sie betrachten sich gegenseitig ausschließlich als Mensch, das Geschlecht des einzelnen ist unwichtig. Fast den ganzen Tag verweilen sie auf dem großen Hügel und leiten dort mit ihren Gesängen und kultischen Handlungen Energie von der Sonne ab. Ich stelle plötzlich fest, daß das Land hinter den Hügeln dunkler ist, als ob ein Wolkenschatten oder so etwas Ähnliches darauf läge. Dort leben auch Menschen, aber sie sind ganz anders als die Weißgekleideten: viel kleiner, mit geduckter Körperhaltung, immer umgeben von grauem Rauch oder Nebel, hastig und fahrig in ihren Bewegungen und irgendwie sinnlos in ihrem Tun.

Manchmal überlege ich, woher ich eigentlich komme, wo ich war, bevor ich zu den Weißgekleideten kam, aber ich kann mich nicht daran erinnern. Ich bin nur sicher, daß ich nicht von den dunklen Menschen hinter den Hügeln stamme...«

Es mag auf den einen und anderen Leser faszinierend wirken, Teilnehmer an einer uns unbekannten religiösen, heiligen Zeremonie geworden zu sein. Fast möchte man sagen, daß auf dem reinkarnationstherapeutischen Weg eine Art Archäologie betrieben werden könnte, eine Rückschau auf frühere Kulturen und Religionen.

Wenn wir an die Lebensgeschichte Violas und ihr Symptom denken, das sie ursprünglich in die Sprechstunde führte – der büschelweise Haarverlust –, dann fragen wir uns, ob nicht ein Zusammenhang zwischen dem Haarverlust im gegenwärtigen Leben, der Opferung der Haare während der erlebten religiösen Zeremonie und auch dem Abschneiden der Haare durch das Kräuterweib besteht.

Auch die mehrfache Lösung aus partnerschaftlichen Beziehungen läßt uns nachdenken. Sollte vielleicht auch eine Art

Mönchs-Kodierung mitspielen, so daß bei erotisch-sexuellen Kontakten ein altes und für die Patientin noch wirksames Verbot verletzt wird und sie dann aus Freundschaft, Ehe, Liaison, Verhältnis oder was immer es sein mag, ausbrechen und Verzicht leisten muß?

Lassen wir diese Fragen zunächst einmal im Raum stehen und lassen wir weitere Rückerinnerungen folgen, wie sie reinkarnationstherapeutisch faßbar wurden. Wir fragten uns, ob wir vor das Leben mit den »Weißgekleideten« zurückgehen könnten. Für Viola war es möglich, und folgende Szenen liefen vor ihrem inneren Auge ab:

»Ich befinde mich irgendwo im Süden, vielleicht Griechenland oder Ägypten. Die Landschaft ist felsig, umgeben von Meer, die Vegetation ist üppig und das Klima sehr warm.
Ich bin ein junges Mädchen und gehe täglich in eine Art Schule, zusammen mit vier oder fünf anderen Mädchen. Wir werden von einem weisen, alten Mann in einem tempelähnlichen Gebäude unterrichtet. Zum Schreiben verwenden wir Stein- oder Schiefertafeln, die sehr schwer sind.
Der weise alte Mann sagt oft zu mir: ›Es ist bald an der Zeit!‹ Er sagt aber nicht, was an der Zeit ist, und ich darf auch nicht fragen. Eines Nachts nun werde ich wach. Ich schlafe eigentlich im Freien, es ist nur eine Mauernische, und es blühen viele Kletterrosen rundherum. Ich sehe ein Licht auf mich zukommen, das mich, als es ganz da ist, plötzlich völlig umhüllt und hochhebt. Unter mir sehe ich noch mein leeres Bett, ich weiß nicht, was mit mir geschieht, bekomme Angst... merke, daß ich keinen Körper mehr habe, nur noch ein Licht in diesem Licht bin... sehe wieder mein leeres Bett... überlege noch, wo mein Körper ist... und werde dann mit großer Geschwindigkeit in Richtung Nord-Nordwest gezogen...«

Es ist zu vermuten, daß Viola in jenem Leben in einer Art Priesterinnenschule war und auf den Tempeldienst vorbereitet wurde. Ob diese letzte Rückerinnerung mit dem Todeserleben endete oder nur eine Art Traumreise als Ergebnis der Einweihung als Priesterin war, müssen wir hier offenlassen. Im übrigen müssen wir uns darüber klar sein, daß bei reinkarnationstherapeutischer Arbeit Fragen über Fragen auftreten und sich nur ein Teil von ihnen beantworten läßt.

Nachdem der Reinkarnationsgedanke heute in vielen Menschen wach geworden ist, kann man sich gut vorstellen, daß hier ein weltweites, zunehmend stärker werdendes Kraftfeld entsteht und wir dann alle auch mehr über unsere Vergangenheit erfahren, damit leben lernen und unsere Zukunft sinnvoller gestalten.

Mit der nachfolgenden Rückerinnerung begeben wir uns wieder in Zeiten, die unserer Erinnerung näher liegen. Wir wollen sehen, ob Religion, Kirche, Glaubensgemeinschaft auch zu anderer Zeit prägend waren, vielleicht hiermit verbundene Ängste erkannt werden können, denn vergessen wir nicht, wir bewegen uns ja nicht »nur so« in die Vergangenheit, sondern wir haben Gründe. Es geht darum, zu lösen, zu erlösen, zu bewältigen, was unsere Kräfte aus der Vergangenheit noch hält, belastet, zwingt, erschöpft, vielleicht sogar tötet...

Gehen wir mit Viola wieder auf die Reise in vergangene und doch bis in die Gegenwart wirksame Zeiten:

»Ich sehe mich als Kind vor einer kleinen Kirche, die auf einer Waldlichtung steht. Es ist mein Lieblingsplatz ... ich will immer nur dort sein.
Eine ältere Frau kommt und will mich nach Hause bringen, ich aber wehre mich mit Händen und Füßen, schreie und weine. Zu Hause ist noch eine jüngere Frau, und beide Frauen schimpfen mit mir, weil ich immer zu der Kirche gehe, anstatt in der Nähe des Hauses zu bleiben. Aber das Schimpfen nützt nicht viel, sobald ich nur kann, laufe ich wieder zu dem Platz vor der Kirche.
Auch als ich älter werde, ändert sich daran nichts. Ich weiß jetzt aber auch, daß ich niemals in die Kirche hinein darf, weil ich und meine Familie anders sind als die Dorfbewohner. Wir sind keine Christen und deswegen Ausgeschlossene.

Einmal versuche ich mit dem Pfarrer zu reden, ob es nicht eine Möglichkeit für mich gäbe, in die Kirche eintreten zu dürfen, aber er weist mich schroff ab. Mit meiner Familie gibt es wegen dieser Sache viel Krach; sie verbietet mir immer wieder, zu der Kirche zu gehen und beschimpft mich sehr, wenn ich es trotzdem tue.
Mit ungefähr 18 Jahren halte ich es zu Hause nicht mehr aus und laufe davon. Nachdem ich einige Tage durch die Wälder geirrt bin, stehe ich auf einmal vor einer hohen Mauer, an der ich eine Zeitlang entlanggehe. Ich komme an ein großes Tor. Ein alter Man sieht mich da draußen stehen und läßt mich ein. Ich stehe vor einem großen Gebäude, das von Gärten umgeben ist. Links neben diesem Gebäude entdecke ich noch eine kleine Hauskapelle, die mich irgendwie an »meine« Kirche erinnert und mich sofort magisch anzieht. Ich gehe darauf zu und wundere mich, als ich die Türschwelle übertrete, warum mich der alte Mann daran nicht hindert. Zum ersten Mal sehe ich nun eine Kirche von innen! Ich setze mich auf eine Bank und lasse alles auf mich wirken – höre nichts, denke nichts, bin überwältigt, sitze einfach da... stundenlang. Irgendwann einmal kommt der alte Mann, bringt mir einen Teller Suppe und eine Decke und läßt mich dann sogar in der Kapelle nächtigen.
In den nächsten Tagen bleibe ich fast immer in der Kapelle. Es wohnen noch viele Männer in dem großen Haus, ich glaube, es sind Mönche. Der alte Mann sagt, daß ich hier bleiben kann. Ich bin froh darüber und helfe ihm im Garten und halte die Kirche sauber. Es geht mir in der nächsten Zeit sehr gut, und ich fühle mich glücklich und zufrieden.
Nach einigen Jahren aber bekommen die Mönche meinetwegen Schwierigkeiten: Die Bewohner der umliegenden Dörfer haben herausgefunden, daß eine Frau unter ihnen lebt. So legen die Mönche mir nahe, daß ich wieder fortgehen soll, und schweren Herzens befolge ich ihre Weisung. Als ich mich von dem alten Gärtner verabschieden will, hält er mich zurück, zeigt mir seine Gartenschere und fängt dann an, mir die Haare abzuschneiden. Dann gibt er mir Männerkleidung,

und kurz darauf sehe ich aus wie all die anderen Mönche. Diese sind mit dem Plan des Alten einverstanden, und so lebe ich noch lange Zeit als ›Mönch‹ unter Mönchen.
...Im Leben zuvor sehe ich mich als Priester in einer mittelgroßen Stadt. Mein ganzes Interesse gilt der Astronomie und Astrologie, der ich fast meine ganze Zeit widme. Bald erkenne ich, daß ich dadurch meine Pflichten als Priester und meine Gemeinde vernachlässige. Schließlich sehe ich keine andere Möglichkeit mehr, als zu meinem Vorgesetzten zu gehen und ihn zu bitten, mich aus dem Kirchendienst zu entlassen.
Es kommt zu einer sehr unangenehmen Szene; mein Vorgesetzter ist völlig entsetzt, er versucht, mich zur Vernunft zu bringen und wendet sich schließlich, als er sieht, daß es zwecklos ist, entrüstet von mir ab. Mir tut das alles sehr leid, ich möchte noch etwas Versöhnendes sagen, aber er steht mit dem Rücken zu mir am Fenster und schweigt.
Mir fehlt der Mut, etwas zu sagen, und so drehe ich mich um und gehe hinaus.
Nun kann ich mich ganz der Sternenkunde widmen, und anfangs bin ich auch sehr erleichtert und froh darüber. Nach einiger Zeit aber macht sich immer mehr mein Gewissen bemerkbar, ich mache mir Vorwürfe, daß ich meine Gemeinde im Stich gelassen und mich auf diese Weise von Gott abgewandt habe. Die Gewissensbisse werden immer heftiger, und ich verfalle oft in tiefe Depressionen. Als ich dann obendrein noch immer wieder in den Sternen zu lesen glaube, daß ich meinem Leben ein Ende setzen soll, folge ich in meiner Verzweiflung eines Tages dieser Aufforderung und vergifte mich. Das Gift ist ein rotbraunes Pulver und sieht aus wie ein gemahlener Ziegelstein.
Meine Leiche wird am Rande des Friedhofs beerdigt, der sich genau am Fuße jenes Hügels befindet, wo auf der gegenüberliegenden Seite die kleine Kirche steht, von der ich im nächsten Leben nicht weichen will. Auf dem Grabkreuz steht Leon Sullivan.«

Ich nehme an, daß Violas frühere Lebensgeschichten Sie tief beeindruckt haben und Sie nachvollziehen können, wie gegenwärtige Lebensumstände in der Vergangenheit verwurzelt sind. Wir stießen mehrfalls auf den Verlust der Haare. Als Viola um ihre Haare fürchtete, war sie in einer ausgesprochenen Reifungskrise. Sie wußte nicht, wie es mit ihrem Leben weitergehen sollte. Die damalige Partnerschaft mit einem Mann war für sie sehr unbefriedigend und ernüchternd; finanziell war sie noch von ihrer Mutter abhängig, und sie strebte eine Berufsausbildung an.

Bevor wir uns von den Rückerinnerungen Violas ganz lösen, wollen wir noch das wahrscheinlich vor der gegenwärtigen Existenz liegende Leben betrachten, weil es meines Erachtens unter psychosomatischen Gesichtspunkten nicht übersehen werden sollte.

> »Ich sehe ein großes, kaputtes Auto, hellblau-metallic, vielleicht ein Ford oder Opel. Gleichzeitig spüre ich, daß ich in diesem Auto bin, aber ich kann mich nicht sehen. Im Inneren des Wagens kann ich nur das Armaturenbrett und das Lenkrad sehen, und der Fahrersitz ist so merkwürdig unter das Lenkrad gerutscht.
>
> Jetzt allmählich nehme ich auch mich selbst wahr, ich bin zwischen Sitz und Lenkrad und dem verbogenen Blech der Karosserie eingeklemmt und kann mich nicht bewegen.
>
> In meinem Bauch- und Beckenbereich ist es brennend heiß, und ich habe große Schmerzen. Links von mir auf dem Sitz sehe ich Blut und Glassplitter. Kurz darauf verliere ich das Bewußtsein und komme erst wieder zu mir, als einige Leute versuchen, mich aus dem Wagen zu ziehen. Dabei werde ich wieder ohnmächtig
>
> Irgendwann liege ich dann auf dem Rücksitz eines Autos. Ich habe das Gefühl, ganz verdreht da zu liegen, aber niemand scheint das zu bemerken. Ich will es den Leuten sagen, aber aus irgendeinem Grund kann ich nicht sprechen. Nach längerer Zeit erst setzt sich das Auto in Bewegung. Es holpert

und rüttelt sehr während der Fahrt, und meine Schmerzen sind fast unerträglich. Als das Auto wieder anhält, ist es draußen schon dunkel. Zwei, drei Leute kommen herbei und ziehen mich aus dem Wagen. Ich habe wieder das Gefühl, daß irgend etwas an mir kaputt ist, daß die untere Hälfte meines Körpers nicht mehr zu mir gehört.
Sie tragen mich in ein bedrohlich wirkendes Backsteinhaus, an einer Art Tresen links vorbei in ein düsteres Hinterzimmer. Dort steht ein dunkelgrün bezogenes Sofa. Darauf legen sie mich jetzt unsanft nieder, und ich verliere wieder das Bewußtsein …
Ich weiß nicht, was für ein Haus das ist, eine Mischung zwischen Krankenhaus und Kneipe. Man kümmert sich auch nicht allzu sehr um mich, das heißt, niemand erklärt mir, was mit mir los ist. Wochenlang liege ich in diesem Hinterzimmer, und wenn ich schlafe, habe ich schlimme Träume:
daß ich in der Mitte zweigeteilt werde, daß ich vom Sofa falle, aber eigentlich nur mein Oberkörper usw.
Nach langer Zeit holt mich meine Familie heim. Sie hat mir ein Bett in einem Raum aufgestellt, den ich nicht kenne. Außer diesem außergewöhnlich hohen Bett gibt es kaum Möbel in diesem Zimmer. Ich weiß mittlerweile, daß ich nie mehr aufstehen kann.
Eines Tages falle ich durch eine ungeschickte Bewegung aus dem hohen Bett, schlage mit dem Kopf auf dem Fußboden auf und bin sofort tot.
Meine Leiche wird auf dem Friedhof der Stadt Linz (?) beerdigt, bei strömendem Regen, es sind etwa fünfundzwanzig Leute da, und auf dem Holzkreuz steht: Dieter Kron.«

Das zuletzt nacherlebte Unfallgeschehen läßt an eine Parallele aus dem gegenwärtigen Leben schließen. Denken wir an den Autounfall mit dem Tanzstundenpartner, nachdem sich Viola geweigert hatte, mit ihm im Auto zu schlafen und danach sich das Auto überschlug.

Zweite Zusammenfassung

Nach der reinkarnationstherapeutischen Arbeit gewann Viola ein besseres Verhältnis zur Partnerschaft, und sie begann auch eine Berufsausbildung an einer Fachschule, die sie inwischen auch abgeschlossen hat. In der Zwischenzeit bemerkte sie jedoch, daß sie doch einem seit Jahren gehegten Wunsch nachgehen und sich der Heilkunde zuwenden sollte. Verbunden mit der gerade beendeten Ausbildung bietet sich eine Kombination aus Heilkunde und künstlerischer Tätigkeit im Sinne der Gestalttherapie oder Kunsttherapie an. Auch das astrologisch-kosmobiologische Interesse, das bei Viola, wie wir sahen, schon vor langer Zeit vorhanden war, ist in den letzten Jahren wieder durchgebrochen. Sie wird auf ihren weit zurückliegenden Erfahrungen aufbauen können.

Es ist zu erwarten, daß Viola inzwischen voll und ganz in das gegenwärtige Leben hineingefunden hat. Ihre Ängste sind verschwunden, und zunehmend gewinnt sie ihre persönliche Freiheit und Selbstverantwortung. Als Viola im Frühjahr 1987 um einen Termin bat, konnte sie mitteilen, daß das Schlußexamen an der Fachschule bevorstünde, sie sich aber noch weiter ausbilden lassen wolle, um eine therapeutische Arbeit im oben genannten Sinne zu beginnen. Die früheren priesterlichen und Kräutererfahrungen können ihr sicher dabei zugute kommen.

Was kann uns Violas Geburtsbild sagen?

Nachdem wir uns bisher mit Violas Lebens- und Krankengeschichte, mit ihren Träumen und Rückerinnerungen befaßt haben, wollen wir uns jetzt mit ihrem Geburtsbild beschäftigen. Diese Betrachtung kann im Rahmen dieses Buches keine vollständige kosmobiologische Analyse sein, ich möchte jedoch zeigen, welche »kristallinen« Strukturen des Kosmogramms uns auf die gegenwärtige Lebensaufgabe und die von früher her vorliegenden Probleme führen können.

Da ich nicht damit rechnen kann, daß dieses Buch nur von Fachleuten aus Kosmobiologie und seriöser Astrologie gelesen wird, werde ich einige wesentliche Strukturen, die meiner Ansicht nach auch vom Laien nachvollziehbar sind, herausarbeiten und ihre Symbolsprache übersetzen.

Betrachten wir einmal das Geburtsbild Violas, wie es auf Seite 174, Abb. 6, zu sehen ist. Ich möchte Ihren Blick auf einige Dominanten diese Kosmogramms lenken.

Der Aszendent und seine Aspektstrukturen

Der Aszendent steht im Tierkreiszeichen Widder, rund 4 Grad von der Sonne entfernt, so daß man von einem Konjunktions-Aspekt sprechen kann. Der Aszendent hat mit der Rolle zu tun, die wir in der Gemeinschaft spielen, mit der Persona, wie C. G. Jung es nennt. Dieser Aszendent im Zeichen Widder läßt uns auf jemanden schließen, der vorstürmen, »das Banner schwingen«, führen will. Die Sonne dazu in Konjunktion im Zeichen Widder läßt uns vermuten, daß Lebenskraft, Vitalität ausgestrahlt werden will. Verbinden wir diese beiden Einzeldeutungen miteinander, dann können wir sagen: eine vitale Persönlichkeit, die etwas in Gang setzen will. Gegenüber vom Aszendenten finden wir Saturn und Neptun im Zeichen Waage in Konjunktion miteinander stehen. Saturn im Zeichen Waage heißt soviel wie:

> Nicht aus dem Gleichgewicht geraten wollen. Stets ein gutes Gewissen haben wollen.

Neptun im Zeichen Waage kann bedeuten:

> »Fünfe gerade sein lassen wollen.« Sich eine heile Welt vorgaukeln. Filterloses Ausgeliefertsein gegenüber der Umwelt.

Verbinden wir die Aussagen aus Saturn und Neptun im Zeichen Waage miteinander, so stellen wir eine gewisse Diskrepanz fest. Der Wunsch nach Stabilität einerseits, der Wunsch nach Lässigkeit andererseits. In meiner *Kosmobiologischen Diagnostik* (89) habe ich eine weitere Differenzierung für den Aspekt Saturn-Neptun vorgenommen. Hieraus ein Ausschnitt:

Psychosomatik: Zunehmender Stabilitätsverlust und/oder zunehmende Stoffwechselvergiftung. Formverlust.
Wenn man nun noch das Tierkreiszeichen Waage, in dem Saturn und Neptun stehen, mit einbeziehen will, dann könnte darin der Hinweis liegen, daß seelische Belastungen im wahrsten Sinne des Wortes »an die Nieren gehen«; denn das Zeichen Waage hat, heilkundlich gesehen, mit dem Blasen-Nieren-Bereich zu tun.

Tiefenpsychologie: Traumblockade. Dem Schicksal davonlaufen wollen, Neuroseneigung.
Wille und Leistung: Sich zu nichts durchringen können. Entschlußlos sein.

Emotionalität: An seinem Leben leiden, viel Angst in sich tragen.

Kommunikation: Sich als wehrlos erleben. Sich getäuscht und betrogen fühlen. Wie auf einer Insel leben.

Interessen und Beruf: Umgang mit Kranken und/oder Schwachen. Asyl.

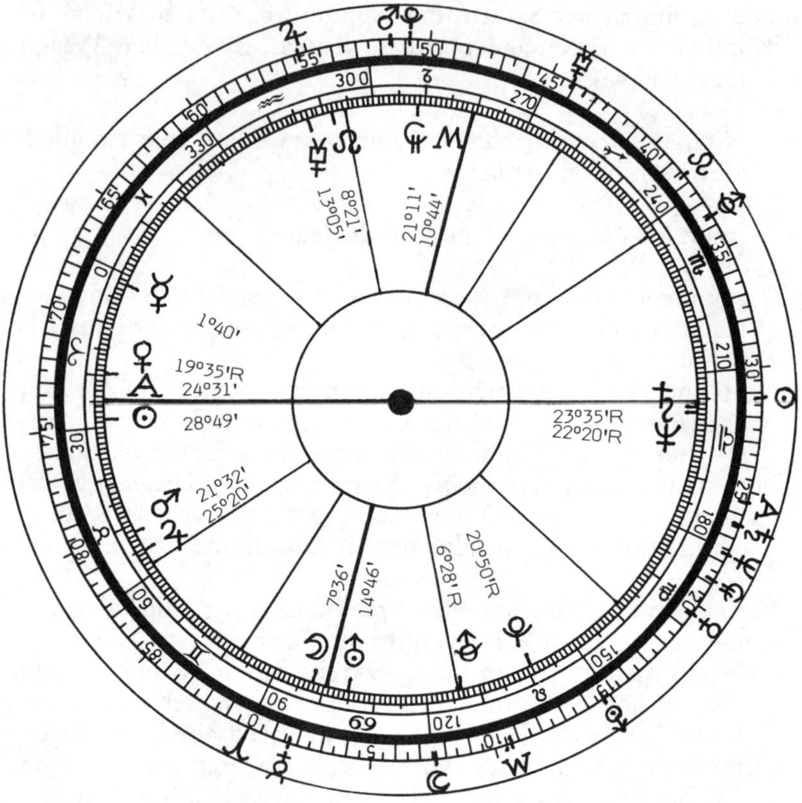

Abb. 6: Viola, geboren 1953

Wenn wir die Aussagen von Aszendent/Widder und Sonne/Widder mit Saturn/Waage und Neptun/Waage vergleichen, gewinnen wir gegensätzliche Deutungen. Ohne die Person zu kennen, kann man nicht sagen, ob mehr das vitale oder mehr das hemmende und blockierende Prinzip die Oberhand hat.

Aus der vorgetragenen Lebens- und Krankengeschichte wie

auch einer Reihe von Träumen und Rückerinnerungen zeigt sich, daß Viola viel Angst und krankmachende Belastungen erlebt hat. Bezogen auf das gegenwärtige Leben könnte eine Lebensaufgabe für Viola heißen:

> Nimm deine ganze Vitalität zusammen und wende dich verängstigten, hilflosen, inselhaft und in krankmachenden Umständen lebenden Menschen zu! Dann hilfst du auch dir selbst!

Wird diese Aufgabe versäumt, dann könnte es durchaus sein, daß Viola später in noch stärkerem Maße als in ihrer Vergangenheit mit einer Krankheit reagiert.

Diese besprochene Struktur Aszendent – Sonne – Saturn – Neptun wurde in Abb. 7 außerhalb des Tierkreises herausgezeichnet. Sie gewinnt nun noch ein weiteres Gewicht, das sich allerdings dem unerfahrenen Auge nicht gleich öffnet, weil es sich hier um zwei Aspekte mit je 72 Grad handelt, sogenannte Quintile. Es ergibt sich damit eine weitere Aspektstruktur, die die oben genannte ergänzt (vgl. Abb. 8).

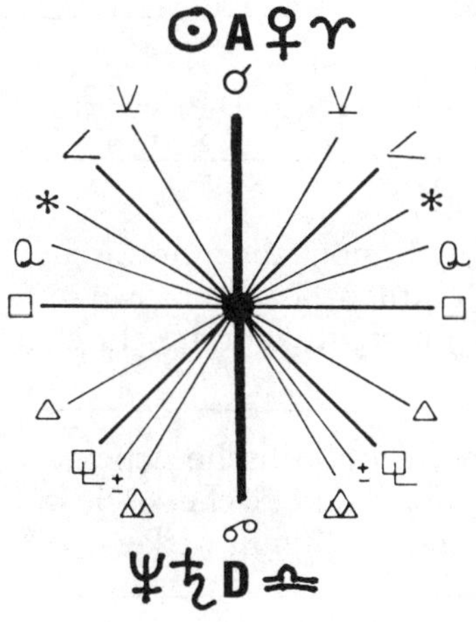

Abb. 7

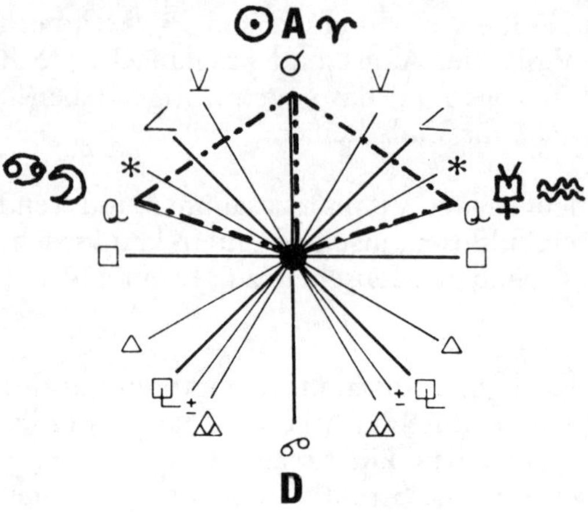

Abb. 8

Abb. 8 zeigt die quintilische Struktur Aszendent – Mond – Vesta. Mit dem Kleinplaneten oder Planetoiden Vesta wird in der Kosmobiologie noch nicht lange gearbeitet. Er scheint nach bisherigen Untersuchungen jedoch mit folgenden Bereichen zu tun zu haben:

Schlüsselworte für Vesta: Haus, Herd, Feuer, Tempel, Priestertum

Das Quintil und mehr noch die quintilische Aspektstruktur, die aus mehreren Quintilen beziehungsweise Biquintilen (2 x 72 Grad = 144 Grad) besteht, kann beschrieben werden mit:

Schlüsselworte für quintilische Aspekte: »Der Kampf um die gute Sache.« Die in Richtung Philosophie, Idealismus, Religion wirkenden Kräfte.

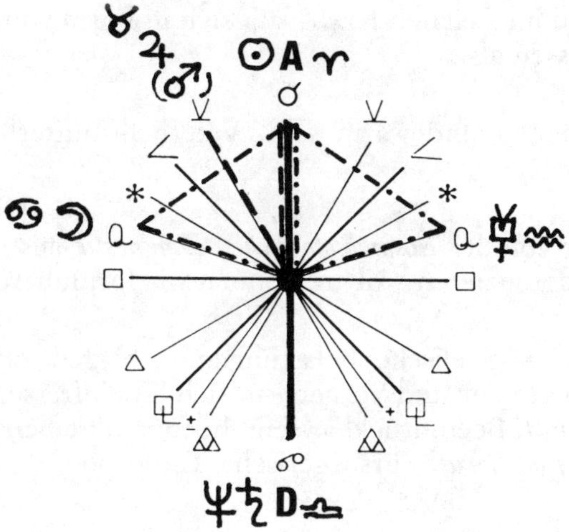

Abb.9

In Abb. 9 sind beide Strukturen miteinander verbunden. Die durchgezogenen Linien zeigen Aspekte der sog. 45-Grad-Reihe, die strichpunktierten Linien Aspekte der 72-Grad-Reihe.

Das Quintil mit 72 Grad entsteht durch die Fünfteilung des Tierkreises (360 : 5 = 72), das Quintil wurde schon von den alten Astrologen als ein besonderer Aspekt erkannt. Man denke beispielsweise auch an die Bedeutung des Pentagramms, des Fünfsterns in Goethes *Faust*.

Der Mond im Zeichen Krebs läßt sich in Form von Schlüsselworten fassen als:

> Weichherzig und warm sein. Väterlich/mütterlich bergen wollen.

Wenn wir von der *Kosmobiologischen Diagnostik* aus noch etwas weiter differenzieren wollen, können wir formulieren (90):

Psychosomatik: Seelische Belastungen »schlagen auf den Magen«. Kummer und Sorgen »in sich hineinfressen«.
Emotionalität: Beeindruckbar sein, hochgradige Sensibilität.
Interessen und Beruf: Fürsorgerische Tätigkeiten, Familien-Betreuung.

Wenn wir nun die quintilische Struktur Aszendent – Mond – Vesta interpretieren wollen, dann können wir zusammenfassen:

> Eine vorwärts drängende Persönlichkeit will ihre emotionalen und fürsorgerischen Kräfte auf priesterinnenartige Weise einsetzen.

Nun wollen wir noch einige dominante Strukturen dieses Kosmogramms besprechen:

Der Mars und seine Aspektstrukturen

Eine Struktur haben wir schon oben besprochen: Aszendent – Mond – Vesta. Wir könnten nun von der »Mond-Seite« aus diese Struktur noch differenzieren, wollen uns das aber hier sparen, weil wir ja nur die wichtigsten Teile des Kosmogramms, die auch für den Reinkarnationsgedanken bedeutsam sind, in den Vordergrund stellen wollen.

Abbildung 10 zeigt uns die Konjunktion von Mars und Jupiter im Zeichen Stier. Und diese Konjunktion ist über ein Quadrat mit dem Pluto im Zeichen Löwe und über ein Halbquadrat

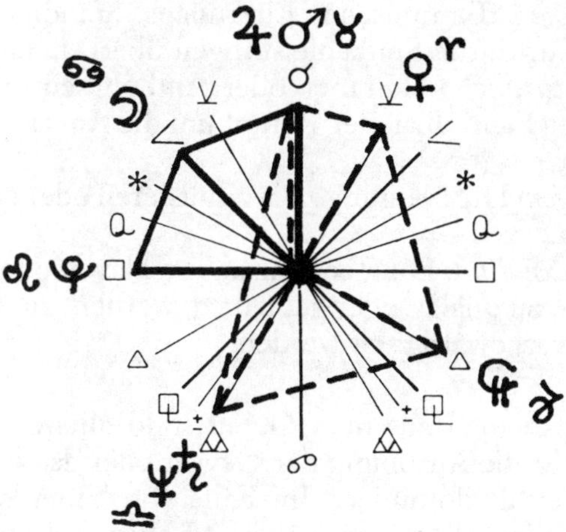

Abb. 10

mit dem Mond im Zeichen Krebs verbunden. Daß diese Struktur von drei beziehungsweise vier Faktoren in Form von durchgezogenen Linien miteinander verbunden ist, heißt, daß wir eine Struktur der sogenannten 45°-Reihe haben, die sich aus Konjunktionen, Oppositionen, Quadraten und Halbquadraten zusammensetzt. Die Mars-Jupiter-Konjunktion ist aber auch über Aspekte der 30°-Reihe verbunden mit Saturn und Neptun als 150°-Winkel oder Quincunx und mit Chiron als 120°-Winkel oder Trigon und mit Venus als 30°-Winkel oder Halbsextil.

Kombinationen von Mond, Mars und Pluto weisen einmal darauf hin, daß außergewöhnliche Gefühlskräfte für eine Aufgabe eingesetzt werden können bis zum Exzeß; unter Gesichtspunkten der Reinkarnation muß man immer daran denken, daß einer Seele ein hohes Maß an Gewalt angetan wurde.

Wenn wir diese Struktur von Mars aus sehen, dann bildet er ein Quadrat zum Pluto. Für solche Aspekte müssen wir folgende Deutungen ins Auge fassen (91):

Psychosomatik: Sich kräftemäßig ständig übernehmen. Gefahr von Zusammenbrüchen.
Tiefenpsychologie: Tyrannisches Elternhaus. Ständige Überforderung. Nur durch Spitzenleistungen überzeugen.
Wille und Leistung: »Hammer oder Amboß sein.« Außergewöhnlicher Fleiß. Brutaler Kampf um die Anerkennung seiner Arbeit.
Kommunikation: Die Neigung zu tyrannisieren oder tyrannisiert zu werden.
Erotik und Sexualität: Die Tendenz zu versklaven oder versklavt zu werden, zu quälen oder gequält zu werden, zu vergewaltigen oder vergewaltigt zu werden.

Sie sehen, daß man aus dem Geburtsbild allein nicht sagen kann, ob mehr die Ausübung der Gewalt oder das Unterliegen unter die Gewalt dominiert. Im Falle von Viola können wir jedoch feststellen, daß sie in früheren Leben wohl oft der Gewalt unterlag. Für dieses Leben kann die Kombination Mond – Mars – Jupiter – Pluto ausdrücken, daß außergewöhnliche Kräfte erfolgversprechend und mit hohem emotionalem Engagement eingesetzt werden können.

Die auffallende Struktur der 30°-Reihe werden wir nachfolgend besprechen, wenn wir uns mit der Struktur von Chiron beschäftigen.

Der Chiron und seine Aspektstrukturen

Der Kleinplanet Chiron, der sich auf seiner Bahn zwischen den Planeten Saturn und Uranus bewegt, wurde noch später als Vesta beachtet. Es liegt hierüber bisher wenig Deutungsmaterial vor. Erste Veröffentlichungen stammen aus den USA.

Bisherige Schlüsselworte für Chiron:
Heilkraft und Heilfähigkeit. Auf sich allein gestellt sein.
Opfern oder geopfert werden.

Chiron hat in Violas Geburtsbild eine auffallende Struktur, wie aus den Abbildungen 11, 12 und 13 auf Seite 182 zu ersehen ist. Chiron im Zeichen Steinbock ist über ein Quadrat mit der Venus im Zeichen Widder und ein anderes Quadrat mit Saturn und Neptun im Zeichen Waage verbunden.

Nach meinem Dafürhalten liegt in dieser Konstellation für Viola eine wichtige Aufgabe. Sie könnte heißen:

> Ererbte (Steinbock) heilende Kräfte (Chiron) mit aktiver Liebe (Venus/Widder) zur Behandlung von kranken und aus der Balance geratenen Menschen (Saturn und Neptun/Waage) einsetzen können.

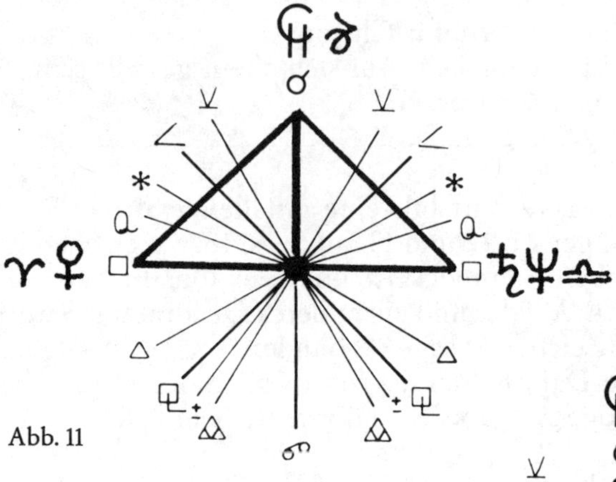

Abb. 11

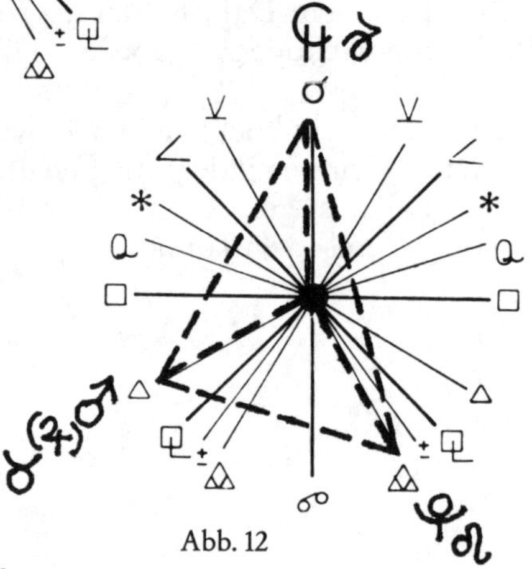

Abb. 12

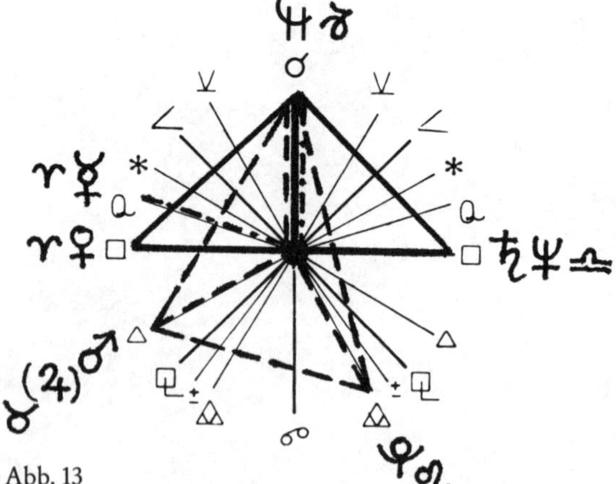

Abb. 13

Nun sehen wir bei Chiron gleichsam eine weitere Aspekt-Schwingung der 30°-Reihe aufmoduliert, ausgedrückt in der Aspektstruktur Chiron/Steinbock – Mars und Jupiter/Stier – Pluto/Löwe. Daraus läßt sich folgende Deutung aufbauen:

> Die ererbten Heilkräfte (Chiron/Steinbock) lassen eine reale und erfolgreiche berufliche Tätigkeit (Mars und Jupiter/Stier) in großem und repräsentativem Stil (Pluto/Löwe) entstehen.

Wenn wir an dieser Stelle noch Chiron im Quintil-Aspekt zu Merkur im Zeichen Widder hinzunehmen, können wir davon ausgehen, daß für die oben skizzierten Aufgaben auch im besten Sinne die Verstandeskräfte eingesetzt werden können.

Ergänzungen durch die Halbsummentechnik

Zur kosmobiologischen Analyse gehören auch die Halbsummen. Unter einer Halbsumme verstehen wir die Mitte zwischen zwei Deutungsfaktoren, die »halbe Summe«. In diesen Halbsummen-Punkten können andere Faktoren stehen oder zu ihnen einen Aspekt bilden. Wer hierüber mehr wissen möchte, sei auf das Buch *Das ABC der Kosmobiologie* (92) hingewiesen.

Eine Reihe dieser Halbsummen haben nach meiner Ansicht mit früheren Existenzen zu tun, auch wenn sie natürlich auf der Basis des gegenwärtigen Lebens interpretierbar sind. Hierzu einige Beispiele aus Violas Geburtsbild:

Mars/Saturn = Mondknoten
Außenseiter, Ausgestoßener. – Mit Sterbenden, Trauernden, Toten zu tun haben. Immer wieder dem Tode nahe sein. – Mit traurigen, belasteten, vergessenen Gemeinschaften zu tun haben.

Mars/Neptun = Mondknoten
Aussteiger. – Die unbewußten Kräfte einsetzen wollen. Zwischenmenschliche Beziehungen erspüren. Sich mit Asozialen verbinden. – Undurchsichtige Gemeinschaften. Geheimbünde.

Saturn/Pluto = Mondknoten
Gespür für frühere Inkarnationen und Schicksalsverflechtungen. Das kosmische Bewußtsein anzapfen. Zugang zur Transzendenz finden. – Kosmische Verbundenheit. Universale Kontakte. Sprachfreie Kommunikation über das Unbewußte.

Mars/Pluto = Mond
Neigung zu Muskelrissen. – Unfallgefahr durch überstürzte Reaktionen. – Panische Angst vor dem Versagen. – Brutale Vergewaltigung der eigenen Seele.

Saturn/Uranus = Venus
Organische Störungen durch verdrängte Sexualität. – Zwiespalt zwischen konservativem und liberalem sexuellem Verhalten. Moralische Schranken sprengen wollen.

Uranus/Neptun = Venus
Neigung zu Schmerzen in den Sexualorganen. Neigung zu aufputschenden Drogen. – Unsicherheit über Geschlechterrolle.

Saturn/Neptun = Aszendent
Einen kranken oder schwachen Eindruck machen. Sich zunehmend verzehren. Stabilität verlieren. – Mit anderen Menschen leiden. An der Menschheit zweifeln oder verzweifeln. – Umgang mit Krankheiten und Patienten.

Wer diese aus meiner *Kosmobiologischen Diagnostik* auszugsweise übernommenen Deutungen durchliest und sie mit der Lebens- und Krankengeschichte sowie den Rückerinnerungen Violas vergleicht, wird feststellen, wie sehr in einem Kosmogramm Vergangenheit und Gegenwart miteinander verflochten sind.

Für Viola wird das Bewußtwerden wichtig sein, daß sie in *diesem* Leben lebt, in dem sie eine Frau ist, nicht als Mönch und Außenseiter lebt, sondern mit hoher Wahrscheinlichkeit begabt ist, in sich heilende Kräfte zu entwickeln und diese auch an leidende Menschen weiterzugeben. Ein solcher Weg wurde mit Viola auch besprochen, und sie will sich nun zu ihrer künstlerischen Befähigung auch heilkundlich ausbilden lassen, wozu auch die Anwendung der Reiki-Kraft gehören wird.

Wir wollen nun das Leben Violas verlassen, obwohl sicher noch manches ergänzend zu sagen wäre. Für Sie möge deutlich geworden sein, daß aus Lebensgeschichte, Träumen, Rückerinnerungen und Geburtsbild eine Zusammenschau möglich ist, die in vielen Fällen zur Klärung der Vergangenheit und sinnvollen Lebensgestaltung beitragen kann.

Warum läuft Christian immer wieder vor Frauen weg?

Christian, 1955 geboren, war zur Zeit unserer Besprechung 30 Jahre alt. Wir lernten uns nach einem Vortrag vor Studenten kennen. Seit neun Monaten lebte er mit einer Freundin zusammen, mit der er sich sehr gut verstand. Vor ihrem inneren Auge tauchten zeitweise Szenen auf, die Rückerinnerungen sein dürften. So erlebte sie sich einmal als junge Frau, die in einer Stadt Frankreichs am Pranger gestanden hatte.

Die Lebensgeschichte

Christians Freundin Dietlind wurde nach einigen Monaten des Zusammenseins schwanger, und Christian erlebte in sich ausgesprochene Fluchttendenzen. Dabei freute sich der werdende Vater über das entstehende Leben, bekam aber zunehmend Angstzustände. Die Partnerin war anfangs ablehnend, nahm aber dann die Schwangerschaft an.

Christian hatte eine frühere Freundin, Birgit, die nach einer eingetretenen Schwangerschaft gegen seinen Willen eine Abtreibung vornehmen ließ. Sie verstand es, Christian danach Schuldgefühle aufzuoktroyieren.

Bei Christian zeigte sich seit mehreren Jahren eine körperliche Symptomatik, die seelische Ursachen zu haben schien: Unter seelischen Belastungen fing er plötzlich an, schwer zu atmen und bekam auch Extrasystolen im Herzrhythmus. Sein Darm reagierte mit häufigem Durchfall. Eine Zeitlang hatte er Potenzängste. Nach Birgits Abtreibung hielt er sich im erotisch-sexuellen Bereich völlig zurück, und im Zusammensein mit einer ausländischen Freundin litt er regelrecht unter Impotenz.

Christian erinnerte sich, daß er als junger Mann mehrfach

Inzestträume hatte (Inzest = erotisch-sexueller Umgang mit dem gegengeschlechtlichen Elternteil). Die Mutter, an der Christian ursprünglich im Sinne einer Mutterbindung sehr hing, hatte ihrerseits geäußert, wenn sie jünger wäre, würde sie sich in ihren Sohn verlieben.

Eine unbewußte Rückerinnerung kann folgendes Erlebnis sein:

> »Ich war einmal im Bremer Dom und habe ihn als sehr düster erlebt. Plötzlich hatte ich das Gefühl, ich hätte mit der Kirche im Mittelalter, mit der Inquisition, zu tun gehabt. Plötzlich trat ein Beengungsgefühl auf.«

Christian geht an sich gern in eine Kirche, hat aber dabei ein ambivalentes Gefühl, auch so, als wenn er davonlaufen wolle.

Was das Militär angeht, war er Wehrdienstverweigerer, meinte aber, daß er sicher in einem früheren Leben mit Soldaten zu tun gehabt habe. In seinen Träumen tauchten Explosionen auf. Auch wurden ihm von einem anderen Mann Bomben zugeworfen, die er auffangen mußte, damit sie nicht explodierten. Vielleicht eine Art Ausladen von Bomben aus einem Waggon.

Vor allem beim Aufwachen wurde Christian immer wieder von Angstgefühlen ergriffen, von Lebensangst und vor dem Eintreffen von Briefen mit schlimmen Nachrichten.

Anlaß zur reinkarnationstherapeutischen Arbeit war, daß Christian in einem Zwiespalt mit der schwangeren Freundin Dietlind war. Er sah sich zum gegenwärtigen Augenblick außerstande, sie zu heiraten, liebte sie jedoch und hatte sich ganz auf die Geburt des Kindes eingestellt. Als Medizinstudent wollte er auf jeden Fall bei der Geburt anwesend sein und seiner Partnerin beistehen. Ausgangsfrage für die reinkarnationstherapeutische Arbeit war, den Grund dafür zu finden, warum Christian in einen solchen unerklärlichen Zwiespalt geraten war.

Von der tiefenpsychologischen Seite aus war anzunehmen, daß eine starke Mutterbindung vorlag, obwohl sich der Patient schon seit Jahren von seinem Elternhaus getrennt hatte. Auch schien er diese Fixierung an seine Mutter im großen und ganzen bewältigt zu haben. Wegen dieses Problems befand er sich auch schon in psychotherapeutischer Behandlung.

Christians Erlebnisse in früheren Inkarnationen

Im Vordergrund stand für uns die partnerschaftliche Situation, und wir hatten auch aus einer Reihe von Gründen nur zwei Tage Zeit, in frühere Leben einzutauchen, um die anstehende Problematik zu lösen.

In Christians Lebensgeschichte tauchte ein Besuch im Bremer Dom auf. Dieser Dom trat nun auch in einer der Rückerinnerungen auf:

> »Der Bremer Dom. Das Bild wandelt sich um in ein Kellergewölbe. Ich sehe Ketten, ich bin da drin, bin der Willkür ausgesetzt. Ich könnte schreien, nicht wegen der Ketten, sondern wegen der Falschheit. Die kann ich nicht mehr ertragen. Ich glaube, da ist auch ein Freund von mir...
> Ich sehe mich noch gefesselt, die Hände auf dem Rücken. Ich habe den Eindruck, einen Richtplatz zu sehen. Ich denke, es ist Ernst, mein Freund, aber er ist schwächer als ich, ich bin aggressiver... und ich denke an Erhängen.
> Jetzt sehe ich so etwas wie einen geschlossenen Hof, ein Zaun ist darum herum. Jetzt sehe ich den Körper am Galgen hängen, später wird er abgenommen.«

Wir gingen nun in der Zeit weiter zurück, um möglichst herauszufinden, was denn vor der Kerkerszene und Hinrichtung vorgefallen war. Dabei fiel dem Patienten plötzlich seine schwangere Partnerin Dietlind ein, und es tauchte panische Angst auf. Es ergab sich der Eindruck, als ob Dietlind in einem früheren Leben von Christian schon mit ihm zu tun hatte. Nun tauchten folgende Szenen auf:

»Ich sehe mich zu Pferd, allein und auch mit anderen. Ich habe eine Art Plüschhose an. Ich sehe mich ziemlich schnell reiten, habe Freude an der Geschwindigkeit, dem Wind, dem Reiten überhaupt.
Jetzt taucht eine Mauer auf. Da ist so etwas Dunkles da. Ich habe etwas anderes erwartet, es ist so, wie wenn ich da in etwas hineingelockt worden wäre. Plötzlich habe ich das Gefühl, als wenn ich den Mächten dort ausgeliefert bin. Ich werde gefangengenommen.
Ich fühle mich mit einer bösen Macht konfrontiert. Ich habe etwas anderes gesagt... Ich werde da hineingeführt, werde mit einem Dogma konfrontiert, einem religiösen Dogma. Ich fühle mich zu dieser Zeit noch sehr jung...«

Man gewinnt hier den Eindruck, daß der Patient in eine Art Komplott geriet, in etwas »hineingeritten« wurde und durch die folgende Gefangenschaft und Hinrichtung von Frau und Kind getrennt wurde. Die plötzlich auftauchende Erinnerung an die jetzt mit ihm lebende Dietlind und das kommende Kind könnten einen solchen Zusammenhang vermuten lassen.

Wir stoßen damit auf eine Problematik, die bei Rückerinnerungen immer wieder zu finden ist: Wenn eine gewisse Parallele zwischen der Gegenwart und der Vergangenheit besteht und der Ausgang eines Erlebnisses beispielsweise mit Angst, gewaltsamem Tod und ähnlichem zu tun hatte, dann erlebt die Psyche in der Gegenwart Angst davor, daß sich damalige Ereignisse wiederholen könnten. Die Folge ist, daß ausgesprochene Vermeidungshaltungen auftreten. In Christians Fall würde das heißen, daß er aus der damaligen Beziehungskette Ehe – Kind – Familie – Gefangenschaft und Hinrichtung – ausbrechen will. Damit nicht nochmals seine Familie gewaltsam auseinandergerissen werden kann, wird in der Gegenwart eine solche Möglichkeit zu vermeiden gesucht.

Das Thema »Frau« wird auch in der folgenden Rückerinnerung wieder akut:

»Ich sehe einen Altar und einen Priester mit dämonischem Ausdruck. Er spricht mit aggressiver scharfer Zunge. Es ist wie eine Predigt. Ich sehe ihn mit erhobenem Zeigefinger, so richtig fanatisch.
Da sind Frauen mit Kopftüchern, schwarz. Nein, das sind keine Frauen, das sind Mönche. Sie tragen eine solche Kutte. Da ist so etwas Geschlossenes, eine Säulenhalle. Jetzt sehe ich mich in einem Raum, es ist eine Mönchszelle. Ich bete oder ich knie. Ich bin nicht glücklich, ich habe das Gefühl, ich will da heraus. Ich erlebe Unruhe, dann Befreiung...
Jetzt bin ich draußen. Ich sehe mich in der Mönchskleidung. Ich arbeite, ich pflanze etwas.
Das Kloster sieht aus wie heute vormittag, als ich auf eine Mauer oder ein Gebäude zuritt. Ich hatte aber eine andere Kleidung an. Da war auch so eine Mauer herum.
Ich fühle mich geladen. Ich spüre Aggression gegen die Einförmigkeit, die Enge. Ich bin enttäuscht. Ich sehe mich da auch schimpfen und schreien.
Ich gehe dort heraus, habe jetzt kurze Haare. Ich fühle, daß ich ins Leben hinein will.
Jetzt, wo ich aus dem Kloster heraus bin, muß ich eine Lebensgrundlage finden. Ich fange an, einem Stadtarzt bei der Wundbehandlung zu helfen.
Da ist ein Mädchen, wir kennen uns, wir lieben uns. Ich glaube, wir wollen heiraten.
Da, im Hintergrund, ist das Kloster. Ich denke, daß ich alles mit dem Kloster geregelt habe. Jetzt eine Szene zu Pferd. Da ist das Kloster wieder da, ich bringe etwas nach dort. Jetzt habe ich wieder die Bilder von heute vormittag. Es ist so, als wenn sie mir im Kloster die Dämonen austreiben wollen. Sie meinen, ich sei besessen...«

In der späteren Nachbereitung dieser Rückerinnerungen entstand der Eindruck, daß Christian aus dem Kloster nicht mehr herauskam und auf das Mädchen, das auf ihn wartete, verzichten mußte.

In einem anderen Leben wurde Christian schiffbrüchig. Er

geriet auf eine Insel mit Eingeborenen, wurde durch einen Pfeil am Rücken verletzt, wurde dann aber doch von den Eingeborenen wieder gesundgepflegt, vor allem durch Kräuterauflagen. Als ein Schiff auftauchte, wurde er entdeckt und an Bord genommen. Er erlebte sich dann in mehreren Häfen, war rastlos, konnte nirgendwo Ruhe finden. Immer wieder traten Gefühle auf, »ich muß wieder mal eine Frau haben...« Christian äußerte dann weiter:

> »Ich habe nicht immer die gleiche Frau. Ich bin ganz aufgewühlt. Ich glaube, daß ich mit meinen Gefühlen und denen von Frauen nicht richtig umgegangen bin, daß ich die Gefühle von Frauen ausgenützt habe...
> Ich sehe jetzt eine Szene in einem Bett, es ist mein Totenbett. Ich habe das Gefühl, mit anderen Menschen noch nicht alles ins reine gebracht zu haben. Es tauchen Schuldgefühle auf gegenüber Beziehungen, die ich angefangen habe... ich sehe jetzt, daß ich Abschied nehmen muß... Da sind zwei Frauen am Grab, sie wissen wohl umeinander... ich habe ein Schamgefühl wegen der Frauen...«

Christians Ängste, die sich zur Zeit von Dietlinds Schwangerschaft intensivierten, werden uns zunehmend erklärbar:

Einmal dürfte Christian immer wieder unter der Angst gelitten haben, daß eine Partnerschaft ein vorzeitiges Ende finden würde, weil er nicht zurückkommen könnte. Wir denken an die Kerkerhaft und Hinrichtung. Zum anderen spielte ein Mönchsleben eine Rolle, aus dem sich der Patient zu befreien suchte, aber die Schatten der Vergangenheit holten ihn ein; er hatte zwar ein Mädchen, das er heiraten wollte, aber das Kloster holte ihn zurück.

In dem zuletzt beschriebenen Leben konnte Christian allem Anschein nach keine gefühlsmäßigen Beziehungen zu Frauen mehr aufbauen und hielt sich an Frauen, die sowieso keine längerfristigen Bindungen anstrebten.

Ein Blick in das Geburtsbild

Abbildung 14, Seite 193, zeigt Christians Geburtsbild. Wir wollen uns hier wieder auf das konzentrieren, was auch dem Auge eines Laien auffallen kann. Das ist hier einmal die starke Besetzung des Tierkreiszeichens Jungfrau mit Sonne, Mond, Venus, Mars und dem Planetoiden Vesta. Sonne, Mond und Venus stehen darüber hinaus in einer Konjunktion.

Diese Zeichenbesetzung drückt aus, daß der Kosmogramm-Eigner ein hohes Maß an Genauigkeit, Zuverlässigkeit, Pünktlichkeit, Fleiß erstrebt. Dazu gehören aber auch oft Ängste vor Fehlern. Es kann deshalb bei einer solchen Zeichenbesetzung auch eine gewisse Pedanterie entstehen, die Neigung zur Perfektion. Der Saturn im Zeichen Skorpion läßt vermuten, daß starke sexuelle Tabus vorliegen bis hin zur Angst vor Impotenz und Kastration. Aber selbstverständlich trifft das nicht für alle Menschen zu, die den Saturn im Zeichen Skorpion stehen haben. Man vermeide Verallgemeinerungen!

Dazu muß das Quadrat zwischen Jupiter im Zeichen Löwe und Saturn im Zeichen Skorpion gesehen werden. Ausgedrückt wird darin die Aufgabe, daß Christian die Balance finden muß zwischen dem Wunsch nach Extraversion, Repräsentation, Prestige einerseits und andererseits der selbst auferlegten Verpflichtung, in der Zurückgezogenheit mit tiefschürfender Ausdauer Aufgaben zu bewältigen. Man könnte auch sagen, die Spannung zwischen Extraversion und Introversion, Freiheit und Pflicht, Wunsch und Gesetz muß gelöst werden. Abbildung 15, Seite 194, zeigt die Aspektstruktur des Saturn.

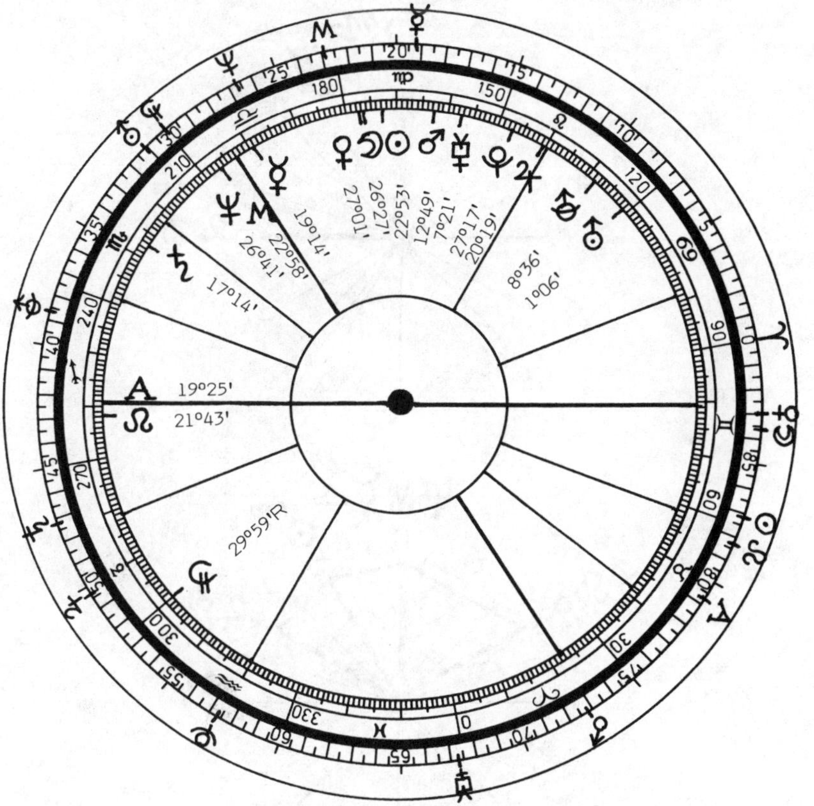

Abb. 14: Christian, geboren 1955

Eine ganz andere Perspektive entsteht, wenn wir das Medium Coeli im Zeichen Waage, umgeben von Merkur und Neptun finden. Darin zeigt sich einerseits der Wunsch, seine Lebensziele von der intellektuellen Seite aus in den Griff zu bekommen, andererseits aber auch die Tendenz, sich in Träumereien

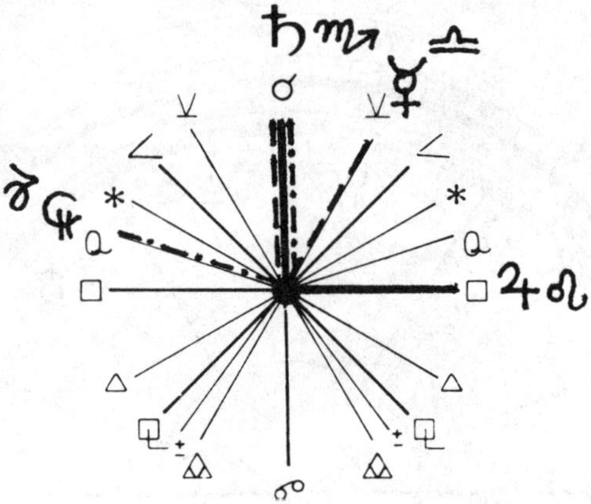

Abb. 15

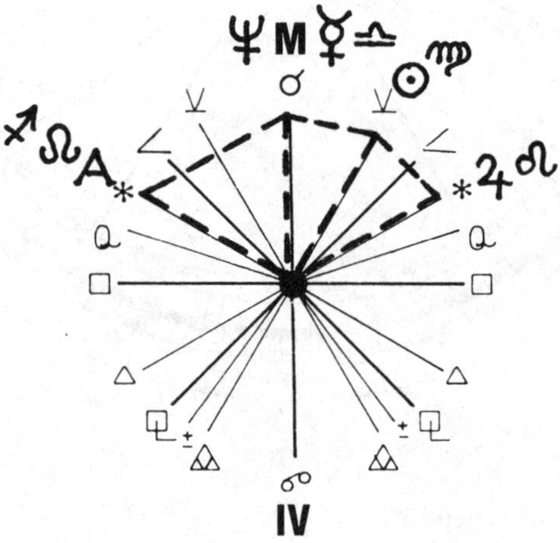

Abb. 16

und Illusionen zu verlieren und vor den Konsequenzen des Lebens zu flüchten. In Abbildung 16 ist die Aspektstruktur des Medium Coeli zu finden.

Wir haben schon von den Halbsummen gesprochen. In Christians Fall spielt u. a. die Halbsumme Saturn/Uranus eine wichtige Rolle, denn sie hat eine Beziehung zu Sonne, Mond und Venus im Zeichen Jungfrau und zu Mondknoten im Zeichen Schütze. Sehen wir uns einmal eine Aufstellung von Deutungen hierzu an und vergleichen sie mit Christians Lebensgeschichte.

Die Halbsumme Saturn/Uranus hat mit gegensätzlichen Antrieben, Zerreißproben und innerseelischen Verspannungen zu tun. Davon werden vier Persönlichkeitsbereiche betroffen: die Vitalität (Sonne), die Emotionalität (Mond), die Erotik und Sexualität (Venus) und der zwischenmenschliche Kontakt (Mondknoten). Wenn wir diese Grundraster noch differenzieren wollen, können wir in Form von Schlüsselworten sagen:

Saturn/Uranus = Sonne
Rhythmusstörungen des Herzens; kardiogene Angstzustände. Kraftproben suchen. Widerstände brechen wollen.

Saturn/Uranus = Mond
Zwischen Affektstau und Aggression leben. Krämpfe im Darmbereich.

Saturn/Uranus = Venus
Organische Störungen durch verdrängte Sexualität. Zwiespalt zwischen konservativem und liberalem erotisch-sexuellem Verhalten.

Saturn/Uranus = Mondknoten
Gruppenspalterische Ambitionen. – Angst vor Menschenansammlungen und der Auseinandersetzung.

Noch eine letzte Halbsummenbeziehung wollen wir herausgreifen, auch wenn sie nicht ganz exakt ist. Es ist die Halbsumme Saturn/Pluto, die ich immer wieder gefunden habe, wenn eine Art Opferhaltung entstand. Diese Halbsumme ist mit dem Jupiter, der für Expansion und Erfolg steht, verbunden. Es besteht demnach die Gefahr, daß aus tiefsitzenden Schuldgefühlen heraus Christian immer wieder sich selbst um den Erfolg seiner Bemühungen bringt.

Psychosomatisch gesehen läßt sich Jupiter = Saturn/Pluto übersetzen mit: Sich immer zusammennehmen, »sich am Riemen reißen«, sich nichts gönnen, mit Härte und Dogmatismus konfrontiert werden.

Zusammenfassung

Rückerinnerungen wozu? Für Christian mußte deutlich werden, daß seine Neigung, vor festen partnerschaftlichen Bindungen »einen Haken zu schlagen«, Gründe hatte, die vor seine in diesem Leben liegende Mutterfixierung reichen, die unter anderem auch mit mönchischem Leben zu tun hatten, aus dem er sich zu befreien suchte, es letztlich damals doch nicht schaffte. Und nach den im Leben darauf folgenden lockeren Beziehungen zu Frauen dürfte in der Gegenwart eine wesentliche Aufgabe darin liegen, für seine Frau, sein Kind und sich selbst eine sichere Zukunft zu schaffen.

Übrigens, Christian teilte mir einige Wochen nach der Rückführung mit, daß seine Freundin und er sich entschieden hätten, beisammen bleiben zu wollen und zu heiraten. Zusammen brachten sie ein gesundes Baby zur Welt.

Warum schlägt Werner immer wieder alles zusammen?

Werner wurde von Anfang an in eine Sündenbockhaltung hineingezwungen. Das fing schon damit an, daß er ein unerwünschtes Kind war. Sein Vater hätte viel lieber die Zwillingsschwester seiner Mutter geheiratet, aber nun war Werner unterwegs, und so mußte geheiratet werden.

In seiner späteren Ehe hatte Werner immer wieder anfallartige Phasen, in denen er »wie aus heiterem Himmel« Geschirr und Möbel zusammenschlug. Dieses Verhalten, unter dem sowohl Werner als auch die Ehefrau und die kleine Tochter litten, war später der Hauptgrund für die psychotherapeutische Arbeit.

Die Lebensgeschichte

Der Junge wuchs unter äußerst ärmlichen Bedingungen im Hause seines Großvaters auf. Werner sagte dazu: »Wenig Sonne, düster, beklemmend, Ratten.« Bis zu seinem neunten Lebensjahr lebte die Familie im Hause der Großeltern. Die zwei Jahre später geborene Schwester war ein erwünschtes Kind. Wenn es irgendwelche Probleme in der Familie gab, konnte Werner sicher sein, daß man ihm dafür »die Schuld in die Schuhe schob«.

Die Mutter war eine sehr ängstliche Frau, die ihren Sohn mit einem Übermaß an Verboten eindeckte. Der Vater mußte früh seinen Lebensunterhalt verdienen, war sehr zuverlässig und arbeitete sich vom Facharbeiter zum Abteilungsleiter hoch. Zwei Jahre nach der Schwester wurde noch ein Bruder geboren, so daß dann die Familie aus fünf Personen bestand.

Täglich setzte es zu Hause Prügel, weil bei den vielen Verboten Werner ständig mit Übertretungen zu kämpfen hatte. Er wurde zum Prügelknaben, und wie das so ist, die anderen Menschen spüren derlei unterschwellige Programmierungen, und so wurde Werner auch von seinen Spielkameraden für deren Aggressionen mißbraucht. Er sagte dazu: »Durch leichtes Nasenbluten von mir wurden die Kameraden regelrecht angeregt, mich immer wieder zu verprügeln.«

Durch zwei Umzüge in der Kindheit wurde Werner immer wieder aus den für ihn schädlichen zwischenmenschlichen Belastungen herausgerissen; er verlor aber auch den einen und anderen Freund. Während der Schulzeit benützte Werner Schleichwege für den Weg zur Schule und nach Hause, damit er von seinen Kameraden möglichst nicht erwischt und dann vertrimmt wurde.

Als Werner später zum Wehrdienst eingezogen werden sollte, wurde er am Tag der ärztlichen Untersuchung wieder heimgeschickt, weil die Röntgenbilder eine Verkrümmung der Wirbelsäule zeigten.

Werner wollte nach der Schulzeit eine Schauspielschule besuchen; er hatte auch die Talentprüfung bestanden, aber durch die Schwangerschaft seiner Frau konnte er seinen Berufswunsch nicht verfolgen und wählte dann eine kaufmännische Ausbildung.

Seine spätere Ehefrau kannte Werner aus Kindheitstagen. Beide besuchten dieselbe Haupt- und Realschule. Jeanette stammte von einem Bauernhof und wollte Dekorateurin werden, durfte es als Bauerntochter jedoch von den Eltern aus nicht. Es wurde von ihr eine kaufmännische Lehre erzwungen, darüber hinaus arbeitete sie auf dem Hof und als Kindergärtnerin in Kinderheimen.

Das schon bestehende Interesse an Themen um Reinkarnation und Karma reichte schon einige Jahre zurück, bevor wir begannen, reinkarnationstherapeutisch zu arbeiten. Auslösend war, daß Werner mit Reiki bekannt wurde, einer aus Japan stammenden Heilmethode, die auch bei uns in den westlichen Ländern Eingang gefunden hat. Werner erhielt durch eine Bekannte eine Reiki-Behandlung und spürte plötzlich, wie sich Blockaden in ihm lösten. Es brach eine alte Frage in ihm wieder auf, warum er sich immer wieder eine Kugel in den Kopf schießen wolle.

Überhaupt fiel ihm ein, daß er schon in der Kindheit immer wieder Selbstmordgedanken gehabt hatte. Diese Suizidneigung war in den letzten Monaten immer drängender geworden. Immer wieder war auch ein Druck entstanden, aus seiner Umwelt flüchten zu müssen; es entstand ein Gefühl, als wenn er mit einem schweren Lastkraftwagen in eine Sackgasse hineinfahren müßte, aus der er nicht zurückfahren könnte.

Ein Idealberuf war für Werner, Astronom zu werden. Er wurde in der Familie deshalb lächerlich gemacht und bekam zunehmend das Gefühl, in seine Familie überhaupt nicht hineinzupassen. Dieser Eindruck entstand auch bei der späteren Ehefrau, die über das Milieu und Verhalten der Familie schokkiert war. Werner sei ihr vorgekommen wie ein Fremdkörper, der in dieser Familie keinen Platz finden könnte.

Werner entwickelte schon früh ein Interesse an der Kosmobiologie; er baut sich heute neben seiner kaufmännischen Tätigkeit eine Praxis für kosmobiologische Beratung auf. Auf sein Geburtsbild werden wir in einem nächsten Abschnitt eingehen. Für uns besteht jedoch zunächst die Frage, inwieweit die Art der Erziehung in eine Sündenbockhaltung einerseits münden konnte, in zerstörerische Verhaltensweisen andererseits. Wir müssen uns weiter fragen, ob hier nicht Verhaltensmuster vorliegen, die aus wesentlich früheren gravierenden Erlebnissen entstanden sein können.

Werners Rückerinnerungen

Im August 1986 machten wir uns, nachdem wir ausführlich die Lebensgeschichte aufgenommen hatten, auf die Reise in vergangene Zeiten. Wir wollten herausfinden, welche einschneidenden Erfahrungen und Erlebnisse das gegenwärtige Leben beeinflußt hatten. Wir verwenden die Protokolle, die Werner nach der reinkarnationstherapeutischen Arbeit angefertigt hat:

»Ich erlebe mich auf einer Südsee-Insel, ich bin allein am Strand und sehe hinter mir das offene Meer. Weit und breit ist kein Mensch zu sehen. Allem Anschein nach bin ich von einem Schiff angespült worden. Es muß ein Zweimast-Segler gewesen sein. Ich wurde über Bord geworfen, entweder um zu ertrinken oder um die Insel zu erreichen. Ich bin völlig erschöpft.«

Wir gingen in der Zeit zurück, um herauszufinden, aus welchen Gründen Werner ausgesetzt wurde und was es sonst noch mit dem Schiff auf sich hatte:

»Ich gehe in einem Hafen mit einem Mädchen spazieren. Ich sehe bunt gekleidete Männer mit Schwertern in Gruppen.
Einer von ihnen will mein Mädchen haben. Sie umzingeln das Mädchen und mich, sie packen das Mädchen und zerren es weg, es schreit und wehrt sich, ich bin machtlos, kann nicht helfen, schwöre Rache ...
Ich ersteche irgendeinen von ihnen hinterrücks, ziehe seine Kleider an und nehme sein Schwert an mich, um mich mit den anderen auf das Schiff zu begeben.
Nachdem wir in See gestochen sind, gebe ich mich dem Mädchenräuber zu erkennen und durchbohre ihn mit ›meinem‹ Schwert. Er stürzt über Bord.
Jetzt erkennen mich die anderen als Fremden, nehmen mir die Kleider weg, geben mir alte Lumpen zum Anziehen, und ich muß tagelang die Drecksarbeit für sie machen, Deck schrubben usw. Vorher wurde ich von ihnen getreten und geschlagen, stürzte von der Kommandobrücke aufs Deck.
Warum sie mich nicht töteten und statt dessen in der Nähe einer menschenleeren Insel aussetzten, ist mir rätselhaft ...
Ich will landeinwärts gehen, stehe wie angewurzelt. Die Insel hat Palmen, Waldhügel, steile Felsen.
Schließlich gehe ich vom Strand weg, steige und klettere mühsam und geschwächt den Hügel und die Felsen empor, komme endlich erschöpft oben an, sehe aufs weite Meer, werde mir bewußt, daß ich durch meine blinde Rache zwei

Menschen getötet und dazu mein Mädchen endgültig verloren habe.

Ich habe keine Aussicht, von dieser Insel wieder wegzukommen. Das Leben ist für mich vertan, sinnlos geworden.

Ich stelle mir mit aller Intensität mein Mädchen vor; wir sind in meiner Vorstellung eng umschlungen, und auf dem Höhepunkt der Vereinigung lasse ich mich in die Tiefe fallen, halte mich an dem Bild fest und spüre einen harten Aufschlag auf Rücken und Kopf, kurze heftige Schmerzen. Dann bin ich erlöst und frei...«

Sie werden diese Szenen sicher gut nachvollziehen können. Welcher Mann würde schon zulassen wollen, daß vor seinen Augen eine Frau, zu der er eine persönliche Beziehung hat, vergewaltigt wird? Wem würde da nicht innerlich »das Taschenmesser aufgehen«?

Aber gleich zwei Menschen werden getötet. Danach eine Art Gottesurteil für Werner: Wird er die Insel erreichen oder nicht? Wird er überleben oder nicht? Obwohl er gerettet ist und die Insel anscheinend auch über Nahrung verfügt, bringt sich Werner letztlich selbst um. Verurteilt er sich selbst oder sieht er nur keinen Ausweg? Kann er die Chance nicht mehr annehmen, überlebt zu haben und doch noch einen Lebenssinn zu finden, auch wenn er allein ist?

Als nächstes kommt nur eine kurze Rückerinnerung Aber auch diese wird für unser Verständnis wichtig sein:

»Ich fühle mich verfolgt, den Berg hinauf in eine Höhle hinein. Plötzlich blicke ich in einen Revolverlauf und erhalte einen Einschuß wenig links vom Brustbein. Ich bin überrascht, wie leicht und schmerzlos das geht. Jeder Druck und alle Last sind weg von mir.

Vor diesem Ereignis hörte ich nachts Geräusche. Irgendwelche Leute sind hinter mir her. Sie wollen von mir den Schlüssel zur Schatzkammer. Sie fühlen sich durch mich ausgebeutet, ich weiß aber nicht, warum...

Ich glaube, ich bin ein Steuereintreiber. Ich habe nur ausgeführt, was meine Pflicht war. Mir geht es gut, und die anderen sind neidisch auf mich ...«

Werner wird hier zum Opfer. Wieder spielt eine Gruppe Menschen eine Rolle, Werner ist wehrlos. Er erlebt einen gewaltsamen Tod, während er sich bei der ersten Rückerinnerung selbst den Tod gegeben hat.

Wir vollziehen die weiteren Rückerinnerungen Werners nach und versuchen dabei immer gespüriger für seine gegenwärtige Situation zu werden:

»Ich sehe eine Kirche, eine Sakristei, erlebe eine leidenschaftliche Liebe mit einer verheirateten Frau. Sie kommt regelmäßig zur Beichte. Sie ist mein Leben... Eines Tages wird diese Liebe entdeckt. Gerede und Geschwätz entstehen, sie kommt nicht mehr, zieht mit ihrer Familie weg.
Bald wird ein Kind geboren. Ich wünschte, es wäre von mir... Man findet nie heraus, von wem das Kind ist...
Ich suche nach einer anderen Frau, aber die bestimmte Schwingung fehlt. Es gelingt nichts mehr. Ich hoffe und hoffe, daß ein Zeichen kommt, aber es geschieht nichts.
Ich werde zunehmend schwach, kränklich, lebensmüde aus Sehnsucht nach ihr. Den Schwätzern will ich es heimzahlen, ich erhänge mich über dem Mittelgang in der Kirche... Es ist ein viel rascherer Tod, als ich erwartet hatte... ruckartig und ohne Erstickungskampf.
Ich werde von den falschen Personen entdeckt, abgehängt, die Todesart wird verschwiegen, es wird von einem Schwächeanfall gesprochen. Die erzielte Wirkung bleibt aus... es ist mir auch so recht.«

Wir erleben eine zweifellos illegitime Liebe; die Frau ist verheiratet, und noch dazu lebt Werner als katholischer Priester. Die geliebte Frau kann er nicht bekommen, er muß auf sie verzichten, ebenso wie auf das Mädchen bei der Schiffs- und Südsee-Szene. Wieder geht das Leben gewaltsam zuende. Kann Werner keinen Verzicht leisten, muß er »mit dem Kopf durch die

Wand«, muß alles stets mit Gewalt ablaufen? Wir vertiefen uns noch weiter in Werners frühere Existenzen:

»Der Kreuzgang eines Klosters. Ein Mönch schreitet gemessenen Schrittes, in Gedanken oder Gebet versunken, vor sich zu Boden blickend, auf und ab. Dann verschwindet er nach links durch ein dunkles Tor in ein finsteres, muffig riechendes Gewölbe. Da ist ein langer Gang, am Ende eine schwere Tür, sie führt in einen breiten Raum. Nackte, wunderschöne Frauenkörper, kniend mit den Händen abgestützt, ihr Hinterteil gegen die Tür gerichtet, empfangen den Eintretenden. In diesem Raum befinden sich noch acht Männer in dunkelbraunen langen Kutten mit Kerzen, vier davon haben ein maskenhaft starres Gesicht, vier andere haben einen furchterfüllten und doch feurig-gierigen Blick.
Alle warten auf den Eintretenden, er scheint der Chef, der Zeremonienmeister, zu sein. Manchmal fühle ich mich mit ihm identisch, dann wieder nicht.
Alle wissen, was jetzt unmittelbar bevorsteht, es ist eine Art Prüfung der Überzeugung, ein letztes Mal dürfen sich die Neuen mit den Frauen nach Belieben verlustieren, bis zum Höhepunkt... Es ist eine dichte Atmosphäre, betäubend betörende Düfte... Das Feuer in den Augen der Neuen wird stärker, die Starren bleiben starr, ungerührt, sie haben alles schon hinter sich, öffnen ihre Kutten, haben kein Geschlecht mehr... Die Furcht in den Augen der Neuen überschattet einen Moment lang die feurige Gier.
Ich, jetzt als Chef, gebe ein Zeichen, eine Orgie beginnt. Ich versetze mich im Geist in einen der Neuen, fühle und genieße mit ihm, stehe dabei regungslos da, teuflisch schön... Nachdem alle ermattet sind, werden sie wieder angeregt, jetzt gibt es kein Zurück mehr, sie haben das letzte Mal genossen mit so schönen und sinnlichen Frauen, wie sie selten zu finden sind... Nun müssen sie ihr Geschlecht ihrer Überzeugung opfern, grausam, furchtbar, es wird ihnen abgeschnitten, die Betäubung steigert sich in Ohnmacht.
Ich bin dabei, wieder als Chef in meinem Körper, der das

alles hinter sich hat, empfinde dabei Ekel, Trauer, Reue, kann aber nichts ändern, schade, schade ... für all die Kraft, die Lust, die Lebensfreude, die verloren geht ...«

Man fragt sich bei solchen Szenen, ob diese tatsächlich wahr gewesen sein können. Sie könnten ja aus einer sado-masochistischen Literatur stammen, sie könnten dem *Pfaffenspiegel* oder ähnlichen Büchern des Mittelalters entnommen sein. Sie könnten starker erotisch-sexueller Phantasie entnommen sein. Wir wissen natürlich auch, daß das Mittelalter auf der einen Seite die Menschen mit extremen Tabus plagte, andererseits extreme Gewalttätigkeit an der Tagesordnung war; man denke dabei an die Quälereien der Inquisition, der Hexenverfolgungen, der Strafarten überhaupt und an die Greueltaten der Soldateska des Dreißigjährigen Krieges. Von da aus gesehen, könnten die Kasteiungen in den Klöstern durchaus auch zu anderen sexuellen Verhaltensstörungen geführt haben, wie sie oben als sehr wahrscheinliche Rückerinnerung auftraten.

Werners Rückerinnerungen waren innerhalb von wenigen Tagen sehr reichhaltig. Wir arbeiteten zweimal zwei Tage mit jeweils sechs Stunden miteinander. Diese konzentrierte Arbeit machte es möglich, daß ein hohes Maß an Gespürigkeit entstand. Wir gehen nun weiter in Werners Rückerinnerungen:

»Ein Studierzimmer, Fernrohr, Sextant, Modelle des Sonnen-Systems, an den Wänden Karten, Zeichnungen, Pläne. Dies alles gehört noch nicht mir, sondern meinem Meister ... Es scheint Padua zu sein ...
Dieser Meister unterdrückt meinen Forscherdrang, er hat es aufgegeben, selbst weiter zu forschen. Ich selbst muß heimlich, wenn er nicht anwesend ist, meinen eigenen Gedanken und Ideen nachgehen.
Er hat sich allem Anschein nach dem Druck durch die anderen gefügt. Er will am Leben bleiben. Ich glaube ihm nicht alles, was er erzählt. Es steckt mehr dahinter. Er sagt mir, ich solle seine Berechnungen einmal weiterführen, aber ich habe keine Geduld, es gibt viel mehr zu wissen ... Ich will nicht

warten, bis ich alt und grau bin, ich will jetzt die Dinge erkennen. Er hat Hoffnungen, daß ich seine Arbeiten einmal weiterführen könnte...

Ich habe höchste Glücksgefühle, wenn ich allein, eins mit dem All, mit dem Fernrohr in die Tiefen des Alls eintauche. Die Leute meiden mich, ich fühle mich einsam, ich bin ihnen nicht geheuer, am liebsten würden sie mich vernichten.

Ich entwickle Pläne, den Meister zu vergiften, damit ich endlich ungehindert meine eigenen Studien betreiben kann. Aber diese Pläne sind nicht zu verwirklichen.

Dann, eines Nachts, sind der Meister und ich bei einem Saufgelage. Auf dem Nachhauseweg müssen wir über eine lange Treppe gehen, die steil nach unten führt zwischen zwei Häuserfronten hindurch. In der Mitte ist ein Geländer mit einem doppelten Handlauf. Der Meister und ich müssen da runter, wir sind beide betrunken, wir animieren uns zum Fliegen, er soll als erster fliegen und möge zu Tode stürzen, ich denke, im Rausch spürt er vielleicht nicht mehr viel davon, und er sei ja der Ältere. Er hat einen weißen Bart, ich helfe ihm aufs Geländer steigen, er stürzt, ich will ihn reflexartig – entgegen meiner Absicht – halten, habe selbst zu wenig Standfestigkeit, und beide stürzen wir die unendlich lange Treppe hinunter... viele Aufschläge auf Rücken, Arme, Kopf... ich werde bewußtlos.

Fröstelnd erwache ich dann in der Morgendämmerung. Alle Glieder schmerzen. Ich will mich erheben, habe aber zu wenig Kraft. Ich fühle einen Körper neben mir, versuche mich zu erinnern, was denn passiert sei, aber mein Schädel brummt, ich verliere wieder das Bewußtsein...

Plötzlich werde ich durch den fürchterlichen Schrei einer Frau aufgeweckt, dann eilige Schritte von allen Seiten. ›Einer lebt noch‹, höre ich sagen, dann werde ich fortgetragen, habe dabei fürchterliche Schmerzen, liege offenbar tagelang in einem dunklen Raum... warum lassen sie mich nicht sterben? Sie könnten mich doch auch endlich los werden...

Jetzt erlebe ich mich wieder im Beobachtungszimmer im ersten oder zweiten Stock, ich bin glücklich allein...

Plötzlich Gepolter auf der Treppe, mehrere Männer stürmen in das Zimmer, zwei halten mich fest, die anderen zerstören in blinder Wut alles, was ihnen unter die Hände kommt. Eine Welt bricht zusammen, es will mir das Herz zerreißen, ich erlebe tiefste Trauer und Verzweiflung ...
Nun werde ich hinausgeschleppt, ich kann mich nicht wehren, habe keine Kraft, bin machtlos ... Es wäre auch sinnlos, da alles, was mir lieb war, wie ein Teil von mir zu mir gehörte, total zerstört ist, ein unerträgliches Bild ...
Sie stecken mich in einen Sack, heben mich auf eine Karre, es schüttelt und rüttelt, alle Glieder schmerzen, die Karre hält. Es riecht nach dem Fluß, wir müssen auf einer Brücke sein. Sie heben mich von der Karre und schmeißen mich im Sack auf das feuchtkühle, breite Steingeländer. Mit gepreßter Stimme herrschen sie mich an, wollen mir eine letzte Chance zum Weiterleben geben unter der Bedingung, daß ich auf weitere astronomische Forschungen verzichte.
Ich reagiere kaum, bin zutiefst erschüttert ob soviel Härte und Einsichtslosigkeit. Da ist so unendlich viel Wissen, ist immer da, und wenn einer einen kleinen schillernden Splitter davon erfassen kann, die anderen teilhaben lassen will, wird er nicht verstanden, noch schlimmer, er muß sein Ringen und Streben nach Erkenntnis mit seinem Leben bezahlen.
Ich antworte mit Nein. Darauf ein Stoß, freier Fall, Aufschlag aufs Wasser, Luft anhalten, versinken, Hoffnung auf Gnade, wieder raufgezogen zu werden. Vergeblich! Ich brauche Luft, um mich nur Wasser und Wasser, der Kampf ist furchtbar. Letztlich spüre ich Erleichterung, der Körper ist unwichtig, ich beobachte die anderen jetzt von oben. Einer will den Sack wieder hochziehen, die anderen wehren ab, es sei noch zu früh und sie sollten noch ein wenig warten ...
Jetzt wird der Körper hochgezogen, aus dem Sack ausgepackt, der leblose Körper wird wieder in den Fluß geworfen. Es soll aussehen wie Selbstmord. Mir scheint das aber nicht logisch, denn die Zerstörung des Zimmers mit allen Beobachtungsgeräten, soll ich das vor dem angeblichen Selbstmord getan haben? Das ist jetzt alles nicht mehr wichtig ...«

Diese Geschichte klingt erschütternd. Der Schüler wuchs wohl über den Meister hinaus und wollte seine forschenden Kräfte nützen, fühlte sich gebremst, sah nur noch die Möglichkeit, den Meister zu töten, was ihm auch gelang. Aber allem Anschein nach zog er nun die nach aggressiver Entladung drängenden Ängste seiner Mitmenschen gegen beider Forschung und Ideenwelt auf sich und kam dabei nun selbst um.

Wir gewinnen den Eindruck, daß Werner nicht warten konnte, die Zeit bis zum natürlichen Tode seines Lehrers nicht sinnvoll zu nutzen verstand. Weil er tötete, wurde er selbst letztlich gewaltsam umgebracht.

Im nächsten Leben erlebt sich Werner als Krieger in einem Söldnerheer. Mit Schiffen erreichte er mit den anderen Soldaten Südamerika. Alle bekommen den Befehl zu töten, zu plündern, zu vergewaltigen. Die Angegriffenen sollen den Tod durch Köpfen erleiden.

Werner erlebt nach, wie die Dörfer der Eingeborenen umzingelt und die Menschen mit ohrenbetäubendem Geheul und Geschrei niedergemetzelt werden. Wir wollen nun sehen, wie sich Werner empfand:

> »Ich bin mitgerissen, raufe mich mit einer Frau, werfe mich auf sie, dringe gewaltsam in sie ein ... da, im Schimmer des nahen Feuers begegnen sich unsere Blicke, unbeschreiblich dieses Flehen, Bitten und Wehklagen in diesen Augen und das trotz des Schmerzes wunderschöne Antlitz.
>
> Ich bin schlagartig wie gebannt, gelähmt, will etwas sagen, da fühle ich einen heftigen Schmerz im Rücken, ein Speer durchbohrt meinen Leib und dringt noch in den Körper dieser wunderschönen leidensstarken fremden und doch nicht fremden Frau ... Ihr Bild gräbt sich tief in mich ein, ich sinke sterbend auf ihren Körper, will um Verzeihung bitten, sie versteht mich nicht.
>
> Der Speer wird zurückgezogen, mein Körper, den ich jetzt nicht mehr brauche, und die Frau, die noch lebt, werden mit den vielen anderen Leibern zu den Hütten gezerrt.
>
> Schmuck, Gehänge, Ringe, Spangen und alles, was einen

Wert haben könnte, wird von den zum Teil noch lebenden Leibern gerissen, in Behälter wie Kessel geschmissen, auch alles, was in den Hütten gefunden wird, wird abtransportiert. Zum Schluß wird alles, was zurückbleibt, angezündet. Wer noch lebt, stirbt elend in den Flammen…«

Gewalt, immer wieder Gewalt! Werner läßt jedoch sein Opfer leben und kommt letztlich selbst um, gerade in den Augenblikken, in denen er mit seinem Mitgefühl reagierte und selbst nicht töten wollte. In einem anderen Leben in Südamerika, in Peru, verläßt er aus der Not heraus Frau und Kind:

»Ich bin anscheinend ein Schafhirte. Ich sitze auf einem Stein, der Boden ist karg, da sind viele Steinbrocken.
Ich habe die Absicht, am Weg zu warten, bis mich irgend jemand mit ins Tal nimmt. Ich bin erschöpft, schwach, habe Reue, will nochmals zu Frau und Kind zurückkehren, ich habe sie sich selbst überlassen. Ich habe aber auch das Gefühl, daß ich eine andere Frau, die vor einiger Zeit vorbeikam, erwarte oder sie suchen will. Ich warte auf sie bis zur Erschöpfung. Dann werde ich bewußtlos…
Plötzlich fühle ich mich geschaukelt, getragen, geschüttelt, höre Stimmen, bin doch noch mitgenommen worden. Nun kommt eine traurig-schmerzliche Szene. Wir kommen einen Steinwurf entfernt an Frau und Kind vorbei, meine Kehle ist zu trocken, ich kann nichts sagen, sie erkennen mich, sind selbst zu schwach, um sich bemerkbar zu machen… Warum will sie keiner sehen?
Die Entfernung wird größer, Abschiedsschmerz, Trennungsschmerz und Schuldgefühl steigern sich ins Unerträgliche.
Einige Tage später, alles ist grün, ich fühle mich wieder bei Kräften, trage ein Bündel mit Stoffen und Fellen auf den Schultern… ich denke ans Zurückgehen, aber es hat keinen Sinn, Frau und Kind werden wohl nicht mehr am Leben sein, wenn ich wieder dort oben ankäme… Hier ist Wald, wir kommen der Stadt am Meer näher, wo die Ware verschifft werden soll.«

Das Verlassen von Frau und Kind in auswegloser Situation. Ob Werner Hilfe für alle holen wollte? Möglicherweise überlebte Werner, aber ob er mit seinen schweren Schuldgefühlen auf die Dauer weiterhin lebensfähig war? Wir wissen es aus dieser Rückerinnerung nicht.

Es gibt eine Reihe von Möglichkeiten, die Reise in frühere Leben vorzunehmen. Man könnte von mehreren »Schienen« für eine solche Fahrt sprechen. Eine dieser Schienen ist, daß man aus der Gegenwart in die frühe Kindheit zurückgeht, von da aus zur Geburt, weiter zurück durch die Schwangerschaft und von da aus der Reihe nach in die davor liegenden Leben. Nur gelingt das nicht immer. Wenn nämlich eine bestimmte Problematik schon weit oben an der Bewußtseinsschwelle liegt und bald »abgerufen« werden kann, dann kann man plötzlich sehr weit, unabhängig von der Reihenfolge der Leben, zurückrutschen. Damit zeigt sich schon eine zweite Schiene an, man orientiert sich danach, was bereits am bewußtseins-nächsten ist und läßt es auftauchen. Dabei kann heute als sicher gelten, daß das, was gleichsam von allein hochkommt, den Verarbeitungsmöglichkeiten am nächsten liegt.

Unser bisheriger Weg war, gespürig zu werden für das, was da ans Licht kommen, sich dem inneren Auge mitteilen will. Nun gehen wir zurück über Geburt, Schwangerschaft, Zeugung.

Die Geburt wurde von Werner als sehr schlimm erlebt. Worte wie »Blut, Sauerei, unfreundliche Atmosphäre« tauchten auf. Werner erlebte, wie eine dicke Hebamme die Mutter angiftete. Er fühlte während der Schwangerschaft heftige Erschütterungen, während eines Streites zwischen Mutter und Vater Schläge in den Bauch der Mutter.

Vor dem gegenwärtigen Leben sah sich Werner als Mädchen, das im Alter zwischen dreizehn und vierzehn Jahren zu Grabe getragen wurde. Die damalige Schwester war unendlich traurig über den Tod. Das verstorbene Mädchen wollte die Schwester trösten, was diese natürlich nicht mehr bemerken konnte. Die Schwester fühlte sich schuldig, weil die Geschwister im Streit auseinandergehen mußten.

Werner hatte als das Mädchen Margaretha gelebt. Ein Kopfsprung ins Wasser hatte zu Kopfschmerzen, möglicherweise einem Schädelbruch geführt, es entstand Fieber, eine Rettung war nicht mehr möglich. Einige Tage nach dem Unfall starb das Mädchen. Werner sagte nach diesen nacherlebten Szenen:

> »Es mußte wohl so kommen, da ich als sogenanntes verdorbenes Mädchen alle Knaben verführen wollte. Spiele mit Jungens von der Klasse im Wald, schön, erotisch-sexuell, streicheln, jeder macht gerne mit... einer konnte sich nicht zurückhalten und erzählte zuviel, verriet mich.
> Peinliche Szenen, Schläge vom Vater, werde in den Keller gesperrt, Lehrer will mich zwingen, alles vor der Klasse zu erzählen, ich weigere mich...
> Früher war ich viel vom Elternhaus weg bei einem Onkel. Mit ihm war ich viel im Wald Beeren suchen. Wir machten lustige Reitspiele auf ihm, er streichelte mich überall. Ich durfte es aber niemandem erzählen...«

Wir gewinnen den Eindruck, daß hier eine frühe Verführung durch einen Onkel vorlag, dadurch das sexuelle Interesse erregt wurde und dann mit den Jungs gemacht wurde, was vorher gelernt worden war. Wieder wird dem eigenen Leben, bewußt oder unbewußt, ein gewaltsames Ende gesetzt. Auslöser waren wohl die äußeren Umstände.

Das Leben vor dem Leben als Margaretha zeigt wieder eine Problematik, die mit einem Mädchen zusammenhing:

> »Ich lebe in einer alten, verlotterten Hütte. Ich spüre, daß ich bald sterben muß. Ich jage alle zum Teufel, die zu mir kommen wollen. Sie sollen mich in Ruhe lassen! Man hat mir die Zähne eingeschlagen. Ich wollte mich rächen, weil man mir die Freundin weggenommen hat.«

Wir tasteten uns in der Zeit zurück, um herauszufinden, wie sich alles entwickelt hatte:

»Ich bin mit meiner Freundin zu einem Fest gegangen, habe sie dann aber gekränkt, weil ich plötzlich nur noch ein anderes Mädchen sah und mit ihm tanzte. Wir sahen uns, und ich hatte den Eindruck, dieses Mädchen schon lange zu kennen ... wir beschlossen, uns wiederzusehen ... Der nächste Tag wurde schlimm, von allen Seiten wurde ich beschimpft, ich könnte das doch nicht tun, meine Freundin sitzenzulassen. Ich sah das andere Mädchen nun öfters ... Ich habe meine ehemalige Freundin auf dem Gewissen ... Man brachte sie tot nach Hause. Sie hatte sich in die Schlucht gestürzt«

Werner erlebte damals, wie er in seinem Dorf nicht mehr bleiben durfte. Die Dorfgemeinschaft mied ihn und trieb ihn davon. Er bemühte sich jetzt, im Dorf des Mädchens, mit dem er sich angefreundet hatte, unterzukommen. Er fand dort Arbeit. Die Familie dieses Mädchens war reich, der junge Mann arm. Zunehmend bemerkte er, daß jetzt doch alles nicht mehr so war, wie er es vorher gemeint hatte. Die Beziehung lockerte sich. Werner berichtete, wie es weiterging:

»Ein junger, erfolgreicher Mann ist aus der Fremde zurückgekommen und weckt ihre Aufmerksamkeit. So wie sie stammt auch er aus einer begüterten Familie. Er gewinnt das Mädchen für sich, ich empfinde Wut, will mich bei nächster Gelegenheit rächen ...
Nach einer Versammlung lauere ich ihm mit einem Stein auf, verfehle ihn, werde von den Begleitern festgehalten, er schlägt mir mit dem Stein alle Zähne ein, ich bin vom Schlag bewußtlos, sie lassen mich liegen.
Ich erwache später mit schmerzenden Gliedern und einem entstellten Gesicht, jetzt ist alles aus ... ›das hat er davon, recht ist ihm geschehen‹, reden die Leute.
Ich kann ihre Blicke des Ekels, wenn sie mich sehen, nicht mehr ertragen. Die Hütte auf dem Berg ist der einzige Ort, wo ich noch weiterleben kann. Ich will niemanden mehr sehen, sollen sie ihr Vieh bringen, ihren Käse holen, verschwinden und mich in Ruhe lassen ...«

Man könnte hier sagen, was Werner hatte, wollte und schätzte er nicht, und was er haben wollte, bekam er letztlich nicht. Wollte er zu hoch greifen, oder war es eine Seelenverwandtschaft aus weit zurückliegenden Zeiten? Wir wissen es nicht, wir können es nur vermuten. Wieder erlebte Werner, daß er einen anderen Menschen durch sein Verhalten auf dem Gewissen hatte, auch wenn die Freundin, die sich in den Tod stürzte, für ihr eigenes Leben verantwortlich war. Auch den Nebenbuhler hätte er wohl aus dem Wege geräumt. Und wieder wurde Werner in die Isolation und die Verbitterung getrieben.

Die Kette ähnlicher Problematik ist aber noch länger. Nochmals gingen wir zusammen in der Zeit zurück:

> »Ein Duell. Ich habe meinen Freund getötet. Er hatte keine Chance, hatte mich herausgefordert, nachdem er mich mit seiner Geliebten, die er aus der Fremde mit nach Hause gebracht hatte, in flagranti, beim allerersten intimen Zusammensein, ertappte …
> Nach dem Schuß stehe ich lange voller Schmerz und Traurigkeit da und wünsche, alles noch einmal zurückdrehen zu können bis zu dem Tag, an dem er mir seine Geliebte vorstellte. Wir wußten nicht, wie uns geschah … Ich wollte, um sein Glück nicht zu stören, in die Fremde gehen, aber beide ließen mich nicht ziehen.
> Nun ist es zu spät, dort liegt er tot, hat sich geopfert, da er längst, vielleicht auch schon seit diesen denkwürdigen Sekunden der ersten Begegnung, wußte, wie es seine Geliebte immer stärker und unwiderstehlicher zu mir hinzog …
> Das nächste Mal werde ich dran sein, so zuckt es mir durch den Kopf. Ich will zurück in das Haus der Geliebten, aber sie ist nicht mehr da, einfach verschwunden, weg, … erneut tiefer Schmerz. Ich suche sie, unentwegt, überall, in fremden Städten, alles vergeblich. Lebt sie noch?
> Mein Kummer wird unerträglich, immer unerträglicher. Wenn sie nicht mehr am Leben wäre, dann bräuchte ich sie nicht mehr zu suchen, bräuchte auch selbst nicht mehr am Leben zu bleiben.

Ich beschließe mein Ende, einsam, weitab vom nächsten Ort, verbittert und kraftlos. Aber mit einer unauslöschlichen Sehnsucht nach ihr stelle ich mich in die strahlende Sonne, stelle mir mit aller noch vorhandenen Kraft ihr Antlitz, das mich vom ersten Augenblick an so verzaubert hatte, vor, rufe mir unsere erste und einzige leidenschaftliche Umarmung und Verschmelzung bildhaft in Erinnerung, lege die linke Hand ans Genick, spanne mit der rechten den Hahn des Revolvers, setze ihn unmittelbar über der linken Hand am Hinterkopf an, klammere mich an die betäubenden Bilder meiner Sehnsucht und... absolute Stille...«

Mit dieser Rückerinnerung wollen wir die Rückerinnerungen an Werners frühere Leben verlassen. Für die Zukunft muß er wohl lernen, daß Gewalt, sei sie gegen andere oder gegen sich selbst gerichtet, seine Probleme nicht lösen kann.

Übrigens, bei der Aufnahme der Lebensgeschichte äußerte Werner, daß er einen abgeplatteten Hinterkopf habe, wegen dem er als Kind und Jugendlicher immer wieder gehänselt wurde. Durch seine Frisur lernte er, diese Delle im Kopf zu verbergen. Schmerzen hatte er am Kopf von Kindheit an immer wieder. Sollte es die körperliche Rückerinnerung an die vielen Traumata an Kopf, Brust und Rücken sein, die er nicht nur in dieser Kindheit, sondern auch weit zurückliegend immer wieder durchzustehen hatte?

Werner ist seit seinen Rückerinnerungen deutlich ausgeglichener und ruhiger geworden. Es gab zwar da und dort noch einmal die Neigung zum Zerstören, aber sie ist mit früheren Ausbrüchen nicht mehr zu vergleichen. Für Werner ist es wichtig, daß die gravierenden Erlebnisse der Vergangenheit weiter verarbeitet werden, und vor allem auch, daß er sich selbst verzeihen und damit aus seinen tiefsitzenden Schuldgefühlen herausfinden kann. Mit anderen Worten: Prügel hat er in diesem Leben genug erlebt, in früheren Leben hat er sich selbst viel Lebensfreude genommen, nun muß es einmal zuende sein mit der belasteten Vergangenheit. Und in der Tat, Werner machte in den letzten Monaten sehr wesentliche Fortschritte in seiner

Persönlichkeitsreifung. Eine gute Hilfe ist für ihn dabei seine Ehefrau, die er seit seiner Kindheit kennt und mit ihm bisher »durch dick und dünn« gegangen ist.

Werners Geburtsbild

Abbildung 17 zeigt Werners Kosmogramm. Sofort ins Auge fallend ist die Konjunktion von Saturn und Pluto im Zeichen Löwe, verbunden mit dem Aszendenten. Diese drei Faktoren sind durch ein Quadrat mit dem Mond im Zeichen Stier verknüpft. Wer in der kosmobiologischen Betrachtung geübt ist, stellt fest, daß der Uranus im Zeichen Zwillinge ein Halbquadrat zu dem Komplex Saturn – Aszendent – Pluto einerseits und ein Halbquadrat zu Mond andererseits bildet. Die Abbildungen 18 bis 21 auf den folgenden Seiten zeigen diese Strukturen noch deutlicher.

Saturn-Pluto-Aspekte oder -Halbsummen haben oft mit einer Tendenz zu Opfer und Verzicht zu tun. Das würde hier heißen, daß die sich nach Anerkennung und Prestige sehnende Persönlichkeit (Aszendent/Löwe), die quirlige Lebensdynamik (Uranus/Zwillinge) und die nach Sicherheit und Verwurzelung suchende Emotionalität (Mond/Stier) in der Gefahr stehen, aufgeopfert zu werden.

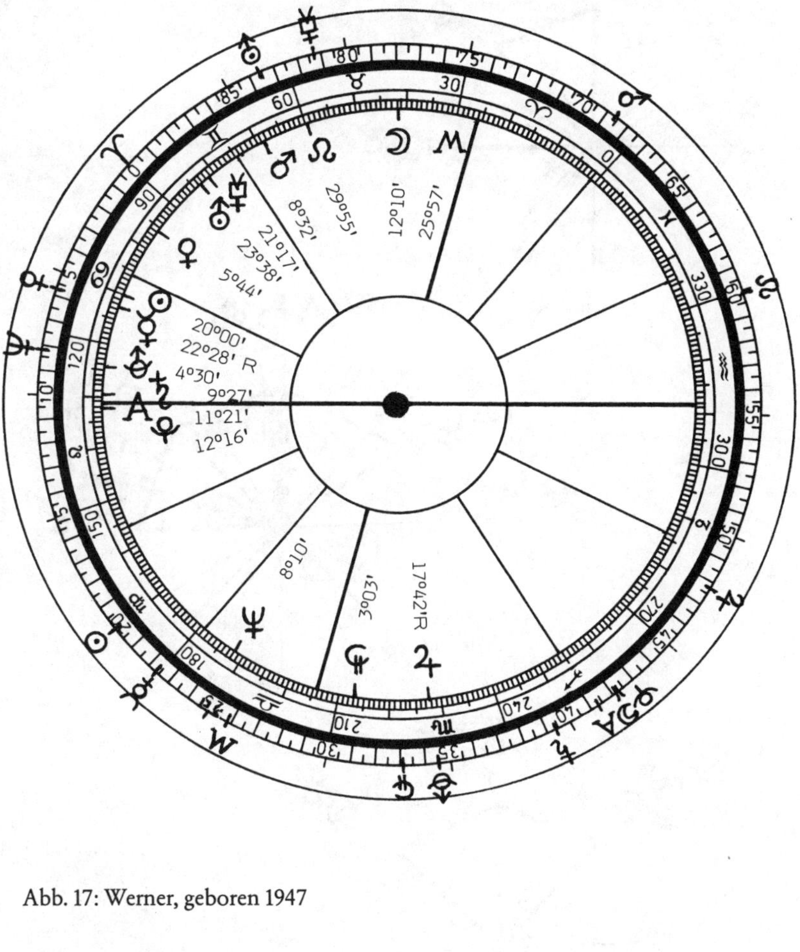

Abb. 17: Werner, geboren 1947

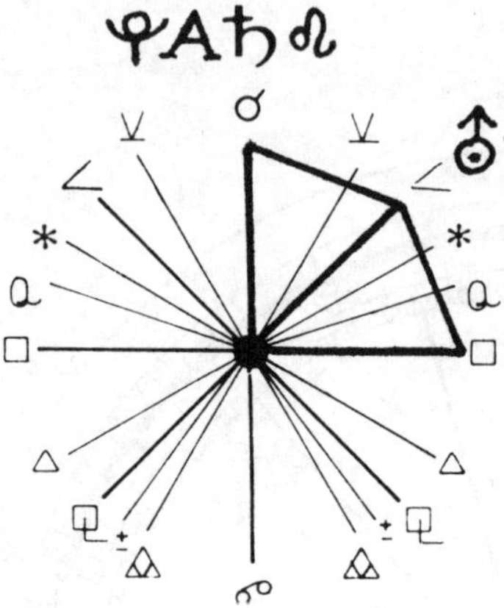

Abb. 18

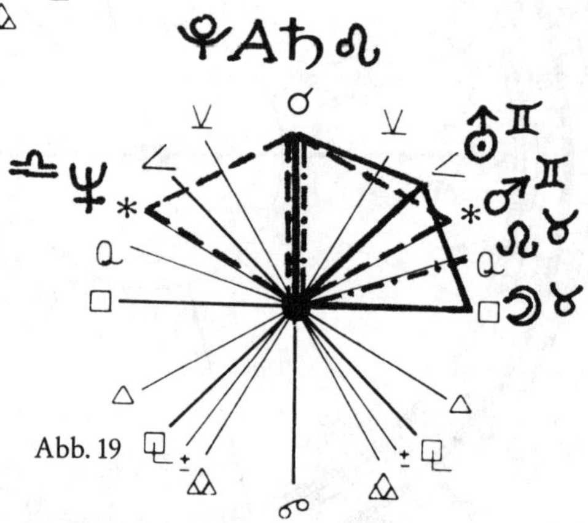

Abb. 19

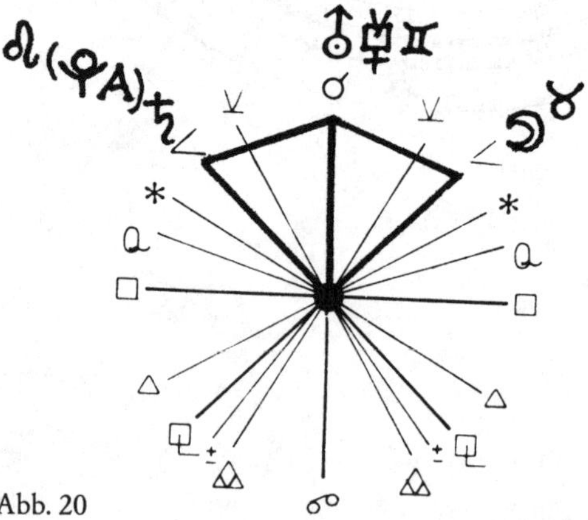

Abb. 20

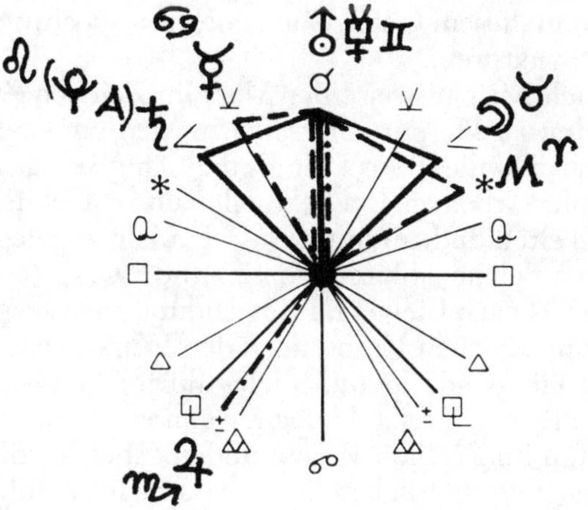

Abb. 21

Man könnte weiter formulieren, daß sich eine gravierende Diskrepanz im seelischen Bereich auftut: Einerseits extreme Gefühlskräfte, die sich auch in Kränkung, Eifersucht, Rivalität äußern können (Mond Quadrat Pluto), andererseits starke Behinderungen emotionaler Äußerungen bis hin zur Verdrängung der Emotionalität (Mond Quadrat Saturn). Beide Tendenzen zusammen lassen, vor allem im Zusammenspiel mit dem Uranus (Uranus Halbquadrat Saturn, Pluto und Halbquadrat Mond), darauf schließen, daß der Kosmogramm-Eigner immer wieder in Zerreißproben seiner Seele geführt werden kann. Von da aus gesehen müssen die eruptiv aufgetretenen Anfälle zum Zerstören von Teilen der Wohnungseinrichtung als eine Art »Blitzableiter-Funktion« angesehen werden. Fast müßte man sagen, entweder werden die Möbel und das Geschirr demoliert oder Menschen, seien es die Mitmenschen oder Werner selbst. Und aus seiner Lebensgeschichte wissen wir ja, daß er mehrfach in den Selbstmord ging.

Das Kosmogramm zeigt hier wichtige Lernprozesse an: Leben mit außergewöhnlichen Gefühlskräften, die jedoch auch kanalisiert werden müssen.

Wir finden in diesem Geburtsbild auch sehr positiv zu interpretierende Strukturen:

Da zeigt sich beispielsweise der Mars im Zeichen Zwillinge im Halbquadrat zu Merkur einerseits, zu Medium Coeli andererseits; deutbar ist diese Struktur als die Fähigkeit zu vielseitiger und flexibler Arbeit, zu intellektuellen und sprachlich orientierten Tätigkeiten und auf initiatives Handeln angelegten Lebenszielen (vergleiche Abbildungen 22 und 23).

Das Bedürfnis nach Liebe und Zuwendung wird ausgedrückt durch Venus im Zeichen Krebs, auch den Wunsch nach einem gemütlichen Heim anzeigend. Vieles dürfte Sehnsucht und Phantasie in diesem Bereich bleiben, wenn wir Venus im Quadrat zu Neptun im Zeichen Waage finden. Aber letztlich kann Werner im partnerschaftlichen Bereich durchaus Erfüllung finden, wenn wir an die Beziehung der Venus zu Jupiter denken, es handelt sich hier um ein Anderthalbquadrat (Abbildung 24).

Der Wunsch, sein Karma zu lösen, zeigt sich in der Besetzung der Halbsumme Neptun/Pluto durch das Medium Coeli, den Mars und den Merkur. Die Symbolik drückt den Willen, die Bereitschaft zur geistig-intellektuellen Verarbeitung und zur intensiven Motivation aus.

Werner wird sicher noch viele Lebensaufgaben zu lösen haben, aber er hat auch Menschen, die als Freunde willens sind, ihm dabei zu helfen: seine Ehefrau, die übrigens auch Saturn, Pluto und Aszendent in Konjunktion miteinander hat und sicher seit mehreren Leben immer wieder in seiner Nähe lebte, die Menschen, durch die und mit denen er Reiki lernte, und die Gruppe von Menschen, die mit ihm das Interesse für die seriöse Astrologie und die Kosmobiologie teilt.

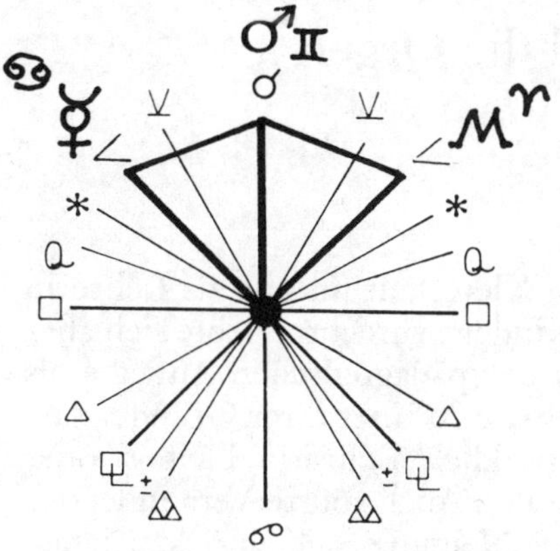

Abb. 22

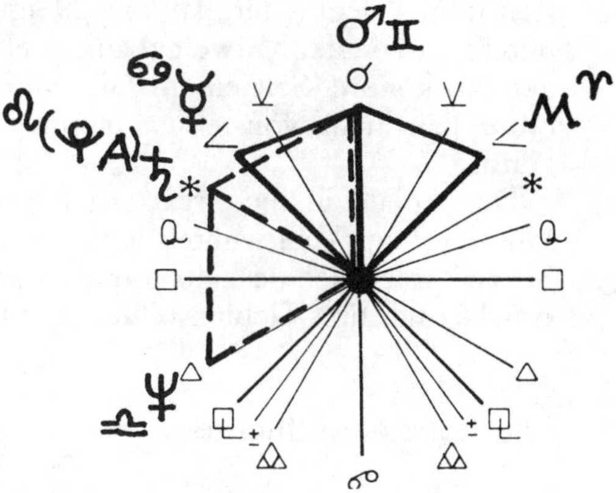

Abb. 23

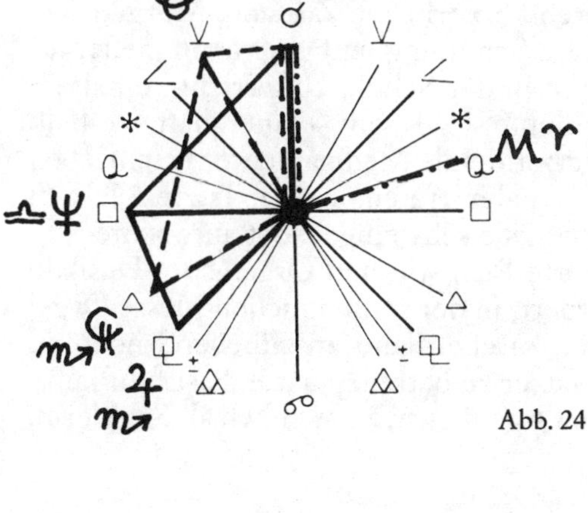

Abb. 24

Vera, der Pfarrer und die Orgel

Vera lebt in einer fränkischen Kleinstadt und ist als Lehrerin tätig. Sie kam bisher gut mit Kindern zurecht, erlebte sich aber doch distanzierter gegenüber der pädagogischen Aufgabe als die anderen Kolleginnen. Dies wurde einer ihrer Gründe, darüber nachzudenken, ob sie wirklich Lehrerin bleiben oder einen anderen Beruf suchen sollte. Auch spürte Vera in letzter Zeit immer deutlicher, daß ihre Neigung, sich zurückzuziehen und sogar von der Mitwelt abzukapseln, ihr auf die Dauer nicht gut tun könnte. Seit einem Jahr fühlte sich Vera geschwächt, ohne daß man von einer handfesten Krankheit sprechen konnte.

Der Anlaß, in die Praxis zu kommen, war die berufliche Unsicherheit; Vera wußte nicht, was sie in Zukunft tun sollte. Sie versprach sich deshalb von der Besprechung ihrer Handabdrucke und ihres Geburtsbildes eine Hilfe zur Konfliktlösung.

Die Lebensgeschichte

Vera berichtete über ihren körperlichen Zustand. Morgens erlebte sie eine starke innere Spannung und ging dann niedergedrückt aus dem Haus, um in der Schule Unterricht zu halten. Die schwache Periode erlebte sie als sehr schmerzhaft, weshalb ihr vom Hausarzt schmerzstillende Medikamente verschrieben worden waren. Immer wieder traten in den letzten Jahren Angstträume auf, an denen sie schweißgebadet aufwachte.

Vera war eine talentierte Pianistin und Organistin. Deshalb wurde sie auch aufgefordert, in der sonntäglichen Messe Orgel zu spielen, erst an einer Kirche, dann anschließend noch an einer zweiten, die der Pfarrer zu betreuen hatte. Fast fünf Jahre lang übernahm Vera den Orgeldienst, zuerst noch als Schülerin, danach als Pädagogik-Studentin. Zur Zeit unseres ersten Gesprächs Ende 1982 hatte Vera aber schon über sieben Jahre nicht mehr Orgel und auch nicht mehr Klavier gespielt. Das schien mir auffallend für einen Menschen, der Freude daran hat, selbst ein Instrument zu spielen. Also, warum wurde aufgehört?

Äußerer Grund war die zunehmende zeitliche Belastung zum Ende des Studiums hin. Ein zweiter äußerer Grund kam hinzu: Vera sah sich veranlaßt, kurzfristig ihre Organistentätigkeit zu kündigen. Der Pfarrer, mit dem sich Vera immer gut verstanden hatte, bat sie um Verlängerung ihrer Tätigkeit für eine Übergangsfrist. Seine Organistin lehnte ab.

So weit, so gut. Aber warum war Vera seit der Kündigung ihrer sonntäglichen Organistentätigkeit nicht mehr in der Lage, unabhängig davon in ihrer Freizeit sich aus Freude ans Klavier oder an die Orgel zu setzen? Sie erlebte sich als völlig blockiert. Musik brachte sie zum Weinen, so daß sie auch kaum Musiksendungen im Radio oder Schallplatten mit Konzerten hören wollte.

Während der folgenden Besprechungen stellte sich immer mehr heraus, daß sich Vera in den Priester verliebt hatte, ohne es sich eingestehen zu können. Er wiederum schätzte ihre pflichtbewußte Art und legte ihr da und dort vor dem Gottesdienst eine Schachtel Pralinen »Mon Chéri« auf die Orgel, um ihr seinen Dank auszudrücken.

Die plötzliche Kündigung der Organistentätigkeit und anschließend die nicht sehr höfliche Abfertigung an der Haustür, als der Pfarrer ihr zum Abschied ein Buch überreichen wollte, müssen bei ihm einige Fragen haben entstehen lassen. Auffallend wurde, daß er nach einiger Zeit den Gemeindedienst verließ und Krankenhaus-Seelsorger wurde. Er hatte sich sicher nichts vorzuwerfen, aber bei ihm mußte nach Veras plötzlichem Weggang ein merkwürdiges Gefühl entstanden sein.

Im Verlauf der psychotherapeutischen Arbeit wurde Vera gefragt, ob es ihr nicht möglich wäre, den Pfarrer zu besuchen, ihm nach dem zeitlichen Abstand in aller Offenheit zu sagen, daß sie sich damals in ihn verliebt habe und sich deshalb gezwungen sah, den Orgeldienst zu beenden. Ich meinte dazu, daß der Pfarrer das sicher nur zu gut verstehen würde, und er nachträglich auch spüren könnte, daß er sich ja auf jeden Fall korrekt verhalten habe. Der Vorschlag wurde strikt abgelehnt, und Vera brauchte noch einige Monate dazu, den Entschluß zu einem persönlichen Gespräch zu fassen. Als sie von dem Gespräch zurückkam, war sie sichtlich erleichtert, und sie hatte fast den Eindruck, wie wenn der Pfarrer jahrelang auf eine solche Unterredung gewartet hatte. Er war nämlich keineswegs erstaunt, als Vera ihn besuchte.

Schon von Kindergartenzeiten an hielt sich Vera von anderen Menschen zurück, wie wenn sie durch sie bedrückt worden wäre. Das blieb auch in der Schulzeit trotz guter Leistungen so; und auch zu den Kommilitonen fand Vera keinen Kontakt.

Was Vera auch in den letzten Jahren deutlich geworden war, war die Beziehung zum eigenen Körper. Sie wehrte sich gegen ihn, gegen ihre Gefühle, sie spürte gar nicht, daß sie eine Frau ist. So ergab sich auch während des Studiums nie eine Freundschaft zu einem Mann, geschweige denn ein Austausch von Zärtlichkeiten. Und das war bis zur Gegenwart so.

Im Gegensatz dazu fiel auf, daß Vera immer wieder ein ausgesprochenes Fernweh hatte. Auf Reisen lernte sie Länder wie Ägypten, Israel, Griechenland, Italien kennen. Die nordischen Länder dagegen interessierten Vera nicht. In Ägypten hatte sich Vera am wohlsten gefühlt. Die Gräber in den Pyramiden und die Tempelmalereien beeindruckten Vera sehr. In den Katakomben Roms hatte sie ein sehr kaltes Empfinden, vor allem bei den Grabnischen. Vielleicht, dachte ich, kann die spätere reinkarnationstherapeutische Arbeit uns diese Empfindungen klären helfen.

Zum Elternhaus ist zu sagen, daß Vera noch eine jüngere Schwester hat. Mit dem Vater verstand sich Vera immer gut, mit der Mutter hatte sie durch deren sehr autoritäre Art Schwierigkeiten. Die in einer Klosterschule aufgewachsene Mutter, die übrigens vor Vera den Orgeldienst innehatte, wurde von Vera als Mensch erlebt, der ständig Vorschriften machte, einschränkte, puritanisch war, ständig beaufsichtigte und kontrollierte und kindlicher Entwicklung zu selbständigem Tun keinen Raum ließ.

Vor Weihnachten 1973 wollte Vera wieder einmal zur Beichte gehen. Im Beichtstuhl brachen ihr die Tränen aus, obwohl sie nichts zu beichten hatte, das als gravierend hätte angesehen werden müssen. Der Pfarrer wollte Vera beruhigen, sie selbst war kaum fähig, etwas zu sagen. Sie konnte es sich nicht eingestehen, daß sie sich in ihn verliebt hatte.

Veras Träume

Wir haben schon mehrfach gesehen, daß ein Teil der Träume als Rückerinnerungen verstanden werden kann, ohne daß das der Träumer meistens weiß. Wir wollen uns nun mit einigen Träumen beschäftigen, deren Inhalt uns auf dem späteren Weg in frühere Leben wieder begegnen kann.

Vera hatte viele Träume, die mit dem Tod zusammenhingen. Sie äußerte auch, daß sie viele Gedanken an den Tod habe und sich nicht vorstellen könne, alt zu werden. Sie habe immer wieder das Gefühl, jung zu sterben. Vera erinnerte sich aus der Zeit ihres Organistendienstes, daß sie grundsätzlich in einer Leichenhalle weder Orgel gespielt noch im Chor mitgesungen habe. Bei Trauerfeiern habe immer eine Kollegin gespielt.

Einmal erlebte Vera im Traum, wie das eigene Haus brannte. Ein andermal sah sie sich vor dem Spiegel, als sie sich ihre eigenen Haare abschnitt.

Das übliche Traumverständnis würde diese Träume so interpretieren, daß der Konfliktstoff so groß geworden sei, daß es brenne, daß Abhilfe geschaffen, daß »gelöscht« werden müsse. Und der Spiegel-Traum könnte Vera deutlich gemacht haben, daß sie selbst sich ihrer weiblichen Würde – ihrer Haare – beraubt, sich regelrecht kastriert habe.

Reinkarnationstherapeutisch gesprochen könnte es aber auch sein, daß tatsächlich einmal das Haus abbrannte und sie sich selbst ihre Haare abschnitt, aus welchen Gründen auch immer.

Die Zeit um Veras Geburt und das Nacherleben ihrer Geburt

In der Tiefenentspannung holten wir für Vera das Erlebnis ihrer Geburt ins Bewußtsein. Vera äußerte:

> »Meine Hände sind eiskalt, alles ist unangenehm grell. Meine Füße werden immer kälter... Ich empfinde meine Mutter überhaupt nicht... Mir ist es zu hell, mich blendet alles. Ich empfinde mich als bewegungslos, als kalt, ich habe keine Lust, mich zu bewegen. Meine Füße, meine Beine, meine Hände, alles ist eiskalt. Auch mein Rücken ist ganz durchgedrückt, ich bin ohne Bewegung ...«

Vera kam durch Kaiserschnitt auf die Welt. Der Vater mußte vor der Geburt unterschreiben, ob bei Komplikationen die Mutter oder das Kind gerettet werden sollten. »Es schien ganz knapp zugegangen zu sein«, meinte Vera. Auch das Geburtsbild zeigte deutlich, daß nach der Geburt noch ausgesprochene Lebensgefahr für das Baby bestand. Nach der Geburt soll Vera geschrien und am Körper ganz rot angelaufen gewesen sein.

Nach der Geburt soll Vera ein Muttermal unter einem Auge gehabt haben, weshalb die Mutter mit ihr zu Bestrahlungen ging. Die Oma, die mit im Haus lebte, erzählte Vera später, daß sie immer geschrien habe, wenn sie bestrahlt werden mußte. Heute noch hat Vera unter einem Auge einen braunen Fleck.

Später im Leben trat noch eine weitere körperliche Symptomatik auf. Wenn sich Vera aufregte, erschienen an ihrem Hals häufig rote Striemen oder die ganze Hautpartie von Hals bis Brust lief rot an. Für die reinkarnationstherapeutische Arbeit sind körperliche Merkmale wie Muttermale, Rötungen, Narben immer wichtig, da sie einen Bezug außer zur Gegenwart auch zu früheren Leben haben können.

Veras Rückerinnerungen

Nach dem Rebirthing, dem Bewußtwerden der Geburt, tasteten wir uns vorsichtig in vergangene Zeiten zurück. Und die erste Reise ging sehr, sehr weit zurück:

»Ich habe das Gefühl, in einem Gewölbe zu sein. Über mir sind lauter Steine wie ein gewölbter Keller. Es ist ziemlich kalt... Da unten in dem Keller komme ich mir vor wie abgeschlossen... Ich sehe Säulen, es erinnert mich wie an eine Krypta in den Katakomben in Rom. Da war es so unheimlich kalt, als ich vor einigen Jahren auf einer Reise dort war...

Ich überlege mir, wo der Ausgang ist. Auch als ich auf meiner Urlaubsreise in den Katakomben war, hätte ich allein nicht herausgefunden...

Ich denke an den Film, in dem die Katakomben vorkommen, ›Quo vadis‹... Und jetzt sehe ich Leute vor mir, die sich in dem Gewölbe versammelt haben. Da ist eine unheimliche Unruhe drin... Ich sehe lauter Fische an den Wänden, das blendet mich unheimlich. Ich merke, wie der Fischkopf auf mein Gesicht drückt, wie wenn er herauskommen würde... Ich sehe lauter Gänge und Fackeln...

Ich frage mich, was ich da soll; ich fühle mich mehr als Zuschauer und kann das Empfinden der Leute da nicht nachvollziehen... Ich sehe das alles von einer Nische aus.

Jetzt ist alles offen, der Raum wird unheimlich groß. Da geht es jetzt nach oben weiter, und ich sehe kein Gewölbe mehr. Oben ist ein Brunnen auf einer Wiese. Ich laufe über die Wiese, mir gefällt es dort. Ich schwebe mit großen Schritten. Nun sehe ich einen See. Ich würde gern auf das Wasser gehen, in einem Boot; die Landschaft gefällt mir sehr gut, da sind unheimlich hohe Palmen...

Ich laufe durch das Wasser hindurch, wie auf einer Sandbank. Da laufen auch viele andere mit. Ein unheimlich langer Zug. Die Leute haben lange Mäntel an und Stäbe in der Hand.

Wir gehen wie durch eine Furt. Ich sehe lauter Sand und Wüste vor mir.

Ich stehe jetzt oben auf einem Felsvorsprung und schaue auf die Landschaft herunter. Da stehen lauter Zelte, ich sehe etwas Grün, die Leute lagern da… Ich bin in einem Zelt, innen brennt offenes Feuer, die Leute essen, ich esse mit, jeder ißt das gleiche Brot… Die Zelte werden abgebrochen, und dann läuft der ganze Zug weiter, zu Fuß, alles ist noch wüstenartig. Ich sehe, wie der Zug an einer Burg vorbeizieht, sie liegt unheimlich hoch. Da ist eine Art Zugbrücke, eine Ritterburg, die gar nicht in die Landschaft hineinpaßt. Die Burg ist nicht bewohnt. Ich möchte nicht weitergehen, es geht aber immer weiter. Jetzt sehe ich Schwerter vor mir; es blinkt alles. Ich habe das Gefühl, daß der Zug unter den Schwertern hindurchgeht. Jetzt sehe ich auch den Fisch wieder; die Schwerter sind so gekreuzt wie die Fische in den Katakomben.

Nun taucht wieder das Gewölbe wie vorhin auf. Ich sitze auf dem Boden; es ist unheimlich kalt; da sind Gitter… jemand bringt etwas zu essen, dazu einen Krug; ich lasse alles stehen. Ich lege mich hin auf das Stroh; ich rolle mich ganz ein, weil es mich so friert. Ich will nicht gestört sein. Ich bin ganz erschöpft, gleichgültig, leer…«

Bei diesen ersten Bildern aus der Vergangenheit gewinnen wir den Eindruck, daß sich mehrere Leben miteinander vermischen: Gewölbe wie ein Kerker, Katakomben, Wanderung durch die Wüste und durch eine Furt, eine anscheinend mittelalterliche Burg, wieder das Gewölbe. Es ist zu vermuten, daß das Erleben der Kälte beim Rebirthing, dem Bewußtwerden der Geburt, frühere Situationen auslöste, die auch mit Kälte zu tun hatten.

Als Vera zur nächsten Therapiestunde kam, brachte sie ein Buch über die Katakomben der frühen Christen mit, und wir unterhielten uns unter anderem auch über die Leben-Jesu-Forschung, ein Thema, das für sie als ursprünglich strenggläubige Katholikin und Religionslehrerin keineswegs einfach zu behandeln war. Anschließend gingen wir in der Tiefenentspannung zurück in die Zeit der Katakomben:

> »Ich ertrage das nicht in dem Gewölbe, wie das Licht hineinkommt durch vergitterte Fenster oder Türen...
> Jetzt ist alles lebhaft, ich sehe einen Marktplatz, Pferde, Händler, Obststände, einen Stand mit Brot ...«

Vera erinnerte sich bei diesem Bild an einen Traum. Plötzlich fiel ihr die Jahreszahl 1521 ein. Nach dem Traum wußte sie diese Zahl nicht mehr, nur ungefähr 1500. Dann setzte sie fort mit den Szenen, die vor ihrem inneren Auge abliefen:

> »Die Marktstände werden überrannt, es ist wie ein Aufruhr. Die Reiter auf den Pferden reiten über alles hinweg. Die Reiter traben auf eine Burg zu, es geht über eine Zugbrücke. Ich sehe, daß die Reiter absteigen und die Rüstungen abstreifen. Sie gehen ein paar Stufen hinunter in einen großen Saal. Jetzt sehe ich Leute mit zusammengebundenen Händen, die hereingeführt werden, auch mit verbundenen Augen. Ich bin nicht bei denen dabei, die hineingeführt werden. Ich sehe mich wieder in dem Gewölbe liegen. Ich kauere mich zusammen, daß ich das hereinkommende Licht nicht sehe ...«

Wir sehen aus diesem Protokoll, wie Bilder vom ersten Mal des Zurückgehens beim zweiten Mal wieder auftreten und nun ergänzt werden.

Zur nächsten Stunde kam die Patientin noch ganz geschockt vom letzten Mal. Das Gewölbe, das Licht von außen, das alles hatte sie im tiefsten Inneren getroffen. Sie erzählte, daß sie einige Tage lang überhaupt kein Licht ertragen konnte. Sie mußte sich zusammenreißen, um überhaupt die wenigen Tage vom letzten bis zum nächsten Termin zu überstehen.

Sie kam zurück auf den das letzte Mal erwähnten Traum. Damals habe sie sich in Frankreich befunden. Das Brot sei in Form einer Schildkröte gebacken worden. 1521 sei übrigens der Reichstag in Worms gewesen.

Die innere Bilderwelt setzte sich damit fort, daß eine Kirche, Chorgestühl, Gesang, Mönche, Nonnen oder ein Orgelspiel auftauchten. Die Orgelmusik wurde ausgesprochen angstbetont erlebt. Der Patientin fiel dazu ein, daß der Karfreitag für sie stets als belastend und deprimierend empfunden wurde, auch das Küssen und Verehren des Kreuzes. An den folgenden Tagen ging der Patientin das Thema Kloster nach, und sie hatte tagsüber mit Übelkeit, Brech- und Würgereiz, Kopfschmerzen zu tun.

Die Arbeit mußte eine Zeitlang im üblichen psychotherapeutischen Sinne weitergehen; es waren beträchtliche Blockaden entstanden, verursacht durch sehr tiefsitzende Ängste. Eine Hellseherin, die frühere Inkarnationen ihrer Klienten sehen kann, half Vera ein Stück weiter. Sie konnte sehen, daß der Pfarrer, für den sie den Orgeldienst für einige Jahre übernommen hatte, in einem früheren Leben ihr Mann war. Sie konnte ihr von drei Leben erzählen, in denen sie als Nonne gelebt hatte. Nach mehrwöchiger Unterbrechung der reinkarnationstherapeutischen Arbeit konnten wir nun fortsetzen. Bevor das kirchliche Thema hochkam, tauchte Ägypten vor dem inneren Auge der Patientin auf. Sie sah eine Pyramide, eine Grabkammer, an den Wänden lauter Hieroglyphen:

> »Die Leute holen immer mehr Sand aus der Erde, wie in eine Höhle wird in die Erde hineingebaut. Außen herum ist aufgeschichteter Sand. Da möchte ich hinuntergehen. Es wird immer noch tiefer ausgebaut...
> Da wird die Grabkammer ausgemalt; da kann man vorlaufen und wieder zurück... Da ist ein Fluß, Wasser, Ufer... am anderen Ufer sind Felder.
> Auf einem Boot befindet sich ein weißer Sarg. Der Tote im Boot wird auf dem Fluß in die Wüste gefahren. Viele Boote sind zu sehen, im ersten Boot der weiße Sarg, dann viele Boote ohne Sarg. Es ist keine Beerdigungsstimmung, alles auf dem Fluß ist sehr lebhaft.
> Der Sarg wird am Ufer ausgeladen, wird in die Wüste getragen. Der Sarg wird in der Grabkammer ganz nach hinten gestellt, sonst sind keine anderen Särge dabei...

Jetzt kommt eine Todesszene. Die Männer erstechen sich gegenseitig, die Frauen werden nicht erstochen, bei ihnen geht es langsamer, das zieht sich lange hin. Die Frauen krümmen sich am Boden. Die nehmen das Gift selbst...

Vera erlebte dann immer mehr, daß sie zu den Dienerinnen gehörte, die nach dem Tode der Prinzessin mit den anderen Dienern und Dienerinnen in den Tod ging, wie das wohl bei den Ägyptern Sitte war.

Eines der nächsten Leben spielte zur Zeit des frühen Christentums in Rom. Vera sah wieder den Marktplatz, den sie schon in einem ihrer Träume und auch in einer der vorstehenden Rückerinnerungen gesehen hatte. Viele Menschen kamen zu Tode, Holzkreuze und Scheiterhaufen traten vor ihrem inneren Auge auf. Vera erlebte sich als die Frau eines Richters. Sie gehörte zu den frühen Christen und beteiligte sich an den Gottesdiensten in den Katakomben. Sie hatte Angst vor ihrem Mann und flüchtete nach einerTeilnahme in den Katakomben mit einem Mann, den sie liebte und der zu den Christen gehörte. Der damalige Ehemann wurde von Vera als streng, unnahbar, erstarrt erlebt, sie konnte mit ihm nicht sprechen. In seinem Haus war es für sie immer kalt und beklemmend.

Der damalige Ehemann muß als Richter mit am Urteil über seine entflohene und später aufgestöberte Frau wegen ihres Bekenntnisses zum Christentum beteiligt gewesen sein. Er tat allem Anschein nach nichts dagegen, als seine Frau von den römischen Soldaten abgeholt wurde.

Im Laufe der nächsten Wochen wurde Vera frei für eine besonders schmerzhafte Begegnung mit ihrer Vergangenheit. Das Thema Kirche tauchte vor ihrem inneren Auge auf:

»Ich sehe die Empore einer Kirche. Ein Priester spielt auf der Orgel. Ich höre von einer Bank aus zu... Das Ganze ist die Anlage eines Klosters... Da sind unterirdische Gänge. Von einem Hof komme ich herunter und sehe da Gräber unter der Kirche. Das sind alte Gräber, Sarkophage mit Grabplatten. Ich weiß nicht, warum ich da immer hineingehe.

Ich sehe mich im Bett liegen, bin krank, es sind Kerzen im Zimmer. Ich sehe den Pfarrer in der Tür stehen, ich sehe eine Frau, eine Nonne, sie sitzt am Bett und hält Wache, sie macht auch die Kerzen an... Ich bekomme ein Gefühl, wie wenn ich die Beine nicht mehr bewegen kann... Der Pfarrer kommt näher, ich sterbe, lauter schwarz angezogene Leute stehen vor der Tür...

Ich muß zuvor ein Kind gehabt haben; es war von dem Priester, dem ich beim Orgelspiel zugehört hatte. Aber niemand hat es gewußt... Ich war seinerzeit auf die Empore gestiegen... wir liebten uns... ein einziges Mal...

Die Nonne am Bett hatte mir geholfen, das Kind zur Welt zu bringen, später war es weg. Es war entweder eine Totgeburt oder die Nonne hat es heimlich beseitigt. Ich habe Zweifel, daß das Kind bei der Geburt tot war... es muß wohl umgebracht worden sein...«

Nachdem Vera die letzten Szenen einigermaßen verarbeitet hatte, berichtete sie weiter. Sie habe nach der Geburt und dem Tod des Kindes nicht mehr in die Kirche gehen können; sie wäre nicht damit fertig geworden, daß ihr Kind tot war. Die andere Nonne hatte ihr gesagt, daß das Kind unter dem Rasen begraben worden sei. Vera erlebte auch nach, wie sie selbst im Kloster später gewaltsam getötet worden sei. Die zehn bis fünfzehn Jahre ältere Nonne, die ihr seinerzeit bei der Geburt geholfen hatte, habe immer wieder das Grab des Kindes und auch ihr Grab besucht. Vera reagierte in den folgenden Wochen weiterhin psychosomatisch mit Übelkeit, Neigung zum Erbrechen, Schwächezuständen; sie mußte auch viel weinen.

Nach diesen Rückerinnerungen wurde Vera der Zusammenhang zwischen Gegenwart und Vergangenheit klar. In ihrem gegenwärtigen Leben erinnerte sich Veras Reinkarnationsbewußtsein, daß Orgel, Empore und Priesterschaft schon einmal ihr Leben geprägt hatten. Die Pralinenschachteln »Mon Chéri« mußten die Erinnerung noch verstärkt haben. In Vera mußte eine panische Angst davor ausgebrochen sein, daß sich eine Wiederholung von damals anbahnen könnte. So war es für sie wie ein Zwang, die Organistentätigkeit aufzugeben und sich aus der Zusammenarbeit mit dem Priester zurückzuziehen.

Vera hatte übrigens inzwischen bemerkt, daß ihr starkes Erröten der Haut an Hals und Brust immer mit kirchlichen Erlebnissen verbunden war. Auch als sie vor kurzem das Programm über Exerzitien in einem Kloster und ein Buch über die Geschichte eines Klosters in die Hand genommen habe, wären sofort wieder die roten Stellen am Körper entstanden. Auch die Zurückhaltung Männern gegenüber, das Gefühl, einmal früh zu sterben und auch die Ablehnung eines eigenen Kindes finden in den bisherigen Rückerinnerungen eine Erklärung.

Eine letzte Rückerinnerung soll noch berichtet werden. Sie wird uns in Jesu Zeiten zurückführen. Vera berichtete darüber:

> »Schwerter... tote Kinder... Aufruhr... ich höre lauter Kinder schreien... Es wird mir unheimlich heiß; da hat es so viele Leute auf dem Platz... ich sehe tote Leute und Kinder auf dem Boden, lauter Erstochene... ich bin dabei, renne über die Straße, alle rennen durcheinander...
> Ich liege am Boden, es ist jetzt dunkel und still. Das Kind, mein Kind, ist tot. Ich sehe da kein Leben mehr... Die toten Kinder und toten Erwachsenen werden begraben... Ich bewege mich nicht von der Stelle, ich will nicht, daß das Kind begraben wird... Ich werde weggeholt, weggezerrt von dem Kind. Dann sehe ich nichts mehr...«

Wir liefen in der Zeit zurück, vor den Ausbruch der Kindestötungen. Vera sah mehrere Zelte, Kinder spielten vor den Zelten:

> »Die Kinder kommen auf der Wiese durch die Schwerter um. Die Soldaten stechen von den Pferden auf die Kinder, holen sie hoch und erstechen sie. Sie töten auch die anderen Menschen, die sich ihnen entgegenstellen...
> Ich renne allein aus dem Zelt, ich sehe einen Mann, der mich abends von dem toten Kind wegzerrt. Ich sehe, wie der Mann das Kind ohne Sarg in den Boden legt und begräbt. Da sind

schon mehrere Gräber. Da wird das Kind mitbegraben, da sind eine Reihe von Gräbern nebeneinander... Ich sehe mich dann wieder im Zelt sitzen und starre vor mich hin...«

Als wir eine Pause machten, fühlte sich Vera wieder wie abgestorben, so wie damals in der Zelle mit der Nonne, als sie ihr Kind bekam, dann bei den Christenverfolgungen im Kerker und nach dem Tod des Kindes im Zelt. Was Gräber anbetrifft, fiel ihr auch ein, daß sie keine Gräber gießen kann. Auffallenderweise steht aber das Elternhaus, in dem Vera wohnt, gegenüber von einem Friedhof, und das Hausgrundstück war im letzten Jahrhundert einmal Teil eines Friedhofes.

Die Geschichte zu biblischen Zeiten war noch nicht zu Ende. Wir ergänzten sie während der nächsten reinkarnationstherapeutischen Arbeit. Nochmals tauchte das Nomadenzelt auf, die Szene mit der Ermordung ihres Kindes durch einen Soldaten, die Beerdigung. Dann setzte sich der Weg in die Vergangenheit fort:

»Ich sehe eine Wüstenlandschaft, einen Fluß in der Wüste, unheimlich viele Leute am Fluß, ich schaue zu... Wie ich im Zelt sitze, kommen die Leute in die Wüste, Zelte sind in der Nähe... Die Leute kommen ohne Gepäck... ich gehe aus dem Zelt nicht heraus...

Draußen ist alles sehr hell. Ich erlebe mich in dunklen, schwarzen Kleidern, ich habe einen Schleier. Ich glaube, daß es mehrere Tage so weiter geht. Die Leute sollen in dem Fluß baden. Es sind kleine Boote in dem Fluß, der Fluß ist auch nicht tief. Ich sehe das Flußufer... Soll das eine Taufe im Jordan sein? Das sieht sehr schön aus, unheimlich hell ist es...

Ich sitze noch ganz schwarz in dem Zelt. Ich selbst gehe nicht an den Fluß... Die Leute werden in den Zelten verpflegt, aber nicht von mir, ich kümmere mich nicht darum, wie wenn mich alles nichts anginge... Wenn ich hinausgehe, dann nicht zum Fluß, ich weiß nicht, was mich davon abhält, ich gehe nur in Richtung der Wüste...

Da ist ein Lagerfeuer, ich sitze dabei, da sitzen noch andere herum, in einem Hof, es ist keine Wüste, der Hof hat Pflastersteine, da sitzen alle auf dem Boden um das Feuer herum. Es ist alles sehr hektisch, Leute kommen und gehen...
Ich muß an bestimmte Stellen aus der Bibel denken... ich sitze so, daß man mich im Gesicht nicht sieht... ich sehe die ganze Szene von der Seite her... ich habe das Gesicht verschleiert, so daß nur die Augen frei sind...
Ich sehe mich zwischen lauter Verkaufsständen, so wie bei einem Krämermarkt. Alles ist ziemlich eng... ich höre laute Schreie auf dem Markt. Da kauft keiner etwas auf dem Markt, das ist, wie wenn die Leute nur durchgeschoben werden...
Ich sehe Szenen aus der Passion, aber sind sie Altardarstellungen oder aus einem Film?...
Ich sehe Soldaten, wie sie die Leute auseinandertreiben, eine Gasse machen. Mir kommt es vor wie ein Kreuzgang. Ich sehe, wie ein Mann sein Kreuz durch die Straßen trägt. Die Leute werden auf die Seite gedrängt. Ich erlebe mich so, daß ich in der Masse mitgeschoben werde. Ich sehe jemand, der immer wieder auf die Szene schauen will, ich sehe lauter Treppen, enge Gassen, daß der Zug sich hindurchbewegt...
Ich werde von der Neugierde mitgetrieben, sehe das alles wie ein Schauspiel ablaufen... jetzt ist es so, wie wenn es Mittag wäre, unheimlich heiß, kein Schatten, alles unter praller Sonne. Ich sehe jetzt auch keine Häuser mehr, nur wie so Feld, alles ausgetrocknet...
Eine Kreuzigung läuft ab, mir wird es unheimlich heiß, ich warte darauf, ich gehe nicht, bevor alles geschehen ist. Die Leute harren aus, für viele scheint es nichts Besonderes zu sein. Viele scheinen das schon öfters gesehen zu haben...
Ich sehe das alles auf einer Anhöhe vor mir. Ich bin nicht weit weg vom Kreuz, wundere mich, daß da nicht alles abgeschränkt ist. Es ist wie ein Menschenauflauf. Ich sehe das alles ohne eine Empfindung, es läßt mich alles ganz kalt. Ich habe dabei keine Empfindungen...

Das ist so, wie wenn da schon mehrere andere Kreuze gestanden hätten, ich sehe ein Kreuz, das ist größer als die anderen. Die Leute laufen zwischen den Kreuzen herum.
Diejenigen, die die Verurteilten an die Kreuze anbinden oder sie anschlagen, kümmern sich gar nicht um die Leute. Da läuft jeder herum, wie es ihm zusagt, da kann jeder so nahe kommen, wie er will.
Ich sehe, wie da jemand angenagelt wird. Das schockiert mich gar nicht. Ich sehe ihn an den Händen angeschlagen, ich sehe aber auch andere an Stricken angeschlagen. Dann sehe ich auf der anderen Seite eine Gruppe von Trauernden, wenige nur, vielleicht drei oder vier.
Wenn die Kreuze aufgestellt sind, gehe ich weg. Ich habe nur gewartet, daß die Kreuze aufgestellt werden. Die meisten Leute gehen wieder zurück in die Stadt... Ich sehe nicht, ob die Menschen am Kreuz sterben.
Ich sehe eine Frau in einem weißen Gewand, die ist fröhlich, unbeschwert, wie für ein Fest in der Stadt gerichtet...«

Es könnte sein, daß Vera tatsächlich in Palästina lebte, als Jesus von Nazareth dort lehrte und schließlich ans Kreuz geschlagen wurde. Nachdem sich Vera sehr intensiv mit dem Christentum befaßt hat, katholisch erzogen wurde, selbst die Lehrerlaubnis für katholischen Religionsunterricht erworben hat, könnte man meinen, daß die Beschäftigung mit dem Christentum bei ihr eine Reihe von Phantasien ausgelöst habe. Es kommt dazu, daß Vera ihre Prüfungsarbeit über die Gleichnisse Jesu geschrieben hat.

Als Vera vor vielen Jahren während ihrer Israel-Reise in Jerusalem war, hatte sie eine panische Angst vor einem Besuch in der Grabeskapelle. Sie war aber dann in der Krypta, wo das Kreuz gefunden worden sein soll und zündete dort eine Kerze an.

Auffallend ist übrigens noch, daß Vera trotz des Religionsunterrichts, den sie gab, es stets vermied, mit den Schulkindern zu beten.

Im Anschluß an diese Szenen aus biblischer Zeit erwähnte Vera ergänzend, daß sie bei der Szene am Lagerfeuer richtig froh gewesen wäre, daß am nächsten Tag die Kreuzigung stattfinden würde. Warum denn nur? Nun, sie erlebte, daß dieser Jesus von Nazareth indirekt schuld war am Tode ihres Kindes. Denn ihn hätte es ja seinerzeit nach seiner Geburt treffen sollen, und nicht ihr Kind! Sie dachte dabei an den angeblichen oder tatsächlichen Herodesbefehl, die Erstgeburten zu töten.

Vera war darüber hinaus auch deshalb geschockt, weil sie nacherlebte, damals auf der »falschen Seite« gestanden und die Predigten Jesu nicht angenommen zu haben.

Wie verlief Veras Leben weiter?

Die psychosomatischen Beschwerden klangen immer mehr ab. Bei einer geselligen Veranstaltung im Kollegenkreis lernte sie einen ebenfalls religionsphilosophisch interessierten jungen Herrn kennen, der sich zunehmend in sie verliebte. Vera war eine Zeitlang sehr abweisend, aber über einige Monate hinweg ergab sich eine Freundschaft, die vor wenigen Jahren in eine Ehe einmündete.

Der Partner und Vera machten zu Beginn ihrer Bekanntschaft eine ganze Reihe von Besuchen in Burgen, Klöstern, Kirchen; beide hatten ein gemeinsames Interesse entdeckt. Vera kann heute wieder Musik hören, sie spielt wieder Klavier und Orgel, was sie über sieben Jahre nicht mehr getan hatte. Die Leben-Jesu-Forschung ist für sie besonders wichtig, und sie will sich noch mehr mit der in den letzten Jahren über dieses Gebiet erschienenen Literatur beschäftigen. Vera spürt deutlich, wie sie freier, offener geworden ist und auch zu anderen Menschen bessere Kontakte aufbauen konnte. Sie mußte aber auch ein erhebliches Maß an Trauerarbeit leisten, um ganz in das gegenwärtige Leben hineinzufinden und es bewußt gestalten zu können.

Veras Geburtsbild

Abbildung 25 zeigt Veras Kosmogramm. Wenn wir wieder unser Auge schweifen lassen, dann sehen wir eine dreifache Besetzung des Zeichens Steinbock mit Sonne, Merkur und Venus. Daraus ergibt sich für das Leben eine starke Ausrichtung durch die Tradition, das überkommene Geistes- und Kulturgut. Die Vitalität und eigene Körperlichkeit, der Intellekt, die Art der Zärtlichkeit werden davon geprägt.

Dann finden wir das Zeichen Fische, das gern mit Religion, Geschichte, Archäologie, alten Kulturen in Zusammenhang gebracht wird, besetzt mit Jupiter und Mondknoten. Innige Religiosität und auch das Interesse für religiös ausgerichtete Gruppen und Gemeinschaften werden daraus sichtbar.

Nun soll auf eine Struktur hingewiesen werden, die neben der Gewalt auch die Tragik zeigt, die Vera in dieses Leben mitbrachte. So sehen wir die Opposition von Mars und Pluto, und damit sind noch Merkur und Saturn gekoppelt. Das geübte Auge würde sehen, daß Mars und Pluto über ein Halbquadrat bzw. ein Anderthalbquadrat mit Merkur und Saturn verbunden sind; Merkur wiederum bildet ein Quadrat zu Saturn und eine Opposition zu Uranus des Geburtsbildes. Und auch der Uranus im Zeichen Krebs ist noch mit einbezogen. Abbildung 26 zeigt diese Struktur noch deutlicher. Was soll aber nun diese Kombination Merkur – Mars – Saturn – Uranus – Pluto aussagen?

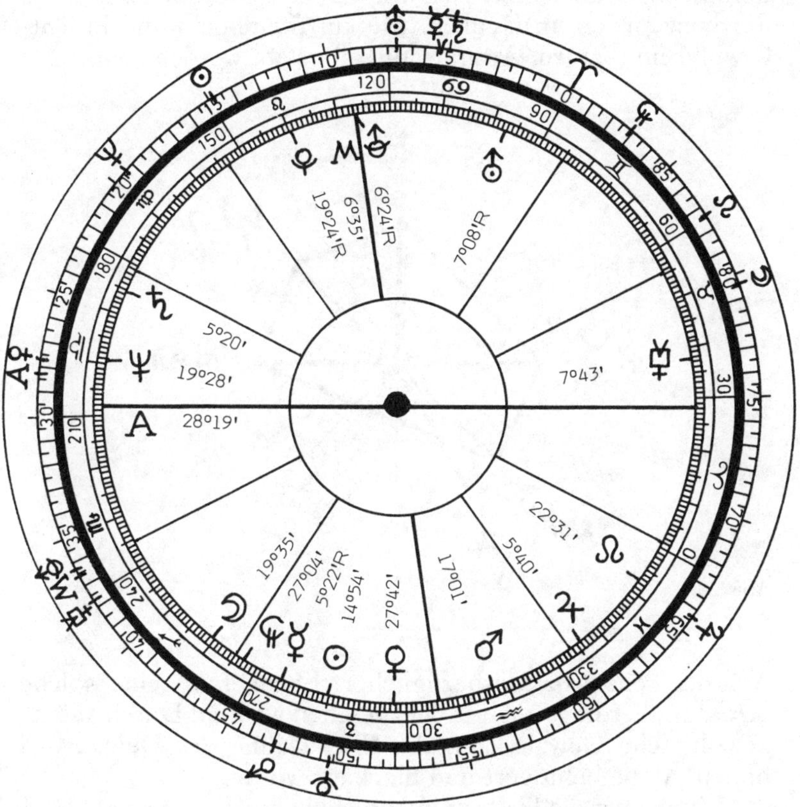

Abb. 25: Vera, geboren 1951

Mars – Uranus – Pluto bedeutet zunächst eine außergewöhnliche Energie, die eingesetzt werden kann. Merkur hinzugenommen läßt übersetzen, daß diese außergewöhnliche Energie mit konzentriertem Denken (Merkur/Steinbock) und Pflichtbewußtsein (Saturn/Waage) sinnvoll gelebt werden kann.

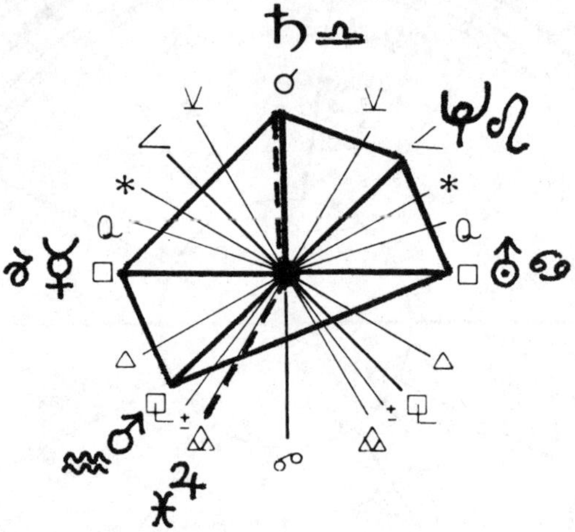

Abb. 26

Auf der reinkarnationsbezüglichen Ebene muß eine solche Struktur allerdings auch anders gesehen werden: Durch außergewöhnliche Gewalt kann die Entwicklung des Denkens in hohem Maße behindert und blockiert worden sein!

Nehmen wir die Halbsummentechnik hinzu, dann zeigt sich, daß folgende Ableitungen gewonnen werden können:

Mars/Saturn = Venus
Sich karitativ einsetzen. Für Tugendhaftigkeit eintreten. – Seine Empfindungen und Gefühle verstecken, einmauern, einbunkern. – Moralische Bedenken, altjüngferliches Verhalten, eventuell Problem-Ehe.

Mars/Saturn = Aszendent
Sich beengt fühlen, Atembeschwerden oder Todesangst. – Die Arbeit als hart und schicksalhaft erleben. – Beschäftigung mit dem Tod und dem Leben danach. – Die Gemeinschaft als Belastung und Hemmnis empfinden.

Mars/Pluto = Merkur
Sich nervlich und kräftemäßig immer wieder total übernehmen. – Zusammenbrüche riskieren. – Aggressionsträchtiges Denken.

Saturn/Uranus = Merkur
Neigung zu Zittern, Krämpfen oder Schlafstörungen. Denkhemmungen und Sprechangst.

Saturn/Uranus = Pluto
Neigungen zu Verkrampfungen des Bewegungsapparates. Rükken- und Gliederschmerzen. – In kollektive Kraftproben hineingeboren werden. – In Massenschicksale verflochten sein. – Unter Druck und Zwang stehen.

Saturn/Pluto = Venus
Zärtlichkeitsverbote. – Ecclesiogene (kirchlich bedingte) Neurose. An seinem Los schwer tragen. – Gefühlskalt oder verbittert. – Seine Liebe aufgeben oder aufopfern, Verzicht auf Mutterschaft.

Saturn/Pluto = Aszendent
Opferhaltung. – Das Leben als Erpressung erleben. – Sich als herz- oder gefühllos erleben. – Geschlossene Anstalt, Kloster, Gefängnis.

Uranus/Neptun = Sonne
Schwankungen zwischen gerötetem und fahlem Aussehen, sich schnell erschöpfen. – Hochgradige Abhängigkeit von Umwelteinflüssen.

Uranus/Pluto = Venus
Neigung zur Verkrampfung im Genitalbereich. – Provokation oder Zwang im erotisch-sexuellen Bereich.

Uranus/Pluto = Aszendent
Traumatische Geburt für Mutter und Kind. Sich zum Leben gezwungen fühlen. Erpressen oder erpreßt werden.

Neptun/Pluto = Mond
Extreme Beeinflußbarkeit des psychosomatischen Gleichgewichts. – Übersinnliche Wahrnehmungen und Erlebnisse. – Vorahnungen.

Diese besprochenen Aspektstrukturen und Halbsummenbeziehungen sind natürlich bei weitem nicht alles, was aus einem Kosmogramm herausgearbeitet werden kann. Es wurden nur die Faktoren erwähnt, die neben der Gegenwart auch einen Bezug zur Vergangenheit im Sinne des Reinkarnationsbewußtseins haben.

Es darf davon ausgegangen werden, daß nach Bewältigung der gravierenden Belastungen aus der Vergangenheit früherer Inkarnationen und deren psychotherapeutischer Verarbeitung in der Patientin zunehmend Kräfte freiwerden, die sich in positiver Weise beruflich, partnerschaftlich und interessenmäßig sinnvoll schicksalsgestaltend einsetzen lassen.

Erwin kann nicht mehr in seiner Backstube arbeiten

Erwin ist Bäcker- und Konditormeister; er hat eigene Rezepte entwickelt; vor einigen Jahren konnte er das elterliche Geschäft übernehmen. Er ist verheiratet mit einer Frau, die er sehr liebt und die mit ihm im Geschäft tätig ist; er hat drei Kinder. Der 31jährige Mann litt seit rund zehn Jahren an Asthma. Vor zwei bis drei Jahren hatte sich zusätzlich eine Mehlallergie entwikkelt. Bisherige ärztliche Behandlungen führten zu keinem Ziel; eine Heilpraktikerkollegin konnte ihm zeitweise helfen, meinte aber dann, daß ein hoher psychogener Anteil an der Erkrankung bestehen dürfte. Sie überwies Erwin in meine Praxis. Erwin konnte schon zwei Jahre lang nicht mehr voll arbeiten.

Am schwersten wirkte sich die Erkrankung darauf aus, daß Erwin gar nicht mehr in der Backstube arbeiten konnte und dem Gesellen und den Lehrlingen die praktische Arbeit nach seiner Anleitung überlassen mußte. Die finanzielle Situation des Geschäftes war dadurch zunehmend schwieriger geworden.

Die Lebensgeschichte

Neben dem Asthma hatte sich vor Jahren eine Nierenentzündung entwickelt, die zunächst mit Antibiotika behandelt wurde. Wegen der Atembeschwerden des Patienten wurde auch eine Nasenscheidewand-Operation vorgenommen. Darüber hinaus litt Erwin an Ein- und Durchschlafstörungen.

Erwin kam durch Zangengeburt auf die Welt. Dabei soll damals eine Gehirnquetschung entstanden sein mit nachfolgenden Durchblutungsstörungen. Im zweiten und dritten Lebensjahr litt Erwin unter einer Mittelohrentzündung, die mit Antibiotika behandelt wurde und eine Retardation der geistig-intellektuellen Reifung nach sich zog.

Erwin hat einen geistig behinderten Bruder, der naturgemäß von den Eltern besondere Aufmerksamkeit forderte. Dieser Bruder ist fünf Jahre älter als Erwin.

Mit der Bäckerei, die ursprünglich einem Onkel Erwins gehört hatte, dann von seinem Vater und letztlich von Erwin übernommen wurde, ergaben sich immer wieder beträchtliche Probleme. Erwin hatte aus seiner Lehrlingsausbildung und der Meisterschule viel über die Möglichkeiten gelernt, eine Bäkkerei und Konditorei mit Ideen und Dynamik zu führen, aber er wurde durch die ältere Generation in seinen Intentionen beträchtlich behindert, bis er dann vor einem Jahr den Betrieb übernehmen konnte. Aber bis heute hat er mit der Verwandtschaft, die im Nebenhaus wohnt, große Schwierigkeiten, das Unternehmen räumlich zu erweitern und Umbauten vorzunehmen.

Erwin war einige Jahre lang Ministrant und hätte auch gern katholische Theologie studiert. Weil er dann nicht hätte heiraten dürfen, nahm er von dieser Berufsrichtung Abstand. Vor einigen Jahren, als er wegen seines Leidens nach Lourdes reiste, war er von diesem Ort tief beeindruckt.

Zu seinem Vater hatte Erwin ein im allgemeinen gutes Verhältnis; allerdings setzte ihm der Generationskonflikt, wie er in Handwerksfamilien nicht selten ist, zu. Der Vater war ein guter Bäcker, aber Erwin sah sich veranlaßt, neue Rezepturen für den heutigen Publikumsgeschmack zu entwickeln. Der Vater starb vor einigen Jahren.

Die Mutter ist ein eher aggressiver Typ, gegen den sich Erwin kaum wehren kann. Eine frühkindliche Erinnerung belastete den Jungen sehr: Erwin war mit der Mutter auf dem Friedhof und sollte ihr etwas helfen. Er tat es nicht. Daraufhin wurde er von ihr geschlagen, und sie äußerte gegenüber dem Dreijährigen: »Wenn du gestorben bist, dann stelle ich dir später auch keine Blumen auf dein Grab!«

Die Mutter muß große Angst vor Erwins Geburt gehabt haben, denn vorher hatte sie eine Totgeburt, dann ein behindertes Kind, Erwins schon erwähnten älteren Bruder, dann eine Fehlgeburt; Erwin kam an vierter Stelle. Die Muttermilch konnte er als Baby nicht vertragen; er reagierte darauf mit Erbrechen und Durchfall. Diese frühen Erlebnisse waren sicher mit dazu angetan, im Laufe der Jahre asthmatische Symptome zu entwickeln; aber nach ihrer Aufarbeitung wurden sie zwar schwächer, verschwanden aber nicht.

Erwin hatte zwei schwere Autounfälle. Beim ersten Mal, mit ungefähr sechs Jahren, war er in ein Auto gelaufen und erlitt dabei eine Gehirnerschütterung; beim zweiten Mal, mit zwanzig Jahren, war er selbst gefahren, auf Eis ins Schleudern gekommen und eine Böschung hinuntergerutscht.

Die Schulzeit Erwins war zeitweise durch einen Lehrer stark belastet, der auf Erwin die Aversion, die er gegen seinen älteren behinderten Bruder hatte, übertrug.

Die Lehrlings- und Gesellenzeit durchlief Erwin mit sehr gutem Erfolg, auch wenn er da und dort Schwierigkeiten mit seinem Meister hatte. Überhaupt hatte sich der Patient immer wieder gegen Intrigen zu wehren. Das zeigte sich auch während der Ausbildung bei der Bundeswehr in einem Unteroffizierslehrgang, als es zu einer Prügelszene kam. Erwin hatte sich durch ungerechtes Verhalten seines Vorgesetzten in eine Prügelei mit ihm eingelassen. Das hatte dazu geführt, daß er den Unteroffizierslehrgang verlassen mußte und auch nicht mehr befördert wurde.

Wir wissen heute, daß Asthma oft psychogen bedingt ist. Da kann eine gluckenhaft besetzende und beengende Mutter eine Rolle spielen, was für Erwin durchaus zutrifft. Dann können Ungerechtigkeiten im Spiele sein, die Unfähigkeit, sich zu wehren und sich dann zu verkrampfen. Nicht zuletzt kann auch das Geburtstrauma eine Rolle gespielt haben, durch Erwins Zangengeburt ein nicht zu unterschätzender Hintergrund.

Besonders auffallend war, daß die Asthma-Anfälle immer Freitag abend auftraten, wenn mit Hochdruck die Vorbereitungen für den Samstagverkauf zu tätigen waren. Ein anderer Grund war, daß der behinderte Bruder, wegen dessen Unbeholfenheit Erwin zu Schulzeiten oft verlacht wurde, aus der Behindertenwerkstatt Freitag abend heimkam und dann während der samstäglichen Stoßzeit für die Reinigung der Backbleche sorgen sollte. Die Reaktion auf das Hänseln durch die Schüler in der Gewerbeschule ging einmal so weit, daß Erwin zu seiner Verteidigung sein Taschenmesser zog.

Im Verlauf der üblichen psychotherapeutischen Behandlung zeigte sich immer mehr, daß es Gründe für das Asthma und die Mehlallergie geben müsse, die weiter zurückreichen. Wir entschlossen uns deshalb dazu, den reinkarnationstherapeutischen Weg zu gehen, dabei aber die übliche psychotherapeutische Arbeit nicht zu vernachlässigen.

Erwins Träume

Der Patient träumte immer wieder von Feuer, das ihn in hochgradige Erregung mit viel Angst versetzte. Überhaupt bekam er sofort ein beengendes Gefühl, wenn irgendwo geraucht wurde oder aus einem Ofen Rauch entwich.

Schon während der psychotherapeutischen Arbeit hatte Erwin den Traum, zu spät in die Backstube zu kommen. Bei seiner Arbeitsunfähigkeit nur zu verständlich!

Schockierend war für ihn: »Ich habe jemanden mit dem Gürtel erwürgt.« Dieser Traum könnte auf ein gravierendes Erlebnis in einem früheren Leben hinweisen.

Erwins Rückerinnerungen

Das Reinkarnationsbewußtsein gab eine Reihe von Rückerinnerungen frei, die uns weiterhalfen: Eine Kreuzigungsszene trat auf, Katakomben ... ein Bild wie zur Zeit der Kreuzzüge, und dann brach eine auffallende Szene durch:

> »Katakomben, ich kann mich nicht wehren, ich muß mich anschimpfen, anspucken lassen. Ich werde hinausgetrieben wie der Petrus ... Ich muß mit den Löwen kämpfen, muß mich verteidigen, wie in einer Arena ... Die Löwen haben Angst, sie weichen zurück ... Steine fliegen auf mich ... ich

werde gegeißelt. Jetzt habe ich einen Schmerz am Herzen. Es brennt an der Seite der Arena. Mein Körper wird ganz warm. Sie versuchen, mich mit Pech zu übergießen... Die rennen wirr durcheinander, die Leute in der Arena, auch die Zuschauer... ich habe mich in nichts aufgelöst... Davor bekam ich Feuer auf die Haut, auf den Kopf; ich kämpfe, laufe herum... Ich wurde aus der Menge heraus verhaftet, irgendwo im Dunkeln, in einem Gewölbe, in einem Gang. Ich werde durch Gänge herausgezerrt. Da ist eine vergitterte Zelle, wo schon andere sind. Sie erwarten Hilfe von mir. ›Du kannst uns helfen‹, sagen sie mir. Ich bekomme von ihnen die Kraft, zu helfen. Ich kann mich den Löwen stellen. Die Löwen haben Angst vor mir, oder sie wollen mich nicht angreifen.«

Das Eingesperrtsein, die Aussichtslosigkeit in einer Arena zur Zeit der frühen Christen, das Feuer, das Pech können durchaus mit den Asthma-Anfällen in Beziehung stehen. Denken wir übrigens dabei an die Tätigkeit des Bäckers und Konditors: Er in seiner Zunft ging und geht mit dem Feuer um, ja, es gehört zum Beruf, das Feuer zu beherrschen, damit das Brot nicht anbrennt!

Nachdem die anderen Gefangenen von ihrem Mitgefangenen Hilfe erwarteten, war es vielleicht wichtig herauszufinden, woraus sie diesen Eindruck schöpfen konnten. Wir gingen deshalb in der Zeit noch weiter zurück:

»Ich wandere durch die Länder, durch die Wüste. Ich komme in eine Stadt. Es spielt sich jetzt so ab wie in der Bibel...
Ich möchte den Leuten helfen, sie auf den richtigen Weg bringen, ihnen zeigen, daß es eine bessere Welt gibt. Ich erzähle ihnen von Jesus... Ich versuche sie zu überzeugen, ihnen Beispiele zu geben... Ich verlasse die Stadt, ziehe weiter. Ich gehe durch die Wüste, will eine Oase finden... die Sonne brennt, ich habe Durst und Hunger... es besteht die Gefahr des Verdurstens ...«

Wenn wir bedenken, daß Erwin einmal Theologie studieren wollte und auch sonst eine starke soziale Ader hat, läge es nahe, auch an ein weit zurückliegendes Predigtamt zu denken.

Erwin überwand allem Anschein nach die Wüste, wurde dann allerdings aufgegriffen, eingesperrt und dann mit den anderen Gefangenen den Löwen vorgeworfen und verbrannt.

Haben Sie schon einmal darüber nachgedacht, warum teure Filme wie *Quo vadis* und *Spartakus* gedreht worden sind? War es nur der Profit, eine faszinierende Rückschau in die Geschichte? Ich vermute, daß die Hersteller, Schauspieler und Filmbesucher ein gut Stück ihrer eigenen Ängste aus früheren Leben damit verarbeiten und bewältigen konnten. Ob sie es selbst vermuten oder wissen? Kehren wir zu Erwins Spuren zurück:

»Ich möchte etwas herstellen, ein Boot, ich bin ein Fischer. Jetzt bin ich auf dem Boot, es stürmt, es fängt an zu kentern. Ich kann mich gerade noch an Brettern festhalten. Das Meer wird hin und her gepeitscht. Haie kommen, sie greifen mich an, sie zerstückeln mich, es geht für mich tödlich aus.«

Asthma wird oft psychosomatisch erklärt als unterdrückter Schrei. Sollten wir in obigem Erlebnis eine Korrespondenz dafür finden? Wir lassen Erwin weitersprechen:

»Jetzt komme ich mir vor wie in der Steinzeit. Mein Körper ist stark behaart; ich bin irgendwo im Wald. Felsbrocken stürzen auf mich, ich werde aber nicht getroffen. Es ist, wie wenn die Erde beben würde, wie ein Vulkan...
Mein Hals wird durch einen anderen zugedrückt. Es herrscht Feindschaft zwischen uns. Ich muß schwer kämpfen, bekomme keine Luft. Der andere wird von einem Tier angefallen, ich werde ohnmächtig... Der andere läßt von mir ab, wird von einem Tiger oder Panther getötet... Ich bin noch bewußtlos, liege einen Tag oder so... nun sehe ich eine Art Dinosaurier, er kommt auf mich zu. Ich kann wieder reagieren... ich muß das Tier töten, es gelingt mir auch... mir tut der Hals weh, wohl von dem Würgen der anderen ...«

In der Rückerinnerung treten oft körperliche Beschwerden auf, die auch eine Zeitlang anhalten können, wenn der Patient die Tiefenentspannung verlassen hat, sie verlieren sich aber dann relativ schnell, wenn man den Patienten wieder ganz in die Gegenwart zurückgeholt hat.

Nach den ersten Rückerinnerungen besserte sich das Befinden zusehends, Erwin konnte wieder für einige Stunden in seiner Backstube arbeiten, aber er war noch nicht »über den Berg«. Länger als drei bis vier Stunden schaffte er es noch nicht.

Ein neues körperliches Symptom trat auf: Schmerzen hinter den Augen, auch eine Neigung zum Erbrechen. Dann wieder einige Tage mit Ängsten, in die Backstube zu gehen, und dann kam ein stressiger Freitag, an dem Erwin ohne den geringsten Asthma-Anfall mit seinem Gesellen und den Lehrlingen voll arbeiten konnte. Der Patient fühlte sich sichtlich freier. Die reinkarnationstherapeutische Arbeit mußte aber noch weitergehen, und es traten eine Reihe für ihn sehr wichtiger Rückerinnerungen auf:

»Eine Gaskammer in einem Konzentrationslager, einem KZ. Ein wahnsinniger Kampf um das Überleben... Da fällt mir gerade ein, daß ich mich auch schon vor einigen Jahren mit solchen Situationen beschäftigte... Baracken, riesige Gräben, Massengräber, das Leid der Leute.

Ich bin in einer Baracke, zusammengepfercht, eingesperrt, eingeengt, die Freiheit fehlt... Du kommst heraus, mußt in der Kälte antreten, du siehst, was mit anderen Gefangenen passiert, daß die gleich in die Gaskammer kommen, verbrannt werden, in den riesigen Öfen... Angst davor, daß es einem selbst passieren könnte... jetzt bin ich selbst in einer Gaskammer drin, du konntest dich retten... da du nicht stirbst, quälst du dich heraus, wirst auf einen Karren geworfen, konntest dich retten, wie wenn das Gas nicht gereicht hätte...

Mir ist, wie wenn ich von hinten angeschossen worden wäre. Die schmeißen mich auch in ein solches Grab hinein. Es kommen noch mehr dazu, das Grab wird zugeschaufelt. Da ist eine Planierraupe oder so etwas Ähnliches. Ich bin irgendwie am Boden und sterbe im Massengrab. Den letzten Teil habe ich von oben gesehen ...«

Wir verfolgten die Zeit zurück, wollten sehen, wie das Ganze angefangen hatte:

»Vielleicht wollte ich jemandem helfen, ihn verstecken, daß er durchkommt oder so... ein guter Bekannter, ein Freund... einer, der weiß, was geschehen wird... der wissenschaftlich gearbeitet hat, den Schwindel nicht mehr mitmachen wollte... Es ist so, wie wenn wir beide auf der Flucht gewesen wären... Ich mußte wohl flüchten, weil ich irgendein Priester oder Pfarrer war.
Vorher im Dorf getrauten sie sich nicht, uns zu verhaften. Sie wußten, daß wir im Sinne des Glaubens lebten... wir sind dann im Gefängnis. Wir sollen entscheiden, ob wir für unseren Glauben eintreten oder freiwillig ins KZ gehen wollen. Wir gingen freiwillig ins KZ. Mein Mitgefangener versucht, den anderen Kraft zu geben, durchzuhalten...
Im KZ angekommen, sind wir ganz ruhig. Die anderen Leute werden aufmerksam, schauen auf uns... Ich bin wohl auch Priester. Wir haben in den Baracken dann Messen abgehalten... von uns ging eine starke Kraft aus...
Wir haben uns nicht einschüchtern lassen, haben nach unserem Gewissen gehandelt, obwohl viele vergast wurden, weil sie an unseren Gottesdiensten teilnahmen. Die anderen kamen immer wieder. Irgendwie sind wir unverletzbar, unangreifbar. Ich war in der Gaskammer, kam aber wieder heraus. Ich bin mit ihnen hineingegangen. Aber ich komme körperhaft wieder aus der Gaskammer heraus.
Später erhalte ich den Schuß in den Rücken und liege dann tot im Massengrab.«

Der Patient kann dann noch mit seinem inneren Auge sehen, wie später das Lager befreit wird und sein Freund das KZ überlebte, gezeichnet von Schmerzen, Qualen, Folterungen.

Als Erwin aus der Tiefenentspannung zurückkehrte, hatte er sichtlich Atembeschwerden, und es fiel ihm schwer, wieder ganz in die Gegenwart zurückzukehren.

Als wir dieses Leben nochmals nacharbeiteten, Ergänzungen herholten, ergab sich, daß Erwin in einem Heim oder Internat in Schönstadt bei Koblenz gelebt hatte. Es muß ein Gespräch mit dem zuständigen Bischof gegeben haben, worin er dringend gebeten wurde, nicht offen für den Glauben einzutreten. Nach diesem Gespräch muß ein Bombenangriff auf Köln stattgefunden haben, und Erwin erlebte, wie ein brennender Balken auf ihn stürzte und er davon eine Verbrennung am linken Arm davontrug. Er kam ins Krankenhaus oder Lazarett und traf dort auf einen anderen Priester, mit dem zusammen er später verhaftet wurde. Nach der Entlassung wollte er sich allem Anschein nach in den Schwarzwald zurückziehen, war auf der Flucht, versteckte sich in einer Höhle, wurde dann letztlich gefunden und verhaftet, wie wir oben schon gehört haben.

Auch das Mittelalter mit seinen Grausamkeiten gehörte einmal zu Erwins Leben:

»Ich bin Schmied. Ich stehe am Amboß in einer Schmiede und schmiede eine Art Handschellen und Ketten. Ich will das nicht tun. So ein rundes Ding habe ich jetzt geschmiedet. Ich überlege, was es sein könnte ... man verleumdet mich: ich würde die Ketten nicht richtig schmieden, so daß die Gefangenen abhauen könnten; ich würde das wohl absichtlich machen. Ich soll zu einem Verhör gehen, wehre mich dagegen ...
Ich sehe jetzt die Stadtmauer, bin in der Stadt drinnen. Da ist eine Frau mit Kindern, ich denke an Hexenverbrennung. Es wird auf dem Markplatz sein, es erinnert mich an Freiburg im Breisgau ... da spielen Verleumdungen, Intrigen eine Rolle, eine Hetzjagd beginnt.
Irgend jemand wird verbrannt. Ich sehe das vom Boden aus, als wenn ich unten dabeistehe. Einige wollen mich greifen ... Ich kann dem nicht zuschauen. Die wollen mich verbrennen. Ich werde gefangen genommen, fühle mich beengt. Jetzt bin ich wie in einem Keller, als wenn sie mich foltern wollten.

Unten stehen einige um einen Foltertisch herum... Ich schwebe jetzt, habe das Gefühl, als wenn ich vorher auf dem Foltertisch gelegen hätte.
Sie haben Pech auf mich gegossen, aber mir macht es nichts mehr aus. Sie wollen mich verbrennen, tragen mich zu einem Scheiterhaufen. Sie verbrennen mich jetzt, ich sehe es von oben... Es ist so, als wenn ich auf einer Reise bin... ein herrliches, freies Gefühl, so schwebend über den Dingen zu stehen... Da sehe ich jetzt die Stadt unter mir...
Die Leute unten schreien, als wenn sie den Falschen erwischt hätten, sie schreien nach einem neuen Opfer. Das könnte meine Frau sein...
Da ist wieder Feuer auf dem Scheiterhaufen, wahrscheinlich werden meine Frau und auch die Kinder verbrannt... Ich habe ein Gefühl, frei und losgelöst, ein Glücksgefühl... und die da unten schmoren vor Wut und Groll ...«

Wir erlebten mit Erwin mit, wie Verleumdung und Intrigen entstanden und er darunter litt. Letztlich geht es für ihn tödlich aus, mit Folter, Hitze, Feuer. Als Schmied hatte er viel intensiver mit Feuer umzugehen als in seinem gegenwärtigen Beruf als Bäcker und Konditor. Wir werden nun sehen, daß noch ein anderes Leben mit Hitze, Feuer, Pech zu tun hatte:

»Ich habe ein Stechen in der Brust, wie wenn jemand in meinen Körper hineingestochen hätte... Es ist ein Kampf auf Pferden, wie wenn ich auf einem Pferd gesessen und im Kampf heruntergestoßen worden wäre... Laufen kann ich noch... es ist so, wie wenn man von den Pferden totgetrampelt wird... jetzt habe ich Kopfschmerzen... Ich sehe das Ganze jetzt von oben her. Unten liegen viele Körper... sie werden zusammengetragen... Die Leichen werden wohl mit Pech verbrannt, es ist eine starke Rauchentwicklung zu sehen...«

Seit diese Szenen vor dem inneren Auge entstanden waren, besserte sich das Befinden des Patienten deutlich. »Über Silvester konnte ich sehr gut arbeiten, danach war ich nicht anfallsfrei, aber es ist doch vieles entspannter und ruhiger geworden«, teilte Erwin mit. Aber die Symptomatik war noch nicht völlig verschwunden. Wir machten uns weiter auf die Suche.

In dem nun vom Reinkarnations-Bewußtsein freigegebenen Leben war Erwin mit einem anscheinend spanischen Kriegsschiff nach Amerika gekommen, er wurde in einem Kampf zwischen Weißen und Indianern durch einen Pfeil an der Wirbelsäule angeschossen und stürzte zu Boden. Er glaubte, daß die Handlung sich in der Nähe des Amazonas abgespielt hätte. Erwin berichtete weiter:

»Ich bleibe vorerst liegen und versuche, mit den Indianern zu leben. Da ist kein Haß und kein Streit, da ist alles so unkompliziert. Ich fühle mich jetzt geborgen ... jetzt bekomme ich verstärkt Schmerzen, in der Bauchgegend und im Kopf. War es vielleicht ein Giftpfeil, der mich getroffen hat?

Es ist jetzt, als wenn mich andere verfolgt hätten. Ich bin auf der Flucht. Es ist schwer, vorwärts zu kommen und mich zu verstecken. Die anderen kommen, ich kann sie vorüberziehen lassen. Ich habe das Gefühl, daß meine Verfolger mir etwas Böses tun wollen. Es waren keine Indianer, die mich verfolgten. Die Indianer gehen auf die anderen los, um mir zu helfen. Die anderen werden umgebracht, zurück in das Wasser geworfen. Krokodile kommen oder diese Piranhas, diese Raubfische, die einen Menschen sehr rasch skelettieren können. Ich merke, wie ich auflebe.

Ich kann jetzt in Ruhe an meinen Forschungen weiterarbeiten bei den Indianern. Sie kennen keine Krankheiten, sie sind seelisch ausgewogen. Ich mache ›Verhaltensforschung‹.

Ich merke, wie diese Kultur von den Weißen zerstört werden soll. Jetzt bemerke ich Feuer und daß die Weißen die Indianer und mich ausräuchern wollen. Das Dorf brennt, die Bäume brennen ... meine Gedanken bauen sich auf wie ein Schutzwall, so daß die Flammen einem nichts anhaben können, wie wenn wir in einer Glaskugel wären ... ich glaube, daß ich davonkomme ... jetzt habe ich einen Schmerz in der

Leiste ... jetzt sehe ich das Ganze von oben ... unten ist alles durcheinander ... ich meinte, daß ich davonkomme ... jetzt sehe ich, was los war ... Ein Baum fällt auf mich, ich werde erschlagen. Ich bin eingeklemmt von einem Baum, ich kann nicht mehr heraus. Ich verbrenne jetzt, durch das Feuer bekomme ich keine Luft mehr.«

Die Hintergründe des psychosomatischen Zustandsbildes dieses Patienten komprimieren sich sichtlich. Das Feuer, die Atemnot, das Verbrennen sind auch bei dieser Rückerinnerung wieder dominante Attribute des Erlebens und Erleidens, als wenn Erwin eine bestimmte Todesart »gepachtet« hätte!

Alle diese Rückerinnerungen, die Sie miterlebt haben, mußten von Erwin verarbeitet, bewältigt und damit abgelegt werden. Er konnte nachvollziehen, daß seine Asthma-Anfälle wie auch die Mehlallergie als symbolisch zu verstehen waren für einige seiner früheren Todeserlebnisse, die mit Rauch, Feuer, Pech, Atemnot verbunden waren. In seinem gegenwärtigen Beruf ist das »Feuer« - heute natürlich vor allem durch den elektrischen Strom, mit dem heute Backöfen geheizt werden, vertreten - ein beherrschbares und sinnvoll anzuwendendes Element geworden, das seinem Lebensunterhalt dient. Nicht mehr Handschellen und Ketten muß er mit dem Feuer des Schmiedes herstellen, sondern Brot und die dem Genuß dienenden Kunstwerke der Kuchen und Torten.

Erwin konnte nach der Therapie wieder voll als Bäcker und Konditor arbeiten, und er dachte daran, eine Filiale zu eröffnen.

Erwins Geburtsbild

Das Geburtsbild (Abbildung 27) ist für einen erfolgreichen Bäcker und Konditor sehr sprechend. Da haben wir die Sonne im Zeichen Stier, für den Praktiker stehend, dann Merkur, Venus und Jupiter im Zeichen Zwillinge, den Kaufmann, der ästhetische Waren verkauft und sie publikumswirksam anzubieten versteht, symbolisierend.

Die der Tradition verbundene Persönlichkeit, die auch gern mit anderen Menschen zusammenarbeitet und sehr fleißig und strebsam ist, stellt sich dar in dem Aszendenten, dem Mondknoten und dem Mars im Zeichen Steinbock. Dazu der Uranus im Zeichen Krebs, in Opposition zu Aszendent und Mondknoten/ Steinbock: Ein Mensch, der offen ist für Neuerungen, die mit Haus, Heim und Familie zusammenhängen. Ist das Brot mit seinen vielfältigen Variationen, die wir heute haben, nicht dafür ein gutes Beispiel?

Abbildung 28 zeigt eine Aspektstruktur des Pluto. Wir finden ihn im Zeichen Löwe, über zwei Quadrate einmal mit der Sonne im Zeichen Stier, zum anderen mit dem Medium Coeli im Zeichen Skorpion verbunden, und dazu kommt das Anderthalbquadrat zu Mars im Zeichen Steinbock. Pluto befindet sich dazu an der sogenannten VIII. Häuserspitze. Einesteils bedeutet diese Struktur, daß eine außergewöhnliche Energie entwikkelt werden kann; andererseits kann auf der Basis früherer Inkarnationen darin die außergewöhnliche Höhere Macht ausgedrückt sein, die ein Individuum zu großen Taten emporführen, aber auch vernichten, zerschmettern kann.

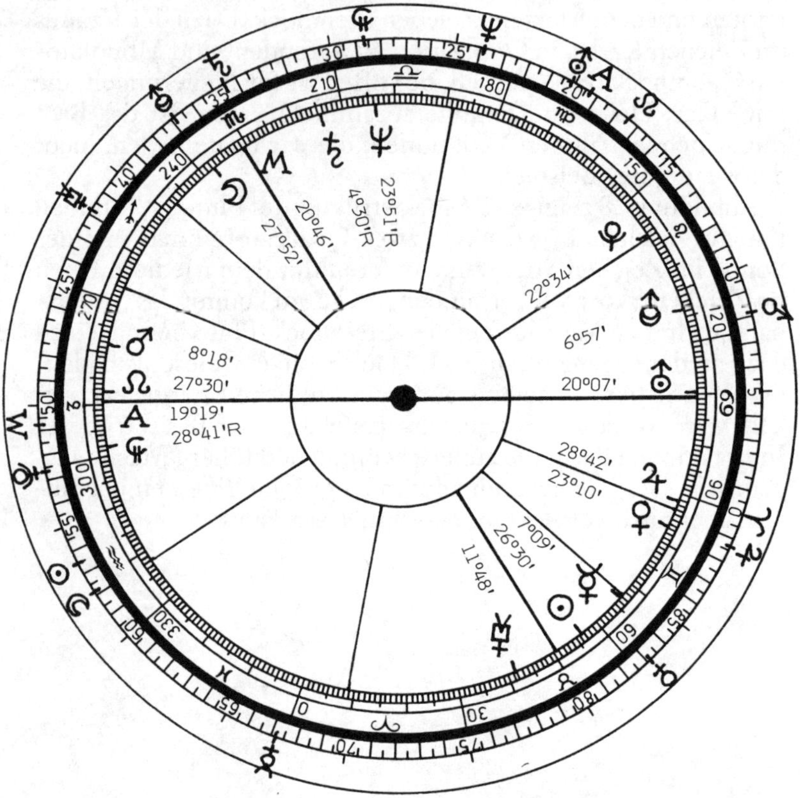

Abb. 27: Erwin, geboren 1954

Unter den Gesichtspunkten des Reinkarnationsbewußtseins sind folgende Aspektstrukturen aufschlußreich:

Abb. 28

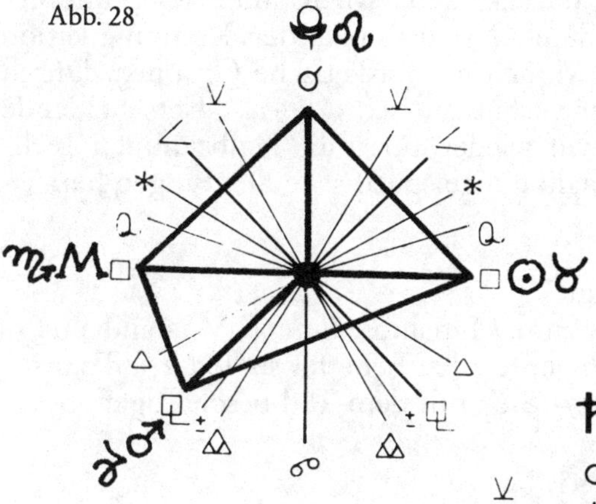

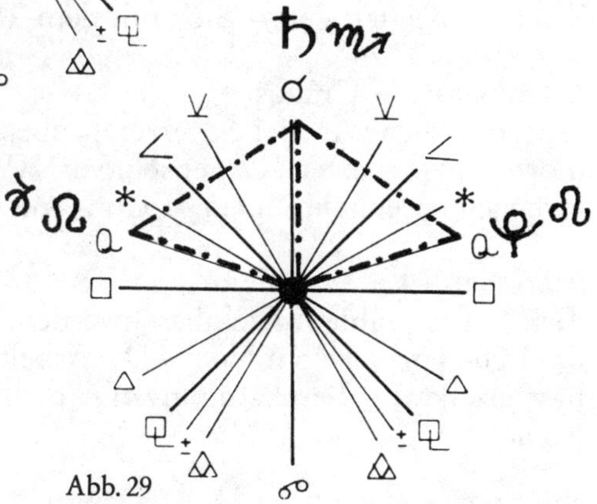

Abb. 29

Pluto/Löwe Quadrat Medium Coeli/Skorpion – Anderthalbquadrat – Mars/Steinbock. Tiefenpsychologisch bedeutet dies »Geburt auf Leben und Tod«. Zum Kampf geboren sein. »Selbstbehauptungstrieb.« Auf der Ebene von Wille und Leistung läßt sich formulieren: »Alle Kraft auf die berufliche Laufbahn konzentrieren. Alles in der Hand haben wollen (93).«

Als nächstes können wir, wie in Abbildung 29 gezeigt, die quintilische Aspektstruktur Saturn/Skorpion – Pluto/Löwe Mondknoten/Steinbock ins Auge fassen. Unter der Rubrik Wille und Leistung können wir formulieren: »Mit Durchhalteparolen seine Arbeit durchstehen, Arbeit unter Selbstaufopferung.« Und unter dem Gesichtspunkt der Kommunikation können wir sagen: »Mönchische, asketische Gruppen. Durch Verzicht miteinander verbunden sein« (94). – Entscheidende Aussagen gewinnen wir wieder durch die Halbsummen-Technik. Wir wollen deshalb einige spezifische Deutungen herausstellen:

Mars/Saturn = Merkur
Sprechangst bis hin zum Mutismus. Seinen Verstand unterschätzen. »Sein Licht unter den Scheffel stellen.« – Traurige Themen bevorzugen. – Sich mit dem Tod beschäftigen.

Mars/Saturn = Uranus
Gegensätzliche Antriebe, Zerreißproben. – Neigung zu Selbstmord mit scharfen Gegenständen, Waffen, Fahrzeugen. – Grenzen sprengen. – Dem Tod ins Auge schauen.

Mars/Saturn = Aszendent
Sich beengt fühlen, Atembeschwerden, Todesangst. – Sich in das Leben geworfen fühlen. – Die Arbeit als hart und schicksalhaft erleben. – Beschäftigung mit dem Tod und dem Leben danach.

Mars/Neptun = Mondknoten
Die unbewußten Kräfte einsetzen wollen, mit unlauteren Mitteln arbeiten. – Undurchsichtige Gemeinschaften. – Geheimbünde.

Saturn/Pluto = Jupiter
Lebensfreude und Erfolg aufopfern, sich nichts gönnen.

Uranus/Neptun = Merkur
Übersensibilisiertes Nervensystem. Übernervosität. – Außersinnliche Wahrnehmungen. – Beschäftigung mit dem Unbewußten.

Uranus/Pluto = Venus
»Ausbluten« im Bedürfnis nach Zuwendung und Zärtlichkeit. Zuwendung und Wärme erzwingen wollen.

Uranus/Pluto = Saturn
Neigung zu Verkrampfungen des Bewegungsapparates. – Hineingeboren werden in kollektive Kraftproben oder Massenschicksale. – Zwang zum Verzicht.

Neptun/Pluto = Venus
Von Wollust und Orgien träumen oder Sublimierung in die Verehrung des Unantastbaren, Heiligen. – »Der Gang zu den Müttern.« – Die Begegnung mit der Unterwelt und dem Mythos.

In diesem Geburtsbild ist darüber hinaus auffällig, daß der schon erwähnte Kleinplanet Chiron in den Halbsummen Mars/Pluto, Saturn/Uranus und Saturn/Neptun steht. Wie an anderer Stelle schon ausgeführt, ist über die Deutungsqualität Chirons noch wenig bekannt und deshalb Vorsicht in der Aussage geboten. Mir drängt sich jedoch hier der Eindruck auf, daß Erwin eine Kodierung in sich trägt, sich in Opferhaltungen hineinzumanövrieren, als wenn er die Schuld der Welt auf sich nehmen wollte.

Die Profis unter den Kosmobiologen und seriösen Astrologen mögen es mir verzeihen, wenn ich mich im Rahmen dieses Buches auf das Wesentliche beschränke und dem Leser auch keine Unterscheidung in direkte und indirekte Halbsummen und deren noch differenziertere Aussagebereiche zumute.

Musikstudentin Karin hat Prüfungsangst

Karin ist eine sehr begabte Geigerin, deren Tonbildung von Fachleuten sehr gelobt wird. Mit 22 Jahren stand sie 1985 vor einer für sie sehr wichtigen Prüfung. Mehrfach hatte sie Prüfungstermine verschoben, und sie hatte immer verständliche Gründe dafür: eine Neurodermitis, eine Reizung und Entzündung der Haut auf psychogener Grundlage, einen Herzanfall, fürchterliche Angstzustände mit Weinkrämpfen, da und dort sogar depressive Zustände. Man konnte den Eindruck gewinnen, daß Karin sich immer wieder in die Krankheit flüchtete, um die Prüfung hinauszuschieben. Wegen dieser Symptome war Karin in medikamentöser und psychotherapeutischer Behandlung. Die psychosomatischen Beschwerden verschwanden nur zeitweise. Was also tun?

Karins Lebensgeschichte

Die Eltern hatten sich auf Karin sehr gefreut. Das Mädchen wuchs in geordneten und finanziell gesicherten Verhältnissen auf. Der Vater ist selbständiger Architekt, die Mutter arbeitet mit, sie hat ein Studium der Innenarchitektur hinter sich.

Karin wurde durch Kaiserschnitt auf die Welt gebracht. Als Säugling litt sie an einem Milchschorf, der auch mit acht bis zehn Jahren wieder auftrat. Die Neurodermitis begann im Alter von sechzehn. In dasselbe Jahr fiel auch die Entstehung einer Zyste am Hals, die operativ entfernt werden mußte.

Das Mädchen hatte panische Angst vor dem Einschlafen. Das drückte sich vor allem auch in dem Zwang aus, wenn die Haut juckte, intensiv zu kratzen. Karin fürchtete auch, hinzufallen oder zu stürzen; auch Untersuchungen beim Frauenarzt ging sie möglichst aus dem Wege.

Die Mutter wurde sehr streng erzogen. Lebensfreude kann sie kaum entwickeln, sie wühlt sich in die Arbeit und verbeißt sich darin und gilt als sehr kühl und distanziert. Der Vater liebt seine Tochter sehr. Durch die anscheinend belastete Ehe – obwohl nach außen hin alles bestens funktioniert – hatte er sich wohl emotional mehr auf Karin als auf seine Frau eingestellt.

Karin hat einen Freund, der auch Musik studieren will. Die beiden jungen Leute hängen sehr aneinander, sie wollen zusammenbleiben und nach Studienende heiraten.

Der Vater kam ursprünglich in die Praxis mit der Bitte, von der kosmobiologischen Seite aus zu erhellen, warum Karin in so großer seelischer und auch körperlicher Not war. Die Analyse des Kosmogramms und der kosmischen Konstellationen der nächsten Zeit ergab, daß Karin eine gute Chance hatte, von ihren Belastungen befreit zu werden, sie aber noch eine wichtige Introversions- und Reifungsphase zu beenden habe.

Für den Fachmann dazu die Anmerkung, daß im Jahre 1985 der Saturn sich im Zeichen Skorpion befand und dreimal in das Anderthalbquadrat zum Jupiter im Zeichen Widder, in die Opposition zum Aszendenten im Zeichen Stier, in das Anderthalbquadrat zum Mondknoten im Zeichen Krebs und das Halbquadrat zum Mars im Zeichen Steinbock kam. Dazu erreichte Saturn in den letzten beiden Monaten des Jahres das Quadrat zum Mond im Zeichen Fische und das Halbquadrat zum Merkur im Zeichen Steinbock.

Unter diesen Konstellationen mußte angenommen werden, daß eine Phase der Besinnung, vor allem der Rückbesinnung – der Saturnsymbolik entsprechend – nötig wäre, um danach mit neuer Antriebskraft das Leben gestalten zu können. Therapeutisch stand im Augenblick im Vordergrund, der jungen Musikerin zu helfen, möglichst angstfrei ihre Prüfung zu schaffen, damit das Musikstudium fortgesetzt werden könnte.

Nach der bisherigen Lebensgeschichte und der bisher wenig erfolgreichen medikamentösen und psychotherapeutischen Behandlung bot es sich an, mit den Methoden der Reinkarnationstherapie nach den vielleicht weiter zurückliegenden Hintergründen der geschilderten Krankheitsmerkmale zu suchen.

Karins Geburtserlebnis

Es ist bekannt, daß man in der Tiefenentspannung das Geburtserlebnis vor das innere Auge holen kann. Im Falle von Karin war dies vor allem deshalb wichtig, weil das Verhältnis zwischen der Mutter und ihr sehr gestört war und die Reaktionen der Haut hiermit zusammenhängen konnten.

Die Lampen des Kreißsaals wurden als sehr grell erlebt. Nach der Geburt empfand Karin:

> »Ich fühle mich ganz wehrlos. Da ist niemand, der zu mir gehört... Das Stillen ist schön, es ist warm und weich. Die Mutti hält mich lieb und schaut auf mich herunter... Der Papa staunt und ist froh.«

Auch die Schwangerschaft wurde in der Tiefenentspannung als angenehm, als geschützt und geborgen erlebt. Von diesen Erkenntnissen her gesehen mußte davon ausgegangen werden, daß die Ängste des Mädchens vor der Zeugung und Geburt dieses Lebens liegen müßten.

Karins Rückerinnerungen

Vor Karin tauchte zuerst eine Gebirgslandschaft auf. Sie war auf dem Heimweg, kam zu Hause an, wurde von ihrem Schäferhund begrüßt, der freudig an ihr hochsprang. Sie ging in ihre Küche, nahm sich ein Glas kalte Milch, ging nochmals ins Freie. Dann berichtete sie weiter:

> »Ich fühle, wie man meinen Arm abkratzt, wie mit Schmirgelpapier. Irgendwie ist etwas passiert... Ich werde an den Füßen gezogen, der Oberkörper hängt herunter und schleift am Boden, der Arm auch ...
> Ich habe schreckliche Angst. Da sind drei Männer... es ist sehr einsam... sie ziehen mich zum Wald und vergewaltigen mich... einer würgt mich am Hals, sie prügeln mich, haben

aber keine Waffen dabei... hier oben ist nur ein einziges Haus... Der Hals tut mir entsetzlich weh...
Ich fühle mich schrecklich übel, bleibe liegen, weil ich keine Kraft mehr habe. Dann knie ich mich hin und schleppe mich zurück ins Haus und lege mich ins Bett... Jetzt läßt der Schmerz nach... Vater und Mutter sind nicht zu Hause, das weiß ich.
Mir ist übel, ich erbreche mich oft. Ich wasche mich immer wieder, das Wasser ist kalt, ich wasche mich immer wieder. Aber es hat nichts mit der Haut zu tun.
Mein Rücken ist wund, die Männer haben mich ja gezogen, ich spüre auf dem Rücken kleine Eiterbläschen, es tut weh... Und im Scheidenbereich fühle ich auch Schmerzen, und meine Hand ist wie kaputt...
Ich habe langes blondes Haar. Ich erhole mich wieder, das Erlebnis war schrecklich. Ich habe Angst, kann nicht mehr.«

Nach dieser Rückerinnerung meinte Karin, daß das Wasser und das Waschen für sie immer eine wichtige Rolle gespielt habe.

Als wir am nächsten Tag weiterarbeiteten, berichtete Karin, daß sie bestens geschlafen habe, und sie habe auch angenehm geträumt. Sie sah eine Szene in einem englischen Park mit großen Terrassen, viele festlich gekleidete Menschen, ein Schloß im französischen Stil. Es sei die Zeit des Sonnenuntergangs gewesen, das Ganze habe wie vergoldet ausgesehen.

Es ist wahrscheinlich, daß dieser Traum auch als Rückerinnerung anzusehen ist, zumal sich Karin in Frankreich sehr wohl fühlt und die französische Sprache liebt. Für mich ergab sich der Eindruck, daß die gestrige Rückerinnerung an die Vergewaltigung und die Verletzung der Haut für Karin hilfreich war, einen Teil ihrer Ängste und ihrer körperlichen Symptomatik zu verarbeiten und zu verlieren.

In der nächsten Rückerinnerung, die das Reinkarnationsbewußtsein freigab, trug Karin einen spanischen Namen. Wir gewannen den Eindruck, daß sie in Spanien durch ein Erdbeben umgekommen war. Das Mädchen schilderte das damalige Leben so:

»Vor mir ist so etwas wie eine Eisenbahnbrücke. Die Häuser erschrecken mich, weil sie so hoch sind. Ich habe Angst, daß die Häuser auf mich herabfallen könnten. Es ist alles so bedrohlich, alles so leer...

Ich habe fürchterliche Angst. Mir tut der Kopf weh. Ich bekomme etwas in meinen Rücken, so wie eine Verletzung, etwas ganz Schlimmes... Ich habe das Gefühl, als wenn ich von hinten erschossen werde, ich versuche, davonzulaufen. Ich habe das Gefühl, als wenn alles um mich herum einstürzt. Es ist etwas auf mich gefallen, deshalb tut mir der Rücken so weh. Die Häuser stürzen einfach ein, es ist wohl ein Erdbeben. Ich bekomme keine Luft mehr... Jetzt ist mir etwas auf das Kreuz gefallen. Alles tut mir fürchterlich weh... meine Haut ist ganz verkratzt.

Meine Beine fühle ich nicht mehr. Der Kopf aber schmerzt. Jetzt wird es dunkel, ich spüre nichts mehr, ich schwebe etwas...

Da sind Staub und viele Steine auf dem Körper. Vieles in der Stadt ist verschüttet, aber Feuer ist nur an einer Stelle zu sehen...

Von diesen Szenen aus gingen wir in die Zeit vor diesen geschilderten Ereignissen. Karin berichtete dazu:

»Ich bin ganz streng gekleidet, dunkel. Ich gehe in eines der großen Häuser, es ist aber kein Vorgarten dabei. Ich gehe eine Steintreppe hinauf, muß ziemlich hoch hinaufsteigen. Dort habe ich eine kleine Kammer, sie liegt zur Straße hin. Die Tür ist weiß gestrichen; das Kämmerchen ist berauschend schön, viele Bücher, ziemlich alt und zerlesen.

Ich glaube, ich bin als Lehrerin tätig, als Hauslehrerin, aber es ist kein besonders schönes Leben. Ich unterrichte einen dreizehnjährigen Jungen, fühle mich dabei nicht wohl, bin sehr streng zu ihm. Ich lehre ihn Französisch. Die Stadt hat wenig Sonne durch die hohen Häuser, es ist alles so abweisend streng...«

Man gewinnt aus diesen Berichten den Eindruck, daß sich Karin als Lehrerin sehr allein fühlte und an ihrer Lehrtätigkeit keine ausgesprochene Freude hatte.

Von der Symptomatik in diesem Leben her gesehen ist auffallend, daß der Körper und vor allem auch die Haut schwer geschädigt wurden. Ein Zusammenhang mit damaliger Schädigung und gegenwärtiger Neurodermitis ist nicht auszuschließen.

Die folgende Rückerinnerung hat eine partnerschaftliche Komponente, die durchaus eine Beziehung zur Gegenwart haben kann:

> »Ein Schiff, das einen Fluß heraufsegelt, ohne mich, ich bin am Ufer. Es nimmt etwas mit, das ich sehr lieb habe. Vielleicht hängt es mit der Stadt zusammen, die ich vorher sah. Das Schiff nimmt einen Mann mit, dem es nicht gut geht. Das Schiff ist weiß, ein Segelschiff, und der Mann wird nicht wiederkommen...
> Ich gehe hinaus aus der Stadt, um das Schiff noch zu sehen. Es tut mir sehr weh, weil ich den Mann jetzt verliere. Ich mache einen großen Umweg und gehe dann in die Stadt zurück. Es ist die Stadt, in der ich als Lehrerin lebte.
> Ich gehe jetzt in das Haus, ich fühle, daß ich ganz aufgesprungene Lippen habe... Ich habe diesen Mann sehr geliebt, die Leute auf dem Schiff sind ihm feindlich gesinnt. Ich habe Angst vor der Zukunft, jetzt, wo ich so allein sein werde... Ich kann mich nicht mehr freuen. Es macht mir nichts mehr Spaß. Ich lese noch in meinen Büchern. An dem Tag, an dem ich sterbe, bin ich schwarz angezogen...«

Aus dem gegenwärtigen Leben ist bekannt, daß Karin ihren Freund sehr liebt. Fürchtet sie vielleicht, daß dann, wenn sie mit ihrer Ausbildung fertig sein wird, dieser ihr so liebe Mensch von ihr getrennt werden könnte und sie sich deshalb gegen ihre weitere Ausbildung sperrt? Es wäre nicht von der Hand zu weisen, denn es könnte im Reinkarnationsbewußtsein folgende Assoziationskette gespeichert sein: Beruf haben – sich verlieben

– getrennt werden – allein und verlassen sein – durch katastrophenähnliche Ereignisse mit schweren körperlichen Verletzungen zu Tode kommen.

Um Karins gegenwärtige Problematik noch besser zu verstehen, fehlt uns noch eine weitere Rückerinnerung:

> »Ich singe, der ganze Körper macht mit. Der Ton ist ganz satt und sitzt unten auf dem Zwerchfell und schwingt schön lokker. Es ist ein klassisches Stück, ich singe eine Arie. Erst freue ich mich, fühle mich wohl, kann schön singen. Dann merke ich, daß ich allein bin und die Angst noch nicht ausgestanden habe, vor den Leuten zu singen. Ich glaube, das ist in einer Kirche mit braunen Steinen, es klingt wunderschön. Es ist eine romanische Kirche, relativ klein. Ich stehe oben neben den Altarstufen, neben mir ist ein Cembalo … Ich habe das allein geübt, da ist wohl bald ein Konzert …
> Ich habe grausame Angst vor dem Konzert. Ich habe Angst, daß ich keinen Ton singen kann und daß die Kehle wie zugeschnürt ist. Abends ist alles mit vielen Kerzen festlich gerichtet. Die Menschen sind nur als dunkle Menge erkennbar. Mir ist übel vor Nervosität.
> Das erste Stück ist rezitativartig. Es mißlingt. Ich bin ganz verkrampft, das Publikum merkt es … Das zweite klassische Stück gelingt mir gut … Mir tut immer noch alles weh vor lauter ausgestandener Angst und Nervosität, der Magen, das Herz … Ich glaube, das Ganze gehört mit dem Erdbeben zusammen, das muß alles vor dem Beben gewesen sein …«

Nach diesen Szenen sehen wir wesentlich klarer. Ein Erlebnis, das einen Künstler bis tief ins Mark treffen kann, eine mißlungene Aufführung! Und wenn dieses Erlebnis tatsächlich zu dem Leben in Spanien dazugehört, dann haben wir eine ganze Ereigniskette: Mißlungene künstlerische Tätigkeit – Verlust des geliebten Menschen – Angst vor Trennung und nachfolgender Einsamkeit – gewaltsamer Tod und schwere Schädigung der Haut.

Sechs Wochen nach diesen Rückerinnerungen rief Karin an. Sie hatte die Prüfung geschafft, die vielen Ängste waren von ihr abgefallen. Auch ihr Freund war erfolgreich durch die Prüfung gekommen, so daß beide ihr Studium nun fortsetzen konnten.

Karins Geburtsbild

Das Kosmogramm zeigt deutlich, daß Karin eine künstlerische Ader hat, die auch erfolgversprechend und publikumswirksam werden kann. Abbildung 30 zeigt das ganze Geburtsbild, während aus den in den Abbildungen 31, 32 und 33 gezeigten Aspektstrukturen der Venus, des Jupiter und des Aszendenten die künstlerische Komponente des Persönlichkeitsbildes nachvollziehbar wird. Es ist wahrscheinlich, daß in einem früheren Leben auch schon künstlerische Ambitionen vorhanden waren, aber sich noch nicht so herauskristallisiert hatten wie in diesem Leben.

Wenn wir zusätzlich noch die Aspektstrukturen des Mondknoten und des Mars herausgreifen, so wird uns deutlich, daß Karin fähig ist, zwischenmenschliche Kontakte aufzubauen und sie auch zu pflegen, und sie kann auch mit einem hohen Maß an Willen und Leistung weit überdurchschnittliche Anforderungen überfüllen (vergleiche Abbildung 34 und 35).

Daß Karin in dieses Leben aber auch noch frühere Lebensproblematik mitgebracht hat, zeigen die folgenden Halbsummenbilder:

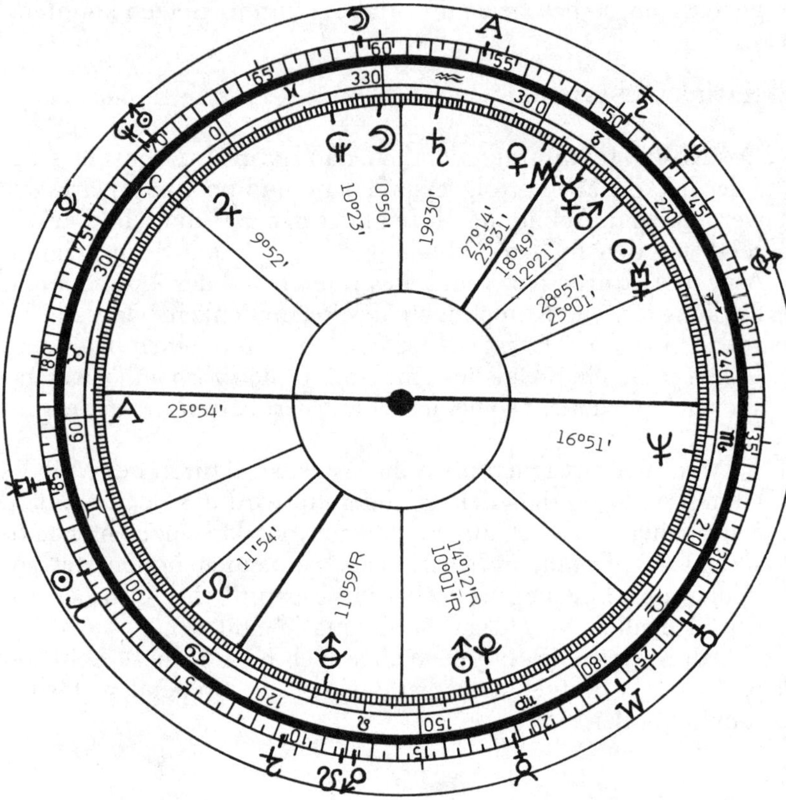

Abb. 30: Karin, geboren 1963

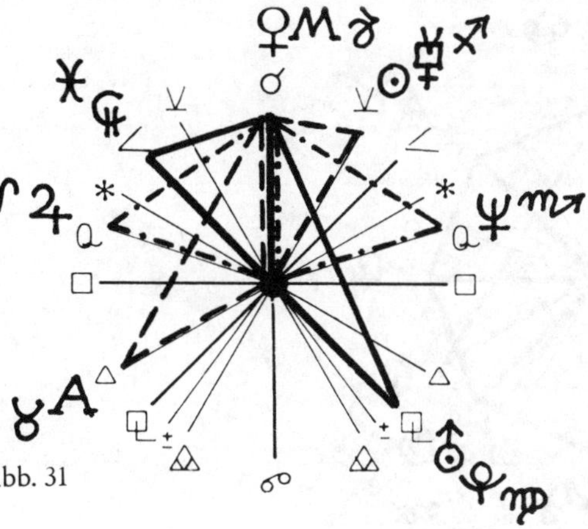

Abb. 31

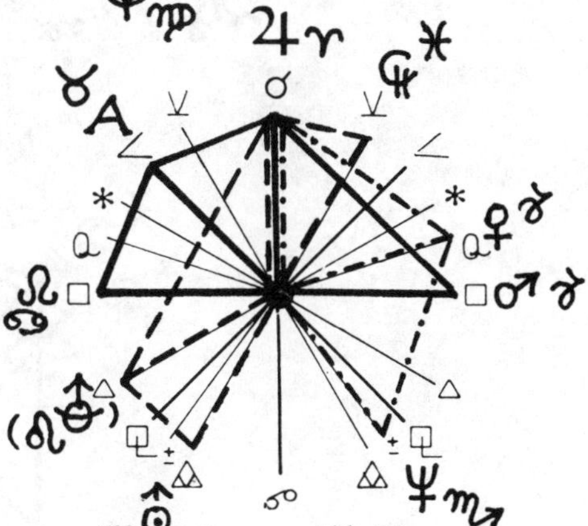

Abb. 32

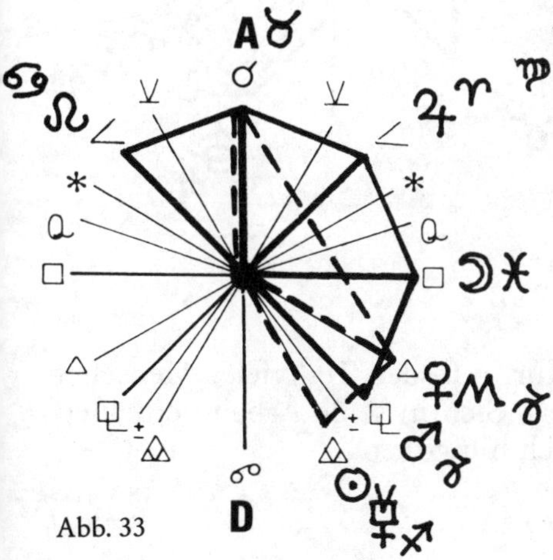

Abb. 33

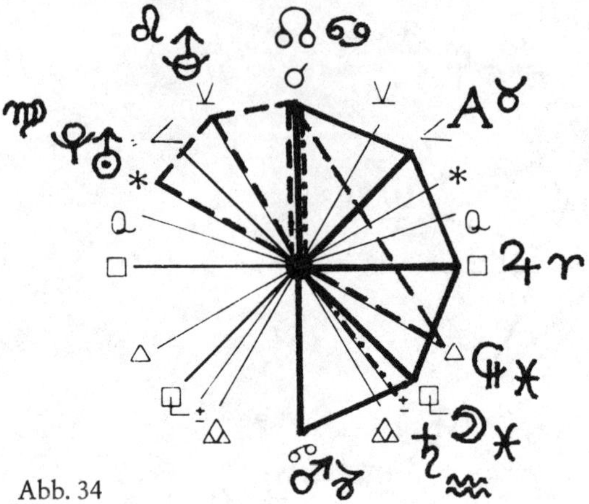

Abb. 34

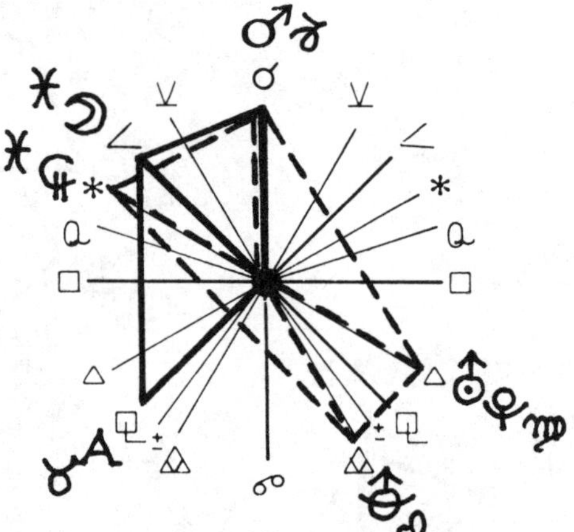

Abb. 35

Mars/Saturn = Pluto

Schmerzen in der Muskulatur. – In den Tod vieler Menschen mit hineingezogen werden. – Sich in seine Arbeit verbeißen. Auf eigenen Zusammenbruch hinwirken.

Mars/Neptun = Venus
Unerfüllte erotisch-sexuelle Wünsche. – Über der Realität schweben.

Mars/Pluto = Sonne
Seine Vitalität ständiger Überforderung aussetzen. – Gewalt anwenden oder der Gewalt ausgesetzt sein.

Saturn/Uranus = Mond
Zwischen Affektstau und Aggressionen leben. – Zerreißproben im Gefühlsbereich. – Schluckbeschwerden, Magenkrämpfe.

Saturn/Pluto = Mond
Bis zum Extrem »hinunterschlucken«. – Seine Seele »vergewaltigen«, sich in Opferhaltung hineinmanövrieren.

Saturn/Pluto = Merkur
Sich intellektuell auf Verzicht und Askese programmieren. - Zur totalen Abkapselung neigen.

Uranus/Neptun = Mars
Zunehmender Energieverlust oder zunehmende Sensibilisierung. – Unfallgefahr durch Unaufmerksamkeit.

Uranus/Pluto = Venus
Neigung zur Verkrampfung im erotisch-sexuellen Bereich. – Gefahr der Vergewaltigung.

Neptun/Pluto = Mond
Übersinnliche Wahrnehmungen. – Neigung zur Überflutung mit Bildern aus dem Unbewußten.

Venus/Pluto = Saturn
Erkältungs- und Verhärtungsneigung durch Liebesverzicht. – Seine Liebe aufgeben oder aufopfern.

Venus/Uranus = Saturn
Seine erotisch-sexuellen Antriebe abblocken. – Sich lieber wesentlich älteren Partnern zuwenden.

Venus/Uranus = Neptun
Unsicherheit über die eigene Geschlechterrolle. – Selbstmitleid.

Sonne/Mond = Pluto
Außergewöhnliche psychosomatische Reaktionen. – Karmisch belastete Ehe.

Sonne/Mars = Saturn
Seinen Lebenswillen behindern oder »Was mich nicht umbringt, macht mich stärker!«

Wie die oben vom Symbol in Sprache übersetzten Aussagen zeigen, bringt Karin in dieses Leben eine Reihe von Belastungen mit. Für sie wird es wichtig sein, gleichsam voll in dieses Leben »hineinzuschlüpfen« und bewußt nachzuerleben, welche Lebensschwierigkeiten hinter ihr liegen. Sie muß also nicht wieder in eine Vergewaltigungssituation oder einen gravierenden künstlerischen Fehlschlag hineingeraten, sondern die kosmische Symbolik in ihr heutiges Leben integrieren. Wie kann das bei Karin aussehen?

Beginnen wir mit dem partnerschaftlichen Bereich. Karin wird lernen müssen, ihre Bedürfnisse mitzuteilen und sich nicht schmollend zurückzuziehen. Das Gespräch mit dem Partner über anstehende Probleme und mögliche Mißverständnisse, die Bereitschaft, »nicht jedes Wort auf die Goldwaage zu legen«, sind wichtig.

Die Musik ist neben der beruflichen Ausübung sicher auch ein gutes Mittel, seine eigenen Gefühle auszudrücken, von der Heiterkeit bis zur Trauer, von der Aggression bis zur Depression, von der Spannung bis zur Lösung, von der Liebe bis zum Tod.

Karin hat durch die Musik auch ein Ventil, sich von innerseelischen Spannungen zu befreien. Musik kann helfen, sich zu regenerieren, sich aufzubauen, neue Kräfte in sich zu wecken.

Für die geplante musikalische Karriere war es für Karin wichtig, die gescheiterte künstlerische Laufbahn und die Trennung von einem ihr lieben Menschen nacherlebt zu haben. Die Verarbeitung dieser schicksalsträchtigen Erfahrungen konnte ihr helfen, die damaligen Belastungen abzulegen und ihre ganze Kraft für die gegenwärtige berufliche Laufbahn und ihre tiefe Verbundenheit mit dem Freund einzusetzen. Ergänzend darf noch auf das spätere Kapitel »Vom ›Aha-Erlebnis‹ zum neuen Bewußtsein« (Seite 359 ff.) hingewiesen werden.

Geraldine »dreht durch«, wenn das Stichwort »Herz« fällt

Geraldine ist gelernte Friseuse und hat dazu eine Kosmetikfachschule besucht und dort ihr Diplom erworben. Sie ist selbständig tätig.

Als Geraldine in die Sprechstunde kam, war sie 23 Jahre alt. Anlaß zu ihrem Besuch waren immer wieder auftretende Angstzustände, vor allem wenn sie in geschlossenen Räumen mit anderen Menschen sein mußte, beispielsweise in Kinos, Theatern oder Konzertsälen. Wenn ein Gespräch, und sei es noch so belanglos, auf das Thema »Herz« kam, konnte sie in Panik geraten. Ihr Schlaf war so gestört, daß sie nachts stündlich aufwachen und dann nur schwer wieder einschlafen konnte.

Die Lebensgeschichte

Bis zu ihrem fünfzehnten Lebensjahr hatte Geraldine kaum größere Probleme. Sie hatte eine Privatschule bis zur Mittleren Reife besucht, war eine gute Schülerin; und nun begannen plötzlich Herzbeschwerden. Die Anamnese ergab jedoch, daß die Herzschmerzen eine Vorgeschichte hatten.

Geraldine durfte mit ihrem Bruder und dessen Frau mit nach Italien in Urlaub fahren. Sie hatte sich sehr darauf gefreut. Nach einigen Tagen ergab sich ein gravierender Zwischenfall. Geraldine stand mit ihrer Schwägerin im Waschraum des Campingplatzes, als es der Schwägerin plötzlich schwindelig wurde und sie neben Geraldine zur Seite kippte. Die Fünfzehnjährige konnte sie gerade noch auffangen, sonst wäre die Schwägerin auf dem Boden aufgeschlagen.

Geraldine wollte ihrer Schwägerin helfen, trug sie zum Zelt und legte sie dort zu Boden. Nach dem Aufwachen aus einer Ohnmacht wurde Geraldine von der Schwägerin angefahren, wie sie so blöde sein und sie über den ganzen Campingplatz schleifen könnte. Jeder auf dem Zeltplatz hätte nun sehen können, was mit ihr geschehen war. Die Helferin kam sich ungerecht behandelt vor, denn sie hatte ja nur die Schwägerin aus dem dämpfigen Waschraum ins Freie bringen wollen, damit sie bald wieder zu sich käme. Geraldine meinte bei der Aufnahme der Lebensgeschichte:

> »Danach fingen plötzlich diese Herzbeschwerden an. Zuerst war es mir, als ob mir jemand mit beiden Händen das Herz zusammendrücken würde. Dann fühlte ich so Stiche im Herz.«

Einige Tage später fragte die Schwägerin Geraldine, ob sie ihr die Haare etwas schneiden könnte. Sie tat es, und leider wurden die Haare etwas zu kurz abgeschnitten. Und nun ging es so weiter:

> »Ihre Reaktion darauf war, daß sie mir alles, was sie nur in die Hände bekommen konnte, nachwarf, unter anderem auch ein Messer... Seither hasse ich alle schwarzhaarigen Frauen.«

Dieses Erlebnis wurde durch eine weitere Szene noch verstärkt. Bei einer Geburtstagsfeier der Familie hatte Geraldine den Kuchen gebacken und mit einem großen Küchenmesser aufgeschnitten. Ihre beiden Brüder fingen an, mit dem Messer herumzuspielen und damit Unsinn zu machen. Geraldine sah dies mit Entsetzen und verkroch sich in die hinterste Ecke, weil es ihr beim Zusehen eiskalt wurde und sie panische Angst bekam.

Während des Italienurlaubs fing der Gedanke an, Geraldine zunehmend zu quälen, daß ja auch sie einmal ohnmächtig zu Boden gleiten könnte, und dann wäre wohl niemand da, der sie auffangen könnte. Nach dem Italienurlaub ging es Geraldine zunehmend schlechter. Bis zum Beginn der sie weiterbildenden Kosmetikfachschule war es noch einige Wochen Zeit, aber sie war im Friseursalon nicht mehr arbeitsfähig. Zwei Wochen lang lag sie nur im Bett, konnte nichts unternehmen. Nach zwei vergeblichen Anläufen zur Abschlußprüfung suchte Geraldine einen Herzspezialisten auf. Er stellte einen Herzklappenfehler fest. Daraufhin wurde das damals neunzehnjährige Mädchen am Herz operiert.

Angesprochen auf die große Narbe nach der Herzoperation, meinte Geraldine, daß diese sie nie gestört habe; vielmehr sei es so, daß diese Narbe ihr die Sicherheit gebe, daß ihr geholfen worden und sie jetzt gesund sei. Nach der Operation habe sie immer wieder geprüft, ob die Narbe auch tatsächlich vorhanden sei.

Das Herz war für Geraldine das Organ, an dem sich seelischer Schmerz am stärksten ausdrückte. Das zeigte sich, als sie vom Unfalltod ihres zwanzigjährigen Freundes und Verlobten hörte, als ihr Hund überfahren und dabei getötet wurde, beim Tod der Oma und deren Auftauchen in ihren Träumen und bei Konzerten eines großen Chores, wenn da und dort einmal eine Sängerin vom langen Stehen ohnmächtig wurde.

Zu ihrer Mutter hatte Geraldine eine gute Beziehung, im Erwachsenenalter ein regelrecht freundschaftliches Verhältnis.

Das Verhältnis zum Vater war wechselhaft. Als Geraldine sechs oder sieben Jahre alt war, gab er ihr ein einziges Mal einen Kuß und wollte ihr damit zeigen, daß er sie mochte. Sonst hielt er sich mit Zärtlichkeiten seiner Tochter gegenüber völlig zurück. Als das Mädchen schon ungefähr 18 Jahre alt war, äußerte der Vater einmal, daß er nicht glaube, wirklich ihr Vater zu sein. Die Mutter könnte ihn zur Zeugungszeit betrogen haben. Auch nachdem sich kurze Zeit darauf der Vater bei ihr damit entschuldigt hatte, daß sie ja in der Ehe ein Kind der Versöhnung zwischen den Eltern gewesen sei, war der seelische Schaden nicht mehr zu reparieren. Die Patientin antwortete, daß er wohl körperlich ihr Vater sein könne, aber nicht mehr vom inneren seelischen Band her.

Oft hatte Geraldine Angst vor dem Vater, vor allem dann, wenn er etwas getrunken hatte. Mit der Mutter dagegen verband Geraldine auch ein telepathischer Kontakt. Merkwürdigerweise hatten beide da und dort die gleichen Verletzungen.

Geraldine war als Kind und junges Mädchen in einem Ballett. Nach der Herzoperation hörte sie damit auf; dafür schwimmt sie gern und fährt Wasserski.

Geraldines Träume

Seit Jahren hatte Geraldine Träume, vor irgend etwas davonzulaufen oder zu fallen oder zu stürzen. Auch träumte sie vom Tod der Mutter, an der sie sehr hing. Einige Träume, die mit dem Reinkarnationsbewußtsein zusammenhängen dürften, sollen nachfolgend von Geraldine selbst geschildert werden:

> »Ich träumte von einem tiefen Keller, eher ein Verlies, so wie früher in Burgen und Schlössern. Ich befand mich unter einer großen Menschenmenge, die alle an der gleichen Krankheit litten.
> Wahrscheinlich waren es Pocken. Auf jeden Fall waren sie mit schrecklichen Hautausschlägen verunstaltet. Ich litt an der gleichen Krankheit.
> Ich bin daran aufgewacht, wie ich mir übers Gesicht fuhr, um diese Pocken zu suchen. Danach hatte ich ein starkes Angstgefühl. Komischerweise war unter den Erkrankten auch mein damaliger Tanzstundenpartner aus der Schule.«

Wir werden später bei Geraldines Rückerinnerung sehen, daß dieser Traum mit einem früheren Leben zusammenhing.

> »In der nächsten Nacht träumte ich von einer Urlaubsreise mit zwei Schulfreundinnen. Ich weiß nur noch, daß wir etwas besichtigen wollten. Es war ein Turm; er war sehr hoch, und ich hatte Angst, mit hinaufzugehen. Und als ich oben war, brach er in sich zusammen. Danach bin ich aufgewacht.«

Träume dieser Art dürfte es öfters geben. Nach psychoanalytischer Auffassung könnte dieser Traum darstellen, daß erotischsexuelle Erfüllung gesucht wird mit der tiefsitzenden Angst, daß sie nicht gelingt, alles »zusammenbricht«. Man könnte auch so interpretieren, daß die Träumerin sich wie in einem Turm erlebt, aus ihm herausschauen, eine Situation überblikken will, sich befreien will, aber die Angst vor der neuen Sichtweise so groß ist, daß im Augenblick des Sehenkönnens alles bisher Beständige und Bergende zusammenbricht.

Nimmt man den Traum als Ausdruck des Reinkarnationsbewußtseins, dann könnte er zeigen, daß in einem früheren Leben ein Turm eine Rolle spielte, von dem aus sich Geraldine einmal herunterstürzte oder heruntergestürzt wurde. Bedenken wir dabei, daß sie auch schon Träume hatte, die mit Davonrennen, Stürzen, Fallen zu tun hatten.

Geraldines Rückerinnerungen

Denken wir nochmal an Geraldines Symptomatik: Angstzustände, vor allem wegen des Herzens und obwohl die Herzoperation rund vier Jahre zurücklag und dieser Eingriff als erfolgreich erlebt wurde. Auch litt Geraldine an schweren Schlafstörungen. Aus diesen Belastungen heraus entstand eine gravierende Leistungsreduktion im eigenen Geschäft.

Zur folgenden Rückerinnerung gehört das Wissen, daß Geraldine bis zu ihrem fünfzehnten Lebensjahr Ballettunterricht nahm, wegen der Herzerkrankung aufhörte und heute noch dem Ballett nachtrauert. Vor dem inneren Auge tauchte nun diese Szene auf:

> »Ich sehe eine Tänzerin auf der Bühne, in der Nähe eines Flügels. Sie bewegt sich ganz langsam. Plötzlich liegt sie regungslos nach dem Tanz auf der Bühne. Ich bekomme Beklemmungen. Ich fühle mich, wie wenn ich fünf Zentner wiegen würde, wie wenn ich unfähig wäre, mich zu bewegen, und mein Herz ist das Schwerste von allem. Ich glaube, die Tänzerin stirbt. – Jetzt ist es mir, als wenn ich in einem Theaterraum sitzen müßte, jetzt ist mir alles zu eng. Äußerlich werde ich ruhiger, innerlich immer unruhiger.

Jetzt sehe ich lauter Leute um die Bühne herum. Sie gucken, wie die Tänzerin am Boden liegt. Ich empfinde es so, wie wenn das Mädchen durch die Schuld der anderen gestorben wäre. Jetzt sehe ich die ganze Szene von oben...«

In der reinkarnationstherapeutischen Arbeit finden wir es immer wieder, daß Verhaltensweisen, Interessen, Ängste, zwischenmenschliche Begegnungen einen deutlichen Bezug zur Vergangenheit haben können. In Geraldines Fall ist dies beispielsweise das Ballett und die Angst vor dem Hinstürzen. Erinnern wir uns an die Umstände während und nach der Urlaubsreise nach Italien mit Bruder und Schwägerin.

Während der psychotherapeutischen Arbeit war anfangs noch die Angst vor geschlossenen Räumen vorhanden. Geraldine hatte sich eine Karte für ein Konzert des Pianisten Richard Clayderman besorgt, aber am Abend der Aufführung, auf die sie sich so gefreut hatte, brach so viel Angst in ihr auf, daß der Konzertbesuch unmöglich war. In diesem Zusammenhang sind Geraldines ergänzende Äußerungen zu sehen:

»Was mir erst nachträglich auffiel, war, daß bei Claydermans Konzert auch eine Ballettänzerin dabei war. Aber das wußte ich vorher nicht... Es ist ja eigentlich die gleiche Szene, wie ich sie vor meinem inneren Auge sehe:
Eine Bühne mit einem schwarzen Flügel und einer weißen Tänzerin. Es ist eigenartig, ich kann diese Szene von allen Perspektiven aus betrachten. Aber am deutlichsten habe ich sie vor Augen, wenn ich von vorne oben, in so einer Art Schwebezustand auf die Bühne schaue. Zuerst sehe ich nur den Flügel, aber es ist niemals jemand dabei, der darauf spielt. Aber trotzdem ist Musik dabei. Auch die Tänzerin bewegt sich nach dieser Musik... Sie ist eine ganz kleine, zierliche und zerbrechliche Person... mit kurzen schwarzen Haaren und einer wunderschönen Haut...
Während die Tänzerin tanzt, ist keine andere Gestalt dabei. Weder Publikum noch sonst Mitwirkende. Dann, mitten im Tanz, es sieht aus wie eine einstudierte Figur, liegt sie auf

dem Boden. Das eine Bein ist nach vorne ausgestreckt, das andere angewinkelt. Der Oberkörper ist darübergelegt, und die Arme und Hände liegen auf dem ausgestreckten Bein … Nun sind plötzlich sehr viele Gestalten um das Mädchen herum und schauen auf es herunter. Sie haben alle keine Gesichter, sondern nur widerliche Fratzen. Irgendwie haben sie alle ein schlechtes Gewissen, denn sie waren es, die das Mädchen so weit getrieben haben. Aber das Mädchen hat all das Häßliche hinter sich …

Dann ist es plötzlich so, als ob das Mädchen aus dem Raum schwebt. Es erlebt sich nun am Ufer eines großen Gewässers. Und eine Gestalt befindet sich neben ihm. Diese Gestalt sieht aus, als würde sie aus einer Art Nebel bestehen. Bei diesen Vorstellungen überkommt mich ein unheimliches Freiheits- und Glücksgefühl, so als ob ich alles hinter mir gelassen hätte. Manchmal bin ich auch heute in einem solchen Zustand. Immer dann, wenn ich ganz alleine in der freien Natur bin, dann fallen alle Ängste von mir ab, und ich bin glücklich.«

Noch etwas kam Geraldine ins Bewußtsein, was an dieser Stelle für den Leser wichtig sein mag. Sie gewann den Eindruck, entweder als bekannter Pianist oder als Geiger schon einmal gelebt zu haben. Mit ungefähr acht Jahren hatte sie Klavierspielen gelernt, und das Instrument war ihr von der ersten Unterrichtsstunde an vertraut. Geraldine haßte es jedoch, nach Noten zu spielen, denn sie hatte immer ihre eigene Musik im Ohr. Wenn sie nach ihrem inneren Gehör spielen konnte, dann fühlte sich das Mädchen völlig frei. Wörtlich sagte sie dazu:

»Immer beim Klavierspielen bin ich in einer Art Trance. Da ziehen innerlich Bilder an mir vorüber, sie haben aber keine bestimmte Form oder Handlung.

Komischerweise habe ich beim Klavierspiel immer eine Sperre in mir; irgend etwas hemmt mich. Es gibt bestimmt viele Pianisten, die so gut wie ich spielen oder noch besser. Aber irgendwie habe ich das Gefühl, das Talent, der Durchbruch, das schlummert in mir, und es kann noch nicht heraus. Manchmal ist das Klavier auch ein Gegner für mich, ja, sogar ein richtiger Feind.«

Auf eine solche künstlerische Vergangenheit außer dem Ballett sind wir reinkarnationstherapeutisch nicht gestoßen. Das schließt nicht aus, daß ein Leben als Pianist oder Geiger stattgefunden hat. Therapeutisch stehen natürlich solche Lebensereignisse im Vordergrund, die angst- oder krankheitsbetont sind und deren Problematik deshalb gelöst werden sollte.

Ein solches Leben deutete sich schon in dem Traum von dem Verlies und den Pockenkranken an. Das Reinkarnationsbewußtsein gab dieses Leben nun frei:

»Ich sehe und fühle, wie ich von kalten Händen in eines dieser Verliese hinuntergestoßen werde. Hinter mir wird eine dicke Türe fest zugeschlagen ... Das Ganze hat so etwas Endgültiges an sich, so ein Gefühl des Gefangenseins, nicht mehr ans Licht zurückkommen können ... Eine panische Angst überkommt mich, auch jetzt, wenn ich nur daran denke, obwohl das alles doch schon längst hinter mir ist ... Ich habe das Gefühl, ohnmächtig und wehrlos zu sein, ich bin ausgeliefert ...

Dann rieche ich den Moder, den Tod, der dort in jeder Ecke lauert. Eine unangenehme Wärme schlägt mir entgegen und erzeugt Übelkeit in mir ... Zuerst bin ich ganz allein, das heißt, ich sehe niemanden, weil es so dunkel ist.

Ganz langsam kann ich Gestalten und Gesichter erkennen. Alle mit pockennarbigen und entstellten Gesichtern und Körpern. Ich spüre und sehe, wie sie die Arme ausstrecken und mich zu sich hinunterziehen möchten. Das erfüllt mich mit großem Ekel. Ich wehre mich mit aller Kraft und Energie dagegen. Ich möchte nicht dazugehören, zu dieser Masse an kranken Leibern.«

Wir spüren hier deutlich den Zusammenhang zwischen dem Traum und dieser Rückerinnerung. Der Traum gab die früheren Erlebnisse frei, als über Reinkarnation noch gar nicht gesprochen worden war.

Ein besonderes Erlebnis war es für die Patientin, daß sie nach der Rückerinnerung an die Pockenkrankheit mit ihrer Haut reagierte. Zwei Wochen lang war ihre Haut regelrecht pockennarbig geworden, dann klang dieses Symptom wieder ab. Und auch ein ergänzender Traum tauchte auf:

> »Ich wache morgens auf und habe panische Angst. Und immer habe ich davor den gleichen Traum: Ich habe an der Hand und an den Armen klaffende Wunden, einfach scheußliche Verletzungen. Aber niemals ist dabei auch nur ein Tropfen Blut zu sehen. Die Wunde geht durch den ganzen Arm und ist so groß, daß ich hindurchschauen kann.«

Ist es im übrigen nicht faszinierend, den gegenwärtigen Beruf der Patientin unter reinkarnativen Gesichtspunkten zu sehen? Da spielte ein Leben mit letztlich tödlicher Pockenkrankheit eine Rolle, und in diesem Leben wurde sie erst Friseuse und danach Kosmetikerin. Eine Kosmetikerin pflegt und regeneriert die Haut! Der gegenwärtige Beruf dient für sie wohl auch dem Heil-werden der eigenen Haut.

Und noch etwas dürfte heilend wirken: Die Patientin begann wieder mit dem Tanz, zwar nicht mehr im Sinne des Balletts, aber des gepflegten Gesellschafts- und Turniertanzes. Somit wird in der Gegenwart auch das Leben der damaligen Ballettänzerin aufgearbeitet.

Die Urlaubstage in Italien und die beiden Auseinandersetzungen mit der Schwägerin dürften auch ein weit zurückliegendes Gegenstück haben. Wir erinnern uns: Die Schwägerin warf bei der damaligen Auseinandersetzung mit Geraldine Gegenstände nach ihr, auch ein Messer!

In der Rückerinnerung erlebte Geraldine eine Eifersuchtsszene, während der nach ihr mit einem Messer geworfen wurde. Dieses Messer traf sie damals ins Herz, und sie verblutete daran. Während des Italienurlaubs stiegen in Geraldine die Rückerinnerungen an die tödliche Herzverletzung in ihrer Vergangenheit auf, nur konnte sie sie noch nicht einordnen. Sie reagierte nur in der Folgezeit nach dem Urlaub so, als wenn das Herz schwer geschädigt worden sei, mit extremer Müdigkeit und Energielosigkeit, bis dann die erlösende Herzoperation stattfand und Geraldine das Gefühl der Sicherheit gab: Das Herz ist wieder in Ordnung!

Geraldine kann heute wieder ins Theater und in sonstige Veranstaltungen in geschlossenen Räumen gehen. Mit ihrer selbständigen Arbeit ging es in den letzten Jahren aufwärts, obwohl auch sie die Sorgen jedes Selbständigen hat. Der Turniertanz, den sie nicht nur als schön, sondern auch als anstrengend erlebt, macht ihr Freude.

In diesem Fall konzentrierten sich die psychosomatischen Beschwerden auf die oben besprochenen Situationen. Es ist nicht auszuschließen, daß auch einmal ein Selbstmord durch Sturz aus der Höhe eine Rolle spielte. Aber solche Rückerinnerungen können abgerufen werden, wenn zu einem anderen Zeitpunkt eine Konfliktsituation auftritt, so daß dann nochmals der Weg in die Vergangenheit genommen werden sollte. Auch in der Reinkarnationstherapie gilt der Grundsatz, daß man »schlafende Hunde nicht wecken« sollte. Es muß weder bis zum psychoanalytischen Exzeß noch bis zur reinkarnationstherapeutischen Erschöpfung »alles« hergeholt werden. Was ruhen will, darf auch ruhen!

Geraldines Geburtsbild

Abbildung 36 zeigt Geraldines Geburtsbild. Wir finden den Aszendenten im Zeichen Fische. Am Medium Coeli, im Zeichen Schütze, finden wir den Saturn, und in der Nähe davon Sonne am Beginn des Zeichens Steinbock. Wir gewinnen aus dieser kosmischen Situation den Eindruck, daß sich Geraldine leicht aus der Realität entfernen könnte und es auch schwer hat, ihre idealistisch ausgerichteten Ziele in die Tat umzusetzen.

Dieser Vermutung steht entgegen, daß sich Mond und Mars in Konjunktion im Zeichen Stier befinden und Geraldine helfen werden, immer wieder »auf den Teppich zu kommen«, die Realität zu sehen und sich in einem weiblich orientierten praktischen Beruf zu bewähren.

Was nun die spezielle Problematik dieser jungen Frau angeht, hilft uns der Uranus im Zeichen Löwe weiter. Das »nervöse Herz«, die Infarktgefahr, die Neigung zur ständigen Überforderung der Vitalität deuten sich darin an. Der Uranus ist über ein Quadrat mit der schon erwähnten Mond-Mars-Konjunktion im Zeichen Stier verbunden; dazu kommt ein Anderthalbquadrat zum Saturn im Zeichen Schütze und zur Sonne im Zeichen Steinbock. Wir haben die Kombination Uranus – Mars, Mond – Saturn, Sonne (vgl. Abb. 37).

Wenn wir noch den Kleinplaneten Chiron hinzunehmen, über den wir schon im Kapitel »Was kann uns Violas Geburtsbild sagen?« sprachen, dann finden wir ihn im Zeichen Wassermann in Opposition zum Uranus stehen, und er ist dann noch mit Mond und Mars wie auch Sonne verbunden. Für ein Halbquadrat zum Saturn ist der Winkel nicht exakt genug (vergleiche Abbildung 38).

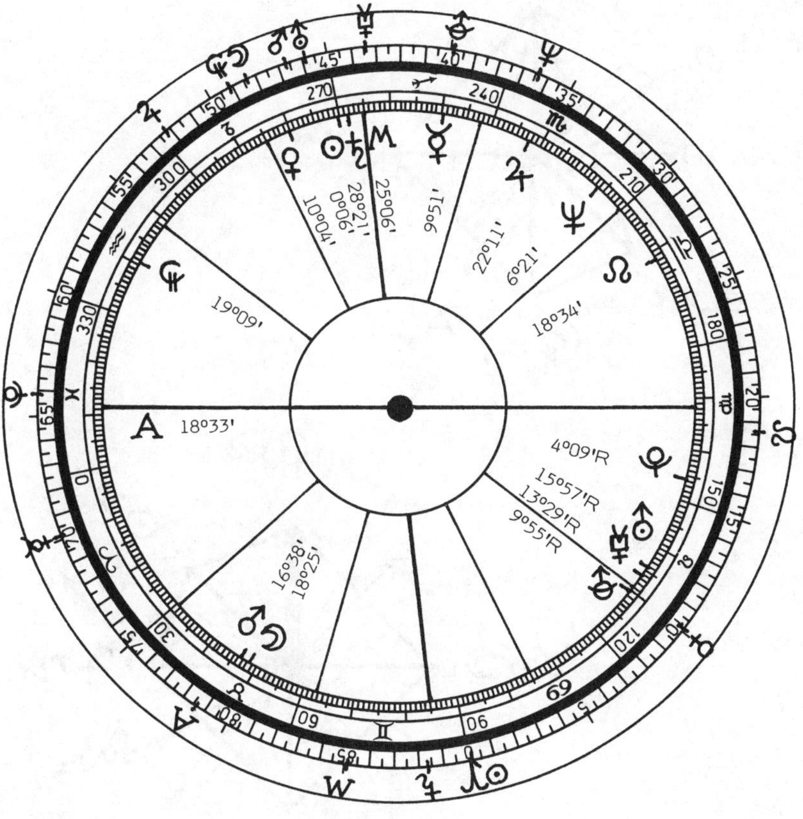

Abb. 36: Geraldine, geboren 1958

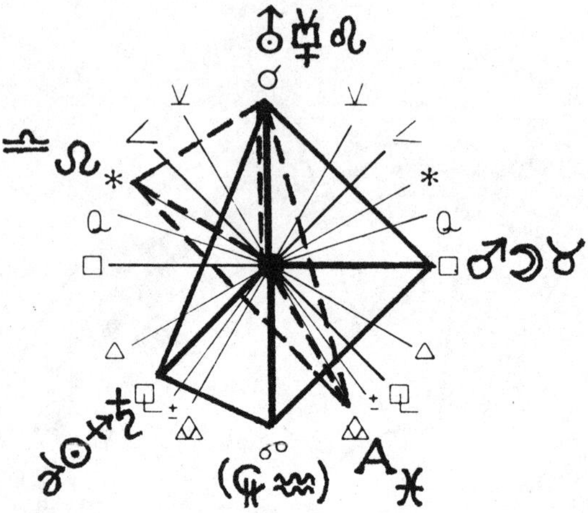

Abb. 37

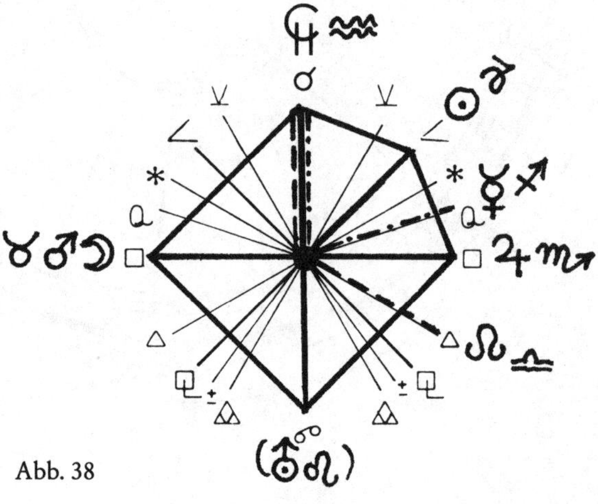

Abb. 38

An dieser Stelle ist zu betonen, daß viele Menschen einen bestimmten Aspekt in ihrem Geburtsbild haben, sagen wir Mars Quadrat Uranus – der sich auch in Geraldines Kosmogramm zeigt –, aber eine Aspekt-Struktur, die aus fünf Faktoren innerhalb einer Aspekt-Reihe – hier die 45°-Reihe – besteht, das ist schon viel seltener. Wenn wir den Chiron noch hinzunehmen, dann sind es sogar sechs Faktoren. Mit anderen Worten: Der genannten Struktur kommt eine ausgesprochen individuelle Bewertung zu. Man bedenke dabei, daß der Mond, der sich alle zwei Stunden um einen Tierkreisgrad weiterbewegt, in das ganze Bild einbezogen ist. Um die Bedeutung des Ganzen herauszuarbeiten, wollen wir einmal die Details erörtern:

Uranus/Löwe
Das »nervöse Herz«, durch ständige Überforderung Infarktgefahr.

Uranus/Löwe Anderthalbquadrat Sonne/Steinbock
Herzrhythmusstörungen. Häufig auftretende Pulsbeschleunigung. Das Herz schlägt oft »bis zum Hals«.

Uranus/Löwe Anderthalbquadrat Saturn/Schütze
Zerreißproben. Neigung zu Zerrung, Riß, Bruch, Amputation. Blockierte Organrhythmik. Das Schicksal herausfordern. »Ketten zerbrechen« wollen.

Uranus/Löwe Quadrat Mars/Stier
Muskelzittern, Muskelspasmen, Neigung zu Muskelrissen. Im kommunikativen Bereich anstacheln, anschnauzen, anrempeln können. »Bis aufs Messer reizen« können.

Uranus/Löwe Quadrat Mond/Stier
Stark emotional reagieren, leicht aus der Ruhe gebracht werden, impulsiv sein.

Uranus/Löwe Opposition Chiron/Wassermann
Da über Chiron noch nicht genügend bekannt ist, sollen die nachfolgenden Deutungen nur als Arbeitshypothese verstanden werden: Die eine Möglichkeit ist, daß man selbst zu einem Opfer für etwas wird oder eines Tages Heilkräfte entwickelt, um selbst zu gesunden oder anderen zur Heilung zu verhelfen.

Unter den Reinkarnations-Gesichtspunkten ist hier noch eine Ergänzung anzubringen:

Der Saturn hat im Geburtsbild nicht nur mit Stabilität, Festigkeit, Knochensystem zu tun, sondern auch mit Hemmung, Hindernis, Blockade, Verhärtung. In der Übersteigerung dieser Begriffe hat Saturn auch mit der Begrenzung, dem Ende, dem Lebensende, dem Tod zu tun. Saturn nun in der Aspektierung mit Mars und Uranus kann auf der Reinkarnationsebene mit plötzlichem Tod, Unfalltod, Tod durch impulsive Handlungen, gegebenenfalls auch Totschlag oder Mord zu tun haben. Und daß das Herz einmal durch eine Affekthandlung zerstört wurde, ist eine Vermutung, die sich aus Lebensgeschichte und Reinkarnationserlebnissen ergibt.

Wir wissen nun, daß Geraldine in früheren Jahrhunderten in ein kollektives Krankheitsgeschehen hineingerissen wurde, die Pocken. Eine kosmische Spiegelung dieses Geschehens ergibt sich nun aus einer Reihe von Halbsummen-Beziehungen, die wir hier auch besprechen wollen:

Saturn/Neptun = Mondknoten
Mit anderen kranken Menschen verbunden sein. Leidensgemeinschaft.

Saturn/Neptun = Pluto
Zeitkrankheiten ohne genügend Widerstandskraft ausgeliefert sein. – Krankmachende Blockaden.

Aufgrund bestimmter Halbsummen-Strukturen ist anzunehmen, daß Geraldine an den Aggressionen der Schwägerin nicht ganz unschuldig war, auch wenn der Schwägerin nicht entschuldigt werden kann, nach Geraldine mit dem Messer geworfen zu haben. Rivalität und Eifersucht sind bei Geraldine nicht auszuschließen. Wir finden folgende Hinweise:

Mars/Pluto = Venus
Gewaltsam Zuwendung erzwingen. Neigung zur Vergewaltigung.

Uranus/Pluto = Venus
Liebe provokant erzwingen wollen. Überschießende erotisch-sexuelle Reaktionen.

Mond/Pluto = Venus
Neigung zu Eifersuchtsreaktionen. Extreme Leidenschaftlichkeit.

Wir wollen es an dieser Stelle mit Deutungen aus dem kosmobiologischen Bereich bewenden lassen. Es wird aber vielleicht deutlich geworden sein, daß es über das Geburtsbild auch möglich ist, sich in frühere Inkarnationen hineinzudenken. Es ist meines Erachtens nach jedoch zu früh, aus einzelnen Beispielen schon Deutungsregeln ableiten zu wollen. Eines kann man aber wohl bis jetzt sagen:

Aspektstrukturen wie Mars-Saturn-Uranus, Mars-Saturn-Pluto, Mars-Uranus-Pluto, Mars-Uranus-Neptun, Mars-Neptun-Pluto ergeben häufig Hinweise auf einen früheren gewaltsamen Tod.

Dr. Herrmann kann nicht mehr schreiben

Dr. Herrmann ist an einer bayerischen Universität als Wissenschaftler tätig. Seine Promotion machte er mit dem Prädikat »Summa cum laude«; er veröffentlichte auch eine Reihe von Artikeln aus seinem Fachgebiet in wissenschaftlichen Zeitschriften. International konnte er sich schon einen Namen machen, aber mit dem Ordinarius hatte er Schwierigkeiten.

Sein Hauptproblem war, daß er seit Jahren nur begrenzt etwas zu Papier bringen konnte. Schreiben bedeutet für ihn, der als Wissenschaftler darauf angewiesen ist, eine unendliche Mühe. Und nur, wenn er unter extremem Zeitdruck stand, gelangen ihm die allerdringendsten Texte. Besonders auffallend war, daß Dr. Herrmann vor allem dann eine Schreibsperre hatte, wenn er schriftliche Aufzeichnungen an eine Autoritätsperson richten mußte.

Die Lebensgeschichte

Die Mutter wurde als depressiv geschildert. Eine besondere »Ruhmestat«, wie er es nannte, war, daß seine Mutter es fertig gebracht habe, ihn mit einem Lebensjahr »sauber« zu haben. Durch den Erziehungsstil der Mutter habe er sich zu ständiger Leistung angetrieben gefühlt, ohne das von ihr ins Auge gefaßte Ziel erreichen zu können. Dr. Herrmann fühlte sich von seiner Mutter von Kindesbeinen an »dressiert«. Wenn er sich einmal beim Sprechen verhaspelte und beim Aufsatzschreiben ein Wort wiederholt habe, sei das ein »Kapitalverbrechen« gewesen.

Der Vater spielte kaum eine Rolle, zumal er im Krieg Soldat war. Dr. Herrmann wurde 1930 geboren, und ab seinem neunten Lebensjahr war der Vater an der Front und für den Patienten nur selten erreichbar. Ein Erlebnis mit dem Vater blieb aber haften. Der junge Herrmann ging mit seinem Vater und einem Onkel im Wald spazieren. Auf einmal sagte der Vater zu ihm:

»Dort ist eine Brücke. Wer schon einmal gelogen hat, unter dem bricht die Brücke ein.«

Der ungefähr fünf Jahre alte Junge reagierte mit wahnsinniger Angst. Er mußte ja mit Vater und Onkel über die Brücke gehen; und wer hat schon noch nie gelogen? Die Brücke hielt stand, und der junge Mann war sichtlich erleichtert!

Das Gefühl des Verlassenseins, der Einsamkeit, war für den Patienten fast unerträglich. Daraus entstand für ihn der Entschluß, seine Mutter später einmal nie zu verlassen. Er brachte sich damit als Ehemann in fürchterliche Spannungen, er wollte sowohl seiner Mutter als auch seiner Frau gerecht werden.

Um mit seinen Blockaden fertig zu werden, steigerte sich Dr. Herrmann zunehmend in das häufige Trinken von Kaffee oder Schwarzem Tee. Da und dort griff er auch zu einem Döschen mit Kaffeepulver und nahm es messerspitzenweise in den Mund, um morgens »in Fahrt zu kommen«.

Eine Zeitlang war Dr. Herrmann in psychotherapeutischer Behandlung, aber es habe ihm nichts gebracht, wie er meinte. Eine Heilpraktikerkollegin konnte ihm mit homoöpathischen Medikamenten ein Stück weiterhelfen, aber die Behandlung stagnierte auch, nicht zuletzt, weil Dr. Herrmann immer wieder Gründe fand, weshalb er nicht zur Behandlung kommen konnte. Ähnlich muß es der Kollegin gegangen sein, die ihn psychotherapeutisch behandelt hatte. Man mußte davon ausgehen, daß Dr. Herrmann letztlich gar nicht geheilt werden wollte. Warum wohl?

Die neuerliche psychotherapeutische Arbeit brachte da und dort kleine Erfolge, aber ein Durchbruch ergab sich vorläufig auch nicht.

Die Schreibhemmung des Patienten entstand mit Beginn des Studiums. Morgens war er erst einmal ungefähr zwei Stunden regelrecht arbeitsunfähig, bis er »anlaufen« konnte. Bis zum

Abitur war ihm alles recht gut von der Hand gelaufen. Eine genauere Analyse seiner Lebensgeschichte ergab jedoch später, daß auch die Schulzeit durch beträchtliche Blockaden eingeengt war. So stießen wir bei der Erhellung der Lebensgeschichte in der Tiefenentspannung beispielsweise auf folgendes Erlebnis: Herrmann war noch Gymnasiast. Gerade hatte er mit viel Mühe eine Seite Aufsatz geschrieben, und es ging einfach nicht mehr weiter. Der allem Anschein nach sehr vernünftige und wohl auch psychologisch geschulte Lehrer sagte dem jungen Mann, daß so etwas einfach mal passieren könne, daß das kein Beinbruch sei, wenn er jetzt nicht weiter schreiben könne. Er half eine Blamage vor den Klassenkameraden zu vermeiden.

Herrmann fiel auf, daß er ohne jegliche Schwierigkeiten etwas schreiben konnte, wenn es nicht seine eigenen Texte waren. So war es ihm durchaus möglich, Examenskandidaten beim Studium mit deren Diplomarbeit zu helfen, für sie sogar Ghostwriter zu sein, aber mit seinen eigenen Aufgaben haperte es. Trotzdem gelang ihm ein Prädikats-Examen.

Eine seiner größten Nöte war, daß er nach seinem Tod »mit leeren Händen« vor seinem Herrgott stehen könnte.

Dr. Herrmanns Rückerinnerungen

Dr. Herrmann erlebte sich als einen französischen Edelmann, der zum Protestantismus übergetreten und daraufhin in eine Verschwörung verwickelt war. Er erlebte sich auf einem Gutshof und erzählte dann:

> »Da kommt ein Bote und bringt einen Brief, der wohl etwas mit einer Verschwörung zu tun hat... Ich übergebe diesem Boten nun meinerseits einen Brief, den er so schnell wie möglich weiterbefördern soll.
>
> Der Bote reitet weg, gerät in eine Falle und wird gefangen genommen. Man findet mein Schreiben, durch das alle Teilnehmer an der Verschwörung kompromittiert sind.
>
> Ich meine, daß da mehrere dieser Verschwörer zusammen

sind und miteinander besprechen, was zu tun ist. Der Schloßbesitzer holt am Schluß einen Brief aus einem Versteck und teilt allen mit, daß er alles formuliert habe, wie sie es gemeinsam besprochen hätten. Und der Brief könne nun an die anderen Verschwörer weitergeleitet werden. Ich glaube, daß letztlich alle beteiligten Adligen gefangen genommen und dann hingerichtet werden.
Als der Edelmann auf seinem Schloß gefangen genommen wird, sagt er zu seiner Frau: ›Jetzt bist du mich los!‹ Darauf stürzt sie auf ihn zu, und es ist zu sehen, wie sie ihn liebte. Das war ihm wohl vorher nicht bewußt.«

Soweit ich sehen konnte, hatte das Reinkarnationsbewußtsein dem Patienten den entscheidenden Hintergrund für seine Schreibhemmung gezeigt: Er hatte schwerste Schuldgefühle, weil er als das Haupt einer Verschwörung sich dafür verantwortlich machte, daß seine Gesinnungsgenossen und er selbst für ihr Verhalten ihr Leben verloren und damit sich und ihre Familien ins Unglück gestürzt hatten.

Dr. Herrmanns Geburtsbild

Dieses Geburtsbild, das in Abbildung 39 dargestellt ist, läßt sich keineswegs leicht aufschlüsseln. Grund dafür sind eine Reihe von Gegensätzen, deren eine oder andere Dominanz sich nur mit Hilfe der Lebensgeschichte abklären läßt.

Wenn wir wieder zuerst von der Optik ausgehen, sehen wir eine vierfache Besetzung des Tierkreiszeichens Wassermann mit Mond und Medium Coeli, Merkur und Mars, und je zwei Faktoren sind als Konjunktion miteinander verbunden. Für einen Wissenschaftler, der für neue Ideen aufgeschlossen ist und sich dafür auch emotional mit einsetzen will, der die pointierte, klare, auf die Zukunft hin orientierte schriftliche Formulierung seiner Gedanken erstrebt, ist das eine sehr gute kosmische Konfiguration. Der Uranus im Zeichen Widder könnte der wissenschaftlichen Arbeit den nötigen Impetus verleihen.

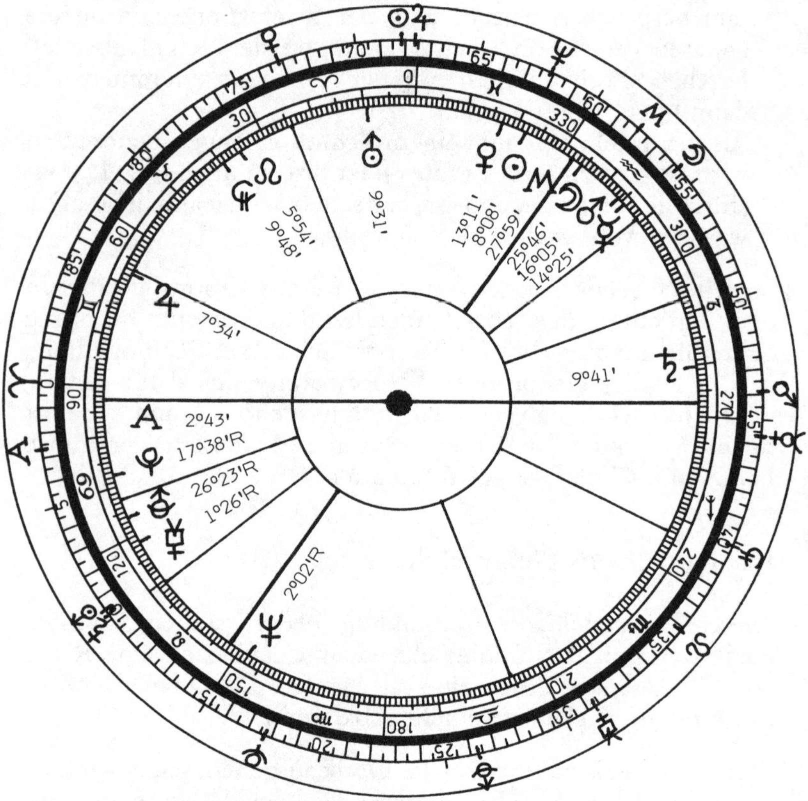

Abb. 39: Dr. Herrmann, geboren 1930

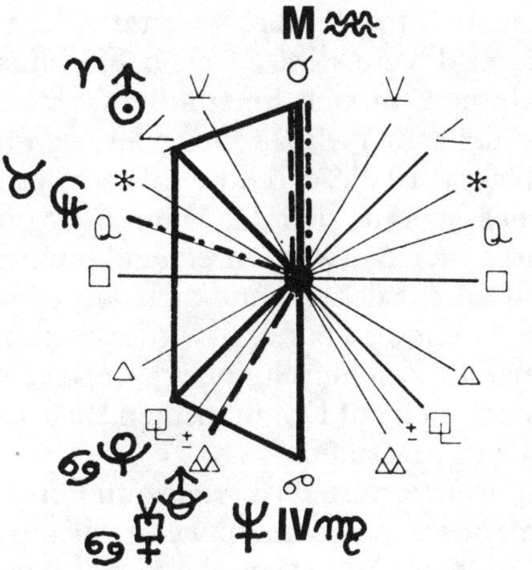

Abb. 40

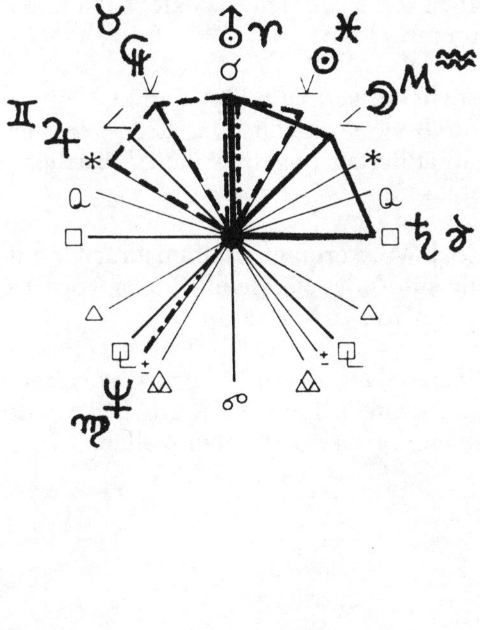

Abb. 41

Wenn wir uns jedoch im Tierkreis weiter orientieren, finden wir auch Sonne und Venus im Zeichen Fische stehen, worin sich Abwartenkönnen, In-sich-hineinhören, aber auch Passivität ausdrücken, nicht übersehbar eine Ader, sich für etwas aufzuopfern. Verstärkt wird diese Tendenz durch den Aszendenten im Zeichen Krebs, woraus sich der Wunsch ergibt, auf warmherzige Art mit seiner Mitwelt zurechtzukommen, aber auch auf Wettbewerb zu verzichten und sich »in sein Gartenhaus zurückzuziehen«. Diese Haltung wird wiederum verstärkt durch den Saturn im Zeichen Steinbock mit der Programmierung, einsiedlerisch sich auf Dogmatismen zurückzuziehen und eine Mauer um sich zu bauen.

Eine noch differenziertere Diskrepanz im Persönlichkeitsgefüge Dr. Herrmanns wird deutlich, wenn wir die Aspektstruktur des Medium Coeli betrachten, die in Abbildung 40 dargestellt ist.

Medium Coeli im Zeichen Wassermann steht in Opposition zum Neptun im Zeichen Jungfrau. Dazu kommt ein Halbquadrat zum Uranus im Zeichen Widder und ein Anderthalbquadrat zum Pluto im Zeichen Krebs. Nehmen wir diese Struktur auseinander in die einzelnen Aspekte, so können wir folgende Deutungen erarbeiten:

Medium Coeli/Wassermann Opposition Neptun/Jungfrau:
Neigung zur Bodenlosigkeit. Der Erde »entrückt« sein. Sich aus der Realität herausmogeln wollen. Unsicherheit und Zweifel ausgesetzt sein.

Medium Coeli/Wassermann Halbquadrat Uranus/Widder:
Ausgefallene und/oder zündende Ideen vorantreiben wollen. Gefahr, seine Mitte zu verlieren.

Medium Coeli/Wassermann Anderthalbquadrat Pluto/Krebs:
Sich zu einer großen, für viele Menschen wichtigen Aufgabe berufen fühlen. Fachautorität sein wollen.

Ohne die Lebensgeschichte zu kennen, würde man nicht ohne weiteres wissen können, ob mehr das antreibend wirkende uranisch-plutonische oder mehr das illusionierend wirkende neptunische Element die Oberhand gewönne. Ein Blick in das bisherige Leben muß uns zeigen, daß der Kosmogramm-Eigner bei weitem noch nicht die Kräfte entwickeln konnte, die eigentlich in ihm stecken. Es müssen also unterschwellige Blokkaden vorliegen.

Eine weitere Analyse des Geburtsbildes zeigt uns, daß Saturn und Uranus miteinander im Quadrat stehen, also Planeten, die zueinander in einem gegensätzlichen Verhältnis stehen, Saturn stabilisierend bis hemmend, Uranus dynamisierend bis überschäumend. Saturn-Uranus-Aspekte zeigen uns häufig Zerreißproben an, vergleichbar einem harten Muskel, der schnell eine Hochleistung bringen soll. In solchen Fällen ist die Gefahr eines Muskelrisses gegeben.

Dieses Quadrat von Saturn und Uranus wird nun noch angefüllt mit zwei Halbquadraten der beiden Faktoren zu Mond und Medium Coeli im Zeichen Wassermann, wie Abb. 41 zeigt Hierzu wollen wir wieder eine Deutung erarbeiten:

Aspektstruktur Mond – Saturn – Uranus
Schuldgefühle setzende Erziehung. »Züchtung« von Ängsten. In seinen Emotionen hin und her gerissen sein. Zwischen Affektstau und Aggressionen leben.

Aspektstruktur Saturn – Uranus – Medium Coeli
Spalterische, umstürzlerische Ambitionen. Um sein Leben kämpfen müssen. Angst vor Trennungen.

Abschließend wollen wir uns noch mit einigen Halbsummen-Strukturen beschäftigen, denn auch diese beleuchten Gegenwart und Vergangenheit des Kosmogramm-Eigners:

Mars/Saturn = Venus
Sich caritativ einsetzen. – Für Tugendhaftigkeit eintreten. – Seine Empfindungen und Gefühle verstecken, sich »ein-

mauern«. – Etikette, gesellschaftliche Tabus vertreten. Sich abgrenzen.

Mars/Neptun = Mond
Sucht- und Betäubungsgefahr. – Von großen Leistungen träumen. Mit vielen Illusionen leben.

Dieses Quadrat von Saturn und Uranus wird nun noch angefüllt mit zwei Halbquadraten der beiden Faktoren zu Mond und Medium Coeli im Zeichen Wassermann, wie Abb. 41 zeigt. Hierzu wollen wir wieder eine Deutung erarbeiten:

Mars/Neptun= Saturn
Sich schnell erschöpfen. – Selbstmordneigung durch Gift oder Gas. – Sich mit Krankheiten, Seuchen, Tod beschäftigen.

Saturn/Pluto = Medium Coeli
Fanatisch sein können. – Sein Leben als schwer und gewaltvoll erleben. – Massive Gewalt ausüben oder erleben. Seine Lebensziele aufopfern.

Uranus/Pluto = Medium Coeli
Um das Überleben kämpfen. – Außergewöhnliche Kräfte zur Durchsetzung seiner Lebensziele aufbieten. – Waghalsige Unternehmungen. – Kampf bis zur letzten Konsequenz.

Diese Auszüge aus dem Geburtsbild, die natürlich nur ein begrenztes Persönlichkeitsbild vermitteln können, zeigen auch wieder, wie eng Vergangenheit und Gegenwart miteinander verbunden sind. Die sicher vorhandene Fähigkeit Dr. Herrmanns, für eine gute Aufgabe zu kämpfen und sich dafür voll und ganz einzusetzen, war sicher blockiert durch das Trauma, in einem früheren Leben am Tode von anderen Menschen, die ihm vertraut hatten, mit schuld zu sein. Diese durch Schuldgefühle entstandenen Blockaden versuchte der Patient in diesem Leben durch stark anregende Genußmittel zu überwinden, was ihm nur begrenzt gelang.

Auch im Rahmen der reinkarnationstherapeutischen Behandlung war der Patient nicht bereit, durchzuhalten. Er fand Gründe, um nicht mehr kommen zu müssen. Es muß der Zukunft überlassen bleiben, ob Dr. Herrmann bereit sein wird, nochmals den Gang in die Vergangenheit zu gehen, noch weitere Belastungen von damals zu lösen und dann für seine wissenschaftlichen Arbeiten wie auch für seine Partnerschaft frei zu werden.

War Martin früher einmal in Stonehenge?

Es gibt Menschen, die sich nicht nur an Leben zurückerinnern können, die einige Jahrzehnte oder Jahrhunderte zurückliegen, sondern deren Erinnerung viele Jahrhunderte, wenn nicht gar Jahrtausende zurückreicht. So kann es sein, daß Bilder von dem sagenumwobenen Atlantis auftauchen, aus dem Ägypten der Pyramiden, dem Griechenland der alten Kultstätten. Martin erlebte religiöse Handlungen in Englands Stonehenge, die wir später kennenlernen wollen.

Martin war zur Zeit unserer reinkarnationstherapeutischen Arbeit als Lehrer tätig, sah diesen Beruf jedoch nicht als seine endgültige Aufgabe an und dachte für die Zukunft an eine sozialpädagogische und heilkundliche Tätigkeit. Vor einigen Jahren hatte er in Oberbayern, nicht weit von der Schule, an der er unterrichtet, einen alten Bauernhof erwerben können, auf dem er sich sehr wohl fühlt.

1983 meinte Martin, in seiner geistigen Entwicklung an einem Punkt angekommen zu sein, an dem es für ihn wichtig geworden war, den Weg in seine Vergangenheit zurückzugehen.

Die Lebensgeschichte

Die Ehe der Eltern war sehr belastet und wurde geschieden, als Martin ungefähr sechzehn Jahre alt war. Bis dahin war der Vater viel unterwegs und galt als jähzornig. Eine echte Beziehung konnte Martin zum Vater nicht aufbauen. Zu seinen frühkindlichen Erlebnissen gehört, wie der Vater seine Koffer gepackt hatte, später aus dem Hoftor hinausfuhr, nochmals aus dem Seitenfenster des Wagens winkte und ihn und die Mutter traurig zurückließ.

Die Bindung an die Mutter war sehr stark; sie muß Martin Halt gegeben haben, vor allem, nachdem der Vater die Familie verlassen hatte.

Martin hatte eine ausgesprochen soziale Ader und half den benachbarten Familien, bekam dafür Geld, Obst, Brote, Süßigkeiten, was für den Jungen wichtig war, denn die Familie hatte wenig finanzielle Mittel.

Der fünf Jahre ältere Bruder verprügelte Martin regelmäßig und ließ an ihm seine Aggressionen aus. Durch Jungens aus der Nachbarschaft wurde Martin mehrfach zu homosexuellen Handlungen verführt. Hier wurden Akzente gesetzt, die Martin auch in späteren Jahren da und dort verfolgten. Im Alter von siebzehn Jahren bekam Martin eine schwere, wahrscheinlich unter psychosomatischen Gesichtspunkten zu sehende Herzkrankheit.

Martin war ein sehr guter Schüler; er machte ein exzellentes Abitur und begann Sprachen zu studieren. Mit Jobs verdiente er eine Menge Geld, gab es aber schnell wieder aus.

Als er 20 Jahre alt war, mußte Martin wegen der Schwangerschaft seiner Freundin heiraten, für seine Entwicklung viel zu früh. Auch konnte er sich von seiner Mutter, mit der er nach der Scheidung der Eltern allein lebte – der Bruder war bei der Bundeswehr –, schwer lösen, stand von nun an gleichsam zwischen zwei Frauen, Mutter und Ehefrau.

Die Beziehungen der beiden jungen Leute erwiesen sich als nicht tragfähig für eine fundierte Ehe; zunehmend kam es zur Entfremdung zwischen den Ehegatten. Martin begann neben seiner Ehe Verhältnisse zu anderen Frauen und geriet dadurch zunehmend in eine bedrohliche Lebenskrise.

Im Laufe der Jahre entstand zwischen Martin und seiner geschiedenen Frau eine Freundschaft, die Martins neue Partnerschaft sowie die Partnerschaft seiner geschiedenen Frau zu einem anderen Mann angeblich nicht wesentlich störte. Auch der Sohn Olaf konnte relativ gut integriert werden.

Martins achtjährige Partnerschaft war zur Zeit unserer Arbeit jedoch nicht problemlos. Seine Freundin lebte mit einem anderen Mann zusammen, fühlte sich jedoch trotzdem zu Martin hingezogen. Aber mit ihm in Urlaub fahren, das wollte sie wiederum nicht. Beide Menschen spürten sehr deutlich, daß sich etwas wie eine Wand zwischen ihnen aufrichtete, wenn über eine ständige Gemeinschaft gesprochen wurde.

Nach dem zwanzigsten Lebensjahr fühlte sich Martin zum Selbstmord getrieben, für ihn der Anlaß zu einer psychotherapeutischen Behandlung. Im Laufe von mehreren Jahren wurden es über 1500 Therapiestunden, eine außergewöhnlich lange Therapiezeit. Trotzdem gelang es nicht, die Ehe, aus der der Sohn Olaf stammte, zu erhalten. Als Martin 34 Jahre alt war, also nach vierzehn Ehejahren, wurde die Ehe geschieden. Nach der Scheidung entspannte sich das Verhältnis zwischen den Eheleuten, und es entstanden die oben schon erwähnten Beziehungen. Die Suizidgedanken lösten sich langsam auf.

Martin hatte in den letzten Jahren erkannt, daß seine Stärke im heilenden Bereich liegt; deshalb hatte er vor, eine Heilpraktikerausbildung zu durchlaufen.

Martin hat auch zahlreiche Interessen. Dazu gehören Kerzenständer, alte Gläser, Stiche von alten Meistern, Bücher über alte Kulturen aus ägyptischen, griechischen, römischen Zeiten. Auch religiöse Fragen interessieren ihn sehr; eine Zeitlang war er in sektenähnlichen Gemeinschaften. Aus der Kirche trat er aus; er gehört heute keiner Konfession mehr an, wird aber von alten Kirchen stark angezogen.

Martins Träume

Die homosexuellen Verführungen in der späten Kindheit scheinen bei Martin immer wieder auch Träume derlei Inhalts ausgelöst und ihn erheblich geängstigt zu haben. Einmal träumte er, daß er als kleiner Junge einer Exekution in einem Gerichtssaal beigewohnt habe. In einem anderen Traum blieb ein Fahrstuhl in einem Schiff stecken. Und immer wieder traten Träume mit Weglaufen und Flucht auf.

Martins Ängste

Menschenansammlungen und große Räume konnten Martin in abgrundtiefe Angst versetzen. Studentendemonstrationen waren für ihn so lange angenehm, als er einen positiven Ausgang erwarten konnte. In Panik sah sich Martin gestürzt, wenn die Studenten abgedrängt wurden und Ausschreitungen entstanden. Rockergruppen, aus deren Musikart heraus Gewalttaten entstehen konnten, mied er.

Wenn er eine Herrentoilette aufsuchen mußte, ergab sich sofort eine Harnverhaltung, wenn ein anderer Mann neben ihm stand. Es gab Zeiten, da meinte Martin, er würde nur auf dem einen Bein stehen. Auffallend war dazu, daß bei Verletzungen immer die rechte Körperseite beeinträchtigt wurde, Finger, Arm, Knie. Auch jede Art von Schneide- und Stechwerkzeugen waren für Martin mit viel Angst verbunden.

Martins Rückerinnerungen

Zu Martins Träumen gehörte eine Szene, in der er sich als kleiner Junge an einer Gerichtsverhandlung teilnehmen sah. Dieser Traum sollte uns einen Einstieg in die Rückerinnerungen geben, denn es ergab sich bei uns der Eindruck, daß damit einmal ein reales Erlebnis verbunden gewesen sein könnte. In der Tiefenentspannung traten nun vor Martins innerem Auge die folgenden Bilder auf:

»Da sind Bogenfenster. Zwischen zwei Fenstern steht ein erhöhter Tisch. Dahinter sitzt ein Richter. Vor dem Tisch kniet ein Mann, er hat irgend etwas gemacht. Und vor dem Tisch auf der rechten Seite stehe ich. Ich habe so etwas Rotzfreches an mir, und mir läuft die Nase. Da sitzen noch die Geschworenen oder Zuschauer. Die haben so schwarze Kleider oder Pumphosen an. Das Urteil ist schon gefällt.
Dieser Mann hat die Hände auf den Rücken gebunden, er

kniet am Tisch. Er muß den Kopf von mir wegwenden. Auf dem Tisch ist eine Platte... Ich wundere mich über meine Ruhe... es erschreckt mich überhaupt nichts an dieser Szene... Dem Mann wird der Kopf abgeschlagen, wir mußten uns aber alle umdrehen.

Ich empfinde so, daß es dem Mann recht geschieht, habe aber keine Schadenfreude, nur Ruhe. Auf der linken Seite des Tischs steht eine runde Platte mit einem runden Stab, und auf den wird der Kopf aufgesteckt. Es drängt sich mir der Gedanke auf, daß dieser Stab so etwas Penisartiges an sich hat... Ich bin das einzige Kind im Raum, der Mann war bekannt wegen solcher sexueller Sachen...«

Wir können aus solchen szenischen Abläufen wieder sehen, wie Träume Teil einer Rückerinnerung sein können. Und nun gingen wir in der Zeit weiter zurück, um auf Hintergründe der Verurteilung zu kommen. Dabei stellte sich heraus, daß der Verurteilte homosexuell war und im Wald von dem Kind den Mundverkehr gefordert hatte. Martin erlebte nach, wie er sich dann an einem Brunnen den Mund ausspülte. Als er heimkam, stand das Mittagessen auf dem Tisch. Die damaligen Eltern fragten den Jungen, wo er gewesen sei. Nachdem ihm im Wald ein Verbot, etwas zu sagen, auferlegt worden war, antwortete er, daß er beim Spielen gewesen sei. Die Eltern glaubten ihm nicht, und plötzlich entdeckten sie am Hals des Jungen noch etwas Sperma, sie waren entsetzt:

»Mein Vater drischt einfach auf mich ein. Er fragt mich gar nicht. Ich begreife gar nicht. Ich bin ungefähr sechs Jahre alt, gehe noch nicht zur Schule.

Mein Vater rast aus dem Zimmer; er weiß, wer derjenige war... Er ist bereit, den Mann umzubringen. Meine Mutter nimmt mich auf den Schoß und wischt mir mit einem kratzigen Lappen das Gesicht ab. Mein Vater schreit auf der Dorfstraße herum, alle Leute wissen, wer der Mann ist... Sie kennen ihn, und alle machen sich auf die Suche... gehen auf ein bestimmtes Haus zu.

Nun pendeln die Bilder hin und her zwischen einem wohlanständigen Pfarrer und einem heruntergekommenen Menschen ... Der Mann hat etwas Dämonisches an sich; da wird nicht viel gefragt, da ist den Leuten alles klar ...

Irgendwo wird er in ein Verlies geworfen mit einem Strohsack darin. Und irgendwann wird er geholt und gefragt, ob er der Mann von damals sei ...

Er guckt mich mit teuflischen Augen an, und ich kann ihn nicht angucken. Ich nicke nur, meine Mutter hält mich. Sie hat viel Verständnis für mich. Mein Vater kommt irgendwann nach Hause, er redet aber nicht mit mir. Er sieht so aus, als sei er betroffen und fasziniert zugleich.

Es ist Sonnenuntergang. Wir müssen sparsam sein mit den Kerzen. Ich muß mich hinlegen. Meine Eltern unterhalten sich. Ich habe ein Tier bei mir, einen Hund, einen Spitz mit schwarzem Fell und spitzen Ohren.

Meine Eltem wollen miteinander schlafen, aber es geht nicht. Meine Mutter hat Lust, aber mein Vater nicht. Ich sehe es so, als ob ich weiter hinten und die Eltern weiter vorn im Raum liegen. Meine Mutter reizt mich, sie ist eine schöne Frau. Mein Vater kann nicht, und meine Mutter bleibt unbefriedigt. Am nächsten Tag bin ich in dem Raum mit der Gerichtsverhandlung, ich werde aber dort nicht gebraucht ...

Mit diesem Mann, der jetzt verurteilt werden soll, konnte ich ganz gut spielen. Er war eigentlich gar kein Bösewicht. Nun sehe ich meinen Vater älter und meine Mutter üppiger werden. Ich habe keine Geschwister, mein Vater wird immer schwächer, ich übernehme die männliche Hauptrolle. Jetzt wird mir plötzlich übel ... Ich sehe immer wieder die Brüste meiner Mutter, ich spüre, wie meine Mutter mich sexuell erregt.

Martin schilderte dann, wie es mit seiner Mutter zum Verkehr kam, er aber ja noch viel zu jung und klein war, um der entsprechenden Anforderung gerecht zu werden. In diesem Zusammenhang fiel ihm ein, daß es auch im gegenwärtigen Leben Situationen mit seiner Mutter gab, die nicht ohne erotisch-sexuelles Flair waren.

Nun erlebte Martin aus dem früheren Leben weiter, wie er als junger Mann eine Freundin heimbrachte und die Mutter dieses Mädchen von vornherein ablehnte. Er spürte, daß er den elterlichen Hof verlassen müsse, denn sonst könne er von seiner Mutter nicht frei werden. Die Rückerinnerung läßt ihn die Worte sprechen:

»Ich gehe von meiner Mutter und dem Hof weg und spüre gleichzeitig: da ist eine Hypothek aus der Beziehung zu meiner Mutter, es ist wie eine Gummischnur, die erhalten bleibt... Ich bin nun in einer Art Ausbildung. Die Freundin haut ab. Ich bin ihr zu lasch, zu unklar. Ich lese und lerne, aber mir bleibt das Gefühl, gescheitert zu sein. Ich werde immer schrulliger, dem Mädchen bin ich zu alt. Es ist so etwas wie Verbitterung da... Meine Mutter ist auch verbittert... es ist so, als wenn wir beide verbittern. Sie lebt immer noch auf dem Land, und ich bin in der Stadt...
Ich werde zum Einzelgänger; es blitzt immer wieder so etwas wie Lebenslust auf, ich spüre aber immer mehr, wie ich mich verklemme... Meine sexuellen Funktionen verkümmern; ich brauche sie nicht mehr... ich werde immer verbissener, ich lese sehr viel... ich werde immer mehr versauert, vertrockne innerlich, und dann sterbe ich einfach. Ich sehe mich über den Büchern liegen...
Es kommt wieder eine dralle Frau, die mir immer die Milch gebracht hat; sie sieht mich liegen und ruft aus: ›Jetzt ist er endlich tot, na endlich!‹
Die Überführung meiner Leiche in das Dorf ist zu teuer; ich werde in der Stadt beerdigt, in einer Holzkiste. Auf meinem Grabkreuz kann ich meinen Namen lesen... ich lebte von 1783 bis 1845.«

Nach dieser Rückerinnerung sprachen wir ausführlich über Martins Beziehungen zu Frauen. Es zeigte sich eine erstaunliche Parallele zwischen der Gegenwart und der geschilderten Vergangenheit.

Da ist einmal die auch in der Gegenwart sehr intensiv erlebte

Beziehung zur Mutter bis hin zu gegenseitigen erotisch-sexuellen Wünschen, und zum andern das Auseinandergehen einer partnerschaftlichen Beziehung mit einem jungen Mädchen. Drittens das damalige Kauzigwerden und Versauern, und in diesem Leben die Schwierigkeit, einen kontinuierlichen und gefestigten Kontakt zu einer Frau aufzubauen. Immer wieder kommt etwas dazwischen... Es müssen also beträchtliche Bindungsängste gegeben sein, die letztlich auch Martin so sehr beunruhigten, daß er seine Vergangenheit in früherer Zeit erkennen und bewältigen wollte. Und übersehen wir auch nicht die Parallelen homosexueller Art.

Es darf an dieser Stelle nochmals betont werden, daß es bei einem solchen Fall nicht um eine Verurteilung der Homosexualität geht; denn dieses Recht steht nach heutigen Einsichten niemandem zu. Uns geht es hier um die Lebensgeschichte Martins und ihre Zusammenhänge über die Zeiten hinweg.

Als nächstes trat Martin eine sehr weite Reise in seine Vergangenheit an. Stonehenge, die Kultstätte aus keltischer oder vielleicht sogar vorkeltischer Zeit, trat vor Martins innerem Auge auf:

> »Ich sehe von Stonehenge im Augenblick nur einen Stein, er liegt hinter mir... In den Feldern steht ein Haus, es ist mit dickem Schilf oder Reet bedeckt. Aus dem Schornstein steigt eine Rauchwolke auf.
> Ich sehe dort einen alten Mann und ein kleines Mädchen. Der Alte hat etwas Griesgrämiges an sich... ich sehe nur diese beiden Menschen... jetzt verändert das Mädchen seine Größe und ist jetzt ganz nahe vor meinem Gesicht. Da ist plötzlich so etwas wie Anspannung da... Der Alte hat eine bestimmte Aufgabe, er soll das Mädchen behüten... da sind so starke Lichtreflexe da, rotes, gelbes, weißes Licht...
> Der Alte klammert sich fest an mir, seelisch bin ich in einem Spannungszustand... Da kommt irgendwer vorbei... da sind Feste mit vielen Leuten mit Gewändern, so wie vom Ku-Klux-Klan... Da ist etwas Kultisches, Religiöses. Das hat mit Opferung, nein, mit Fruchtbarkeit zu tun. Ich sehe gebün-

delte Ähren, wie zu einer Rute gebunden. Das Fest ist sehr friedlich...

Da ist irgend etwas mit dem Alten und dem jungen Mädchen. Von irgendwoher ist mit einem Bündel ein blonder junger Mann gekommen, gerade zur Zeit des Festes. Der Alte will den jungen Mann nicht, läßt ihn aber doch ins Haus. Jetzt taucht meine Freundin (aus der Gegenwart. D.V.) auf, es überlagert sich jetzt alles... ich spüre jetzt einen Anflug wie Sich-aufrichten-müssen, wie die Frage ›Was ist denn los?‹

Der Alte bekommt mit, daß das Mädchen und der Ankömmling etwas miteinander haben. Das Mädchen ist jetzt vielleicht siebzehn Jahre alt. Der Alte sitzt aufrecht, es ist draußen noch nicht dunkel, aber in der Hütte. Er bemerkt, daß die beiden jungen Leute miteinander schlafen...

Jetzt taucht eine Mutter mit einem Kind auf dem Arm auf. Der Alte sitzt aufrecht im Bett, er ist innerlich am Ringen, am Kämpfen.

Der junge Mann scheint tot zu sein. Der Alte war aufgestanden und riß ihm irgend etwas weg. Der Junge wollte sich wehren, aber der Alte hat mit irgend etwas gleich zugeschlagen, vielleicht mit der Faust...

Der Alte hat Mitleid mit dem Mädchen, das mit nacktem Unterkörper vor ihm liegt. Er bekommt Lust, mit dem Mädchen zu schlafen, das Mädchen sperrt sich nicht dagegen... Der Alte scheint der Vater zu sein...

Der Junge ist nur besinnungslos, nicht tot, irgendwie bekommt er mit, was geschieht... Er haut ab, flüchtet, hält sein Bündel in der Hand...

Für Vater und Tochter ist es sehr schön, zusammen zu sein; plötzlich scheint er an Jahren auch nicht mehr so alt zu sein. Jetzt taucht ein Bild auf, als wenn der Alte am Unterleib eine krebsige Geschwulst bekommt. Das ist wie eine Infektion, die ihn immer mehr schwächt. Er will nicht sterben, kämpft immer wieder mit dem Tod. Das Mädchen bedauert, daß beide miteinander nicht mehr zärtlich sein können.

Der junge Mann scheint nicht verschwunden zu sein, weil sein Gesicht immer wieder auftaucht.

Der alte Mann ist sehr lange an der Todesschwelle. Immer wieder das gleiche, er will nicht sterben, er ist auch sehr schwach. Letztlich stirbt er, sein Unterleib ist von der Geschwulst aufgefressen. Er schläft einfach ein. Er wird unter Steinen beerdigt, ich sehe das ganz genau. Da werden Steine aufgehäuft, und dann wird ein einfaches Astkreuz aufgesetzt. Das Grab liegt nicht weit von dieser Kultstätte Stonehenge weg. Wir stehen jetzt zu zweit, das Mädchen und ich, an dem Steinhügelgrab. Das Mädchen ist schwanger, der junge Mann steht dabei.
Irgendwann bekommt nun das Mädchen das Kind. Die junge Frau ist groß, macht die Geburt allein, hat dabei auch keinerlei Schwierigkeit. Der junge Mann sieht so aus, als ob er überfordert ist, er steht abseits. Die Frau bekommt das Kind ganz allein. Der Kleine ist quietschfidel.
Die junge Frau kocht für die Leute, die bei den Kultfeiern dabei sind. Der junge Mann wirkt so stehengeblieben; zwischen Mann und Frau bestehen nur ganz wenig Gefühle.
Nach einiger Zeit gehen sie zu dritt weg. Sie haben an dem Ort einfach nicht genug zu essen, alles wirkt sehr ärmlich. Sie wollen in die nächste Stadt, kommen aber nicht hinein, weil sie so zerlumpt aussehen... Es ist eine Burg, sie kommen aber nicht hinein. Sie schaffen es dann aber doch noch, sie betteln sich durch. Der junge Mann ist dabei aber mehr als ein Anhängsel, er läuft immer hinterher.«

Sich voll und ganz hinter seine Frau oder auch später hinter die Freundin stellen, das gelang Martin auch in der Gegenwart nicht. Und die übrigen kurzfristigen Beziehungen zu Frauen ließen eine innige und dauernde Partnerschaft schon gar nicht zu. Die Vergangenheit, wie sie sich oben darstellte, hat einen deutlichen Bezug zu Martins Leben. Bevor er sich von diesen damaligen Belastungen ganz lösen und sie verarbeiten konnte, mußte er aber noch einige weitere Rückblicke gewinnen und sich mit ihnen versöhnen. Nach einer Pause traten die folgenden Szenen vor Martins innerem Auge auf:

»Leicht wellige Hügel, nicht schroff. Da kommt in mir Trauer auf, der Gedanke, wie alles entstanden ist .
Ich stehe am Rand der Talsenke, sehe gegenüber so etwas wie Getreidefelder, dann dieses Haus, in dem wir schon waren, von dem Gemäuer sehe ich jedoch wenig ... Da ist etwas, das mir wehtut, ich kann es aber noch nicht sehen, da ist etwas passiert ... ich muß weinen ...
Ich sehe ein Bild, daß wir zu dritt an diesen Ort gekommen sind, da war auch noch eine Frau, meine Frau, dabei ... Ich sehe die ganze Zeit einen dicken abgebrochenen Ast, so fünfzehn bis zwanzig Zentimeter Durchmesser ... Meine Frau ist mir plötzlich genommen worden. Da ist ein Unglück gewesen, ein starkes Gewitter ...
Wir waren im Wald, haben Waldfrüchte gesucht, dann hatten wir uns untergestellt, weil es zu regnen anfing. Der Regen wurde immer stärker, wir schmiegten uns aneinander ... hatten dadurch ein Gefühl der Sicherheit ...
Ich spüre, wie mir etwas herausgerissen wird ... Der Blitz schlägt ein, wir erschrecken, und dann ist meine Frau vom Blitz erschlagen ... ich kann es nicht fassen ... ich muß weinen ... meine Ehefrau stirbt ... Ich nehme meine Frau in die Arme, der Regen ist stark, hört nicht auf. Meine Frau ist einfach tot ... Ich bringe sie in unser Haus, ich bahre sie auf, lege sie hin ... Die Stoffe, die ich trage, sind alle so kratzig, ich wische ihr Gesicht ab ...
Meine Hände sind ganz grob, ganz rauh und rissig, es ist ein schweres Leben. Meine kleine Tochter weint gar nicht, ich weiß nicht, ob sie es mitbekommt. Sie verkriecht sich auch nicht ... Ich liege an der Seite meiner toten Frau, ich habe Angst vor den Göttern, vielleicht habe ich etwas falsch gemacht ...
Warum bekomme ich diese Strafe? Ich liege an ihrer Seite und bete. Ich bin ganz ruhig. Jetzt bin ich allein mit unserer Tochter.
Ich lege große Steine zu einem Rechteck zusammen. Ich trage meine Frau da hinein. Sie ist ganz steif, sie hatte eine Kopfverletzung. Ich lege sie in das Rechteck, pflücke Gras

und Blumen und decke sie damit zu. Dann suche ich Steine und türme sie auf dem entstandenen Grab auf. Die Steine sind aber doch so schwer... ich muß wieder weinen.
Meine Tochter hat mich sehr lieb, wir hängen sehr aneinander. Ich bin zwar ihr Vater, aber sie nennt mich nicht so. Es gibt da ein anderes Wort, ich weiß aber nicht, wie es heißt. Wir machen viele Spiele aus Steinen und Stecken, die wir finden. Meine Tochter ist jetzt vielleicht siebzehn Jahre alt; ein Geschlecht existiert lange nicht für uns. Ich sehe, wie sie wächst, immer kräftiger und schöner wird, wie wir alles gemeinsam machen. Wenn wir am Wasser sind, an einem Fluß oder an einem See, sehe ich sie nackt. Aber es dauert lange Zeit, bis ich bemerke, daß sie eine Frau geworden ist... Sie ist kokett, sie bemerkt, wie ich auf sie reagiere...
Jetzt taucht wieder diese Gestalt auf, dieser junge Mann, der vorhin schon da war... Bis jetzt haben wir, meine Tochter und ich, nichts miteinander gehabt... Aber viele Jahre sind vergangen, die Erinnerung an meine Frau ist verblaßt, und ich spüre wieder, daß ich ein Mann bin... Ich habe immer wieder eine unheimliche Lust, aber dieses Mädchen ist meine Tochter, und etwas sagt in mir ›nein, nein!‹
Ich merke, daß sich etwas anbahnt; gleichzeitig taucht wieder das Bild des jungen Mannes auf... Ich bin gar nicht so fürchterlich alt, und da ist meine Tochter, meine Frau, möchte ich fast sagen.
Und ich habe eine solche Wut auf den jungen Mann... und er wirkt auf mich wie eine Eintrittskarte, daß jemand mir den Weg bahnt, mit meiner Tochter schlafen zu können.
Ich merke, wie ich den jungen Mann verprügeln kann... ich schmeiße ihn irgendwo dagegen. Er ist ja noch ein Jüngling. Wir schlafen miteinander, meine Tochter und ich, ich bin aber zu stark für dieses junge Mädchen, diese kleine Frau. Es ist schön, ich erinnere mich an meine Frau, ich bin ganz lieb zu ihr. Wir schlafen nun öfters miteinander; sie ist so zart...
Jetzt taucht wieder diese Geschwulst auf... Erst will ich es nicht wahrhaben, mir tut es jetzt immer so weh, aber ich zeige es nicht. Das Schlafen miteinander macht mir keine Freude

mehr. Irgendwann entdeckt sie meine Beschwerden. Die Geschwulst wird immer größer. Ich erlebe sie als Bestrafung, als Strafe der Götter. Das ist wieder so eine Situation mit Gefühlen, wie wenn bestraft, etwas abgeschnitten, Kälte ausgebrochen sei... Immer wieder diese Hypotheken, und jetzt kommt mir die Szene von kürzlich wieder in den Sinn mit der Mutter und dem Sohn, wie die eine Belastung mit sich herumgeschleppt haben, der Inzest und die Strafe der Götter...«

Nach einer Pause tauchte vor Martins innerem Auge eine hügelige Landschaft auf. Er sah sich mit dem Mädchen, das damals seine Frau werden sollte und zuletzt von einem Blitzstrahl getroffen worden war. Es war ihm so, wie wenn er und das Mädchen einen wichtigen Auftrag zu erledigen gehabt hätten. Die damalige Heimat tauchte auf, eine Art Häuser, eine Dorfgemeinschaft mit wenigen Familien. Martin erlebte sich als ein junger Mann, der seine spätere Frau kennenlernt. Beide gehörten zur gleichen Sippe, aber zu verschiedenen Familien:

»Es ist, als wüßte die Sippengemeinschaft, daß das nächste Paar eine Aufgabe für die ganze Sippe zu übernehmen habe. Das hat etwas mit den Göttern zu tun. Das Kind, die Schwangerschaft spielt eine Rolle. Es ist eine Schwingung da, als würde die Sippe das Kind nicht akzeptieren, weil es nicht mehr mit Nahrungsmitteln versorgt werden könnte.
Wir haben zu opfern. Das Leben ist heilig in der Sippe. Es ist wunderschön, das zu spüren. Das Gebet spielt eine große Rolle, das Beten um den Schutz der Sippe, des Lebens, der Fruchtbarkeit.
Wir sind eine sehr reine Beziehung, ein sehr reines Paar, wir sollten das Opfer für die Gemeinschaft übernehmen.
Ich habe den Dorfältesten gesehen, meinen Vater, eine Mischung aus Heiligem und Bauern. Er hat sehr viel Vertrauen zu mir. Er gibt uns beiden seinen Segen... Nun entsteht so etwas wie ein Sprung nach vorn in der Zeit mit dem Gefühl, daß wir unsere Aufgabe nicht erfüllt hätten...

Da ist ein goldgelbes Blitzen vor den Augen. Wir sollen, wenn wir geopfert haben, ein Geschenk oder so etwas zurückbringen. Es ist so wie eine Weissagung ... Ich glaube, es geht darum, ob unsere Sippe in ihrem bisherigen Dorf bleiben kann oder woanders hinziehen muß ... Vielleicht sind wir nicht zurückgegangen, sondern an dem Ort geblieben, an den wir geschickt wurden. Vielleicht war es Stonehenge ...
Ich sehe uns nun wie kleine Kinder um den Felsen herumlugen und einer Zeremonie beiwohnen, die wir noch nicht sehen dürfen. Jetzt spüre ich einen Druck in der Stirn, es ist so etwas wie ein Frevel ... Und damit war uns verwehrt, das Opfer auszuführen und die Weissagung zu erhalten ...
Wir bekommen dann eine Weissagung, aber wir haben nicht das Ritual, die Abfolge, die Einweihungsschritte ... ich gewinne Bilder, daß mein Dorf überschwemmt werden wird, und wir haben das durch unser Verhalten begünstigt, weil wir das Ritual nicht eingehalten haben ... Es ist so, als hätten wir das in uns gesetzte Vertrauen durch Unachtsamkeit verletzt. Ich weiß nicht, ob das Dorf überschwemmt wurde und die Menschen sich retten konnten oder gestorben sind. Jedenfalls sind wir am neuen Ort geblieben.«

Mit diesem Bericht schließt sich nun der Kreis. Die Zeitenfolge mag etwas verwirrend gewesen sein; ich denke jedoch, daß es für den Leser einmal interessant ist, mitzuerleben, wie sich frühere Leben Stück für Stück aufschlüsseln, man da und dort in der Zeit hin und her pendeln muß, um die Chronologie der einzelnen Bilder und Erlebnisse zu erhalten.

Martin erlebte nach, wie er zu einer Dorfgemeinschaft gehörte, mit seinem Mädchen zu einem Opfer ausersehen war, nämlich zu einer reinigenden Kulthandlung nach Stonehenge zu gehen. Beide gingen nicht zurück, vielmehr entweihten sie die Zeremonie durch ihr heimliches Zuschauen und kehrten dann auch nicht mehr in ihre Dorfgemeinschaft zurück, um die Weissagung zu überbringen, daß das Dorf durch Wasser, vielleicht eine Überflutung, zerstört werden könnte. Der als Strafe erlebte Tod der Ehefrau folgt. Viele Jahre später ergibt sich dann die Inzestsituation mit der Tochter, die auch als schuldhaft erlebt wird.

Wenn man mal von der Homosexualität durch Verführung absieht, sondern sie als sexuellen Umgang unter Männern nimmt, so hätte sie dazu beitragen können, Mann-Frau-Beziehungen zu vermeiden und damit nicht in die Gefahr zu kommen, daß der Vater mit der Tochter oder der Sohn mit der Mutter schläft. Wenn man die Dramaturgie der Rückerinnerungen Martins nimmt, kann man seine Ängste vor endgültigen Bindungen an Frauen sicher nachvollziehen.

Martins Geburtsbild

Wenn man Martins Geburtsbild betrachtet, das in Abbildung 42 zu sehen ist, und sich in seine Strukturen vertieft, möchte man annehmen, daß »die Götter« ihm verziehen haben, er es zur Zeit der damaligen reinkarnationstherapeutischen Arbeit nur noch nicht wußte. Da haben wir beispielsweise das geschlossene Trigon von Merkur, Venus und Sonne im Zeichen Krebs einerseits, dem Aszendenten im Zeichen Waage und dem Mond im Zeichen Fische andererseits, wie in Abbildung 43 dargestellt. Wenn wir diese harmonische kosmische Struktur in unsere Sprache übersetzen, dann können wir sagen:

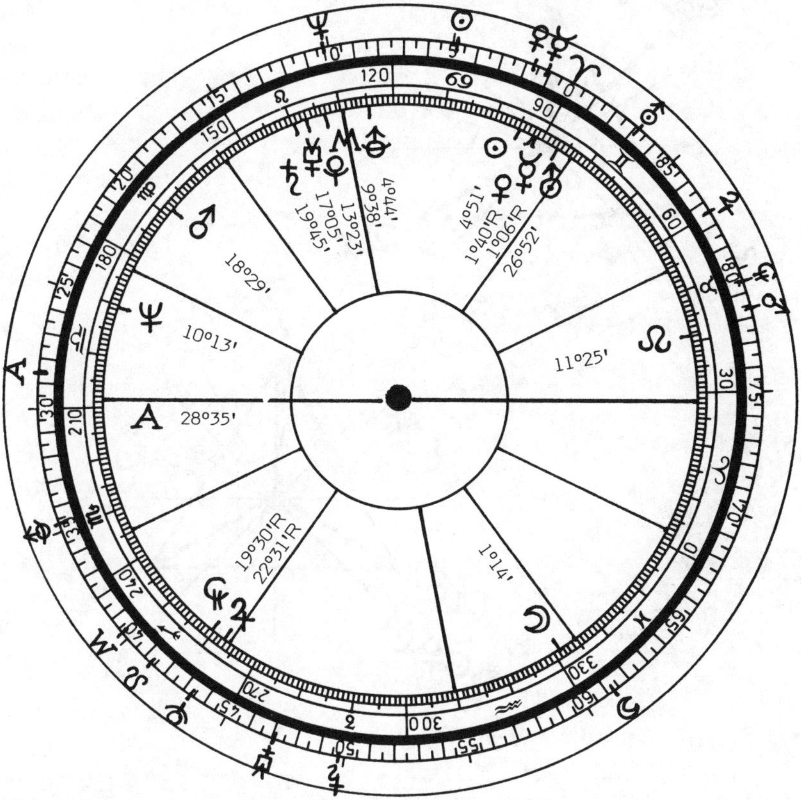

Abb. 42: Martin, geboren 1948

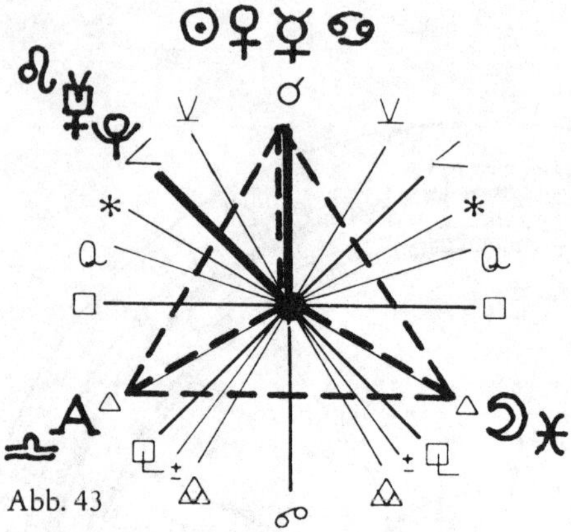

Abb. 43

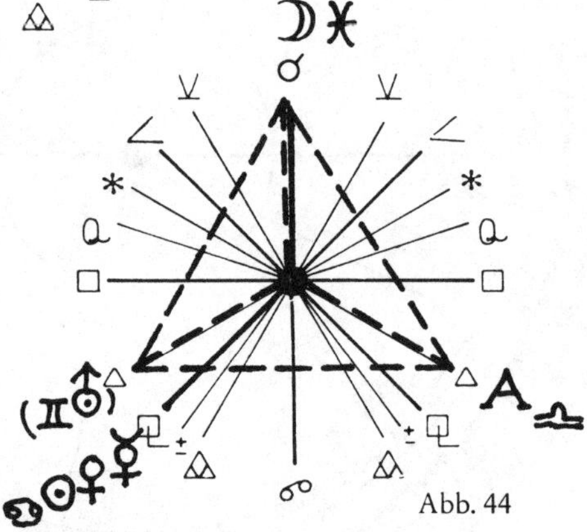

Abb. 44

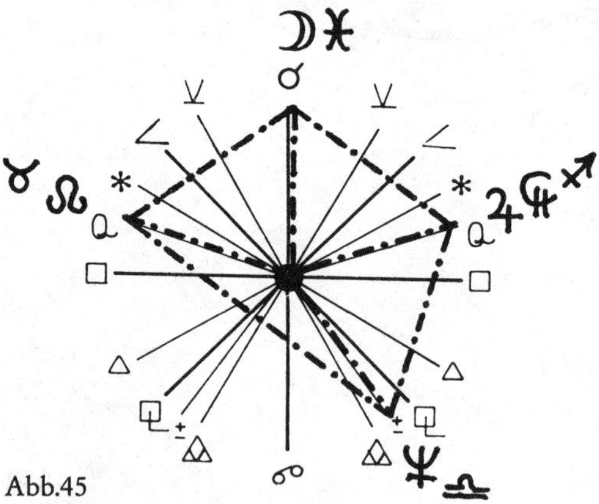

Abb.45

Die Vitalität (Sonne), der Intellekt (Merkur) und die Zärtlichkeit (Venus) können zu mit Liebe umhüllender Geborgenheit im Heim führen, verbunden mit dem innigen Streben nach Harmonie und Ausgeglichenheit (Aszendent in Waage) und einem hohen Maß an Feinfühligkeit und Gespürigkeit (Mond) für religiöse Zusammenhänge (Fische).

Daß ein besonderes religiöses Gefühl vorhanden ist, wird noch deutlicher, wenn wir die Struktur des Mondes betrachten. Hier fällt uns zusätzlich zu dem schon besprochenen geschlossenen Trigon eine quintilische Aspektstruktur auf. Mond im Zeichen Fische verbindet sich über Quintile und Biquintile mit Jupiter und Chiron im Zeichen Schütze, Mondknoten im Zeichen Stier und Neptun im Zeichen Waage (vergleiche Abbildungen 44 und 45). Die Übersetzung dieses kosmischen Bildes in unsere Sprache könnte lauten:

Der Gang zu den Müttern (Mond/Fische) läßt humanitäre, ethisch fundierte, heilende Kräfte (Jupiter und Chiron in Schütze) entstehen und einer mit der Erde verbundenen Gemeinschaft von Menschen (Mondknoten/Stier) zugute kommen.

Noch eine Aspektstruktur wollen wir herausgreifen: Mars im Zeichen Jungfrau (vgl. Abbildung 46). Er ist über eine 45°-Reihe mit Aszendent in Waage, Jupiter und Chiron in Schütze, Transpluto in Löwe verbunden. Unsere Übersetzung lautet:

Geordnete Kraft (Mars/Jungfrau) kann von einer ausgeglichenen Persönlichkeit (Aszendent/Waage) ausgehen; ethisch-heilende Kräfte (Jupiter und Chiron/Schütze) können und dürfen in außergewöhnlicher und aus dem tiefsten Inneren heraus strömender Energie (Transpluto) sichtbar nach außen getragen (Löwe) werden.

Natürlich zeigt sich auch die Dramatik der Vergangenheit in Martins Geburtsbild. Das Opfer und der Frevel können durchaus nachvollzogen werden in der Konjunktion von Saturn, Vesta und Pluto im Zeichen Löwe. Die gewaltsame Trennung von der Kultstätte, wenn man bereit ist, Vesta mit Priestertum und heiligen Stätten in Beziehung zu bringen, kann sich an diesem kosmischen Bild ausdrücken.

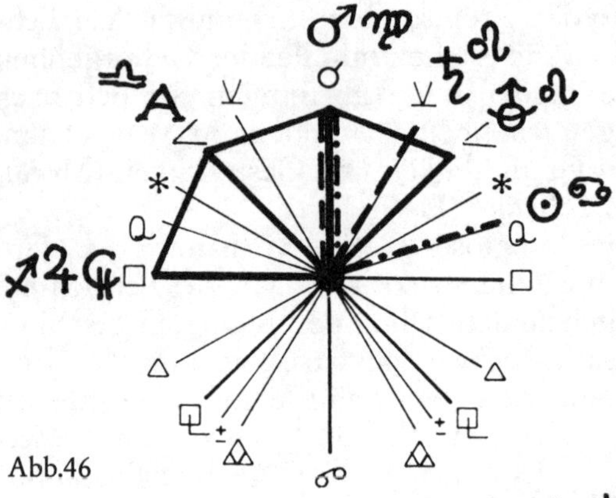

Abb.46

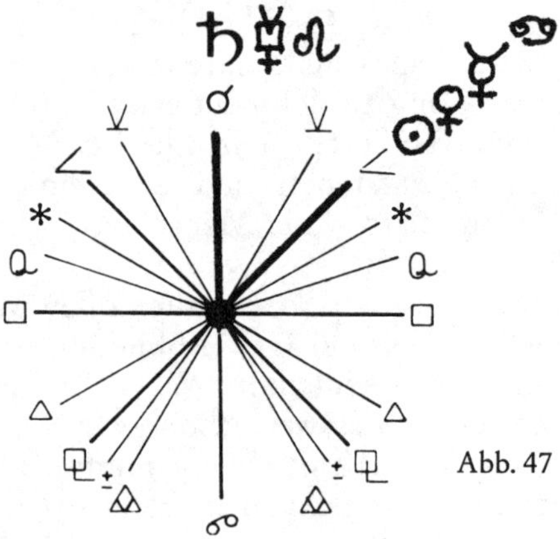

Abb. 47

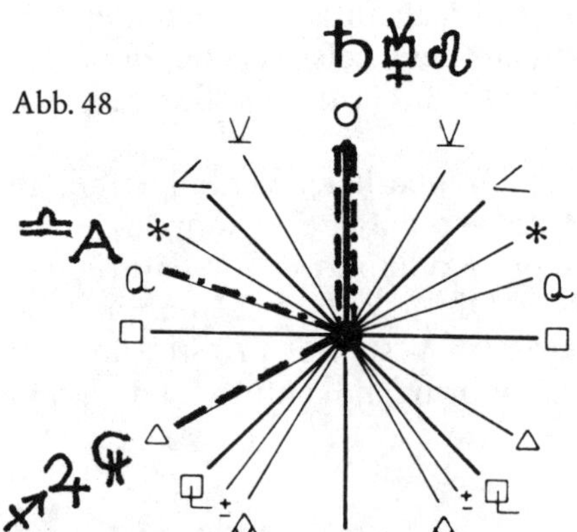

Abb. 48

Einbeziehen können wir auch Saturn und Vesta im Zeichen Löwe in das Halbquadrat zu Sonne, Venus und Merkur im Zeichen Krebs, ein Bild, das in Abbildung 47 erfaßt ist. Priesterliches Tun, das eine Zeitlang wohl gesucht wurde, mag damit tabuisiert sein, aber der Weg zum Helfen und Heilen dürfte offen sein, wenn wir Saturn und Vesta im Quintil zu Aszendent im Zeichen Waage und vor allem im Trigon zu Jupiter und Chiron im Zeichen Schütze sehen (Abbildung 48). Ergänzend wollen wir noch einige Halbsummen-Bilder herausgreifen:

Pluto = Mars/Neptun
Die Arbeit mit den Kräften des Unbewußten. – Geheimnisse entschleiern wollen.

Mars/Pluto = Mond
Panische Angst vor dem Versagen. – Seine Gefühle überspielen und/oder »niederwalzen«.

Saturn/Neptun = Aszendent
Sich zunehmend verzehren. – An der Menschheit zweifeln oder verzweifeln.

Saturn/Pluto = Merkur
Neigung zu vorzeitiger Alterung und Vergreisung. – Sich abkapseln, isolieren.

Saturn/Pluto = Venus
An seinem Los schwer tragen. – Gefühlskalt und/oder verbittert werden. – Seine Liebe aufgeben oder aufopfern.

Saturn/Pluto = Vesta
Askese. Mönchs- oder Nonnenhaltung.

Uranus/Neptun = Sonne
Hochgradige Beeinflußbarkeit des Herzens durch psychogene Faktoren.

Uranus/Neptun = Saturn
Einsatz für Kranke. – Krankheit als Impuls und als Schicksal. Reformerische, revolutionäre Therapien.

Uranus/Neptun = Vesta
Übersensibilisierung gegenüber religiösen Prozessen.

Neptun/Pluto = Aszendent
Geheimnisträger. – Magische Techniken einsetzen können.

Für Martin wird es wichtig sein, sich selbst verzeihen zu lernen. Den Weg in seine Vergangenheit hat er gefunden; Freude und Leid von damals erschienen vor seinem inneren Auge. Bevor wir unsere damalige Arbeit beendeten, war es für ihn wichtig, die homosexuellen Erlebnisse seiner Kindheit und Jugend nochmals durchzuarbeiten und zu bewältigen.

Seine Lehrtätigkeit in der Schule hat ihn sicher für andere Menschen und deren Anliegen sehr gespürig gemacht, auch die inzwischen angetretene gestalttherapeutische Ausbildung. Die eigentlich heilenden Kräfte wird er jedoch erst in der heilkundlichen Tätigkeit entwickeln können.

»Ein Gefühl, als wenn mir jemand den Hals zudrücken wollte...«, sagte Helma

Helma, 41 Jahre alt, litt an einem typischen psychosomatischen Zustandsbild: Ihre linke Körperhälfte erlebte sie immer wieder wie gelähmt, im linken Augenlid spürte sie ein Zittern, im linken Arm ein Ziehen mit Schmerzen wie Rheuma, am Hals hatte sie ein Gefühl, »als wenn mir jemand an den Hals gehen könnte«; ständig lebte sie mit Ängsten; der Stoffwechsel war verzögert, nur alle zwei Tage hatte sie Stuhlgang. Ihr Traumleben war sehr rege, da und dort sehr belastend.

Aus ihrer Ehe stammten drei Kinder, die schon im Jugendalter waren; von ihrem Mann hatte sie sich scheiden lassen, weil sie mit ihm nicht zurechtkam. Helma hatte eine Tätigkeit als Erzieherin in einem Kinderheim angenommen.

Mehrere Jahre nach ihrer Scheidung verliebte sich Helma in einen Mann aus dem islamischen Kulturkreis. Obwohl er in seinem Heimatland verheiratet war und Kinder hatte, entstand zwischen Helma und diesem Mann eine innige und liebevolle Beziehung. Auf einer Reise in das Heimatland des Mannes lernte sie seine Frau und die Kinder kennen, und beide Frauen verstanden sich anscheinend gut, vor dem islamischen Glaubenshintergrund, der ja einem Mann bis zu vier Frauen zubilligt, nachvollziehbar.

Helma hatte eine Zeitlang eine Selbsterfahrungsgruppe besucht. Dort wurde sie sich zunehmend bewußt, wie empfindlich sie mit ihrem Hals war. Niemand durfte in die Nähe ihres Halses kommen, auch nicht in zärtlicher Absicht. Einige Monate war Helma in atemtherapeutischer Behandlung. Die Konzentration auf den Atem führte immer wieder zu beengenden Gefühlen, so daß Helma am liebsten davongelaufen wäre.

Helma litt auch noch unter anderen Ängsten: eingeschlossen zu sein, durch Tunnels zu fahren, nicht verstanden zu werden. Angst bewirkte in ihr sofort Zittern und Schweißausbrüche.

Auch Filme konnten Helma in fürchterliche Unruhe versetzen, wie zum Beispiel »Der Glöckner von Notre Dame« oder Szenen, in denen ein Galgen vorkam oder sonstige brutale Gewalt angewendet wurde.

Die Lebensgeschichte

Das Elternhaus Helmas war sehr belastet. Sie spürte die Ablehnung der Mutter, die ihr oft entgegenschleuderte: »Du bist böse!« Zur Strafe wurde Helma von ihr häufig in den Keller gesperrt. Damit sich das Kind kein Licht anschalten konnte, schraubte die Mutter vorher die Birnen heraus, so daß Helma in der Dunkelheit des Kellers aushalten mußte, bis die Mutter sie wieder heraus ließ. Die Mutter starb, als Helma 18 Jahre alt war. So richtig mit der Mutter sprechen oder bei ihr einen Rat holen, konnte Helma niemals.

Helma liebte ihren Vater, kam aber mit seinem Jähzorn nicht zurecht. Sie meinte, daß er eine ausgesprochene Angst vor Frauen hatte und sie als heranwachsendes Mädchen immer wieder versuchte, »fertig zu machen«. Des Vaters Erziehungsstil ließ sich auf die kurze Formel bringen: »Gelobt sei, was hart macht!«

Der Vater wollte, daß Helma nach dem Tod der Mutter im Ehebett beim Vater schlafen sollte. Das Mädchen war deshalb abends jeweils »fast am Durchdrehen«, wenn es mit in das Ehebett steigen mußte. Der Vater trat ihr aber niemals zu nahe. Der Vater starb, als Helma schon 37 Jahre alt und verheiratet war.

Die religiöse Ausrichtung von Elternhaus und Großeltern war pietistisch. Helma erlebte einen Gegensatz zwischen der ihr beigebrachten religiösen Überzeugung und dem realen Leben ihrer Bezugspersonen. Erzogen wurde sie mit Schuldgefühlen und Erpressung. Sie erhielt das Bild eines richtenden und strafenden Gottes mit wahnsinniger Angst vor dem Weltuntergang und dem »letzten Gericht«.

Daß erotisch-sexuelle Aufklärung verdrängt wurde, versteht

sich von selbst. Im Laufe der Jugendzeit entstand die Befürchtung, von einem Mann verletzt zu werden; sie hatte immer wieder ein Bild vor sich, als wenn sie ein Schwert in der Brust habe. Bei solchen Eindrücken ist es wahrscheinlich, daß schon in jungen Jahren das Reinkarnationsbewußtsein durchgebrochen ist.

Helmas Träume

Ein Teil der Träume sind ein Paradebeispiel für das Durchschimmern des Reinkarnationsbewußtseins, lange bevor sich Helma mit Reinkarnation und Karma beschäftigte. Wir werden später wieder nachempfinden können, wie Rückerinnerungen in Träume hineinwirken. Nachstehend wieder Beispiele für solche Traumszenen:

»Jemand hat mich von meiner Heimat, einem Schloß, weggeschickt, um meinen Weg in der Welt zu gehen. Ich war in einer duftenden Jasminlaube im Schloßgarten, von wo aus ich losging, auf einem schmalen Weg, links dunkler Tannenwald, rechts abfallende Heide. Bald spürte ich, daß ich diesen Weg nicht weitergehen konnte, daß ich noch einmal umkehren mußte. Da sah ich, daß um das Schloß, von dem ich kam, eine hohe Steinmauer aufragte.

Durch eine kleine, offene Tür in der Mauer kam ich in den Schloßgarten, wo ich rechter Hand wieder die Laube sah. Links war eine Grabkapelle, ein Rundbau. Sie hatte einen breiten, offenen Eingang, von dem Treppen in die Tiefe führten. Ich stieg hinab in eine große Dunkelheit, in der eine Kerze auf einem Altar brannte. Ich hatte riesige Angst. Ich hörte unheimliche Töne, die ich gleichzeitig auch als Farbschwingungen sah.

Meine Angst war, daß ich ewig in dieser furchtbaren Dunkelheit bleiben müsse, ich mich verirren könnte und dann nicht mehr an das Licht zurückfände.

Dazu fällt mir ein, daß ich immer das Gefühl in mir habe, daß ich zuerst noch etwas erledigen müsse, bevor ich meinen Weg weitergehen kann.«

Dieser Trauminhalt ließe sich durchaus in klassischer traumpsychologischer Weise erfassen. Man könnte aus ihm den Eindruck gewinnen, daß die Träumerin eine geschützte und geborgene Atmosphäre verlassen soll oder muß, aber ihren Weg zur Selbständigkeit noch nicht gehen kann, sie muß nochmals zurückkehren. Diese Rückkehr hätte dann damit zu tun, daß etwas, was beerdigt werden, verarbeitet werden soll, noch nicht losgelassen werden kann, es die Träumerin noch in der Tiefe ihres Unbewußten hält, sie noch nicht in das Licht, das Bewußtsein gehen kann. Erst nach Bewältigung der Vergangenheit, vielleicht der religiösen Ängste, kann sie »weitergehen«, wie sie richtig erkannt hat. Eine solche Traumdeutung würde durchaus den damaligen Zustand Helmas treffen, und eine solche Interpretation ist sicher auch gerechtfertigt. Wir gewinnen jedoch aus der impressiven Bildhaftigkeit auch den Eindruck, daß das Reinkarnationsbewußtsein Helma mit diesem Traum etwas Wichtiges mitzuteilen hatte.

Auch der folgende Traum hat mit dem Schloß zu tun. Wir werden später sehen, daß es um die Burg Hellenstein bei Heidenheim/Brenz geht. Wer diese Burganlage kennt, die bis heute ein beliebtes Ausflugsziel ist, dem werden die Beschreibungen Helmas bekannt vorkommen. Nun der nächste Traum:

»Ich weiß, daß in einem alten Schloß ein Künstler wohnen soll und gehe in dieses Schloß, um den Künstler zu suchen. In unterirdischen Gewölben ist eine Kunstausstellung mit fernöstlichen Dingen. Das ist nicht das, was ich suche.
Ich gehe weiter und komme zum Torhaus des Schlosses. Das Tor hat einen Rundbogen. Links unter dem Tor ist eine Tür mit einer kleinen Aufschrift mit dem Namen des Künstlers. Ich klopfe an und trete ein. Da sehe ich den Künstler am Fenster stehen. Er blickt durchs geschlossene Fenster nach außen, weg vom Schloß nach Westen. Das Zimmer ist sehr einfach. Es sind keine Kunstwerke zu sehen.

Der Künstler trägt einen weißen Filzhut. Er ist gekleidet wie zur Zeit Napoleons. Als er mich sieht, kommt er auf mich zu. Ich bin sehr froh, daß ich ihn gefunden habe. Er hat eine gedrungene Gestalt, ein etwas aufgedunsenes rotes Gesicht und hellblaue Augen. Er ist um die 40 Jahre alt, ein Metzgertyp. Ich erschrak, als ich ihn sah. Aber er ging auf mich zu, und wir umarmten uns. Ich hatte ein ganz inniges Gefühl. Da kamen vier junge Frauen in weißen Kleidern. Sie sahen uns, und ich spürte, daß sie dachten, es wäre gefährlich, was ich da mache. Ich wußte, daß sie mich in dieser Situation verstehen, ich spürte, daß sie mich bewundern, daß ich mich traute, hierher zu kommen.

Diese vier Frauen lebten mit dem Künstler zusammen; nicht sexuell, sondern eher so, daß sie tagsüber ihrer Arbeit draußen nachgingen und abends zu Hause sich um den Künstler und seinen Haushalt kümmerten.

Die Frauen richteten ein großes Bett her, in dem sie zu viert schliefen. Der Künstler bekam eine sehr niedrige Holzpritsche neben dem großen Bett der Frauen. Sie sagten ihm, er solle jetzt auch zu Bett gehen.

Wir umarmten uns noch einmal innig vor dem Abschied. Währenddessen öffnete sich die Tür. Ein junger, hübscher Mann trat ein. Auch er wunderte sich, daß ich da war. Er suchte etwas in einer Truhe und ging wieder ... Der Künstler und ich waren traurig, weil wir wußten, daß es nicht sein konnte, daß wir uns lieben, es war zu gefährlich ...«

Dem Leser wird nach dem Durchlesen des ersten und zweiten Traumes erkennbar geworden sein, daß beide wie zu einer ganzen Geschichte zusammengehören. Das Reinkarnationsbewußtsein hat eine Liebe offenbart, die allem Anschein nach nicht sein durfte. Wir werden sehen, ob wir später bei den Rückerinnerungen weitere Informationen erhalten, um ein Gesamtbild zu gewinnen. Zunächst folgen wir den weiteren Traumbildern:

»Ich ging im Wald spazieren. Auf meinem Weg kam ich an einem hohen, zeltförmig gebauten Holzturm vorbei – mir fällt dazu das Wort ›Waldkapelle‹ ein. Ich ging daran vorbei, aber mir wurde ganz unheimlich, denn ich spürte ganz genau, daß sich in der Turmspitze jemand erhängt hatte. Ich drehte mich noch einmal um und blickte in den Turm hoch. Da sah ich einen Mann hängen... Auf einmal war es kein Mann mehr, sondern eine ganz große abgehauene Hand, die an einem Seil herunterbaumelte.«

Wir wollen nicht übersehen, daß dieser Traum auch aus psychoanalytischer Sicht gedeutet werden kann. Es ließe sich auf einen sexuellen Inhalt schließen: Verzicht auf männliche Sexualität, der Mann als Sexualpartner könnte für Helma gleichsam gestorben sein. Nicht auszuschließen wären Schuldgefühle wegen onanistischer Betätigung. Naheliegender wäre aus unserer reinkarnationsbezogenen Sichtweise, den Traum so zu nehmen, wie er ablief. Dann könnte es eine Rückerinnerung gewesen sein.

In einem anderen Traum war Helma wieder in der Nähe eines Turmes. Sie kam in einen Gang und wußte plötzlich, daß jetzt eine enge Stelle käme, die sie passieren müßte:

»Und da sah ich sie auch schon. Es war ein sehr niedriges Felstor, durch das ich auf dem Bauch hindurchkriechen sollte. Da blieb mir vor Angst die Luft weg. Ich bekam Panik und kehrte um. Ich wußte in mir, daß ich diese Situation allein nicht schaffe.«

Als Helma diesen Traum aufgeschrieben hatte, äußerte sie, daß sie schon häufig Träume gehabt habe, in denen sie an enge Stellen gekommen sei und mit Panik reagiert habe. Diese Träume zeigen uns noch deutlicher das ins Bewußtsein tretende Reinkarnationsbewußtsein, wie wir später noch feststellen werden, wenn wir uns mit Helmas Rückerinnerungen befassen.

Helmas Rückerinnerungen

Als erstes tauchte in der Tiefenentspannung vor Helmas innerem Auge ein mondbeschienener See auf mit leichtem Wellengang. Dann sah sie auf den Grund und bemerkte »ein Zeug, das verwest und abgesunken ist«. Dann sagte Helma weiter:

»Ich sehe abgestorbene Pflanzenteile am Grund des Wassers. Die Sonne scheint durch das Wasser, es hat so eine grünliche, schöne Farbe. Jetzt habe ich Angst, daß ich den Schlamm aufwirble und daran ersticke... Ich bekomme ganz verkrampfte Oberschenkel, mein linker Fuß wird ganz kalt... Ich habe ein Gefühl, wie wenn ich den Hals einziehe, er in meinen Rücken hineingeht. Jetzt fühle ich meinen Oberkörper, die Hände, den Hals, alles ist ganz starr, ganz gedrungen. Jetzt sehe ich mich, als wenn ich einen Buckel hätte, klein wäre, verwachsen, den Kopf schief nach vorn, breite Schultern; meine Arme hängen so herunter wie bei einem Menschenaffen. Mir kommt der Gedanke, so wie der ›Glöckner von Notre Dame‹. Ich habe jetzt den Eindruck, daß das eine ganz andere Zeit ist wie vorhin, die Zeit der Gotik vielleicht... Ich spüre den Boden nicht unter den Füßen... Dabei kommt mir eine Traumerinnerung... am Galgen hängen, die Füße in der Luft... Jetzt kann ich es mir deutlich vorstellen... am Galgen hängen... ich habe jetzt keine Angst, ich fühle aber eine Schlinge um meinen Hals, als wenn das zudrückt; jetzt kommt mir regelrecht die Zunge heraus... ich muß in letzter Zeit so oft erbrechen... meine Zunge ist so rund und dick... ich spüre einen angespannten Rücken, links, das zuckt alles so, ist lebendig... der Galgen steht in einem Wüstengebiet, der Sand ist so ockerfarbig... in der Nähe des Galgens liegt eine Stadt, vielleicht einige Kilometer weg, sie sieht so mittelalterlich aus... wie eine versenkte Heide sieht es aus.

Aus der Stadt führt ein Weg zu der Galgenstelle heraus, in die Heide, es ist ein Fußpfad... Der Erhängte hängt so, daß das

Gesicht zur Stadtmauer hin gerichtet ist... dort ist auch ein rundes Tor...«

Helma erinnert sich nun an den oben geschilderten Traum, die Angst vor dem Mann, den sie als Metzgertyp geschildert hatte, zu dem sie sich aber doch hingezogen gefühlt hatte. »Als er auf mich zukam«, erwähnte sie weiter, »spürte ich Brutalität, etwas Gefährliches. Ich weiß nicht, warum er Künstler heißt, im Traum haben wir uns umarmt.« Vor dem inneren Auge tauchten auch wieder die vier Frauen des Traumes auf. Nun erinnerte sich Helma an die Burg Hellenstein bei Heidenheim/Brenz, die sie vor Jahren mehrfach besucht hatte, als sie in Oberschwaben in einem Kinderheim gearbeitet hatte. Und nun beschrieb sie die Burganlage:

»Dort auf der Burg ist ein Durchgang durch einen Turm. Als ich vor Jahren die Burg besuchte, faszinierte mich das Burgverlies... Das Burgtor ist rund, ein Weg geht schräg nach oben mit weißem Kopfsteinpflaster. Der Weg führt dann zu einem Haus, und von dort aus geht es wieder nach unten. Der Schloßeingang ist zwischen zwei Türmen, ein anderer Eingang liegt auf der anderen Seite. Unter den Türmen ist ein Tunnel, der sehr dunkel ist, von da aus konnte ich auf die Stadt schauen... Mir fällt gerade noch ein, daß ich sehr stolz bin; das hängt mit meinem Kopf und meinem Hals zusammen und mit dem Schloß (Helma gebraucht mehr das Wort Schloß, spricht weniger von der Burg. D. V.). Bei meiner altpietistischen Erziehung mußte ich meinen Stolz verdrängen und demütig sein. Ein Wort in meinem Leben war immer sehr schlimm: Angeben! Mit dem Wort Schloß fällt mir noch ein: Den Kopf hoch tragen. Nun sehe ich ein Ritterfräulein mit langem Rock, seine Weiblichkeit zeigend. Das Fräulein läuft über den Schloßhof zum Rittersaal. Da ist übrigens der ›Kindlesbrunnen‹, da sollen die kleinen Kinder herkommen... Das Fräulein hat weibliche Reize, sieht einen Ritter herumstehen, ohne Leben, wie ein Museum...
Jetzt verspannt sich mir der Rücken, ich werde traurig, muß

weinen. Wenn mir heute jemand auf den Rücken faßt, lösen sich bei mir sofort Tränen... in Zusammenhang mit einem Mann bekomme ich Angst... aber Streicheln meines Rükkens kann für mich wie Erlösung von etwas Schlimmem sein... ich habe immer das Gefühl, ich kann es niemandem zumuten, ich muß damit allein fertig werden... ich kann mir selbst nicht an meinen Rücken fassen ...

Jetzt erlebe ich so etwas wie Folter. Mein Gesicht wird unter Wasser gedrückt. Jemand drückt mich in einen Fluß hinein. Mein Rücken schmerzt, er wird ausgepeitscht, die rechte und die linke Schulter... Da ist jemand hinter mir, wie ein Soldat in Uniform, keine Rüstung, ein Helm aus Metall... Oben auf der Burg ist ein großes Kornhaus. Neben dem Kornhaus führt eine Treppe hinauf in eine höhere Etage. Da oben steht auch eine Kanone, bevor man an den Aussichtsplatz kommt... vor der Kornscheuer schreit jemand mir zu: ›Sag's, sag's‹ und peitscht auf mich ein... Die Haut über den Knochen ist nicht straff, die Muskulatur ist weicher. Ich habe das Gefühl, als wenn jemand in die Haut hineinzwickt... mein linker Fuß scheint kürzer zu sein als der rechte... meinen Hals und Hinterkopf drücke ich wie zum Schutz auf die Unterlage, als wenn ich mich vor etwas schützen möchte... jetzt habe ich Schmerzen am Rücken und am Hinterkopf, als wenn mein Rücken gegen ein Brett gepreßt wird, mein Hinterkopf auch... ich will mich mit Kraft wehren, daß ich da wieder weg komme ...

Jetzt bin ich auf dem Weg hinunter zur Stadt und zum Galgen. Da sind so schwarze Männer wie Mönche mit Kutten und Kapuzen. Ich selbst bin da vor dem Galgen und sehe die Männer auf mich zukommen. Es ist eine kleine Gruppe von höchstens zehn Männern... ich sehe mich in die Knie gehen, ich sehe mich mit entblößten Füßen und Armen. Einer von den Männern hat mich angeguckt, ich habe sein Gesicht aber nicht erkennen können.

Ich bin rückwärts zum Galgen gegangen... Er hat graublaue Augen, er ist um die 50 Jahre alt... alle anderen haben mir nichts zu sagen, aber er. Er ist größer als ich, läßt mich spüren, daß er mich in der Hand hat. Er will etwas von mir, weil ich eine Frau bin. Er ist unheimlich grausam und kalt. Ich kann nicht davongehen. Ich taumele, er ist schadenfroh. Aber irgend etwas fasziniert mich an diesem Mann, ich habe Lust, mit ihm als Mann zusammen zu sein. Jetzt ist auch Sexualität im Spiel, auch bei mir. Liebe kann auch furchtbar weh tun…«

Helma mußte nun krampfhaft weinen; sie kam dabei völlig außer Atem, es schüttelte sie richtig. Es fiel ihr auch der Mann aus dem Traum ein, den sie als gefährlich erlebt hatte.

Erschütternd war für Helma, daß sie ihren gegenwärtigen Vater als denjenigen erkannte, wegen dem sie beim letzten Mal so erschütternd weinen mußte. Es kam ihr wieder die Erinnerung an ihre Jugend hoch, als sie nach dem Tod der Mutter in den Ehebetten neben dem Vater schlafen mußte. Helma meinte, daß sie damals mit ihrem Körper einen Mann verlockt haben müsse, ihr dann dieser Mann verfallen sei; deshalb sei sie kein unschuldiges Opfer gewesen, sondern habe etwas gutzumachen gehabt.

Als wir das nächste Mal die obigen Szenen nacharbeiteten, erlebte Helma nochmals die Galgenszene und sah, daß sie auf dem Weg von der Stadt zum Galgen von einem Mann zusammengeschlagen worden war. Sie fühlte, wie sich ihre ganze Rückenmuskulatur verkrampfte und sie eine ganz trockene Zunge bekam. Wieder spürte sie, daß das linke Bein kürzer als das rechte war.

Danach erlebte sie nochmals die Szene auf der Burg, als sie gegen ein Brett gedrückt wurde und etwas aussagen sollte. Es mußte zu einem Kampf zwischen ihr und einem Soldaten gekommen sein, der mit einer Vergewaltigungsszene endete. Sie erinnerte sich dabei daran, daß sie im erotisch-sexuellen Bereich einen Zwiespalt erlebe: Auf der einen Seite wünsche sie sehr viel Zärtlichkeit, während sie auf der anderen Seite unter Druck gesetzt und »genommen« werden wollte.

Als wir in dem damaligen Leben in der Zeit weiter zurückgingen, stießen wir nochmals auf die Burg Hellenstein:

»Ich sehe oben auf der Burg ein Kind in einem weißen Kleid, es kommt aus einer Haustür heraus... Da war etwas mit Gewalt gemacht worden, und ich war später eine Hure geworden... Dort wo jetzt die Kornscheuer ist, habe ich früher gewohnt. Dort ist auch der Platz, wo die Vergewaltigung ablief. Da ist auch eine Mauer. Da geht der Weg runter zu dem dunklen Tunnel. An der Ecke, wo es eine Spitzkehre zum Tunnel macht, da ist ein Baum. In meiner Kindheit bin ich oft dort gesessen. Dort am Baum war früher ein Ring im Baum zum Festbinden der Pferde. Der Ring ist später eingewachsen.
Dort am Rundbogen war früher eine Holztür, und in dem Raum dahinter ist es ganz dunkel. Innen sind Steinsäulen, hinter den Säulen ist jemand versteckt, auf der rechten Seite. Das ist ein Mann, er hat etwas Schwarzes an von Kopf bis Fuß, es ist so wie eine schwarze Rüstung. Ich sehe die Form seiner Füße, seiner Schenkel, seinen Körper, seinen schwarzen Helm. Der Mann steht ganz unbeweglich, er ist mir unheimlich. Jetzt ist es so wie mit dem Wasser im See, von dem ich kürzlich sprach. Wie fasziniert muß ich hingehen. Dieser Mann hat auf mich gewartet. Er will etwas von mir, ich weiß aber nicht, was er will. Es ist, als wenn er mich vorher hinbestellt hätte. Es zieht mich so unheimlich, daß ich da hingehen muß. Ich weiß, daß es mein Schicksal ist, ich da hingehen muß und nicht entrinnen kann.
Jetzt sehe ich seine Augen, sie sind grau und kalt. Er langt an meinen Hals, will mich erwürgen. Davor sagte er ›Kommst du?‹ Ich sage ›ja‹ und habe unheimlich Angst. ›Komm näher, noch näher!‹ Dann kommt er schnell auf mich zu. Wir fallen, er fällt auf mich drauf. Ich schreie, ich wehre mich, er liegt auf mir und wälzt sich mit mir am Boden. Plötzlich kommt mir das Wort ›Mörder‹ in den Sinn... ich spüre meinen Hals, die Auflagefläche meiner Schultern, ich höre mich schreien, ich bin in Lebensgefahr, mein Hinterkopf schmerzt. Ich sehe mich am Boden liegen, den Kopf in der Richtung der Tür, er stützt sich auf meine Arme, ist über mir. Ob er ein Triebmörder ist?... ich weiß es nicht. Ich meine, daß ich sterbe. Er

weiß nicht, was er tut, ich denke, er ist nicht ganz richtig im Kopf...«

Als Helma aus der Tiefenentspannung wieder herausgekommen war, ergänzt sie ihre Beschreibungen. Sie hatte eine Vergewaltigungsszene erlebt, war wehrlos und starr vor Angst. Helma blieb zunächst kraftlos in einer Nische liegen, sah dann den Mann aus dem Raum gehen und die Burg verlassen. Sie konnte sich letztlich die Treppe hinauf in die elterliche Wohnung schleppen. Sie meinte, daß sie vorher sehr zielbewußt aus dem Elternhaus gekommen und den Mann heimlich getroffen habe, wie wenn sie ein Verhängnis herbeiführen müßte.

Als die Mutter sie sah, erschrak sie, legte ihre Tochter ins Bett. Sie ging den Vater holen. Helma erlebte dann den Vater so, als wenn er auf der Burg ein Amt bekleide. Der Vater ging sofort wieder weg, um einen Arzt zu holen, der dann auch kam und Helma behandelte. Helma war damals ungefähr 13 Jahre alt.

Als Helma das nächste Mal zur Behandlung kam, erzählte sie, daß eine frühere Blasenentzündung wieder aufgetreten sei. Der Zusammenhang zwischen der letzten Inkarnationserinnerung und dem körperlichen Symptom wurde ihr sofort klar.

Helma hatte sich auch Bücher über die Stadt Heidenheim und die Burg Hellenstein besorgt. Daraus konnte sie jetzt entnehmen, daß vor einigen Jahrhunderten eine Frau aus einem Nachbarort in der Brenz ertränkt worden war. Beim Lesen dieser Geschichte wurde es Helma ganz heiß, und sie fragte sich, ob sie vielleicht diese damals ertränkte Frau war. Auch hatte sie gefunden, daß es in Heidenheim einen Totenberg gibt und es in der Stadt ein »Unteres Tor« gab, an dem bei Hinrichtungen ein Totenglöckchen erklang.

Ein Traum war inzwischen aufgetaucht, der Helma beunruhigte. Sie habe in eine Truhe hineinliegen müssen, und sie habe doch so Angst vor Kisten, kleinen Räumen, Tunnels ...

Nachdem Helma von ihrer damaligen Mutter auf der Burg Hellenstein gesundgepflegt worden war, gingen beide in die Stadt hinunter zu einer Gerichtsverhandlung. Helma konnte das damalige Gerichtsgebäude gut beschreiben und ging mit der Mutter dort hinein. Die Mutter hatte ihr vorher versichert: »Du brauchst keine Angst haben, wir erzählen nur, was vorgefallen ist!«

Helma war nur unter Überwindung fürchterlicher Ängste dazu bereit gewesen, die Burg zu verlassen. Helma betrat mit ihrer Mutter einen Saal mit einem langen Tisch und entdeckte dahinter acht Männer in schwarzen Mänteln und Kapuzen. Einer von ihnen sprach die Mutter an: »Du bist hier als Klägerin für die Schändung deiner Tochter.«

Helma berichtete nun aus der Rückerinnerung einige vielleicht aufschlußreiche Details aus der Historie:

> »Mein Vater war schon immer auf dem Hellenstein; die Ulmer hatten auch Anrechte, weil ihnen die Burg auch einmal gehört hatte. Mein Vater war eine Art Verwalter, legte sich vielleicht einmal mit einem Ulmer an, der sich dann aus Rache an mir verging...«

Das junge Mädchen staute nach dem Vergewaltigungserlebnis in sich Aggressionen gegen die Männer auf und wollte sich künftig an ihnen rächen. So glitt sie in die Prostitution ab, die letzlich damit endete, daß sie am Galgen starb.

In der Gegenwart hatte Helma schwere Probleme mit ihrer Sehnsucht nach Erotik und Sexualität. Jahrelang war sie nicht orgasmusfähig, weil in Augenblicken der Zärtlichkeit viel seelischer Schmerz mit ausgesprochenen Weinkrämpfen auftrat.

In den letzten Wochen ging es Helma sichtlich besser. Sie konnte ihre Arbeit schneller und besser bewältigen; mit ihrem ausländischen Freund kam sie partnerschaftlich viel besser als bisher zurecht. Geblieben waren noch Empfindungen wie Enge auf der Brust, Atembeschwerden, die Unfähigkeit, Aufzug zu fahren oder in kleinen Räumen zu sein. So wurde die reinkarnationstherapeutische Arbeit fortgesetzt.

Die beengenden Körperempfindungen brachten eine Reihe beeindruckender Rückerinnerungen hervor:

»Da steht eine rechteckige Holzkiste, sie ist innen schwarz, sie ist körpergroß, ungefähr fünfzig Zentimeter hoch, an einer Längsseite offen. Ich erlebe Trauer, Schreien, Schmerz, Enge am Herzen. Das Bild einer Frau taucht auf, die in der Brenz ersäuft werden soll. Vielleicht ist es die Frau, von der ich gelesen habe... ich muß weinen, es schüttelt mich ...
Die Frau ist in die Kiste geschoben worden, sie kann sich darin nicht mehr bewegen. Das hängt mit Männern zusammen, weil ich eine Hure war und die Männer verführt habe. Ich hatte den Ruf, ein leichtes Mädchen zu sein... Obwohl sich die Männer mit mir eingelassen haben, muß ich als Sündenbock herhalten. Einer der Männer gehörte dazu, der am meisten am Stadtgericht zu sagen hatte. Es war ein Mann, der körperlich behindert war. Einmal sah ich, daß ich den Mann aus Wollust in den Rücken krallte. Ich nahm Rache an den Männern für die als junges Mädchen erlittene Vergewaltigung. Dieser eine Mann wollte mich bei Gericht am meisten ausfragen darüber, wie die Vergewaltigung gewesen sei; ich hatte aber die Aussage verweigert.
Vorher neben der Kiste erlebte ich einen Kampf. Ich wollte mich nicht in die Kiste hineinzwingen lassen. In der zugenagelten Kiste wurde ich zum Richter ins Gericht transportiert.«

Helma erlebte nach, daß sie im Laufe ihres Lebens eine Reihe von Männern verführt und sie von sich abhängig gemacht hatte. Helma wurde nun verurteilt. Das Urteil hatte zwei Teile. Der erste Teil war, daß sie der Hinrichtung eines verwachsenen, buckligen Mannes am Galgen zuschauen mußte, den sie sich in früheren Jahren gefügig gemacht hatte, der andere Teil war, daß sie selbst ertränkt werden sollte.

Bei ihren jahrelangen Verführungskünsten hatte sie sich wie eine Spinne erlebt. Die Eltern hatten ihre abgleitende Tochter verstoßen und wollten nichts mehr von ihr wissen.

Aus der Lebensgeschichte Helmas wissen wir bereits, daß sie einen ausländischen Freund hat, der dem Islam angehört. Die nachfolgenden Rückerinnerungen zeigen nun, daß es für

Helma schon einmal ein Leben mit Kontakten zu diesem religiösen Kulturkreis gab.

Vor Helma tauchte eine arabische Stadt auf, eine Moschee, ein Harem. Sie erlebte, wie sie mit anderen Frauen aus einem Harem zusammensaß. Dazu zu gehören, war für sie mit einem guten Gefühl verbunden. Aber dann tauchten in ihr Widerstände auf, sie erlebte sich als ausgeliefert, angestaut mit ohnmächtiger Wut. Im Harem erlebte sie nun, wie sie tun mußte, was der Ehemann von ihr wollte, mit ihm das Bett teilen, ihm die Füße waschen, die Fußnägel pflegen. Sie saß unten, er oben.

Den anderen Frauen im Harem gegenüber fühlte sie sich nicht sicher und hübsch genug, sie erlebte sich als Außenseiterin, sie war verbittert und fühlte sich verspottet. Dann merkte sie, wie sie älter und dicker und wegen irgend etwas zurückgesetzt wurde. In diesem Zusammenhang fiel ihr ein, daß die Mutter des gegenwärtigen Lebens Helma immer heruntergesetzt hatte. Helma war als Kind zeitweise zu dick, und damit es nicht zu sehr auffallen sollte, schnürte sie sich ein. Bemerkung der Mutter: »Du siehst aus wie eine Leberwurst, wenn du dich so einschnürst.« Helmas Schwester war attraktiver, Helma hatte die besseren Zeugnisse.

Im Harem hörte sie nun die Bemerkung einer anderen Frau: »Was er nur an dir findet!« Diese andere hübsche Frau wartete nun darauf, als nächste zum Ehemann geholt zu werden. Helma erlebte dazu:

> »Mir tut mein Herz weh, wenn ich sehe, wie hübsch die andere Frau ist. Ich habe das Gefühl, daß ich für unseren gemeinsamen Mann keinen Wert mehr habe.«

Nachdem wir in der Zeit weiter zurückgegangen waren, zeigte sich, daß Helma ursprünglich eine Sonderstellung innegehabt hatte. Die anderen Frauen hörten darauf, was sie ihnen zu sagen hatte. Da sie die Lieblingsfrau war, wurde sie immer eingebildeter. So war sie zu den anderen Frauen hochnäsig und nicht mehr menschlich. Im Laufe der Zeit kamen nacheinander neun jüngere Frauen, die Helma gegenüber bevorzugt wurden.

Helma fühlte sich ursprünglich vom islamischen Ehemann sehr geliebt und verwöhnt. Aus irgendeinem Grund fiel sie in Ungnade.

Helma gewann während der reinkarnationstherapeutischen Arbeit und in den folgenden Tagen immer mehr den Eindruck, daß der jetzige islamische Freund der frühere arabische Ehemann war. Den heutigen Vater erlebte sie auch als den Vater von damals, der aus Armut seine Tochter an den späteren reichen Haremsbesitzer verkauft hatte, wie es durchaus früher Brauch war. Helma kam sich jedoch als verschachert und von der eigenen Familie verlassen vor.

Auf die Gegenwart bezogen erwähnte Helma, daß im gegenwärtigen Leben die Zeit um das vierzehnte Lebensjahr für sie sehr schicksalsentscheidend war. Sie wäre gern Lehrerin geworden, der Vater ließ aber das begabte Mädchen nicht ins Gymnasium gehen. Helma machte einen sehr guten Hauptschulabschluß und hätte dann Hauswirtschaftslehrerin werden können. Während der Ausbildung wurde die Mutter krank, und Helma mußte die Ausbildung abbrechen, um die Mutter zu versorgen. Sie tat es, fühlte sich dann aber von der Mutter allein gelassen, als diese starb. Neben der Pflege der Mutter war Helma auch für den über acht Jahre jüngeren Bruder verantwortlich. Nach dem Tod der Mutter heiratete Helma zweiundzwanzigjährig, um eine Heimat zu finden und Geborgenheit zu erleben.

Für Helma war es wichtig, nochmals in das islamisch geprägte Leben Arabiens zurückzugehen. Sie erlebte sich tanzend mit einem wunderschönen Schleier und einer Perlenkette am linken Fuß. Die anderen Frauen im Harem schauten fasziniert zu. Dazu fiel Helma ein, daß sie auch heute noch gern tanze, auch allein, und ihre Gefühle in der tänzerischen Bewegung besonders gut ausdrücken könne. Aus ihrer Vergangenheit erlebte sie wieder nach, was an Bildern vor ihrem inneren Auge auftauchte:

»Ich tanze immer ekstatischer, vergesse ganz, wer ich bin. Der Mann schaut zu aus einem Sessel mit einer Armlehne auf

einer Art Podest. Der Mann hat den Kopf in die Arme gestützt und freut sich. Ich tanze ganz für diesen Mann. Ich spüre ein Werben, ich will zeigen, was in mir steckt ...
Ich will in dem Gefühl bleiben ... ich muß wieder weinen ... Damals war das wirklich so, ohne Tabus, da war im Tanz viel Erotik, es hat alles gestimmt, die Werbung um den Mann, es gefiel ihm auch. Ich kann ganz ohne Angst meine Gefühle zeigen ... in dem mittelalterlichen Leben auf der Burg konnte ich meine Gefühle nicht zeigen, ich mußte mich manipulieren, um zu dem zu kommen, was ich brauchte.«

In den letzten Wochen hatte sich Helmas psychosomatisches Zustandsbild wesentlich gebessert; vor allem die körperlichen Beschwerden waren so gut wie verflogen. Geblieben war noch ein Gefühl der Beengung und ungerechter Behandlung.

Ein weiterer Blick zurück in die damalige Vergangenheit brachte Helma die Lösung:

»Eine der Frauen war eifersüchtig, sie sagte unserem Herrn etwas über mich. Das weckte sein Mißtrauen gegen mich, und ich fiel in Ungnade. Sie hatte ihm zugeflüstert, daß ich etwas mit dem Mann hätte, der den Harem bewache. Wenn der hereinkäme, würde ich seine Aufmerksamkeit auf mich ziehen.
Ich weiß, daß in der Tür zum Harem ein kleiner Stein angebracht war, durch den man in den Harem hineinschauen, aber nicht durch ihn herausschauen konnte. Es war eine Art Aquamarin. Die Frauen wurden immer beobachtet.
Ich wurde traurig, daß die Zeit der innigen Liebe zu unserem Herrn vorbei sein sollte. Für mich ist es sehr wichtig, daß ich mir selbst trauen kann und andere mir. Das ist auch heute noch so. Mißtrauen ist für mich etwas Entsetzliches ... Für mich ist heute der Bergkristall ein Symbol der Klarheit und Reinheit. Reinheit und Sauberkeit spielen für mich eine wesentliche Rolle im Leben.«

Zu den Rückenschmerzen, unter denen Helma immer wieder gelitten hatte, fiel ihr im Zusammenhang mit dem Leben im Harem ein türkisches Sprichwort ein: »Dein Angesicht ist mir so viel wert wie dein Rücken«. Es soll ausdrücken, daß sich eine Frau davonzuscheren hat. »Der Verantwortliche für den Harem mußte mir mitteilen, daß ich vom Angesicht des Herrn zu verschwinden habe.« Nachdem Helma nun bewußt geworden war, daß der gegenwärtige Freund aus der islamischen Kultur der damalige Herr von ihr war, konnte sie verstehen, warum er heute – ohne die tieferen Gründe zu wissen – für sie viel Verständnis und Geduld aufbringt. Ihr zur körperlich-seelischen Erfüllung zu verhelfen, ist ihm ein großes Anliegen. Das zwischenmenschliche Verständnis füreinander nahm in den folgenden Wochen ständig zu.

Helma konnte sich auch mit ihrem geschiedenen Ehemann, bei dem die gemeinsamen Kinder leben und der inzwischen wieder verheiratet ist, innerlich versöhnen. Viel Kummer, den sie durch die gegenseitigen Verständigungsschwierigkeiten erlebt hatte, löste sich auf.

Noch etwas fiel Helma ein, während wir ihre Vergangenheit aufarbeiteten. Nach ihrer Scheidung hatte sie eine Zeitlang mit einer Sozialarbeiterin die Wohnung geteilt, um Kosten zu sparen. Über diese Frau erzählte Helma:

> »Sie hatte für mich etwas Bedrohliches an sich, sie war eifersüchtig auf mich, hatte etwas Hexenhaftes. Sie hatte eine Hautfarbe und Physiognomie, als sei sie aus einem orientalischen Land, schwarze Haare, dunkle Augen ...«

Helma dachte darüber nach, ob die heutige Sozialarbeiterin in ihrem arabischen Leben mit ihr zusammen gelebt haben könnte. Wir gingen dieser Vermutung in der Tiefenentspannung nach, und Helma erlebte, wie sie seinerzeit in den Harem gekommen war:

> »Ich sehe mich dort als ein eher hellhäutiges, ungefähr vierzehnjähriges Mädchen. Es sind mindestens fünf Frauen dort.

Ich sehe die Vielfalt der Stoffe, die mit einer Art Seide bespannten Wände ... Eine der Frauen steht auf und kommt auf mich zu. Sie nimmt sich mütterlich um mich an. Sie nimmt mir das mitgebrachte Tuch ab, ich werde gebadet, gekämmt, der Rücken wird mir eingerieben, ich bekomme schöne Kleider zum Anziehen. Die Frauen sagen mir, daß sie mich schön machen sollen, weil der Herr mich sehen wolle ... später werde ich hereingeholt. Der Herr sagt zu mir: ›Komm her, du gehörst jetzt mir!‹
Damals glaubte ich, daß eben eine Frau einem Mann gehört. Heute spüre ich deutlich, wie in mir Protest entsteht, wenn mich jemand besitzen will ... Ich habe das Gefühl, daß ich damals wie ein Kind war, das dem Mann gehört, so wie man als Kind seinen Eltern gehört ...
Als ich damals verstoßen wurde, wuchs bei mir das Gefühl des Erwachsenseins, des Frauseins ... Um zu überleben, muß man raffiniert sein, sonst geht man unter ...
Jetzt sehe ich, wie ich bei dem Herrn im Harem bin, er versucht mich anzufassen, an meinen Haaren, an meinen Armen ...
Später fühle ich mich sehr verletzt, spüre Feindseligkeit in mir, weil ich vieles über mich ergehen lassen mußte. Es ist jetzt so, als wenn ich jetzt alles in mir ansammle für meinen späteren Haß ...
Der einen Frau, die mich im Harem empfangen und sich um mich gekümmert hatte, gefiel die Bevorzugung durch den Herrn, die ich erhielt, nicht. Sie war sehr klug, wußte, was in einem Harem läuft, sagte mir eines Tages, daß sie mich einweihen, aufklären wollte. Sie sagte mir, wie ich mich für den Herrn schön machen könnte. Ich antwortete: ›Aber ich liebe ihn doch‹. Antwort von ihr: ›Du darfst im Harem nicht lieben, du hast den Herrn zu verwöhnen! Wir müssen sehen, daß wir bekommen, was wir brauchen, an Kleidern, Schmuck, Zärtlichkeit!‹ Meine Antwort darauf: ›Das brauche ich doch nicht, ich liebe ihn doch!‹ Durch meine Antworten gelte ich schließlich als eigensinnig und stolz.«

Helma gewann wie durch einen Blitzstrahl die Sicherheit, daß sie der damaligen Frau im Harem, die gegen sie intrigiert hatte, im gegenwärtigen Leben wieder begegnet war, der Sozialarbeiterin, mit der sie die Wohnung teilte. Und wieder erlebte sie deren Eifersucht und lehnte sie immer mehr ab. Vor einigen Jahren fuhr Helma, wie schon eingangs erwähnt, mit ihrem Freund in das arabische Land, aus dem er stammt und wo er auch seine Ehefrau hat. Die beiden Frauen verstanden sich gut miteinander, nach islamischem Recht auch gut nachvollziehbar. Helma empfindet eine Moschee als Heimat, liebt auch die Musik der orientalischen Länder. Die Sprache ihres Freundes zu lernen, war für sie sehr leicht. Aus ihrer Beziehung entstand vor einigen Jahren ein Kind. Helma erfüllte sich damit einen Wunsch, der ihr im damaligen arabischen Leben versagt war.

Helmas Geburtsbild

Helma hatte bei der Aufnahme ihrer Lebensgeschichte berichtet, daß sie am Hals häufig ein Gefühl habe, »als wenn mir jemand an den Hals gehen würde«. Wer sich mit Reinkarnations-Therapie beschäftigt, wird bei solchen Beschreibungen hellhörig, denn wie wir schon gesehen haben, kann sich das Reinkarnations-Bewußtsein auf solche Weise ausdrücken.

Welche Überlegungen entstehen, wenn man zusätzlich mit dem Kosmogramm eines Patienten arbeitet? Man sucht nach Aspekt- und Halbsummenstrukturen, die in irgendeiner Weise »halsbezüglich« sein können!

Ein Blick auf Helmas Geburtsbild in Abbildung 49 zeigt uns eine Konjunktion von Saturn und Uranus im Zeichen Stier. Dieses Tierkreiszeichen hat mit dem Hals-Nasen-Rachen-Ohren-Raum zu tun! Saturn und Uranus symbolisieren nun gegensätzliche Kräfte, wie wir auch an anderer Stelle schon gesehen haben.

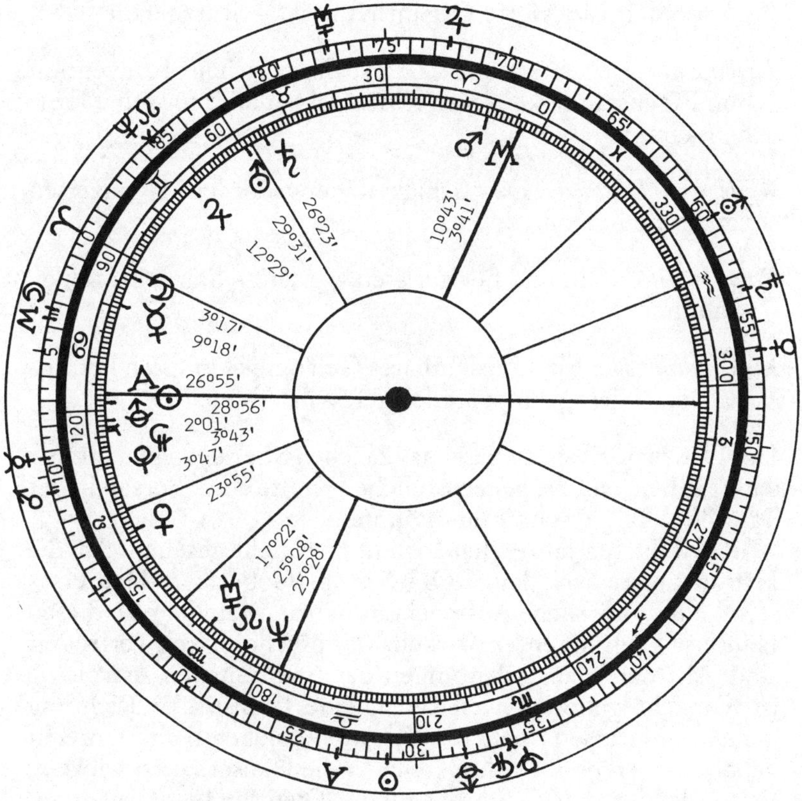

Abb. 49: Helma, geboren 1941

Für einzelne Persönlichkeitsbereiche lassen sich folgende Erklärungen für diese Konjunktion entwickeln:

Psychosomatik: Blockierte Organrhythmik. – Sturzgefahr.

Tiefenpsychologie: Ständiger Zwiespalt zwischen Konvention und Eigenständigkeit. Sich fesseln lassen oder für seine Freiheit kämpfen.

Wille und Leistung: Das Schicksal herausfordern. – »Ketten zerbrechen« wollen.

Emotionalität: Hin und her gerissen werden. – Starke Konfliktspannungen.

Kommunikation: Ein »unsichtbares Gefängnis« mit sich herumtragen. – Sich gefangen oder gefesselt fühlen.

Das Ganze noch speziell auf das Zeichen Stier bezogen, könnte dann heißen, daß die gegensätzlichen Kräfte einer Person in der Tat »den Hals zuschnüren« könnten.

In den letzten Jahren habe ich immer mehr gesehen, daß die Häuserspitzen nach dem GOH-System (Geburtsort-Häusersystem) eine zusätzliche Aussagekraft haben, wenn man zu diesen Häusern Deutungen entwickelt, die psychologisch vertretbar sind. Mit den Häuserdeutungen der traditionellen Astrologie ist Vorsicht geboten, weil sie in eine fatalistische Richtung gehen, andererseits haben »die Alten« sicher nicht Unrecht gehabt, neben den Tierkreiszeichen die Häuser zu entwickeln. Es würde hier zu weit führen, auf die Theorien hierzu einzugehen. Nach meinen bisherigen kosmobiologischen Erfahrungen kann man für die Häuser- oder Felderspitzen folgende Schlüsselworte entwickeln:

Achse I-VII (Aszendent-Deszendent): Die Begegnungsachse, die Begegnung von Ich und Du, Person und Partner, Individuum und Mitwelt.

Achse II-VIII: Die Bindungs- und Lösungsachse
Das Annehmen und Abgeben. Das Erwerben und Weitergeben. Das Besitzen und Hergeben.

Achse III-IX: Die Milieu- und Niveauachse
Der Erfahrungsschatz aus dem Elternhaus und die Verarbeitung zur eigenen Schau in die Welt. Das in der frühen Kindheit Erlebte und das im Leben daraus Gestaltete.

Achse IV-X (Imum Coeli – Medium Coeli): Die Wunsch- und Erfüllungsachse
Die in der Kindheit entstandenen Antriebe, Wünsche, Leitbilder und die daraus zu gewinnenden Motivationen zu Beruf und Berufung.

Achse V-XI: Die Kreativitäts- und Darstellungsachse
Die eigene Schöpfungskraft und die sich aus ihr ergebenden Kräfte der Realisierung in der Welt mit den damit verbundenen zwischenmenschlichen Begegnungen.

Achse VI-XII: Die Extraversions- und Introversionsachse
Der Gang in die Welt und aus der Welt. Die Arbeit, Kraft, Leistung in der und für die Gemeinschaft und die Beschäftigung mit sich selbst, die Besinnung auf sich selbst.

Saturn und Uranus stehen im Zeichen Stier an der XI. Häuserspitze, wie aus Abbildung 50 ersichtlich ist. Verbinden wir die Deutungen für Saturn und Uranus im Zeichen Stier mit denen für die Felderachse V-XI, dann können wir die nachstehenden Interpretationen entwickeln:

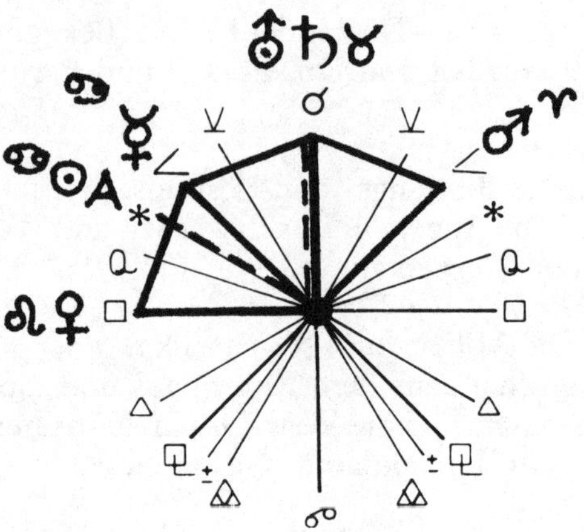

Abb. 50

Zwischenmenschliche Begegnungen führen immer wieder zu Zerreißproben, plötzlichen (Uranus) Behinderungen (Saturn), Atembeschwerden – die Atemluft fließt durch den Hals. Die gegensätzlichen Antriebe können Verspannungen auslösen.

Wenn wir schon dabei sind, auch die Häuserdeutungen zu integrieren, soweit sie meines Erachtens vertretbar sind, dann muß auch gesehen werden, daß Mond an der XII. Häuserspitze steht und auch Merkur in das XII. Haus gehört. Für die Häuserachse VI-XII habe ich, wie oben ersichtlich, das Schlüsselwort »Extraversions- und Introversions-Achse« gewählt.

Verbinden wir die vorgeschlagenen Häuserdeutungen mit Mond und Merkur in Haus XII, dann können wir sagen, daß es für die Patientin eine Aufgabe ist, in der Besinnung auf sich selbst, in der Abgeschlossenheit, ihre Gefühlskräfte und ihr Denken zu entwickeln. Man kann weiter folgern, daß sie sich mit ihren Gefühlen und ihrem Denken in ihren eigenen vier Wänden (Krebs) sehr wohl und geborgen fühlen kann.

Kommen wir zurück zu Saturn Konjunktion Uranus im Zeichen Stier. Die weitere Analyse ergibt, daß Saturn eine reichhaltige Aspektstruktur hat. Er ist nämlich durch ein Quadrat mit der Venus im Zeichen Löwe, durch ein Halbquadrat mit dem

Merkur im Zeichen Krebs und ein weiteres Halbquadrat mit dem Mars im Zeichen Widder verbunden. Dazu kommt dann noch ein Sextil zu Sonne und Aszendent im Zeichen Krebs (Abbildung 50).

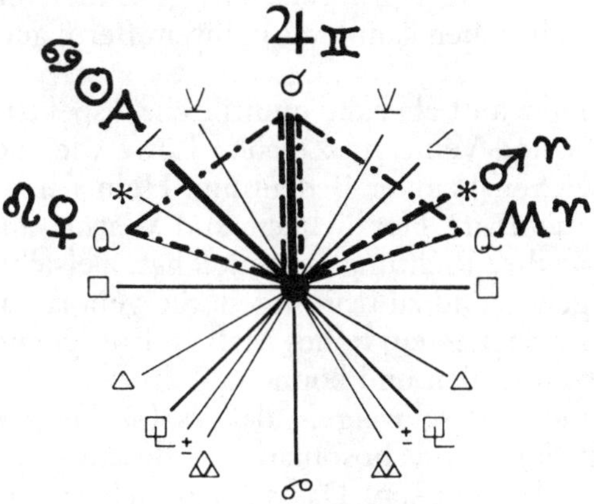

Abb. 51

Die erstgenannte Struktur der sogenannten 45-Grad-Reihe mit der Kombination Saturn – Uranus – Venus – Mars – Merkur ist keineswegs leicht zu leben. Saturn als der große Stabilisator stellt die Schicksalsaufgabe, seine Impulsivität und Unruhe (Uranus) in den Griff zu bekommen, Ordnung in seine Sympathien (Venus) zu bringen, sich mit seinem Willen (Mars) auf das Wesentliche zu konzentrieren, seine Fähigkeit, zuzuhören, Verständnis zu zeigen, sich in andere Menschen einzufühlen (Merkur), zu kultivieren.

Saturn im Sextil zu Sonne und Aszendent kann dabei bedeuten, daß ein hohes Maß angelegter Weichheit festere, erdigere Formen bekommen muß. Für ihre Lebensaufgaben hat die Patientin auch Kräfte mitbekommen, die für sie erfolgversprechend und sinnerfüllend wirken können. Betrachten wir dazu die in Abbildung 51 dargestellte Aspektstruktur des Jupiter.

Da sehen wir zuerst einmal Jupiter im Zeichen Zwillinge im Halbquadrat zu Sonne und Aszendent im Zeichen Krebs. Danach ist anzunehmen, daß Helma Ausstrahlungskraft entwikkeln und bei anderen Menschen angesehen, beliebt, populär sein will. Das Sextil des Jupiter zu Mars im Zeichen Widder zeigt, daß Helma auch Führerschaft gewinnen und Gefolgschaft nach sich ziehen kann, was in ihrem Beruf auch erforderlich ist.

Vor allem gewinnt aber die quintilische Aspektstruktur zwischen Jupiter und Venus im Zeichen Löwe wie auch Medium Coeli im Zeichen Widder Bedeutung. Helma hat danach das Zeug dazu, sichtbare Herzlichkeit und Wärme auszustrahlen und, wenn sie ihre Richtung gefunden hat, zielsicher ihre Aufgaben anzugehen und zu bewältigen. Sie gehört zu denen, die »für eine gute Sache« ein hohes Maß an Energie und Engagement einsetzen wollen und können.

Ich will nicht verschweigen, daß es für Helma in diesem Leben auch einige psychosomatische Beschwerden gibt, die bewältigt werden müssen. Das schlägt sich vor allem in der Reihe von Halbsummenbildern nieder, die ich noch vorstellen will:

Mars/Saturn = Pluto
Ablagerungen in der Muskulatur, Verhärtung, Hartspann. Schmerzen in der Muskulatur. – Sich nicht wehren können oder dürfen, viel geschlagen werden. – Sich in seine Arbeit verbeißen. Auf den eigenen Zusammenbruch hinwirken. – Zuneigung und Liebe zerstören.

Diese Struktur ist auch mit Chiron und Vesta verbunden. Wir wissen über die Dimensionen der Deutung dieser zwei Kleinplaneten noch nicht genügend. Es könnte jedoch sein, daß das Gesamtbild so zu interpretieren ist, daß sich darin Opfer und Sühne spiegeln.

Mars/Uranus = Pluto
Gefahr überschießender Kräfte. – Hereinbrechende kollektive Gewalten. – Mißhandeln oder mißhandelt werden.

Auch in diesem Bild spielt Chiron eine Rolle. Die Möglichkeit des Opfers kann hierin ausgedrückt sein.

Mars/Neptun = Mond
Leistungsschwäche, Flucht in Sentimentalität. – Suchtgefahr.

Mars/Neptun = Medium Coeli
Zur Transzendenz vorstoßen, die unbewußten Kräfte aktivieren wollen.

Saturn/Neptun = Aszendent
Sich zunehmend verzehren. – Durch Stoffwechselgifte Stabilität einbüßen.

Uranus/Neptun = Sonne
Hochgradige Beeinflußbarkeit des Herzens durch psychogene Faktoren. – Aufwühlbar, beeindruckbar, imaginativ.

Uranus/Neptun = Aszendent
Neigung zur Atemlähmung bei der Geburt. – Die Quellen des Unbewußten anzapfen und feinste Impulse aufnehmen können.

Uranus/Pluto = Mond
Ständig getrieben, sprunghaft und abwehrbereit wirken. Erpresserische Erziehung. – Zerrissen, reizbar sein.

Uranus/Pluto = Medium Coeli
Kampf ums Überleben. Ruppige Mitwelt. – Kampf bis zur letzten Konsequenz.

Die oben zusammengefaßten Halbsummenbilder sind nur ein Ausschnitt aus allen Halbsummenstrukturen, sollen aber das Wesentliche darstellen für die reinkarnationstherapeutische Betrachtung. Nach meiner Auffassung wird deutlich, unter welchen Lebensbedingungen Helma in diesem Leben und auch davor gelebt und gelitten hat.

Die kosmobiologische Betrachtung wäre überfordert, wollte

man beispielsweise ein Leben im arabischen Raum herauslesen wollen. Nach meiner Auffassung gehören Lebens- und Krankengeschichte mit dem Geburtsbild und der reinkarnationstherapeutischen Arbeit zusammen. Dann ist es auch möglich, für das gegenwärtige und die vergangenen Leben der dem Therapeuten anvertrauten Menschen ein Gespür zu entwickeln und gemeinsam den Weg in die Vergangenheit zu gehen und danach die schicksalsgestaltenden Möglichkeiten für die Zukunft zu erarbeiten.

Erfahrungen mit Verstorbenen

Die reinkarnationstherapeutische Arbeit mit Patienten kann es mit sich bringen, daß in der Tiefenentspannung auch Verstorbene auftauchen, mit denen die Patienten irgendwann verbunden waren, sei es in diesem Leben oder in früheren Inkarnationen. Es können jedoch auch ganz fremde Geistwesen sein.

Diese aus der Transzendenz auftauchenden Wesenheiten haben die eine und andere Inkarnation hinter sich, sind jedoch noch zu keinem neuen Leben in dieser Welt angetreten. Mit anderen Worten, sie waren hier, sind noch »drüben« und wollen oder sollen oder müssen voraussichtlich zu einem späteren Zeitpunkt wieder geboren werden.

Diese sich zeigenden Verstorbenen sind meistens Eltern, Großeltern, Verwandte, Freunde, Ehepartner oder auch früh aus dieser Welt gegangene oder genommene Kinder. Beispiele dafür lieferte der Arzt und Psychotherapeut Fr. W. Doucet in seinem Buch *Die Toten leben unter uns* (95).

Nun ist es keineswegs so, daß sich diese Verstorbenen nur dann zeigen, wenn sich ein Patient in der Tiefenentspannung befindet und dann besonders sensibel ist. Vielmehr ist es so, daß sich Verstorbene nach meinen bisherigen Erfahrungen häufig in der Nähe der Hinterbliebenen aufhalten, sich aber nicht sichtbar und verständlich machen können. Da und dort versuchen sie auch, die Körperkräfte gleichsam »anzuzapfen«, um erdnah bleiben zu können oder das Ableben der früher Nahestehenden zu beschleunigen, um dann »drüben« wieder vereint zu sein.

In der Entspannung kann nicht nur die Körpersensibilität ansteigen, sondern auch die Empfindsamkeit des inneren Auges und Ohres bis hin zu Geruchsempfindungen. Und dann nähern sich gleichsam die »Übertragungsfrequenzen« von hier und von drüben einander an, wie bei einem Rundfunksender und einem Radioapparat, gegenseitiges Sehen und Kommunizieren miteinander wird möglich. Nun kann es nicht Sinn der Reinkarnationstherapie sein, einem niederen Spiritismus das Wort zu reden. Es geht darum zu wissen, daß zwischen Diesseits und Jenseits fließende Grenzen bestehen, wir jedoch mit unserem mehr naturwissenschaftlich orientierten Denken dafür meistens verschlossen sind.

Ein Bezug zu unserer Thematik ergibt sich, wenn wir als Beispiel das Symptom der Schlafstörungen bis hin zur Schlaflosigkeit herausgreifen. Heilkundlich können wir solche gravierenden Beschwerden mit Durchblutungsstörungen, zu niederem oder zu hohem Blutdruck oder auch einer Verkalkung des Gehirns erklären. Aus psychologischer Sicht können Kummer, Sorgen, Grübeln, unklare Verhältnisse, Ärger, Aufregungen, gegenwärtig nicht lösbare Konflikte eine Rolle spielen. So und ähnlich werden Ärzte, Heilpraktiker, Psychologen und Psychotherapeuten die Ursachen für diese Beeinträchtigungen des Schlafes sehen. Im allgemeinen haben sie damit auch Recht.

Im Laufe der Jahre erkannte ich, daß es aber auch andere Gründe geben kann: Verstorbene. Warum, wieso?

Nicht jeder Mensch hat mit seinem Leben abgeschlossen, wenn er in die Phase des Todes eintritt. Viele Sterbende würden gern noch weiter leben, dies und jenes erledigen oder nachholen, einfach »dem Tod noch einmal von der Schippe springen«. Und mit den modernen medikamentösen, operativen und apparativen Möglichkeiten scheint das auch zu gelingen. Die Intensivmedizin bis hin zu den Organtransplantationen sind dafür eindrucksvolle Beispiele.

Trotz dieser lebensverlängernden Maßnahmen ist früher oder später die Zeit des Todes gekommen. Dabei ist zu wünschen, daß zwischen den Sterbenden und den hier Zurückbleibenden gegenseitiges Verständnis und Frieden einkehren. Gar nicht so selten erschweren Familienmitglieder, Ehepartner und sonstige nahestehende Menschen es den Sterbenden jedoch sehr, Abschied zu nehmen. Sie ermutigen einen vom Tode gezeichneten Menschen immer wieder, am Leben festzuhalten, indem sie Worte verwenden wie »Es wird schon wieder werden, habe etwas Geduld« oder »Wenn Du wieder aus dem Krankenhaus entlassen bist, werden wir uns besonders viel Zeit füreinander nehmen«. Eindringlicher wirkt: »Wir brauchen Dich doch noch!« – »Du kannst uns doch jetzt nicht allein lassen!« – »Denke daran, was Du noch alles tun willst!«

Es kann aber auch anders sein. Ressentiments zwischen den Generationen, unerledigte und unbewältigte Probleme, Eifersucht, Haß, Rachegefühle bis hin zu Verwünschungen, Flüchen und Erbauseinandersetzungen können die Atmosphäre von Mensch zu Mensch so sehr vergiften, daß der Ablösungsprozeß der Seele vom sterbenden Körper nur schwer gelingt.

Die oben angesprochenen Gründe können einen Verstorbenen dazu veranlassen, sich weiterhin an die früher nahegestandenen Menschen zu binden und den Weg in die »andere Welt« nicht anzutreten. Verstorbene halten sich dann gern in den früheren Häusern, Wohnungen, Zimmern auf, die für sie zu Lebzeiten wichtig waren. Oder sie suchen den Kontakt zu Verwandten und Partnern, ohne sich über die Sinnesorgane der Lebenden bemerkbar machen zu können.

Es gibt aber auch Verstorbene, die es nicht realisieren, nach ihrem Tod in einem körperlosen Zustand zu sein. Sie glauben, noch zu leben und wundern sich, warum sie von den Menschen ihrer früheren Umgebung »wie Luft behandelt« und nicht wahrgenommen werden. Das trifft besonders für Verstorbene zu, die unvorhergesehen und plötzlich aus dem Leben gerissen wurden, beispielsweise durch einen Unfall. Sie irren dann orientierungslos umher, wobei sicher die falschen Informationen in unserer Kultur über die Zeit um den Tod und danach eine Rolle spielen. Diese reichen von dem angeblich ewigen Schlaf bis zum »Jüngsten Gericht« oder zu der Fehlvorstellung, daß nach dem Leben »sowieso alles vorbei« sei.

Wer jedoch sensibel ist, kann die Nähe von Verstorbenen spüren und dadurch zeitweise in seinem Schlaf und in seiner Intimität gestört werden. Ich kenne aus der Reinkarnationstherapie Fälle, in denen Verstorbene sich im Schlafzimmer aufhielten, am Bett des Schläfers standen, ihn streichelten, sich neben ihn legten oder aber auch zu stoßen und schlagen suchten.

In der Tiefenentspannung kann, falls es sinnvoll ist, eine Art Kommunikation zwischen dem Patienten und dem einen oder anderen Verstorbenen aufgebaut und gleichsam nachträglich gegenseitiges Verständnis und Frieden gefördert werden. Auch ist es naheliegend, dem Verstorbenen zu helfen, seinen Weg in die andere Welt zu finden. Darüber habe ich in meinem Buch *Wenn die Seele den Körper nicht gesunden läßt* berichtet (96).

Während einer meiner Vortragsreisen in die USA im Sommer 1992 wurde ich von einem meiner Hörer auf ein Buch aufmerksam gemacht, das den faszinierenden Titel trägt: *The unquiet Dead – A psychologist treats spirit possession* (97). Ins Deutsche übersetzt: *Die unruhigen Toten. – Eine Psychologin behandelt Besessenheit durch Geister*. Autorin ist die amerikanische Psychotherapeutin Dr. Edith Fiore. Das Vorwort dazu schrieb der auch in Deutschland durch sein Buch *Das Leben nach dem Leben* bekannt gewordene Arzt Dr. Raymond A. Moody (98).

Im Vorwort geht Moody auf die Thematik dieses Grenzgebietes der Psychotherapie ein und führt aus (99):

> »Ist es möglich, daß ein körperloses Geistwesen (disembodied spirit) oder eine »Wesenheit« (entity) von »drüben« (beyond) Kontrolle über den Geist einer lebenden Person gewinnen kann und zwar solcher Art, daß Störungen in deren Bewußtsein und Verhalten auftreten können? Trotz der Tatsache, daß westliche Psychologie und Medizin diese Möglichkeiten vernachlässigt und für eine wissenschaftliche Betrachtung als unwert erachtet haben, wurde in vielen anderen Kulturen und über Zeiträume von tausenden von Jahren darauf bestanden, daß es sich hier um Tatsachen handelt. Darüber hinaus wurden in diesen Kulturen verschiedene Methoden angewendet, um Besessenheit zu behandeln. Auch der sog. Exorzismus gehört dazu. Krankheiten, die aus der Besessenheit durch solche Wesenheiten entstanden waren, konnten oft mit deutlichem Heilerfolg am Leidenden aufgelöst werden.«

E. Fiore selbst äußerte in ihrem Buch, daß es am Ende des 20. Jahrhunderts vielleicht als abergläubisch betrachtet werden könne, die Erscheinungen von Verstorbenen (spirits of the dead) als Ursache für Mißbefinden und Leiden lebender Menschen anzunehmen, zumal die meisten Wissenschaftler damit beschäftigt seien, biologische Ursachen für nahezu alle menschlichen Erkrankungen körperlicher oder seelischer Art zu finden. Sie weist jedoch dann darauf hin, daß in der Menschheitsgeschichte häufig die Hintergründe mancher Krankheiten leidender Menschen in der Besessenheit durch Geistwesen gefunden und dagegen viele Rituale im Sinne des Exorzismus angewendet wurden. Auch Jesus von Nazareth wird angeführt, der Geister und Dämonen ausgetrieben habe (100).

E. Fiore stieß im Verlauf ihrer vieljährigen Arbeit, die auch die Reinkarnationstherapie umfaßt, immer wieder auf Patienten, die merkwürdige und aus dem üblichen Rahmen herausfallende Symptome schilderten und entwickelte daraus eine Liste an Symptomen, die den Verdacht auf Besessenheit durch Verstorbene, aber auch dämonische Kräfte nahelegen. Dazu gehören (101):

1. Ständiges Gefühl körperlicher Schwäche
2. Charakterveränderungen oder starke Stimmungsschwankungen
3. Innere Stimmen, die zum Patienten sprechen
4. Tabletten- und Drogenmißbrauch einschließlich Alkoholismus
5. Gedächtnisstörungen
6. Geringe Konzentrationsfähigkeit
7. Plötzlicher Ausbruch von Angst oder Depression
8. Plötzliches Einsetzen von körperlichen Störungen ohne erkennbare Ursache
9. Starke seelische oder körperliche Reaktionen auf das Buch der Autorin *The unquiet Dead*

Fiore machte darauf aufmerksam, daß ein Merkmal allein noch nicht auf das Besetztsein durch irgendein Geistwesen hinweise, sondern deren Kombination. Wenn es jedoch ein Hören von Stimmen gebe, sollte an die Möglichkeit der Besessenheit gedacht werden.

Nach Fiores therapeutischer Erfahrung können auch Alkohol-, Tabletten- und Drogenabhängigkeit unter dem Gesichtspunkt der Besessenheit gesehen werden. Dazu schrieb sie an anderer Stelle (102):

> »Neben Depressionen ergeben sich deutliche Beziehungen zwischen dem Mißbrauch von Drogen und Alkohol einerseits, Besessenheit der davon Abhängigen andererseits. Wenn ein zu Lebzeiten süchtiger Verstorbener Zutritt in deren Körper erlangt, wird er alles tun, um sich an sein Opfer zu klammern. Die Besessenen verstehen den Drang zu den genannten Substanzen als ihren eigenen. Unter dem Einfluß von Drogen oder Alkohol verlieren sie zunehmend die Kontrolle über ihr eigenes Leben. Das erlaubt es den Geistwesen … den Körper des Besetzten nach Herzenslust zu mißbrauchen. Sie müssen ja auch nicht den Preis für zerbrochene Beziehungen zu anderen Menschen, die zerstörte Gesundheit, den Verlust des Arbeitsplatzes, der Selbstsicherheit und des Selbstvertrauens zu bezahlen. Die jeden lebenden Körper umhüllende Aura wird durch Alkohol- und/oder Drogenkonsum immer schwächer, und dadurch werden die von Geistwesen mißbrauchten Menschen zunehmend zu deren Spielball.«

Aus der eigenen psychotherapeutischen Arbeit kenne ich Fälle von Patienten, die in sich den Antrieb fühlten, mit dem Auto oder durch einen Sturz aus dem Fenster Selbstmord zu begehen. Da und dort hören solche Patienten deutlich Stimmen mit Anweisungen wie »Tu's doch! Fahr' dort an den Baum, dann ist's vorbei!«

Die vorstehenden Ausführungen können vielleicht dazu beitragen, sich mit einem Grenzgebiet der Psychologie und Psychotherapie zu beschäftigen. Dabei ist es eine Frage, ob neben Alkohol und Drogen auch durch sedierende Medikamente, natürlich ohne bewußte Absicht, solche Geistwesen leichteren Zugang zu Menschen gewinnen, die in ihrer Vitalität und Widerstandskraft geschwächt sind.

Eine Gegenposition zu den oben skizzierten Gedanken taucht seit einigen Jahren in der amerikanischen Psychiatrie auf. Dort wurde der Begriff der »Multiplen Persönlichkeitsstörung« (MPS) geprägt. Verstanden wird darunter, daß eine Vielzahl, »im Extremfall bis zu 100 Persönlichkeiten mit unabhängigen Gedanken, Gefühlen und Erinnerungen nebeneinander im selben Leib herumspuken«, wie im Magazin »Der Spiegel« vom 20.3.1995 berichtet wird . Nach Auffassung mancher amerikanischer Psychotherapeuten soll ein Prozent der US-Bevölkerung am »MPS-Wahn« erkrankt sein (103).

Entstehen soll MPS durch gravierende Traumata in der Kindheit, vor allem im Sinne des sexuellen Kindesmißbrauchs. Auftreten können die merkwürdigsten Phänomene. So wurde ein MPS-Patient plötzlich extrem kurzsichtig, bei anderen entstanden »aus heiterem Himmel« Allergien und verschwanden sehr schnell wieder. Wieder andere Patienten berichteten ihren Therapeuten, sie hätten irgendwann Folterqualen oder Vergewaltigungen erlebt oder an schwarzen Messen teilgenommen.

Wer sich mit dem Gedanken der Reinkarnation befaßt, wird solche Schilderungen mit Rückerinnerungen an frühere Existenzen in Zusammenhang bringen. Die MPS-Fälle, deren Zahl in den letzten 25 Jahren in den USA von unter 200 auf rund 20 000 angestiegen sei, wie der »Spiegel« berichtete, können nach meinem Dafürhalten viel besser mit dem alten Begriff der Besessenheit erklärt werden.

Die Vertreter der klassischen Psychiatrie gehen mit ihrer Gegenposition so weit anzunehmen, daß MPS-gläubige Therapeuten ihren Patienten ein solches Krankheitsbild eingeflüstert hätten. Zitiert wird im genannten Artikel der Psychiatrie-Professor Klaus Dörner, der MPS für ein Phantom halte und geäußert habe: »Die Multiple Persönlichkeitsstörung gibt es überhaupt nicht!« Hieran wird deutlich, wie sehr sich die Vertreter der Wissenschaft dagegen wehren, daß es ein Fortleben der Seele nach dem Tode, Reinkarnation und Besessenheit gibt.

Auf dem Wege zur körperlichen Unsterblichkeit?

Die durchschnittliche Lebenserwartung betrug 1993 in Deutschland für Männer 73, für Frauen 79 Jahre. Weltweit beträgt sie nach dem Stand von 1992 64 bzw. 68 Jahre (104). Ob diese statistischen Angaben ansteigen und dann eine längere Lebenszeit ausdrücken können, falls noch mehr Organe als bisher aus sterbenden Menschen entnommen und kranken Menschen implantiert werden, lassen wir offen. Bei gegenwärtig rund 3500 Organtransplantationen in Deutschland handelt es sich immer noch um eine Minderheit von Patienten, deren Leben durch fremde Organe verlängert werden konnte (105).

Ob diese Art der Lebensverlängerung tatsächlich erstrebenswert ist, muß nach dem heutigen Stand der Erfahrungen wohl beantwortet werden. Einspruch kommt vor allem von Menschen, die für den Respekt vor dem sterbenden und toten Menschen eintreten und von der Unsterblichkeit der Seele und weiteren Erdenleben überzeugt sind.

E. Wellendorf gibt in ihrem schon zitierten Buch *Mit dem Herzen eines anderen leben?* positive und negative Beispiele über die Reaktionen der Patienten vor und nach Transplantationen. Zunächst die positive Seite:

> »In der Arbeit mit sterbenden Patienten habe ich erlebt, daß Entwicklung angesichts tödlicher Bedrohung wie im Zeitraffer möglich ist; ich habe erlebt, wie sich die Zeit relativiert und wie ein Sonnenstrahl auf einer Bettdecke soviel Glück auslösen kann wie ein Urlaub in der Karibik. Ich habe Tränen tiefer Freude über die ersten tiefen Atemzüge bei Patienten nach der Transplantation gesehen, wenn ihnen der Tubus herausgenommen worden war, so, als atmeten sie Glück und Freude ein. Da wußte ich nicht, ob sich das Ganze nicht schon dieses einen Augenblickes wegen gelohnt hatte« (106).

Ob für einen Gesunden ein solches Glücksgefühl nach einer Organspende nachvollziehbar ist, soll dahingestellt bleiben. Vielleicht haben Sie selbst aber auch schon eine schwere Krankheit oder Operation erlebt, nach der das weitere Leben von Ihnen wie ein unerwartetes Geschenk empfangen wurde.

Die Autorin lernte aber auch eine andere Facette menschlichen Lebens und Erlebens nach einer Organtransplantation kennen. Sie berichtet über die

> »Not, die entsteht, wenn die Schmerzen überhandnehmen, wenn die vielen Verletzungen des Körpers – die nicht heilende Naht, die Löcher, durch die die Drainageschläuche gehen, der Zugang, aus dem ständig Blut entnommen wird und durch den die Medikamente gespritzt werden – die Körpergrenzen aufzulösen drohen, wenn Apparate das unvertraute Innere ständig sichtbar machen und wenn sich der Mensch nur noch durch Zahlen, Kurven und die von Abstoßung bedrohten fremden Organe definiert fühlt. Es besteht dann die Gefahr, daß ein negatives, fremdes Selbstbild entsteht, gekoppelt mit Schuldgefühlen, dem Erfolgsanspruch der Medizin nicht besser entsprechen zu können. In ihrer Scham bleiben Patienten oft stumm, fühlen sich als Versager und vereinsamen in ihrer Not, wenn niemand da ist, der sie mit ihnen teilt« (107).

Für unser Thema geht es nicht um die außergewöhnlichen Erfolge der Medizin, sondern um einige Konsequenzen für den menschlichen Körper und seine Seele.

Organtransplantationen werden zweifellos vorgenommen, um das Leben zu verlängern. Aber würden die schwerkranken Menschen ohne Transplantation vielleicht doch noch eine Zeitlang weiterleben und sich dann auf ihren Tod bewußt vorbereiten können? Würden sie sich die Probleme mit der Annahme eines Organs von einem ihnen unbekannten Menschen sparen?

Wellendorf berichtet über gelungene Operationen, aber auch die Konflikte vor und nach der Transplantation. Das läßt sich aus bestimmten Äußerungen von Patienten schließen. Dazu einige Beispiele:

»Da muß ja eine andere für mich sterben! Ich will das nicht, ich kann nicht mit dem Organ einer Toten leben, ich möchte lieber sterben!«

»O.k., machen Sie alle Untersuchungen. Wie könnte ich meiner Mutter antun, nicht alles zu machen, um zu überleben!« (Die Patientin starb eine Woche nach der Transplantation).

»Bitte, verachten Sie mich nicht, haben Sie Geduld und Vertrauen zu mir. Irgendwann werde ich wissen, was ich will, noch denke ich jede Stunde etwas anderes. Das ist so qualvoll, daß ich Sie am liebsten bitten würde: Überreden Sie mich zu etwas! Aber ich weiß, das wäre keine Lösung. Ich bitte Sie um Raum und Zeit« (108).

Allem Anschein nach gibt es auch so etwas wie einen moralischen Druck von Anverwandten, doch jede Möglichkeit zu nutzen, um das Leben des Patienten zu erhalten. Geht es dabei vielleicht weniger um den Patienten selbst, als um das Unvermögen der potentiellen Hinterbliebenen, mit dem Tod fertig zu werden? Wollen sie nicht mit dem Tod konfrontiert werden?

In der Werbung um Organspender und die Bereitschaft von Patienten zu Organtransplantationen werden eine Reihe von Tatsachen gern unterschlagen. Dazu gehört:

1. Organe werden nicht von Toten, sondern von als tot erklärten Menschen, sogenannten Hirntoten, entnommen. Apparativ werden Blutkreislauf, Atmung und Stoffwechsel in Gang gehalten. Der Körper ist also warm und sieht wie schlafend aus.
2. Es gibt keine Gewißheit darüber, ob ein Hirntoter ohne Empfindungen und Gefühle ist. Vielleicht braucht seine Seele noch Zeit, um sich vom Körper zu lösen.

3. Patienten, denen Organe transplantiert werden sollen, sind nach der Operation keineswegs gesund. Sie müssen ständig untersucht und klinisch überwacht werden.
4. Nach der Operation müssen die Patienten Schutzkleidung tragen und Gebrauchsgegenstände ständig sterilisieren lassen, zumindest in der ersten Zeit.
5. Pflanzen und Tiere müssen ferngehalten werden, um Infektionen und Allergien möglichst zu vermeiden.
6. Das in seinen Reaktionen unterdrückte Immunsystem macht anfällig, z. B. für Lungen- oder Hirnhautentzündungen. Alte Tuberkuloseherde können wieder aufbrechen.
7. Manche Patienten müssen ein zweites oder drittes Mal operiert werden, weil das implantierte Organ vom Körper – oder vielleicht der Seele? – nicht angenommen wird. Mit einer »chronischen Abstoßung« sind immer Qual und Angst verbunden, aber auch Gefühle, für irgendeine Schuld bestraft zu werden.

E. Wellendorf befragte viele Patienten in der Klinik, ob sich die Transplantation für sie gelohnt habe. »Niemand hat mit ›Nein‹ geantwortet. Das ›Ja‹ hatte viele Qualitäten vom begeisterten Ja über das zufriedene Ja bis hin zu vielen Abstufungen von ja, aber. Es gibt eine leise Frage in mir, ob ein Mensch, der sein Überleben so teuer erkauft hat, überhaupt ›Nein‹ sagen kann« (109).

Wer vom Fortleben der Seele und wiederholten Erdenleben überzeugt ist, wird kaum für Organtransplantationen eintreten können. Sie müssen als sinnlos erscheinen. Denn statt sich von einem schwer erkrankten Körper lösen zu können, wird die Seele in einem mit »Ersatzteilen« reparierten und höchst anfälligen Körper zurückgehalten. Hinzu kommen erhebliche Einschränkungen in der Lebensgestaltung.

Wenn Angehörige eines potentiellen Organspenders um ihre Zustimmung zur Organentnahme gebeten werden, hören sie nicht selten, daß auf diese Weise der Hirntote, der ja sowieso sterben werde, über das eine oder andere Organ in einem Organempfänger »weiterleben« würde. Eine solche Äußerung könnte der Wahrheit entsprechen. Zumindest theoretisch könnte es sein, daß die Seele des Sterbenden sich an sein nun transplantiertes Organ bindet. Die Folge könnte sein, daß durch die Operation künstlich eine Besessenheit provoziert wird und der Patient dadurch zeitweise oder ständig in seinem Wesen verändert wird.

Wie auch immer wir entscheiden, ob wir selbst bereit sind, Organspender oder -empfänger zu werden, die medizinischen Fragen allein sind es nicht, die individuell beantwortet werden sollten. Es geht auch um die Grenzfragen unseres Lebens bis hin zu unserem religiösen Verständnis.

Vom »Aha-Erlebnis« zum neuen Bewußtsein

Die mitmenschliche Gemeinschaft

Wir alle leben in Gemeinschaften familiärer, sozialer, beruflicher Art, in denen wir ein bestimmtes Verhalten annehmen. Da sind der Tagesablauf, das Leben allein, zu zweit oder mit Frau und Kindern, die Ernährungsgewohnheiten, der persönliche Arbeitsstil, die Freizeitgestaltung, die Nachbarn und Freunde, vielleicht auch die Gegner und Feinde. Sprache, Mimik, Gesten und Gebärden, Verhaltensregeln, Gewohnheiten, Gesetze, der Puffer der Höflichkeit verflechten uns in der einen oder anderen Weise mit Kultur und Zivilisation. Unser Leben vollzieht sich in Zeiten und Ländern des Friedens oder der politischen Hochspannung bis zum Krieg. Da und dort gehören andere Religionsgruppen und Rassen dazu, einander tolerierend oder drangsalierend, vielleicht sogar mit dem Antrieb, die jeweils andere Gruppe auszulöschen.

Die Verhaltensmuster

Das Leben der Menschen untereinander hat im Laufe ihrer Entwicklung bestimmte Verhaltensmuster hervorgebracht in Form von Überlegenheit und Unterlegenheit, Macht und Gefolgschaft, Gruppe und Gemeinschaft einerseits, Isolation und Ausgestoßensein andererseits. Hinzu kommen gegenseitiges Verständnis, Toleranz, Respekt, Ressentiment, Ablehnung, Freundschaft, Feindschaft, Liebe, Haß, Unterdrückung, Aggression, Quälerei, Krieg, Zerstörung, Vernichtung des gegnerischen Lebensraumes, Sklaverei, Tod, Ausrottung.

Um körperlich, seelisch, geistig gesund zu bleiben, braucht jeder Mensch einen gewissen Spielraum, in dem er sich schadens- und straffrei bewegen und sein Leben einrichten kann. Je extremer die Lebensbedingungen werden, desto mehr entstehen jedoch Verhaltensweisen, die nur noch dem Überleben dienen und jedwede Rücksicht hintanstellen. Es geht dann um die »nackte Existenz«.

Was die Rückführungen aufdecken können

Rückführungen in frühere Existenzen zeigen häufig, daß Schicksale mit schwerwiegenden Ereignissen und Erfahrungen abliefen, die Körper und Seele »bis ins Mark hinein« verletzten, Wunden schlugen und Narben hinterließen. Man muß in solchen Fällen davon ausgehen, daß bis zur Gegenwart eine Aufarbeitung dieser früheren Traumata nicht oder nur ungenügend möglich war.

Die Seele versucht sich in Form von körperlichen Empfindungen, psychosomatischen Beschwerden, körperlichen Erkrankungen, Ängsten, Traumbildern, Phantasien mitzuteilen. Tagebücher, Gespräche, Diskussionen, Gruppenerlebnisse, das Lesen bestimmter literarischer Werke, das ein- und mehrfache Anschauen von Filmen mit historischem Inhalt ermöglichen eine gewisse Abreaktion und Verarbeitung, auch wenn man sich nicht mit Fragen der Reinkarnation beschäftigt.

Vor dem inneren Auge können während und nach den Rückführungen frühere Lebensbedingungen auftreten, von denen man sich noch nicht lösen konnte: bedrohliche Situationen für Körper und Seele, Angst um das eigene Leben oder das von nahen Menschen, unlösbare Konflikte, Unverständnis und Spott von anderen Menschen, Andersartigkeit gegenüber den Zeitgenossen, Verfolgung, gewaltsamer Tod im Krieg oder durch Hinrichtung. In solchen Situationen konnte eine aktive oder passive Rolle gespielt worden sein. Täter und Opfer, die Achtung oder Mißachtung des eigenen oder fremden Lebens, Leid schaffen und selbst leiden, Schuld auf sich laden und der Willkür anderer ausgeliefert sein, das sind einige der Grundthemen, mit denen man konfrontiert werden kann.

Im Kampf ums Überleben traten in früheren Jahrhunderten sicher öfter Situationen auf, in denen es um Töten oder Getötetwerden ging, zumindest was unseren westlichen Kulturkreis angeht. Deshalb sind heutige sittliche Maßstäbe für frühere Zeiten keineswegs passend. Was vor dem inneren Auge über die eigenen früheren Inkarnationen auftaucht, kann nur vor dem Hintergrund der damaligen Zeit beurteilt werden. Andererseits sollten wir nicht übersehen, daß vergangene Kulturen allem Anschein nach ein viel strengeres Reglement des Verhaltens hatten als wir in unserer Zeit. Die damaligen Menschen stießen relativ schnell an Gebote und Verbote, die sie ohne Gefahr für Leib und Leben nicht überschreiten durften.

Aber auch unsere Generationen konnten und können in extreme Lebensumstände geraten. Denken wir nur an den letzten Weltkrieg mit dem millionenfachen Leid an den Fronten, in den durch Bomben in Brand geratenen und zerstörten Städten, in den Gefangenenlagern, in den Konzentrationslagern; denken wir aber auch an die Entführungen von Menschen, die Flugzeugunglücke, die Erdbebenkatastrophen, die entsetzliche Gewalt im Nahen Osten, im früheren Jugoslawien, in der früheren Sowjetunion. Da wird Karma geschaffen und erlitten, Schuld aufgebaut und abgetragen, je nach der Seite, auf der die Menschen stehen.

Das Individuum in der Gruppe und Masse

In diesem Zusammenhang sei das Buch von Bruno Bettelheim *Aufstand gegen die Masse – die Chance des Individuums in der modernen Gesellschaft* (110) erwähnt. Bettelheim wurde 1903 in Wien geboren und war dort bis 1938 als Psychoanalytiker tätig. Er war ein Jahr in den Konzentrationslagern Dachau und Buchenwald interniert, konnte jedoch durch die Hilfe von Freunden 1939 in die USA auswandern. In dem genannten Buch schildert er seine Erlebnisse und Beobachtungen im Konzentrationslager an sich und anderen Personen. Wir wollen auf einige davon zu sprechen kommen, weil sie aus uns noch bekannter Zeit einen Eindruck davon geben können, wie Menschen plötzlich aus ihrem Leben herausgerissen und in quälende und lebensbedrohliche Situationen hineingezogen werden können. So mag es uns leichter nachvollziehbar sein, wie in früheren Jahrhunderten auch schon Menschen unter außergewöhnlichen Umständen ihr Leben fristen mußten. Denken wir dabei nur an Ereignisse wie die frühen Christenverfolgungen, die Pogrome gegenüber religiösen und rassischen Minderheiten, Massaker, Hexenverfolgungen und Inquisition. Machen wir uns nichts vor. Auch in vergangenen Kulturen machte man kurzen Prozeß mit Menschen, die sich nicht unter die königliche oder priesterliche Gewalt zu stellen bereit waren.

Kommen wir zu den Erfahrungen Bettelheims zurück. Er stellte fest, daß das Überleben unter extrem schlechten Lebensbedingungen in hohem Maße abhängig war von einem festen inneren Standpunkt bei äußerer Anpassungsfähigkeit und einem geringen Maß an Entscheidungsfreiheit. In dem Kapitel »Der Schock der Inhaftierung« berichtet er:

> »Ob und wie sehr der erste Schock als schweres Trauma erlebt wurde, hing von der Persönlichkeit des einzelnen Häftlings ab. Will man jedoch verallgemeinern, so kann man die Reaktion der Häftlinge auf Grund der soziologisch-wirtschaftlichen Verhältnisse, denen sie entstammten, und des Grades ihrer politischen Bildung analysieren... Unpolitische, dem Mittelstand angehörende Häftlinge (eine kleine Gruppe in den Konzentrationslagern) waren am wenigsten imstande, den ersten Schock auszuhalten. Sie konnten gar nicht begreifen, was ihnen zugestoßen und warum es ihnen geschehen war. Noch mehr als vorher klammerten sie sich an das, was ihnen bis dahin Selbstachtung gegeben hatte... Ihr Selbstbewußtsein hatte auf ihrem sozialen Stand und der Achtung beruht, die ihnen ihre Stellung einbrachte, auf ihrem Beruf, auf der Tatsache, daß sie Familienväter waren oder auf anderen äußerlichen Faktoren... wer den Ehrenkodex dieser Gruppe kennt, wird verstehen, was für ein Schlag es für sie war, von einfachen SS-Männern nicht mehr mit

Herr Amtsgerichtsrat (oder einer anderen Amtsbezeichnung), sondern einfach mit Du angeredet zu werden... Bis dahin war es ihnen nie aufgefallen, wieviel unwesentliche und oberflächliche Dinge bei ihnen an die Stelle wirklicher Selbstachtung und innerer Stärke getreten waren. Nun plötzlich wurde ihnen der Boden unter den Füßen weggezogen, weil ihnen alles, was ihnen Selbstbewußtsein gegeben hatte, genommen war.

Schließlich konnten sie nicht umhin einzusehen, wie sehr sich ihre Stellung geändert habe. Da das für sie auf einen völligen Verlust der Selbstachtung hinauslief, setzte ein rascher Zerfall ihrer Persönlichkeit ein... Die Selbstmorde, die im Gefängnis und während des Transports ins Konzentrationslager vorkamen, waren hauptsächlich auf Angehörige dieser Gruppe beschränkt« (111).

Politische Häftlinge, die eine Überzeugung hatten, für die sie geradezustehen bereit waren, litten zwar auch unter den Umständen, hatten aber ein besseres Durchhaltevermögen. Die Zeugen Jehovas waren grundsätzlich Kriegsdienstverweigerer. Sie wurden deshalb auch in die Konzentrationslager eingeliefert. »Ihnen machte die Inhaftierung noch weniger aus als den politischen Häftlingen, und sie bewahrten sich ihre Integrität, weil sie starke religiöse Überzeugungen besaßen« (112).

Bettelheim gewann die Überzeugung, daß es zum Überleben in menschenunwürdigen Situationen notwendig war, »sich unter widrigsten Umständen einige Winkel zu schaffen, in denen man Handlungs- und Gedankenfreiheit besaß, wie winzig diese Winkel auch sein mochten. Die Freiheit der Aktivität und der Passivität bilden unsere grundlegenden menschlichen Verhaltensweisen, während Nahrungsaufnahme und Verdauung, geistige Aktivität und Ruhe unsere grundlegenden physiologischen Handlungen sind. Auch nur die Andeutung eines aktiven und passiven Erlebnisses zu haben, jedes für sich und sowohl für Geist als auch Körper – dies ermöglichte es mir und ähnlichen Häftlingen mehr, am Leben zu bleiben, als der Nutzen einer solchen Handlung« (113).

Die vorstehenden Ausführungen mögen gezeigt haben, daß es zu jeder Zeit Situationen geben kann, die für den einzelnen wie für Menschengruppen hochgradige Belastungen darstellen, Entscheidungen in der einen oder anderen Weise erzwingen oder unterdrücken.

So könnte man sagen, daß es uns genügend Arbeit macht, unser gegenwärtiges Leben sinnvoll zu führen. Die Umstände der Geburt, der Kindheit und Jugend, der Erziehungsstil, die Zeitverhältnisse, das Verhältnis von Erfolgs- zu Mißerfolgserlebnissen, die angenehmen und unangenehmen bis peinlichen Erfahrungen mit anderen Menschen, bieten uns sicher eine Menge Material zu Überlegungen, was wir falsch gemacht, versäumt, vergessen, unterdrückt haben und welche Möglichkeiten wir für die Zukunft sehen, vieles besser zu machen und unsere Zukunft sinnvoll zu gestalten. Wo die eigene Einsicht und Kraft nicht genügt, ergeben sich Lebenshilfen in Gesprächen mit Freunden, in Gruppen, durch Therapieformen.

Alte Verhaltensmuster im gegenwärtigen Leben

Solche Überlegungen treffen für viele Menschen zu. Aber es gibt andere, für die tiefer geschürft werden muß. Die Erfahrungen mit Rückführungen und der Reinkarnationstherapie zeigen uns, daß es Verhaltensmuster gibt, die sich über mehrere Erdenleben hinweg wiederholen – mit gewissen Variationen. Lernprozesse waren dann blockiert wie bei einem Schüler, der eine Klasse einmal oder sogar mehrmals wiederholen muß. Immer wieder ergibt sich der Eindruck, als ob das eine oder andere Leben der Vergangenheit noch nicht abgeschlossen werden konnte, die Seele in irgendeiner Art und Weise noch an den damaligen Körper und sein Leben gebunden blieb. Wie soll aber die Gegenwart gemeistert werden, wenn die Vergangenheit sich noch aufdrängt, ein früheres Leben noch nicht beendet, abgelegt, zu Grabe getragen werden konnte?

Wer hat nicht schon ein befreiendes Gefühl gehabt, wenn er etwas begriffen hatte! Der Volksmund beschreibt solche Erlebnisse gern mit Worten wie »der Groschen ist gefallen« oder »es hat geklickt«. In der Psychologie spricht man gern von einem »Aha-Erlebnis«. Ganz gleich, wie man die Bezeichnung wählt: Ausgedrückt wird, daß eine Erkenntnis entstanden ist. Eine Erkenntnis wovon? Hat man eine Rechenaufgabe gelöst, einen fremdsprachlichen Text treffend übersetzt oder etwas über sich selbst erfahren?

Unser Thema heißt »Reinkarnation und neues Bewußtsein«. Neues Bewußtsein kann entstehen, wenn etwas bisher unbekannt, ungelöst, unverstanden oder sogar verdrängt war, aus tiefen Seelenschichten »nach oben« gestiegen ist, um gesehen, begriffen, verstanden, erlöst zu werden.

Sie werden solche Aha-Erlebnisse gewonnen haben. Die inzwischen aufgezeichnete Lebens- und Krankengeschichte, die Beispiele für Reinkarnationserinnerungen, körperliche Empfindungen und Symptome, Redensarten, Worte mit starker emotionaler Reaktion, Sympathien und Antipathien, Träume und Phantasien sowie die Berichte über die erwähnten Menschen und deren Vergangenheit mögen zum Nachdenken angeregt haben. Es kann sein, daß die angesprochenen Lebensschicksale da und dort Parallelen zu Ihrem eigenen Leben darstellten und Sie ausriefen: »Bei mir ist das ganz ähnlich!«

Todesfälle und was sie auslösen können

Falls Sie in den letzten Jahren einen Todesfall zu beklagen hatten, der ihnen sehr nahe ging, dann mögen Ihnen beim Lesen des Buches auch Gedanken durch den Kopf gegangen sein, ob der oder die Verstorbene den Weg in die »andere Welt« finden konnte und wollte oder nicht. Die Fürbitten für Verstorbene, auch das Entzünden einer Kerze in einer Kirche mit einer guten Atmosphäre, können für sie eine große Hilfe sein. In meinem Buch *Wenn die Seele den Körper nicht gesunden läßt* gebe ich Hinweise, wie im Sinne der Lichtmeditation Schutz für die eigene Person und Frieden für die Lebenden und die Verstorbenen entstehen können.

Weitere klärende Fragen

Die besprochenen Themen können Sie nachdenklich gemacht und Erinnerungen freigesetzt haben, die Ihnen helfen, Ihre eigene Vergangenheit aufzuarbeiten, die Gegenwart und Zukunft nach neuen Einsichten zu gestalten. Ergänzend zu Ihren eigenen Überlegungen schlage ich Ihnen noch eine Reihe an Fragen vor, die Sie sich selbst stellen und beantworten können:

1. Haben Sie körperliche Empfindungen und Symptome, von denen Sie annehmen, daß sie mit früheren Inkarnationen zu tun haben können? Wenn ja, welche?
2. Haben Sie da und dort Ängste, die nach Ihrem Gefühl aus weit zurückliegenden Zeiten stammen können? Versuchen Sie eine Formulierung mit Ihren Worten!
3. Fühlen Sie sich von einer bestimmten Literatur angezogen? Beispiele: Biographien, historische Romane, Sippen- und Familiengeschichten, Reisebeschreibungen, Abenteuerromane.
4. Gibt es Theaterstücke, Filme oder Filmszenen, die Sie besonders beeindruckt haben, Sie zum Weinen, zum Schwitzen, in erhebliche Aggressionen brachten? Mußten Sie vielleicht sogar das Theater beziehungsweise Kino verlassen oder das Fernsehprogramm ausschalten?
5. Stießen Sie in letzter Zeit auf Menschen, zu denen Sie sich besonders hingezogen oder von Ihnen abgestoßen fühlten, oder empfanden Sie gleichzeitig Faszination und Ablehnung, vielleicht sogar Ekel?
6. Träumten Sie mehr beziehungsweise erinnerten Sie sich besser an Ihre Träume, nachdem Sie angefangen hatten, dieses Buch zu lesen? Vermuten Sie darin Rückerinnerungen?
7. Ist Ihre Toleranz anderen Menschen gegenüber angestiegen? Können Sie sich leichter in deren Charakter und Verhalten einfühlen? Können Sie Fehler anderer Menschen leichter ertragen?

8. Können Sie mit Ihren eigenen Fehlern besser umgehen, können Sie sich selbst Verzögerungen, Versäumnisse, unangenehme Gewohnheiten leichter verzeihen, Schuldgefühle leichter annehmen und sich über deren Bewältigung Gedanken machen?
9. Haben Sie da und dort das Gefühl, daß irgend jemand unsichtbar in Ihrer Nähe weilt? Wer könnte es sein? Soll Ihnen etwas mitgeteilt werden? Fühlen Sie sich noch an eine verstorbene Person gebunden und können sie diese noch nicht loslassen?
10. Haben Sie manchmal das Gefühl, es werde Ihnen etwas zugeflüstert? Können Sie es verstehen? Macht es Ihnen Angst? Fühlen Sie sich zu etwas gezwungen, das Sie nicht wollen?
11. Fühlen Sie sich durch Verstorbene geschützt, wie wenn diese auf Sie aufpassen und Sie geleiten würden?
12. Können Sie mit der Vorstellung eines »geistigen Führers« oder eines Schutzengels etwas anfangen? Können und wollen Sie deren Nähe annehmen?

Nach bisherigen Erfahrungen öffnet der Umgang mit Themen der Reinkarnation die Einsicht. Hintergründe gegenwärtiger Probleme, Ängste, Nöte, Belastungen allgemein werden sichtbar; ein höheres Maß an Einfühlungsvermögen, Verständnis für sich und andere entsteht, das gegenwärtige Schicksal wird angenommen und mit seinen Schwierigkeiten als Teil wichtiger Reifungsprozesse gesehen.

Vom Wissen bis zur Neuorientierung ist es jedoch noch ein weiter Weg. Wie schwer ist es doch, sich von Gewohnheiten zu lösen, davon, sich immer wieder »im Kreis zu drehen«, zu grübeln, den Ereignissen und anderen Menschen die Schuld am eigenen Versagen zuzuschieben! Wer hier tatsächlich »alten Schrott« wegräumen, sich die Bahn zu bewußter Lebensgestaltung freikämpfen will, wird gern zu der einen oder anderen Form der Lebenshilfe greifen.

Vom individuellen Umgang mit der Zeit

Eine große Rolle spielt dabei das, was wir heute als »Zeit-Management« bezeichnen, die Fähigkeit, mit der eigenen Zeit optimal umzugehen. Zum erfolgversprechenden Durcharbeiten bieten sich Bücher an wie *Mehr Zeit für das Wesentliche* (114) oder *Die Zeitfalle* (115) oder *Die doppelte Zeitfalle* (116). Der erstgenannte Titel ist eine fundierte Einführung in das inzwischen weltweit angewendete »Time-System«. Über das reine Zeitmanagement hinaus geht die fast 50 Jahre alte Hirt-Methode (117). Sie wird als Fernkurs angeboten und dient im besten Sinne des Wortes der Erwachsenenbildung. Wer seine Anlagen und Fähigkeiten nicht nur erkennen, sondern auch optimal einsetzen will, findet neben hervorragendem Kursmaterial auch eine individuelle Betreuung während und nach der Kursdauer. Inzwischen sind zwei weitere ausgezeichnete Kurse des Hirt-Methode-Instituts zur Fortbildung auf dem Markt: »Vom Umgang mit Geld« (118) und »Geistige Fitness« (119).

Menschen, die durch den Prozeß der Rückerinnerungen und die reinkarnationstherapeutische Arbeit hindurchgingen, mußten ein gewisses Maß an Angst vor der »Reise in die Vergangenheit« überwinden. Obwohl das Reinkarnationsbewußtsein darum »weiß«, was aus den tiefsten Seelenschichten an die Oberfläche kommen kann, gelingt es unserem Bewußtsein normalerweise nicht, das zu erkennen.

Im Dialog mit der Seele

Einen Zugang besonderer Art zu den Schichten des Bewußtseins und des Unbewußten bietet der von dem Arzt und Maler Dr. Heinrich Reich entwickelte Tuanima- oder kurz TUA-Test (Tu anima lat. = Du, Seele).

Dieser Test entstand im Laufe der fünfziger Jahre aus der Meditation auf Ursymbole der Menschheit, sog. Archetypen im Sinne der Forschung von C. G. Jung, und der malerischen

Gestaltung als abstrakte Form-Farb-Komplexe. H. Reich äußerte sich über sein Anliegen in folgenden Sätzen:

> »Während der Intellekt sich der Worte und Begriffe bedient, muß die Seele zu Symbolen greifen, um Unsagbares verständlich zu machen. Solche Symbole finden sich in der Astrologie als Planeten- und Tierkreiszeichen, z. B. Sinnbilder für das Aggressive (Mars), das Joviale (Jupiter), das Mütterliche (Mond) oder ein Quadrat für Spannung und ein Trigon für Harmonie. Andere Symbole sind etwa der Ring für eheliche Partnerschaft oder das Messer für gewaltsame Trennung oder Herz für Liebe... Es wurden gegenstandslose Bilder gemalt in der festen Absicht, einen besonderen Bestandteil des Innenlebens darzustellen, Demut oder Stolz, Koketterie oder Mütterlichkeit, Freiheit oder Zwang, nur mit Farben und Linien, also modern im besten Sinn« (120).

Im Laufe von mehreren Monaten entstanden aus der Meditation auf 60 Symbole 150 abstrakte Bilder, aus denen für das spätere Testverfahren 36 abstrakte Gestaltungen ausgewählt wurden. Dazu gehören Ursymbole wie Lebensflamme, Alpha und Omega, Weintraube, Schlange, Haus, Kind, Uhr und vor allem auch die »klassischen sieben Planeten« mit dem Quadrat und Trigon.

Wie entstand nun aus der Meditation und abstrakten Malerei ein psychologischer Test? Die 36 mehrfarbigen Bilder, deren Symbolgehalt intellektuell nicht erfaßt werden kann, werden auf den Tisch gelegt und dann 12 sympathische und 12 unsympathische Bilder nacheinander herausgegriffen. In einer zweiten Wahl wird von den sympathischen das sympathischste und von den unsympathischen das unsympathischste Bild ausgewählt. Es bleiben dann 12 neutrale Testkarten liegen, die keinen besonderen informativen Wert haben.

Die Sympathien und Antipathien für die Seelenbilder haben mit dem Betrachter selbst zu tun. Es werden solche Symbole unbewußt als sympathisch gewählt, deren Inhalt erstrebt, erwünscht, erhofft wird. Die als unsympathisch erlebten Symbole lassen auf Vermeidungshaltungen, Verdrängungen, Ängste vor dem Symbolinhalt schließen.

Zwischen den 36 Bildern und dem Betrachter kann eine Art Dialog entstehen. Der unbewußt aufgenommene Symbolinhalt läßt Fragen entstehen, z. B.:

- Wie stehen Sie zu sich selbst?
- Wie stehen Sie zu anderen Menschen?
- Wie erleben Sie Erfolg und Mißerfolg?
- Sind Sie offen für die Welt der Phantasie und der Ideen?
- Wie gehen Sie mit Verzicht und Trauer um?
- Wollen Sie voll im Leben stehen oder in Resignation ein Lebensende bevorzugen?
- Wollen Sie wirklich gesund sein oder durch Krankheit Reifungsprozesse vermeiden?
- Ist Religion und/oder Kirche für Sie ein wichtiger Lebensinhalt oder »Opium für das Volk«?

Das Symbol der »Stehenden Säule« und der »Gebrochenen Säule«

Aus der Wahl der Testbilder ergeben sich auch Hinweise auf Belastungen aus früheren Inkarnationen. Ein besonderes Beispiel dafür sind die Symbole »Stehende Säule« und »Gebrochene Säule«. Die Ablehnung der Stehenden Säule kann darauf hinweisen, daß ein vorliegendes Problem noch nicht angenommen und verarbeitet werden kann, weil vergangene Traumata noch nicht aufgelöst sind. Die Ablehnung der Gebrochenen Säule kann dagegen auf gravierende Verdrängungen aus Angst vor der Vergangenheit dieses oder früherer Leben hinweisen.

Für mich ist die Aufnahme eines TUA-Testprotokolls, ergänzend zur bisherigen Lebens- und Krankengeschichte und zum Kosmogramm, stets aufschlußreich. Deshalb sah ich mich auch veranlaßt, eine Neufassung des TUA-Tests unter dem Titel

Im Dialog mit der Seele zu schreiben (121). Dieses Buch ist nicht nur für den Fachmann, sondern vor allem auch für den interessierten Laien abgefaßt, der darin nachlesen kann, welche Bedeutung die von ihm gewählten sympathischen und unsympathischen Karten für ihn haben.

Die Schutzengel und geistigen Führer

Eine angstlösende Wirkung haben nach meinen Erfahrungen Gedanken, die mit dem Schutzengel oder geistigen Führern zu tun haben. Wer kennt nicht das Lied aus der Oper von Humperdingk, *Hänsel und Gretel*, mit dem Titel »Abends wenn ich schlafen geh' ...« Vierzehn Engel geben den Betenden Schutz. Ist das nur Kinderglaube? Hören wir in der Weihnachtsgeschichte vom verkündenden Engel und dem Chor der Engel, nehmen es aber nur als eine einzigartige Erfahrung der Hirten?

Mehr in der katholischen als in der evangelischen Kirche wird der Gedanke an den Schutzengel »akzeptiert«. Aber äußern wir nicht dann, wenn wir kritische Situationen überstanden haben, gleichsam gerettet worden sind, Sätze wie »da habe ich ein Schutzengele gehabt!« Ist es nur eine Redensart?

Tatsache wurde für mich in den letzten Jahren, daß man den Schutzengel des Menschen, mit dem man in dessen Vergangenheit zurückläuft und sie nochmals sichtbar machen will, um seine Hilfe bitten kann. Immer wieder spüren Menschen in der Entspannung, daß ihnen eine Wesenheit aus der anderen Welt nahe ist. Ein hilfreiches Buch, sich mit der Vorstellung vom Schutzengel vertraut zu machen, stammt aus der Feder des Arztes Dr. Moolenburgh mit dem Titel *Engel als Beschützer und Helfer des Menschen* (122).

Anfangs fällt es oft schwer, sich mit dem vor dem inneren Auge ablaufenden Geschehen zu identifizieren. Man erlebt es meist erst aus der Sicht des Betrachters, und nach einiger Zeit kann man in die eine oder andere Person, die man einmal war, hineinschlüpfen. In seltenen Fällen sind die Ängste so stark, daß sich das innere Auge nicht öffnen kann. Dabei können jedoch durchaus Empfindungen und Gefühle, Vermutungen und Phantasien auftreten, die als Vorstufen für das eigentliche Wirken des Reinkarnationsbewußtseins anzusehen sind. Eine frühere Blendung der Augen oder Erblindung können weitere Gründe dafür sein, daß es vor dem inneren Auge dunkel bleibt. In der reinkarnationstherapeutischen Arbeit muß dann versucht werden, vor die Zeit des geschädigten Augenlichts zu kommen und von da aus das innere Auge wieder öffnen zu helfen.

Wer einmal an dem »Katathymen Bilderleben«, dem vertieften »Autogenen Training« (123) nach Professor J. H. Schultz teilgenommen hat, wird immer wieder überrascht sein, daß bei Rückerinnerungen Szenen auftauchen können, die man vom »Katathymen Bilderleben« her schon kennt. Mit anderen Worten: Man konnte schon früher in vergangenen Existenzen gewesen sein, ohne es zu bemerken, und man hat dann die Rückerinnerungen auf der Traum- oder Symbolebene interpretiert.

Es mag beim Durchlesen dieses Buches in Ihnen der Wunsch und vielleicht sogar das drängende Bedürfnis entstanden sein, in naher Zukunft den Weg in Ihre eigene Vergangenheit anzutreten. Wenn Sie die im Rahmen dieses Buches gegebenen Anregungen für sich selbst anwenden, werden Sie Ihre Gespürigkeit wesentlich erhöhen, besser in sich hineinschauen und mit sich umgehen können. Bedenken Sie dabei, daß Ihre Aufzeichnungen, die Ihnen in unserer Kultur und Schrift von links nach rechts aus der Hand fließen – aus dem unbewußten in den bewußten Raum –, es Ihnen da und dort »wie Schuppen von den Augen fallen« lassen. Sie werden Zusammenhänge zwischen Ereignissen aus diesem Leben erkennen, aber auch ein Gefühl für Beziehungen zwischen Ihrer Gegenwart und der weiter zurückliegenden Vergangenheit bekommen. Plötzlich setzen Erinnerungen an längst vergessene Ereignisse ein, und wichtige Erkenntnisprozesse können in Ihnen ablaufen.

Verstärkt werden solche Aktivierungen der Erinnerungsfähigkeit und des Gedächtnisses, wenn wir uns immer wieder einmal zu einer für uns beruhigenden Musik entspannt niederlegen oder sogar meditieren. Entspannungsfördernd sind dabei

Musik-Kassetten wie beispielsweise die Mantra-Musik (124). Nach bisherigen Erfahrungen mit der üblichen Psychotherapie und der Reinkarnationstherapie läßt sich sagen, daß sich psychosomatische Beschwerden, Angst- und Zwangsneurosen, Selbstmordneigungen, Depressionen, berufliche Blockaden und partnerschaftliche Schwierigkeiten auf dem reinkarnationstherapeutischen Weg erfolgsversprechend angehen lassen.

Der Blick zurück braucht Zeit und Geduld

Wie können nun Rückführungen und reinkarnationstherapeutische Arbeit sinnvoll ablaufen? Nach meiner Ansicht sollte dafür eine Zeit von etwa drei bis vier Wochen eingeplant werden, in der etwas für Körper, Seele und Geist getan werden kann. Einige Stunden rückführende oder reinkarnationstherapeutische Arbeit und dann gleich wieder zurück in den Alltag mit seinen üblichen Belastungen, dann wieder einige Stunden gemeinsame therapeutische Arbeit und zurück in die eigenen vier Wände usw., das ist keineswegs sinnvoll, denn man muß davon ausgehen, daß die streß- und angstlösende rückführende Arbeit nach ein bis zwei Tagen sehr müde macht und das Bedürfnis nach Ruhe und mehrstündigem regenerierendem Schlaf erheblich ansteigt.

In Bad Wildbad im nördlichen Schwarzwald konnten wir einen Ort in gesunder Landschaft mit Urgestein, Wald, klarem Wasser und Thermal-Quellen finden. Die Umgebung regt zum Spazierengehen, Wandern, Dauerlaufen und natürlich zum Kuraufenthalt an.

Die heilkräftigen Thermalquellen fördern ganz allgemein Entspannung und Regeneration. Speziell wirken sie vor allem bei Erkrankungen der Wirbelsäule, der Muskulatur, der Knochen und Gelenke.

Die Umgebung, die eventuell nötige ärztliche und/oder heilkundliche Versorgung, die Bäderkur mit Massagen und Krankengymnastik können die reinkarnationstherapeutische Arbeit grundlegend unterstützen. Hinzukommen kann die sog. Feldenkrais-Methode, die unter dem Begriff »Bewußtheit durch Bewegung« (125) weltweit bekannt wurde. Ihre Wirkung ist ganzheitlich und für Körper und Seele sehr wohltuend.

Am Schluß noch eine Empfehlung. Wenn Sie sich rückführen lassen und gegebenenfalls reinkarnationstherapeutisch mit einem Therapeuten arbeiten wollen, ist das A und O eine Vertrauensbasis zwischen Ihnen und dem Therapeuten. Deshalb ist es notwendig, daß Sie zuerst ein informatives Gespräch mit dem Therapeuten führen und dann herausspüren, ob sie miteinander arbeiten können und wollen oder nicht.

Eine unserer größten und wohl auch schwierigsten Lebensaufgaben dürfte es sein, uns selbst unsere frühere Schuld zu verzeihen. Niemandem kann damit gedient sein, gleichsam über Jahrhunderte hinweg seine Schuldgefühle vom einen zum anderen Leben weiter mit sich herumzuschleppen und darunter zu leiden. Solches Tun absorbiert einen Teil unserer körperlichen und seelisch-geistigen Kräfte, die dann für unsere gegenwärtigen Reifungsprozesse nicht verfügbar sind. Aber das gegenwärtige Leben anzunehmen, bereit zu sein, die anstehenden Aufgaben zu lösen, dieses Leben als etwas Einmaliges mit individuellen Aufgaben zu akzeptieren, das bewirkt neues Bewußtsein.

Literatur

1 Eine Adressenliste psychologischer Psychotherapeuten kann von der Vertragsabteilung Psychotherapie im Berufsverband deutscher Psychologen, Heilbachstraße 22, 53123 Bonn, Tel. 0228/98 73 10, Fax 0228/98 73 170 mit Bezug auf den Autor angefordert werden.

2 Besonders empfehlenswert sind die Fernkurse aus dem Hirt-Institut für optimale Arbeits- und Lebensgestaltung, Winterthurer Straße 338, CH-8062 Zürich.

3 Ebertin, B. R., *Wenn die Seele den Körper nicht gesunden läßt.* 3.A., Freiburg/Br. 1991.

4 Leymann, H., *Mobbing: Psychoterror am Arbeitsplatz und wie man sich dagegen wehren kann.* S. 84. Reinbek 1993.

5 Eine der Quellen des Unsterblichkeitsgedankens liegt in der griechischen Philosophie, insbesondere bei Plato. Vgl. dazu Messer, A., *Geschichte der Philosophie im Mittelalter.* Bd. I, S. 57. Leipzig 1920.

6 Resch, A. (Hrsg.), *Fortleben nach dem Tode.* 4.A., Innsbruck 1987.

7 Hummel, R., *Reinkarnation – Weltbilder des Reinkarnationsglaubens und des Christentums.* Mainz/Stuttgart 1988.

8 Tipler, F. J., *Die Physik der Unsterblichkeit.* München/Zürich 1994.

9 a.a.O., S. 24.

10 a.a.O., S. 32.

11 Ebertin, B. R., *Kosmobiologische Diagnostik. Die kosmischen Symbole, Strukturen und Rhythmen in uns.* Aalen/Freiburg 1978/1984.

12 Aktuell '95, *Harenberg Lexikon der Gegenwart.* S. 343. Dortmund 1994.

13 a.a.O., S. 343.

14 Angstwurm, H., »Vollständiger und endgültiger Hirnausfall als sicheres Todeszeichen«. S. 45. In: Hoff, J., in der Schmitten, J. (Hrsg.), *Wann ist der Mensch tot?* Reinbek 1994.

15 Wellendorf, E., *Mit dem Herzen eines anderen leben?* S. 42 f. Zürich 1993.

16 a.a.O., S. 42.

17 Seiwert, L., *Mehr Zeit für das Wesentliche. So bestimmen Sie Ihre Erfolge selbst durch konsequente Zeitplanung und effektive Arbeitsmethodik.* 5. A., Landsberg/Lech 1986.

18 *Hirtmethode-Fernkurs*, Hirt-Institut a.a.O.

19 *Fernkurs Geistige Fitness*, Hirt-Institut, a.a.O.

20 Roland, S., *Das große Warum.* Roman um eine Weltanschauung. Vermutlich ca. 1935 erschienen. Lorch/Württ.

21 Gross, W., *Was erlebt ein Kind im Mutterleib? – Ergebnisse und Folgerungen der pränatalen Psychologie.* Herder-Bücherei Nr. 958. Freiburg 1982.

22 Verny, Th., und Kelly, J., *Das unbekannte Seelenleben des Ungeborenen.* Ullstein-Taschenbuch.
23 Coudris, M. D., *Ich kann sprechen. Die erstaunlichen Botschaften eines Ungeborenen.* S. 77. Goldmann-Taschenbuch.Nr. 6890, München 1985.
24 Dethlefsen, Th., *Das Leben nach dem Leben. Gespräche mit Wiedergeborenen.* München 1974.
25 Der Wartegg-Erzähltest ist leider in Vergessenheit geraten, und es gibt auch keine neue Literatur über ihn. Bekannter wurde der Wartegg-Zeichentest. Vgl. dazu Renner, M., *Der Wartegg-Zeichentest im Dienste der Erziehungsberatung*. München 1953.
26 Ebertin, B. R., *Wenn die Seele den Körper nicht gesunden läßt*, a.a.O.
27 Freud, S., *Die Traumdeutung*, S. 20. 8. A., 191.-197. Tsd. Fischer-Taschenbuch Nr. 6344. Frankfurt/M. 1983.
28 Penfield, W., »Memory Mechanisms«. In: *American Medical Association. Archives for Neurology and Psychiatry*, Vol. 67/1952. Eine Besprechung seiner Forschungen ist zu finden in Harris, Th. A., *Ich bin o.k., du bis o.k.*, Kap. »Der Gehirnchirurg mit der Sonde«, S. 19ff. , 361.-395. Tsd. rororo-Taschenbuch Nr. 6916. Reinbek 1982.
29 Gross, W., *Was erlebt ein Kind im Mutterleib?*, a.a.O., S. 134f.
30 Doucet, F., *Forschungs-Objekt Seele. Eine Geschichte der Psychologie.* S. 191ff., München 1971.
31 Seelmann, K., *Woher kommen die kleinen Buben und Mädchen?* München 1955.
32 Grof, St., *Das Abenteuer der Selbstentdeckung – Heilung durch veränderte Bewußtseinszustände*. München 1987.
33 a.a.O., S. 119f.
34 Hertz, A., *Dominikus und die Dominikaner*. S. 46. Freiburg 1981.
35 a.a.O., S. 47.
36 Küng, H., van Ess, I., von Stielencron, H., Bechert, H., *Christentum und Weltreligionen. Hinführung und Dialog mit Islam, Hinduismus, Buddhismus.* S. 342ff. München 1984.
37 a.a.O., S. 343.
38 a.a.O., S. 343f.
39 a.a.O., S. 344.
40 Küng, H., u. a. , a.a.O.
41 Beck, H., *Reinkarnation und Auferstehung – Ein Widerspruch?*. Innsbruck 1988.
42 a.a.O., S. 5, Vorwort.
43 a.a.O., S. 40ff.
44 a.a.O., S. 40ff.
45 a.a.O., S. 42f.
46 a.a.O., S. 44.
47 a.a.O., S. 46.
48 a.a.O., S. 46.
49 a.a.O., S. 47.

50 Netherton, M. und Shiffrin, N., *Bericht vom Leben vor dem Leben. Reinkarnationstherapie.* Bern/München 1979.
51 Desssoir, M., *Vom Jenseits der Seele.* S. 54. Stuttgart 1920.
52 a.a.O., S.54f.
53 a.a.O., S. 55.
54 Ebertin, *Wenn die Seele den Körper nicht gesunden läßt*, a.a.O.
55 Freud, S., *Traumdeutung*, a.a.O., S. 15f.
56 a.a.O., S. 20.
57 a.a.O., S. 22.
58 a.a.O., S. 33.
59 a.a.O., S. 36f.
60 a.a.O., S. 40.
61 a.a.O., S. 415f.
62 a.a.O., S. 416f.
63 Jung, C. G., *Über psychische Energetik und das Wesen der Träume. Allg. Gesichtspunkte zur Psychologie des Traumes.* S. 98. Olten 1971.
64 a.a.O., S. 109.
65 Dieckmann, J., *Umgang mit Träumen.* S. 138f. Stuttgart 1978.
66 Feerhow, F., *Medizinische Astrologie.* Wien 1914.
67 Ebertin, B. R., *Kosmobiologische Diagnostik. Die kosmischen Symbole, Strukturen und Rhythmen in uns.* Aalen/Freiburg 1978/1984.
68 Ebertin, R., »Kosmos – Erde – Mensch«. In: Ebertin, R. (Hrsg.), *Kosmobiologisches Jahrbuch 1939.* Erfurt 1938. Der Begriff „kosmischer Faktor" wurde von R. Ebertin und dem Verfasser in die Kosmobiologie eingeführt. Vgl. dazu von Ebertin, R. und Ebertin, B. R., *Die kosmischen Grundlagen unseres Lebens.* 2 Bände. Aalen 1955 und 1956. U. a. wurde in Bd I, S. 5 ausgeführt: Die Kosmobiologie erkennt einen kosmischen Faktor an, der *mit*bestimmend für die Wesensstruktur und die Entwicklungsmöglichkeiten ist, aber auch andere Bildekräfte anerkennt." Genannt wurden Erbmasse, Elternhaus, Umwelt, Landschaft, Klima, Wetter.
69 Ebertin, B. R., »Das Modell des Reinkarnations-Bewußtseins«. In: Ztschr. *Meridian*, S. 18ff. Freiburg/Breisgau Nr. 1/1986.
70 Jung, C. G., *Die Beziehungen zwischen dem Bewußtsein und dem Unbewußten.* Olten 1971.
71 Szondi, L., *Schicksalsanalyse.* 2.A., Basel 1948.
72 a.a.O., S. 20.
73 a.a.O.
74 Roberts, J., *Gespräche mit Seth.* S. 203ff. 2.A., Genf 1982.
75 a.a.O., S. 75ff.
76 Verny, Th., und Kelly, J., *Das unbekannte Seelenleben* , a.a.O.
77 Coudris, M. D., *Ich kann sprechen*, a.a.O.
78 Lauf, D.-J., *Geheimlehren tibetanischer Totenbücher.* 2.A., Freiburg 1977.
79 Ebertin, Wenn die Seele, a.a.O., Kap. Warum hast Du uns verlassen. S. 228ff.
80 Trautmann, W., *Naturwissenschaftler bestätigen die Re-Inkarnation. Fakten und Denkmodelle.* Olten 1983.

81 a.a.O., S. 84.
82 Ebertin, R., *Kombination der Gestirneinflüsse*. 15.A., Freiburg 1993.
83 Ebertin, B. R., *Kosmobiologische Diagnostik*, a.a.O.
84 Maharishi Mahesh Yogi, *Die Wissenschaft vom Sein und die Kunst des Lebens*. Stuttgart 1967.
85 Stevenson, I., *Reinkarnation. Der Mensch im Wandel von Tod und Wiedergeburt. 20 überzeugende und wissenschaftlich bewiesene Fälle*. 4.A., Freiburg 1983.
86 Netherton, M. und Shiffrin, N., *Bericht vom Leben vor dem Leben. Reinkarnationstherapie.*, a.a.O.
87 Dethlefsen, Th., *Das Leben nach dem Leben*, a.a.O.
88 Dethlefsen, Th., *Das Erlebnis der Wiedergeburt. Heilung durch Reinkarnation*. München 1976.
89 Ebertin, B. R., *Kosmobiologische Diagnostik*, a. a.O., Teil D, Bl. 103.
90 a.a.O., Teil D, Bl. 16.
91 a.a.O., Teil E., Bl. 48.
92 Ebertin, B. R., *Das ABC der Kosmobiologie. Lehrbuch der Kosmobiologie und seriösen Astrologie*. Freiburg 1989.
93 Ebertin, *Kosmobiologische Diagnostik*, a.a.O., Teil F, Bl. 227.
94 a.a.O., Teil F, Bl. 261.
95 Doucet, F. W., *Die Toten leben unter uns*. Wien 1979.
96 Ebertin, B. R., *Wenn die Seele den Körper nicht gesunden läßt*, a.a.O., Kap. »Warum die Mutter nicht zärtlich sein konnte. Verstrickungen um eine Totgeburt«. S. 221 ff.
97 Fiore, E., *The unquiet Dead – A psychologist treats spirit possession*. 2.A. New York 1988.
98 Moody, R. A., *Life after Life*. Atlanta 1975.
99 Fiore, a.a.O., Vorwort.
100 a.a.O., S. 13.
101 a.a.O., S. 123.
102 a.a.O., S. 40.
103 »Modischer Wahn«, in: *Der Spiegel*, S. 196 f. Nr. 12, Hamburg, 20. 3. 1995.
104 Aktuell '95, *Harenberg Lexikon der Gegenwart*. S. 48. Dortmund 1994.
105 a.a.O., S. 343.
106 Wellendorf, E., a.a.O., S. 11.
107 a.a.O., S. 12.
108 a.a.O., S. 76.
109 a.a.O., S. 24.
110 Bettelheim, B., *Aufstand gegen die Masse – Die Chance des Individuums in der modernen Gesellschaft*. München 1960.
111 a.a.O., S. 131 ff.
112 a.a.O., S. 135.
113 a.a.O., S. 163.
114 Seiwert, L., *Mehr Zeit für das Wesentliche*. a.a.O.
115 Mackenzie, R. A., *Die Zeitfalle*. Heidelberg 1985.

116 Mackenzie, R. A., und Waldo, K. C., *Die doppelte Zeitfalle*. Heidelberg 1984.
117 Hirt-Methode, a.a.O.
118 Kurs des Hirt-Instituts, *Vom Umgang mit Geld*.
119 Kurs des Hirt-Instituts, *Geistige Fitness*.
120 Reich, H., »Durchleuchtung der Seele«. In: Ztschr. *Der Psychologe*, Hrsg. G. H. Graber. H 6, Bd 3, Bern 1951.
121 Ebertin, B. R., *Im Dialog mit der Seele. Hilfe zur Selbsthilfe mit dem Tu-Anima-Bildertest*. Freiburg 1995.
122 Moolenburgh, H. C., *Engel als Beschützer und Helfer des Menschen*. Freiburg 1985.
123 Schultz, J. H., *Das autogene Training*. Stuttgart 1966.
124 Mantra-Musik. Hierzu gibt es ein ausführliches Angebot aus dem Verlag Hermann Bauer, Freiburg.
125 Feldenkrais, M., *Bewußtheit durch Bewegung*. Suhrkamp- Taschenbuch Nr. 429. Frankfurt 1978.

Verlag Hermann Bauer · Freiburg im Breisgau

Baldur R. Ebertin

Wenn die Seele den Körper nicht gesunden läßt

3. Aufl., 268 S. mit 1 Abb. und 17 Zeichn., geb.
ISBN 3-7626-0388-X

Dieses Buch beschreibt die Polarität zwischen Gesundheit und Krankheit. Dabei beleuchtet es die psychosomatischen Zusammenhänge bis hin zu einer »Ausdruckssprache« der menschlichen Seele. Ein anderer Ansatzpunkt umfaßt die Gedanken der Reinkarnation und die Wirkung von negativer Gedankenkraft, Verwünschungen und Flüchen. Ganzheitliche Zusammenhänge vermitteln dabei völlig neue Einsichten auch in bezug auf chronische Leiden, die als unheilbar gelten. Hierzu werden die Erlebnisse von über einem Dutzend Menschen sowohl in ihrem gegenwärtigen Leben als auch in früheren Inkarnationen besprochen.

Verlag Hermann Bauer · Freiburg im Breisgau

Baldur R. Ebertin

Das ABC der Kosmobiologie

352 Seiten mit 108 Abbildungen; gebunden
ISBN 3-87186-072-7

In bildhafter Weise zeigt der Autor, was die Besetzung der Tierkreiszeichen mit Sonne, Mond, Planeten, die Winkelbeziehungen dieser Faktoren untereinander, die Aspekt- und Halbsummenstrukturen über die Persönlichkeit eines Menschen aussagen können. Dazu dient im Deutungsteil eine Reihe von ausgewählten Schlüsselworten. Darüber hinaus wird der Stoff an aussagekräftigen Schaubildern und Übersichten optimal dargestellt. Dem Anfänger zeigen praktische Beispiele, wie sich ein Geburtsbild aufschlüsseln läßt. Der fortgeschrittene Kosmobiologe und Astrologe findet hier ein Basiswissen, das ihm die Fäden zu einer ganzheitlichen Betrachtungsweise knüpft.

Verlag Hermann Bauer · Freiburg im Breisgau

Baldur R. Ebertin

Im Dialog mit der Seele

Hilfe zur Selbsthilfe mit dem Tu-Anima-Bildertest

173 Seiten mit 17 Abb., 36 fbg. Karten, gebunden;
ISBN 3-7626-0490-8

Baldur R. Ebertin hat den von Heinrich Reich entwikkelten Test neu entdeckt. Der tägliche Umgang mit den Seelenbildern hat ihm gezeigt, daß über die Symbolkraft dieser Farb- und Formkarten Zugang zu den tiefsten Schichten der menschlichen Seele gefunden werden kann. Mit Hilfe der Karten kann jeder seine Licht- und Schattenseiten, Sehnsüchte und die fließenden Grenzen zwischen Bewußtem und Unbewußtem erfahren.

Im Dialog mit der Seele zeigt, daß dieser Test in der psychotherapeutischen und heilkundlichen Praxis und von Menschen, die sich über die Art ihrer Beziehungen, ihren gegenwärtigen Entwicklungsstand, über ihre Ängste, Wünsche oder die Sinnfrage Gedanken machen, eingesetzt werden kann. Die reichhaltigen Interpretationsmöglichkeiten gehen weit über die heute bekannten psychologischen Tests hinaus.

Dieses mit großer Kompetenz geschriebene Werk regt durch gezielte Fragen dazu an, eigene Strategien zur Bewältigung und harmonischen Gestaltung des Lebens zu entdecken.

Seminare mit Dr. Baldur R. Ebertin

Zur Vertiefung der in den Büchern angesprochenen Themen werden vom Autor Seminare über ein Wochenende oder eine ganze Woche in Bad Wildbad/Schwarzwald angeboten:

1. Das karmische Gedächtnis
Welche Erfahrungen in früheren Inkarnationen wirken bis in die Gegenwart in uns nach? Wie können wir damit umgehen? Das Seminar zum Buch *Reinkarnation und neues Bewußtsein.*

2. Wenn die Seele den Körper nicht gesunden läßt
Gesundheit und Krankheit: Psychosomatische Zusammenhänge – Neue Einsichten und Gedanken zur Reinkarnation und zur Wirkung der Gedankenkraft – Ganzheitliche Zusammenhänge
Das Seminar zu dem gleichnamigen Buch.

3. Im Dialog mit der Seele – Hilfe zur Selbsthilfe mit dem Tu-Anima-Bildertest
Wer hat nicht schon »mit sich selbst« gesprochen? Ja, aber mit wem eigentlich? Wer ist der eine, wer der andere? Eine besondere Möglichkeit eines solchen Dialogs stellt der Tu-Anima-Test des Arztes und Malers Dr. Heinrich Reich dar, der von Dr. Ebertin auf den neuesten Stand gebracht wurde und nun in Buchform vorliegt.
Das Seminar zum gleichnamigen Buch.

4. Die kosmische Prägung des Menschen
Die kosmischen Kräfte in uns und wie wir damit sinnvoll umgehen können. Die Deutung des Kosmogramms unter psychologischen und heilkundlichen Gesichtspunkten.
Seminare für Anfänger und Fortgeschrittene zu den Büchern *Das ABC der Kosmobiologie*, *Kosmobiologische Diagnostik*.

Informationen: »Ebertin-Institut für Ausdrucks- und Charakterkunde«, Panoramastraße 15, D-75323 Bad Wildbad. Telefon 07081/1638, Fax-Nr. 07081/1299.